Gabriele Rohmann (Hrsg.)

Krasse Töchter

Mädchen in Jugendkulturen

Originalausgabe
© 2007 Archiv der Jugendkulturen Verlag KG, Berlin
Alle Rechte vorbehalten

Herausgeberin: Gabriele Rohmann für das
Archiv der Jugendkulturen e.V.
Fidicinstraße 3
10965 Berlin
Tel.: 030 / 694 29 34
Fax: 030 / 691 30 16
www.jugendkulturen.de
Berlin, im September 2007

Vertrieb für den Buchhandel: Bugrim (www.bugrim.de)
Auslieferung Schweiz: Kaktus (www.kaktus.net)
Privatkunden und Mailorder: www.jugendkulturen.de

Cover: Karo Kollwitz
Layout: Harald Kollwitz
Druck: werbeproduktion bucher

Die Deutsche Bibliothek – CIP-Einheitsaufnahme
Der Titeldatensatz für diese Publikation ist bei der Deutschen Bibliothek erhältlich.

ISBN: 978-3-94021-337-2
ISSN: 1439-4316 (Archiv der Jugendkulturen)

Das Berliner Archiv der Jugendkulturen e. V. existiert seit 1998 und sammelt vor allem authentische Zeugnisse aus den Jugendsubkulturen selbst (Fanzines, Flyer, Musik etc.), aber auch wissenschaftliche Arbeiten, Medienberichte etc., und stellt diese der interessierten Öffentlichkeit in seinen derzeit 300 qm umfassenden Bibliotheksräumen zur Verfügung. Darüber hinaus gibt das Archiv der Jugendkulturen eine eigene Zeitschrift – das *Journal der Jugendkulturen* – sowie eine eigene Buchreihe mit sechs Titeln jährlich heraus, in denen sowohl sachkundige WissenschaftlerInnen, JournalistInnen u. a. über Jugendkulturen Forschende als auch Szene-AktivistInnen zu Wort kommen. Das Archiv der Jugendkulturen e. V. legt großen Wert auf eine enge Kooperation mit Angehörigen der verschiedensten Subkulturen und ist daher immer an entsprechenden Angeboten, Reaktionen und Material jeglicher Art interessiert.

Weitere Infos unter www.jugendkulturen.de

archiv
der jugendkulturen e.v.

Intro

Mädchen und junge Frauen in ‚femininen' Jugendszenen

Mädchen und junge Frauen in ‚maskulinen' Jugendszenen

Mädchen und Medien

Perspektiven

Frauen in der Pop- und Rockmusik

Intro

Doing Gender in Jugendkulturen

Gabriele Rohmann

Krasse Töchter. Mädchen in Jugendkulturen. Auftakt

Die meisten Jugendkulturen sind auf den ersten Blick Jungenkulturen – noch immer. Daran haben weder die zweite Frauenbewegung der 1970er-Jahre noch die seit einigen Jahren kursierenden Gender-Mainstreaming-Konzepte etwas ändern können.

Jungen und Männer dominieren die Rockabilly-, HipHop-, Skinhead- oder Metal-Szene, Sexismus gehört gerade in diesen Szenen zum guten Ton (Rohmann 1999). Provokations- und Protestkulturen wie die Riot Grrrls der 1990er-Jahre verschwanden in der öffentlichen Wahrnehmung schnell hinter der von den Medien konstruierten handzahmen „Girl Power"- oder „Girlie"-Fassade von Casting-Bands wie den *Spice Girls, Tic-TacToe* oder den *No Angels.*

Fliegen Lernen

ein Film
von Kim Koch

Immerhin ist das Thema ‚Mädchen' inzwischen *en vogue*. Alle großen Jugendstudien der letzten Jahre wie der 3. Jugendsurvey des Deutschen Jugendinstituts (DJI) (Gille et al. 2006) weisen darauf hin, dass Mädchen und junge Frauen im Vergleich zu den Jungen gleiche oder bessere schulische und berufliche Qualifikationen haben. *Der Spiegel* widmete in der Ausgabe vom 11. Juni 2007 (24/2007) unter dem Begriff „Alphamädchen" seine Titelstory den ‚neuen Mädchen', erstaunlicherweise ohne leicht bekleidete junge Damen, die das Nachrichtenmagazin sonst so gerne beim Thema ‚Männer und Frauen' auf dem Cover posieren lässt. Diesmal portraitiert das Wochenmagazin die „Alphamädchen" als Frauen, die klar ihren Weg gehen und sich in zahlreichen Männerdomänen behaupten. Die *Berliner Zeitung*

Filmcover „Fliegen Lernen", Rodi
Eine Dokumentation von
Kim Koch über drei Skaterinnen.
Bezug über die Regisseurin
kimkoch@gmx.de
Foto: Andreas Kickel

berichtete am 27. Juni 2007, dass nach einer Studie des Trendforschers Matthias Horx die Zukunft den Mädchen und Frauen gehöre. Parallel dazu ist ein leidiger Diskurs über die altbackenen Pseudo-Thesen der TV-Moderatorin Eva Herman aufgekommen, die mit ihren an die Adenauer-Ära der Bundesrepublik Deutschland erinnernden Positionen bei Kirchen, Medien und konservativen Parteien offene Türen einrennt. Erleben wir gerade einen Backlash, wie Susan Faludi 1995 in ihrem gleichnamigen Buch diagnostizierte, oder einen Aufbruch in eine emanzipatorische Gesellschaft? Die Frage kann hier nur gestellt, nicht beantwortet werden. Zumindest ist Bewegung in die Wahrnehmungsmuster von Männlichkeit und Weiblichkeit geraten – auch in der Forschung über Jugendkulturen.

„Fliegen lernen"

Backcover „Fliegen Lernen",
Nina und Ester
Foto: Andreas Kickel

In den zahlreichen Jugendszenen gibt es schon lange Mädchen und junge Frauen, die selbstbewusst in den männerdominierten Domänen ‚ihre Frau' stehen und eigene Strategien im Umgang mit den männlichen Geschlechtsgenossen entwickelt haben.

Der Film „Fliegen lernen" der Regisseurin Kim Koch ist dafür ein Beispiel. Im Jahr 2006 begleitete Koch drei Skaterinnen. Ester Vonplon, Rodi Münzel und Nina Braun berichten über die Skater-Szene, über ihren Weg zum Skaten, den Umgang mit den überwiegend männlichen Skatern und deren Vorurteile über Mädchen, aber auch über ihre eigenen Vorbehalte gegenüber den „Bettys", den Skater-Groupies, die sich zwar szenekonform kleiden, aber an den Treffpunkten, den Spots, dann doch nur die Jungs bewundern. Ester Vonplon hingegen schauen schon lange die Jungen zu. Sie erlangte mit 17 Jahren Weltcup-Qualifikationen im Snowboard, erlitt beim Snowboarden einen lebensgefährlichen Unfall, in dessen Folge sie in dieser Szene fallen gelassen wurde. Seither skatet sie lieber, auch wenn sie sich bei dieser ebenfalls gewagten Sportart in den letzten Jahren manchen Knochen gebrochen hat. Rodi Münzel bringt mit Leidenschaft Mädchen das Skaten bei und ist überzeugt, dass „Mädchen-Mädchen" in der Skater-Szene nicht weit kommen. Nina Braun, die von 1998 bis 2006 „Sumo", das erste Skateboard-Label für Mädchen in Deutschland, ins Leben gerufen und geleitet hat, versteht sich ganz locker „als Feministin". Denn das sei sie ja wohl, so wie sie durchs Leben gehe, auch wenn sie sich lange nicht mit feministischen Konzepten auseinandergesetzt habe. „Besser eine Feministin als 'ne Pussy, sollte doch eigentlich jede sein", sagt sie im Film. Zusammen mit anderen Frauen betreibt die inzwischen freischaffende Künstlerin die Website www.sumogirls.de, auf der sie jungen Frauen berühmte, aber trotzdem nur wenig erwähnte Frauen wie Bertha von Suttner, Virginia Woolf oder Martina Navrátilová näherbringen will.

Zum Stand der Forschung

Lange Zeit sind die Mädchen, ihre Strategien und die Geschlechterkonstruktionen in Jugendkulturen in der Jugendsoziologie des deutschsprachigen Raums kaum berücksichtigt worden. Publikationen dazu finden sich hier vor allem im Bereich der Gender-Forschung und in feministischen Diskursen (Baldauf & Weingartner 1998, Fritzsche 2003, Kailer & Bierbaum 2002, Reitsamer & Weinzierl 2006, Stauber 2005) oder in Zeitschriften wie *fiber – zeitschrift für feminismus und popkultur,* in *melodiva,* die seit 2000 nur noch online unter www.melodiva.de zu finden ist, im Themenheft Nr. 8 „Gender – Geschlechterverhältnisse im Pop" der *testcard – Beiträge zur Popgeschichte* oder im *Journal der Jugendkulturen* (Großegger 1999, Journal der Jugendkulturen Nr. 8/2003 – Themenschwerpunkt Mädchen, Schmidt 2004, Gupta 2006).

Doch das Thema ist auch allgemein sozialwissenschaftlich relevant. Das haben Jenny Garber und Angela McRobbie bereits Mitte der 1970er-Jahre erkannt und in dem Aufsatz „Mädchen in Jugendkulturen" in dem berühmt gewordenen, von John Clarke herausgegebenen Sammelband „Jugendkultur als Widerstand" (Clarke et al. 1981) zur Sprache gebracht. Ihre Fragen, die in manchen Beiträgen von „Krasse Töchter", aber auch in der Jugendforschung anderer Länder wie in Mexiko (Urteaga 2006) zitiert werden, sind teilweise auch nach mehr als dreißig Jahren noch aktuell: „Fehlen die Mädchen wirklich in den Subkulturen? Wo Mädchen sichtbar sind – welches sind da ihre Rollen? Und spiegeln diese die allgemeine Unterordnung der Frauen in der Kultur wider? Haben die Mädchen alternative Formen, ihr kulturelles Leben zu organisieren?" (McRobbie & Garber 1981, S. 221 ff.) Die erste ihrer Fragen lässt sich mit einem klaren ‚Nein' beantworten. Mädchen und junge Frauen sind in allen Jugendkulturen aktiv, selbst in politisch rechts ausgerichteten Szenen spielen sie eine wichtige Rolle (Antifaschistisches Frauennetzwerk, Forschungsstelle Frauen und Rechtsextremismus 2005, Köttig 2004). Für die Beantwortung der weiteren Fragen müssen wir schon tiefer schürfen.

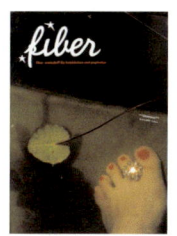

Die Autorinnen und Autoren dieses Sammelbandes machen das. Sie haben die Rollen und Strategien von Mädchen und jungen Frauen im HipHop, Techno, Black und Death Metal, Visual kei, Hardcore, Fußball, in der Riot Grrrl/Ladyfest-Szene, der Skinhead- und Rockabilly-Szene, bei den Gothics, in der Singer-Songwriter-Szene und in der rechtsextremen Szene untersucht und stellen in diesem Buch neueste Erkenntnisse aus der qualitativen empirischen Sozialforschung vor. Die meisten Autorinnen und Autoren beschäftigen sich seit vielen Jahren mit diesen Szenen, einige verstehen sich selbst als – kritischen – Teil derselben. Ihr Blick ist zugleich innen- und außengerichtet, ein Ansatz, den auch die Bonner Soziologie-Professorin Doris Lucke in dem Sammelband „Jugend in Szenen" (2006) vertritt.

Die verschiedenen „cultures of femininity" (McRobbie 1978), die hier vorgestellt werden, fördern erstaunlich unterschiedliche Strategien im Umgang mit Geschlecht und Geschlechterkonstruktionen zutage. Es gibt nicht den einen Umgang mit Geschlecht in Jugendszenen, sondern eine Vielzahl von Strategien, Einstellungen, Rollenmustern und Ansichten. Aus dieser Einsicht ergeben sich viele Fragen: Über den Umgang mit jugendsoziologischen Ansätzen, mit feministischen Herangehensweisen, mit Konzepten in der Jugendkulturarbeit und in der Sozialpädagogik. „Krasse Töchter" belässt es daher nicht bei der Vorstellung neuerer Ergebnisse aus der Sozialforschung zum Thema Mädchen und junge Frauen in Jugendkulturen, sondern enthält auch Beiträge aus der Interkulturellen Mädchenarbeit, der Medienforschung, der feministischen Medienarbeit, der Mädchenpolitik sowie Selbstpräsentationen von Künstlerinnen aus dem HipHop und politischen Pop, die in eigenen Texten, Berichten und Interviews ihre Sicht auf Geschlechterrollen in Jugendkulturen thematisieren.

Von „Unbeschreiblich weiblich?" zu „Krasse Töchter"

Der Band geht zum Teil auf die Fachtagung „Unbeschreiblich weiblich? Mädchen und junge Frauen in Jugendkulturen" zurück, die das Archiv der Jugendkulturen Berlin gemeinsam mit der Europäischen Jugendbildungs- und Jugendbegegnungsstätte Weimar (EJBW) im Januar 2007 in Weimar veranstaltet hat. Der Tagungstitel spielte – natürlich – einerseits auf Nina Hagens gleichnamigen Song aus dem Jahr 1978 an, der damals in der Rock-, Pop- und Punkszene einige Beachtung erfuhr. Andererseits sollte der Titel auch auf das Defizit bei der Geschlechteranalyse in den (deutschsprachigen) Sozialwissenschaften aufmerksam machen. Drei Tage haben wir in Weimar in Workshops und nach Vorträgen über Mädchen und junge Frauen in Jugendkulturen diskutiert. Der Forschungsstand zeigt, dass im deutschsprachigen Raum erst in den letzten Jahren vermehrt Diplom-, Magister- und Doktorarbeiten sowie eine Habilitation (Stauber 2004) zum Thema erschienen sind. Es ist also Bewegung in die Forschungslandschaft geraten, das Buch legt davon Zeugnis ab. Es deckt selbstredend nicht alle Szenen und Facetten ab, präsentiert aber ein Kaleidoskop verschiedener Ansätze und Szenen sowie wissenschaftlicher und nicht-wissenschaftlicher Bereiche, in denen sich die Autoren und Autorinnen bewegen, sei das die Kulturwissenschaften, die Soziologie, das Musikbusiness, die Medienwissenschaften, der Journalismus oder die Jugendkulturarbeit. Damit richtet sich „Krasse Töchter" auch an so unterschiedliche LeserInnen wie SozialarbeiterInnen, Kulturschaffende, Kultur- und SozialwissenschaftlerInnen, Feministinnen, JournalistInnen, PolitikerInnen oder ErziehungswissenschaftlerInnen und andere Interessierte.

Den Titel „Unbeschreiblich weiblich?" fand ich nach den vielen neuen Erkenntnissen, die sich während der Tagung ergeben haben, nicht mehr passend. „Krasse Töchter" bringt treffender die unterschiedlichen Mädchen und jungen Frauen, um die es in diesem Band geht, auf einen Nenner. „Krass", eines der vielen Modeworte der ‚heutigen Jugend', steht sowohl in positiven als auch negativen konnotativen Räumen. Krass ist, wer besondere Fähigkeiten aufzuweisen hat, krass ist aber auch, wer Werte vertritt, die andere strikt ablehnen, zum Beispiel die krassen Töchter in der rechtsextremen Szene. Und Töchter, nun ja, sind sie alle.

Aufbau des Buches

Im ersten Teil des Buches geben Barbara Stauber und Stephanie Kiessling einen wissenschaftlichen und einen popkulturellen Überblick über Geschlechterkonstruktionen, Doing und Undoing Gender-Prozesse in Jugendkulturen sowie Frauen in der Pop- und Rockgeschichte. Im zweiten Teil befassen sich Marco Höhn, Dunja Brill, Melanie Groß und Bernadette La Hengst mit Mädchen und jungen Frauen in eher frauendominierten Jugendszenen. Im dritten Teil analysieren Marion Schulze, Susanne El-Nawab, Sarah Chaker, Nicole Selmer und Almut Sülzle sowie Michaela Köttig die Rollen und Einstellungen von Mädchen und jungen Frauen in den so genannten ‚harten Szenen'. Der vierte Teil enthält Beiträge von MC Pyranja, Thomas Schwarz, Monica Hevelke und Nadja Madlener zur derzeit dominierenden Jugendkultur HipHop.

Ab dem fünften Teil wechselt die Perspektive von Jugendkulturanalysen hin zu medienwissenschaftlichen und sozialpädagogischen Konzepten. Doris Katheder hat Mädchenbilder in kommerziellen und nicht-kommerziellen Mädchenzeitschriften untersucht. Katja Röckel reflektiert Ansätze der feministischen Medienarbeit im Kontext zweier Leipziger Modellprojekte. Im sechsten und letzten Teil des Bandes unternimmt Elke Josties auf der Basis einer noch laufenden Studie zur Jugendkulturarbeit eine kritische Bestandsaufnahme der Potentiale der Mädchenförderung im HipHop und in der Singer-Songwriter-Szene. Ursula Bachor stellt den Ursprung, die Entwicklung und Arbeitsweisen der Interkulturellen Mädchenarbeit vor. Quasi mit einem Ausblick schließt der Band mit einem Beitrag von Claudia Wallner über veränderte Mädchen- und Jungenbilder seit den 1960er-Jahren und notwendige Konsequenzen für die Mädchenarbeit und -politik.

Danksagung

Mein besonderer Dank gilt allen Autorinnen und Autoren für ihre Beiträge, allen Fotografinnen, Fotografen, Illustratorinnen und Illustratoren für die vielen Fotos und Zeichnungen sowie Silke Baer für die Unterstützung bei der Tagung. Der EJBW und hier insbesondere Ulrich Ballhausen danke ich für die sehr gelungene Kooperation und Ausrichtung der Tagung in Weimar sowie die tatkräftige Unterstützung bei der Besorgung der Finanzmittel. Für die finanzielle Unterstützung der Tagung geht ein großer Dank an das Ministerium für Familie, Senioren, Frauen und Jugend und die Landeszentrale für politische Bildung Thüringen.

Der Bibliothekarin des Archiv der Jugendkulturen, Antje Pfeffer, danke ich für kundige Tipps bei meinen Recherchen, dem Punk- und Fanzine-Experten des Archivs, Andreas Kuttner, für die stets freundlich hingenommenen Unterbrechungen an seinem Arbeitsplatz.

Der Künstlerin Karo Kollwitz danke ich für die Cover-Gestaltung, dem Designer Harald Kollwitz für viel Geduld bei der Buchplanung und beim Layout. Meinem Mann Klaus Ripke und meinem Sohn Jakob danke ich für das Verständnis, während der Buchproduktion viele Stunden unserer wenigen gemeinsamen Freizeit ohne mich verbracht zu haben.

Berlin, im Juli 2007

Literatur:

Antifaschistisches Frauennetzwerk, Forschungsstelle Frauen und Rechtsextremismus (Hg.) (2005): Braune Schwestern. Feministische Analysen zu Frauen in der extremen Rechten. Münster.

Baldauf, Annette & Katharina Weingartner (Hg.) (1998): Lips, Tits, Hits, Power? Popkultur und Feminismus. Wien & Bozen.

Faludi, Susan (1995): Backlash. Die Männer schlagen zurück. Reinbek.

fiber – zeitschrift für feminismus und popkultur, erscheint seit 2002 halbjährlich, Wien.

Fritzsche, Bettina (2003): Pop-Fans. Studie einer Mädchenkultur. Opladen.

Geissler, Cornelia: Frauen auf der Überholspur. In: Berliner Zeitung v. 27.06.2007, S. 28.

Gille, Martina et al. (2006): Jugendliche und junge Erwachsene in Deutschland. Lebensverhältnisse, Werte und gesellschaftliche Beteiligung 12- bis 29-Jähriger. Schriften des Deutschen Jugendinstituts: Jugendsurvey 3. Wiesbaden.

Großegger, Beate (1999): Der Girl-Faktor. Weibliche Szene-Minder im Panorama der Jugendkultur. In: Journal der Jugendkulturen Nr. 1, S. 8–13.

Gupta, Susanne (2006): Sex, Jungfräulichkeit und Ehe. Gespräche im MaDonna. In: Journal der Jugendkulturen Nr. 11, S. 22–25.

Journal der Jugendkulturen Nr. 8 (2003): Mädchen – Trendsport – Knast. Mit Beiträgen von Sabine Hübner und Jan Buschbom zu kriminellen Mädchen, Miriam Wölfert zu Brettsportarten, Stella Luncke im Gespräch mit Skaterinnen, Johannes Verch zu Geschlechterverhältnissen im Trendsport und Malalai Bindermann zu Frauensport im Internet.

Kailer, Katja & Anja Bierbaum (2002): Girlism. Feminismus zwischen Subversion und Ausverkauf. Berliner Arbeiten zur Erziehungs- und Kulturwissenschaft. Berlin.

Köttig, Michaela (2004): Lebensgeschichten rechtsextrem orientierter Mädchen und junger Frauen. Biographische Verläufe im Kontext der Familien- und Gruppendynamik. Gießen.

Lucke, Doris (Hrsg.) (2006): Jugend in Szenen. Lebenszeichen aus flüchtigen Welten. Münster.

McRobbie, Angela (1978): Working-class cultures and the culture of femininity. In: Women's studies group, Women take issue: Aspects of women's subordination. London, pp. 96–108.

McRobbie, Angela & Jenny Garber (1981): Mädchen in Jugendkulturen. In: John Clarke et al.: Jugendkultur als Widerstand. Frankfurt a. M., S. 217–237.

Reitsamer, Rosa & Rupert Weinzierl (Hg.) (2006): Female Consequences. Feminismus. Antirassismus. Popmusik. Wien.

Rohmann, Gabriele (1999): Spaßkultur im Widerspuch. Skinheads in Berlin. Bad Tölz.

Schmidt, Christian (2004): „WEIL wir Mädchen uns nach Platten, Büchern und Fanzines sehnen, die UNS ansprechen..." (Riot) Grrrl (Fan)Zines und die Politik der Selbstermächtigung. In: Journal der Jugendkulturen Nr. 10, September 2004, S. 30–40.

Stauber, Barbara (2004): Junge Frauen und Männer in Jugendkulturen. Selbstinszenierungen und Handlungspotentiale. Opladen.

Supp, Barbara et al. (2007): Mein Kopf gehört mir. In: Der Spiegel, Ausgabe 24/2007, 11.06.2007, S. 56–71.

testcard. Beiträge zur Popgeschichte, Nr. 8 (2000): Gender – Geschlechterverhältnisse im Pop. Mainz.

Urteaga, Maritza (2006): Asphaltblumen. Mädchen in Jugendkulturen. In: Manfred Liebel & Gabriele Rohmann (Hrsg.): Entre Fronteras. Grenzgänge. Jugendkulturen in Mexiko. Berlin, S. 83–94.

Stephanie Kiessling

We Keep On Runnin'

Eine kurze Geschichte über eine lange:
Frauen in der Rock- und Popmusik

Immer schon und immer wieder ist die Auseinandersetzung mit Frauen in der populären Musik ein beliebtes und gern aufgegriffenes Thema einschlägiger Musik- und Fachmagazine. Protagonistinnen, die den Weg in die Popularität jenseits arschwackelnder Darstellungen á la Shakira oder Anastacia geschafft haben, müssen sich nicht nur als Musikerinnen und Künstlerinnen im Musikbusiness gegen unzählige Klischees und Vorurteile behaupten, sondern auch gleichzeitig als Rolemodels und Hoffnungsträgerinnen für einen Haufen erwartungsvoller und kritischer Musikrezipientinnen und Theoretikerinnen herhalten. Viele engagierte Musikerinnen nehmen diesen Auf-

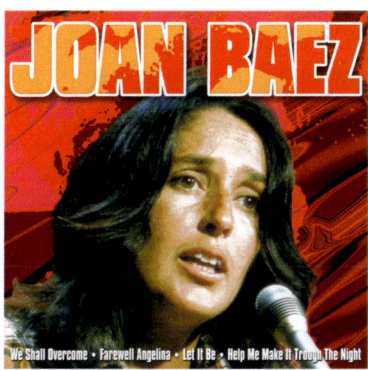

trag durchaus ernst und stehen bei Diskussionen und Interviews den Fragen nach ihrem weiblichen Werdegang geduldig Rede und Antwort. Doch irgendwann, wenn sich die Diskussion nur noch im allerkleinsten Kreise dreht, setzt eine gewisse Betäubung ein, und die Frage nach dem, was eigentlich gewollt wird, drängt sich zunehmend auf.

Natürlich stimmt es: Aufgrund mangelnder Repräsentation werden Frauen in der populären Musik noch immer mit einem Sonderstatus versehen, der in vielerlei Hinsicht problematisch ist: ‚Frau-Sein' als bemerkenswerter Umstand. Gleichzeitig, und das ist das

Elend und Paradoxon der feministisch orientierten Theoriebildung in diesem Bereich, kommt eine Auseinandersetzung mit dem Thema Pop- und Rockmusik nicht umhin, sich mit jenen

Ausschluss- und Abwertungsmechanismen zu beschäftigen, von denen vor allem Frauen betroffen sind bzw. Menschen, die sich nicht dem Anspruch leichtverdaulicher Konsumierbarkeit unterordnen lassen wollen oder können. Doch selbst diese Einschränkung greift bereits zu kurz: Auch jene subkulturellen Bereiche, die sich noch vor dem Stadium der Vereinnahmung durch den so genannten Mainstream befanden, fielen bzw. fallen durch ein Ungleichgewicht an männlichen und weiblichen Akteuren auf. So leicht lässt sich also die partielle Unsichtbarkeit der Frauen in der Popmusik nicht mit den kapitalistischen Verwertungslogiken erklären. Wagen wir also eine historisch orientierte Annäherung.

Die Geschichte der Rock- und Popmusik ist voll von Mythen, Legendenbildungen und tollen Erzählungen, aber auch voll von Missverständnissen, Ausblendungen und Ausgrenzungen. Sie ist, wie jede Geschichte, ein Feld der dominanten und unterdrückten Diskurse, ein Ringen um Hegemonie und letztlich eine Arena, in der unterschiedlichste Machtverhältnisse ausgetragen, verhandelt und durchgesetzt werden. Eine Geschichte der ‚Frauen in der Rockmusik‘ zu schreiben, muss an dem Bemühen scheitern, den männlich dominierten Erzählungen die Geschichte der Frauen entgegen zu halten und damit die Ausblendungen sichtbar zu machen. Denn bereits die Idee *einer* Geschichtsschreibung mit dem Anspruch auf Vollständigkeit ist, wie in der (feministischen) Theorie spätestens seit der Postmoderne bekannt, als omnipotente Allmachtsphantasie entlarvt. Gleichzeitig wird durch das schlichte Hinzufügen der ausgeblendeten weiblichen Erzählungen in das Bild – wie beim Einfügen der neu entdeckten Kontinente in eine Weltkarte des 14. Jahrhunderts – die Realität nicht in ihrer ganzen Komplexität erfasst, es ist verzerrt und tendenziell nivellierend. Eine Geschichte der Frauen in der Rockmusik muss sich also sowohl der Aufgabe widmen, die marginalisierten und verdrängten Aspekte des Schaffens von Frauen zu erfassen und zu dokumentieren als auch die um dieses Wissen erweiterte(n) Erzählung(en) neu zu verknüpfen und zu reformulieren. Ein Anspruch, an dem dieser Artikel scheitern muss, gewagt wird es trotzdem.

Talkin' About A Revolution

„Die Pflicht des Musikers ist es, Musik zu machen.“, schrieb 1969 John Sinclair, Mitglied der US-amerikanischen Punk-Vorläufergruppe *MC5*: „Aber da ist eine Parallele, die man nicht übersehen kann: MUSIK IST REVOLUTION. Rock ist die revolutionärste Kraft der Welt – sie vermag Menschen zurück zu ihren Sinnen zu schleudern, und diese Musik bewirkt, dass sich die Menschen gut fühlen. Und genau das ist es, was die Revolution ausmacht – Wir müssen auf diesem Planeten einen Zustand schaffen, wo sich jeder Mensch zu jeder Zeit wohl fühlen kann. Und wir werden nicht eher ruhen, bis dieser Zustand erreicht ist.“ (zitiert nach Salzinger 1982, S. 109)
    So weit das heutige Verständnis von Rockmusik auch von diesem Statement entfernt sein mag, so drückt es doch ein zentrales Begehren des Musik-Machens und Musik-Hörens einer bestimmten Zeit aus: Musik als Motor, der revolutionäre Ideen verbreiten und nicht zuletzt revolutionäre Massen in Bewegung setzen sollte. Die Hippie-Bewegung der 1960er-Jahre und ihre ProtagonistInnen zeigte in ihrem Aufbegehren die Notwendigkeit für gesellschaftliche

Veränderungen auf. Utopisch, kämpferisch und/oder unendlich naiv wurde der Weg zur Weltveränderung beschritten, und Frauen als Musikerinnen waren von Anfang an mit dabei. Während – als Ikonen der Hippie-Bewegung – Janis Joplin und Joan Baez noch als „one of the guys" bezeichnet wurden (O'Brian 2002, S. 99),definierten sich in der Folge US-amerikanische bzw. kanadische Musikerinnen wie Laura Nyro oder auch Joni Mitchell, die mit Akustikgitarre bzw. Piano mit dem Blues bzw. Folk noch stärker weiblich konnotierte Genres bedienten, als Musikerinnen, die auf die unterschiedlichen Lebenserfahrungen und Lebenswelten von und als Frauen in ihren Liedern aufmerksam machten. Durch die Subjektivität und Intensität ihrer Songs prägten sie ein neues, selbst bestimmtes Bild von Musikerinnen, das sich deutlich von den in den USA Anfang der 1960er-Jahre kurzfristig sehr populären und am R&B bzw. Gospel orientierten Girl-Groups wie den *Crystals,* den *Shirelles,* den *Shangri-Las* oder den *Supremes* mit Diana Ross als zentraler Figur abgrenzte. Zwar kann die Phase der

Girl-Groups durchaus als „Beginn eines neuen Zeitalters für Frauen im Rock" bezeichnet werden, weil es „erstmals eine Musikrichtung gab, die eindeutig mit Frauen assoziiert wurde" (Hölzl 2000, S. 17), doch entscheidender erscheint vielmehr, dass die bisher unberücksichtigte Zielgruppe der jungen Frauen und Mädchen ins Zentrum des Interesses gerückt wurde. Den Sehnsüchten und Träumen der Mädchen entsprechend drehten sich die Songs der Girl-Groups fast ausschließlich um das Thema Liebe, und „das Prinzip ‚verliebt-verlobt-verheiratet' durchzog fast alle Stücke der Girl-Group-Ära." (ebd., S. 18) Eine jener Songschreiberinnen, welche die Girl-Groups mit entsprechendem Material versorgte, war Carole King – beispielsweise mit dem Hit „Will You Still Love Me Tomorrow" für die *Shirelles* –, die 1971 eine eigene, sehr erfolgreiche Solokarriere mit ihrem Debütalbum „Tapestry" startete. King, so die Autorin des Women-in-Pop-Standardwerkes „She Pop" Lucy O'Brian, „set the tone" für eine ganze Reihe nachfolgender Singer-Songwriterinnen und traf mit „Tapestry" genau den ‚female Zeitgeist' einer anbrechenden Ära. Sie kreierte den Soundtrack zur Ernüchterung der 1970er-Jahre nach dem Hangover der wilden Parties der 1960er-Jahre, in einer Phase der Introspektion, in der – vor allem Frauen – ihre Beziehungen evaluierten (O'Brian 2002, S. 186). Brüchiger, ambivalenter und deutlich weniger harmoniebedürftig thematisierte

Singer/Songwriterin Joni Mitchell in ihrem 1972 veröffentlichtem Album „Blue" das unvereinbare Dilemma, „of wanting a man but, at the same time, needing to be free". Die poetische Weltbetrachtung und die Reflexion, aber auch die Politisierung des Privaten wurden Ausdruck eines wachsenden Aufbegehrens der Frauen und spiegelten sich in den Texten wieder.

I Held My Own

Während sich in den USA eine noch stark von der Folk- und R&B-Musik beeinflusste Szene entwickelte und Verknüpfungen des klassischen Singer-Songwirter-Metiers mit jazzigen bzw. rockigen Einflüssen erprobt wurden, arbeiteten Bands an der Ostküste mit einer komplett anderen Definition von ‚Rock'. Inspiriert von einer künstlerischen Avantgarde, die artifizielle und konzeptionelle Überlegungen in den Mittelpunkt des produktiven Schaffens stellte, experimentierten Bands wie *The Velvet Underground* mit einer Schlagzeugerin namens Moe Tucker an neuen, weniger befindlichkeitsorientierten Ausdrucksformen. Auch die häufig als weibliche Punk-Vorläuferin bezeichnete Musikerin Patti Smith hatte ihre Wurzeln im künstlerischen Umfeld New Yorks und ergründete Verknüpfungen von Beat-Poetry- und Performancekunst. Mit ihrer Mischung aus aggressiv-poetischen, häufig aus der männlicher Perspektive geschriebenen Texten und ihrem rauen, leidenschaftlichen Gesang definierte sich Smith bewusst den weiblichen Attribuierungen entziehend als genderless oder „artistic androgyny" (Raha 2005, S 18 f.). Ihr Debütalbum „Horses" erschien 1974 und markierte einen weiteren Meilenstein in der Geschichte der Frauen in der Rockmusik – nicht primär als Frau, sondern als Künstlerin. Oder, wie es Patti Smith in Bezug auf ihre Interpretation des Songs „Gloria" (einer klassisch männlichen Verführungsphantasie) beschreibt, dass Rock'n'-Roll nicht lediglich eine geschlechterspezifische Angelegenheit sei, sondern dass ein guter Song unabhängig vom Geschlecht des Interpreten oder der Interpretin funktioniere, funktionieren müsse (ebd., S. 19).

Zeitgleich zur Öffentlichkeit von Frauen als ‚weibliche' Musikerinnen und deren Assoziation zu klassischen Themenfeldern wie Beziehung oder Liebe und musikalisch wie inszenatorisch noch eher konventionelleren Ausdrucksformen, begannen also bereits Mitte der 1960er-Jahre Musikerinnen wie Grace Slick von *Jefferson Airplane* oder Nico (u.a. bei *Velvet Underground*) mit der Verweigerung von dem, was im traditionellen Sinn von Frauen erwartet wurde: Wärme, Offenheit, Großzügigkeit, Entgegenkommen. Als Typus einer ‚eisigen Königin' „bietet sie Kälte an, keinen Trost, und ihre harte Oberfläche ist undurchdringlich" (Press & Reynolds 1998, S. 166). Yoko Ono, bereits in den 1960er-Jahren in den USA eine angesehene Avantgarde-Künstlerin, sorgte bei einer Musiksession mit Lennon, Jagger & Co mit ihren „primal screams", einem schrillen und lautem Gekreische, mit dem sie den „merkwürdig elektrischen Gitarren etwas Adäquates entgegen setzen wollte" (Ono, zitiert nach Hirshey 1998, S. 22), für kopfschüttelndes Unverständnis. Die unnahbar-kühle Marianne Faithfull – als ‚Gespielin' von *Rolling Stone* Mick Jagger milde belächelt – landete 1964 mit „As Tears Go By" zwar einen Hit, wurde aber erst 1979 mit ihrem Debütalbum „Broken English" als Sängerin und Musikerin ernst genommen. ‚Bad reputation' war der Lohn für Unange-passtheit, und der Erfolg von Frauen, die sich nicht den Stereotypen unterordneten und eigenen Interpretationen und Darstellungsweisen folgten, stellte sich häufig erst zeitverzögert – wenn

 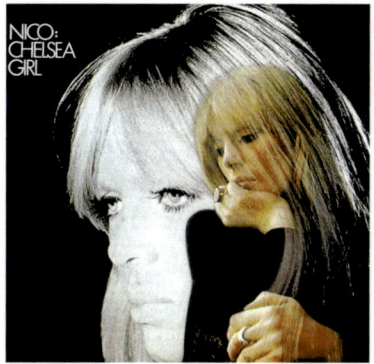 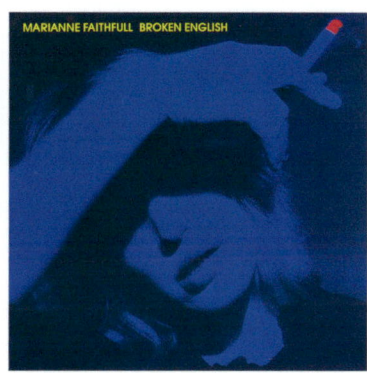

überhaupt – ein. Der Beitrag dieser Frauengenerationen in der populären Musik in den 1960er- und frühen 1970er-Jahren war nicht nur ihre Funktion als ‚Türöffner' für die nachfolgenden Gene-rationen an Musikerinnen, sondern verdankte sich auch ihrem persönlichen Kampf gegen die sex-istischen Verhältnisse, welche die ‚material world' der Musikindustrie unterlegten. Im politischen Kontext der Zweiten Frauenbewegung, die gegen die Subordination der Frauen und für die Selbst-bestimmung des eigenen Körpers sowie um Zugang zu Ressourcen und Gleichstellung stritt, wirkten diese Musikerinnen als ‚disruptive Erscheinungen', die in die Sphäre des Öffentlichen drangen.

Die 1970er-Jahre waren die Zeit, in der Frauen und nun auch Frauenbands verstärkt die Bühnen eroberten. Das erstarkte Selbstbewusstsein der Frauen und die von feministischer Seite geforderte Politisierung des Privaten wirkten einerseits als Motor für Frauen, sich aus der Privat-sphäre in die Öffentlichkeit zu bewegen, andererseits formierte die so postulierte politische Position ‚Frauen' eine Entwicklung, die sich gleichermaßen in der Bildenden Kunst und Literatur und im Musikbusiness ablesen ließ: In den frühen 1970er-Jahren organisierten sich die ersten „women-only"-Ausstellungen in New York und London, 1973 wurde die erste ausschließlich auf Frauenmusik ausgerichtete Frauen-Schallplattengesellschaft gegründet, die sich als „Olivia Re-cords" zu einer der größten US-amerikanischen Frauenschallplattengesellschaften entwickelte (Aeckerle 1980, S. 334). Das kollektives Bewusstsein von ‚Wir Frauen' war die Basis, auf der dieses weibliche Selbstbewusstsein wuchs, doch das Fundament wurde zunehmend brüchig, und die einheitlich beschworene Identität als Frau wies immer mehr Risse auf, was sich nicht un-bedingt als Nachteil für die kommenden Entwicklungen erweisen sollte.

 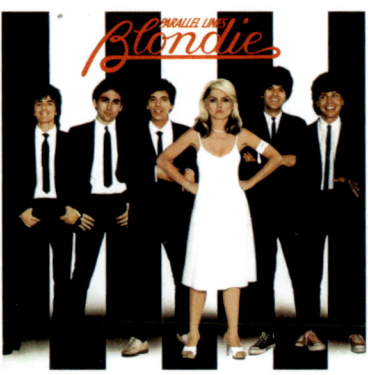

Als Suzi Quatro als Bassistin und ‚Leader of the Band' mit dem Song „Can The Can" die britischen Charts stürmte, war dies in England 1973 eine Sensation. Eine ekstatische, die Gitarre wirbelnde, in schwarzen Ledersuit gekleidete und schreiend über die Bühnen rockende Erscheinung, die den ZuschauerInnen den Atem raubte. Mit ihrem ‚tough chick' sollte sie als Instrumentalistin Rolemodel für viele Rockmusikerinnen werden, unter anderem für die als „beste weiße Rocksängerin" bekannt gewordene Gitarristin Chrissie Hynde. „I was totally unique. A one-off", reflektiert Quatro ihre Erfahrungen Anfang der 1990er-Jahre, rund 20 Jahre später: „I was a female playing a serious bass and leading a band of boys in a male-dominated industry. In other words, I held my own." (Quatro, zitiert nach O'Brian 2002, S. 120) Ungefähr zur gleichen Zeit sorgte in dem berühmten New Yorker Club CBGB die knapp 18-jährige Debbie Harry als Frontfrau der Band *Stiletto,* aus der sich 1976 die Band *Blondie* formierte, mit ihrem auffallenden Gesang, sexuell-offensiven Texten („One Way Or Another") und ihren exaltierten Bühnenshows für Aufsehen. Andere Bands wie die All-Women-Formation *The Runaways* mit der später als Solomusikerin bekannten Joan Jett an der Gitarre oder die *Talking Heads* mit Bassistin Tina Weymond normalisierten immer mehr die Anwesenheit von Frauen auf der Bühne – nicht nur als Sängerinnen, sondern auch als Instrumentalistinnen.

I Lost My Interest In Sex?

Interessanter Weise war es vor allem der Punk, dem eine weitere zentrale Rolle in der musikalischen Emanzipationsgeschichte der Frauen zukam. In Abgrenzung sowohl zu der Hippie- und Beatnik-Bewegung und deren ‚femininer' (im Sinne von ‚verweichlichter' und softer) Inszenierungen als auch in Abwehr und Aggression gegen die Glam- und Disco-Bewegung und deren implizit schwul-lesbischer Konnotationen (Yun 2006), gerierte sich der Punk stark mit männlich kodierten Verhaltensweisen und martialischen Bühnenperformances. Aggressive, häufig auch gewalttätige Auseinandersetzungen rund um die Liveauftritte der Bands in England prägten vor allem den Ruf der Bewegung. Punk galt als Ausdruck einer großen Infragestellung des Bestehenden, das auch vor den herrschenden Geschlechterdefinitionen nicht halt machte: „Durch diese Irritation gelang es plötzlich Frauen, als Musikerinnen hingenommen zu werden. Denn wenn Männer endlich nicht mehr dafür bewundert wurden, dass sie irrsinnig schnelle Gitarrensoli spielten, sondern sich einfach irgendwie Gehör verschafften, dann konnten das Frauen genauso." (Groetz 2001, S. 35) Die Do-It-Yourself-Ideologie des Punk, so die gängige Erklärung, ermöglichte es den Frauen ein Instrument zu ergreifen, ohne bereits vor dem ersten Auftritt ihre Virtuosität unter Beweis stellen zu müssen. Natürlich erleichterte der proklamierte Dilettantismus des Punk den Abbau von Barrieren, was jedoch für Männer wie Frauen gleichermaßen galt. Letztlich wird impliziert, Frauen hätten bis dahin wegen ihres Unvermögens nicht ebenso gut oder schnell Gitarre spielen können wie ihre männlichen Kollegen und deswegen den Zugang zur Bühne verpasst. Zudem drückt die Formulierung „als Musikerin hingenommen" einen Gestus der Duldung statt der Gleichwertigkeit aus. So gesehen illustriert diese Aussage eindrucksvoll die verdeckt androzentristische Sichtweise auf die bisherige Musikgeschichte.

Auch die angebliche ‚Asexualität' des Punk wird als Erklärungsversuch betont: „In der Atmosphäre hysterischer Hoffnungslosigkeit, die Punk beschwor, in No-Future-Geschrei, das einem Kriegszustand entsprach, vergaß oder verlor sich für kurze Zeit der eigene Fortpflanzungstrieb. Die Männer hatten gar nicht gemerkt, dass plötzlich neben, vor und nach ihnen auch Frauen auf der Bühne standen" (ebd., S. 35). Dass Frauen ausgerechnet im Punk nicht als sexuelle Wesen registriert und als sexuelle Objekte behandelt wurden, ist zweifelhaft, abgesehen davon, dass ein wie auch immer gearteter „Fortpflanzungstrieb" hier nur den Männern zugeschrieben wird. Weder „Kriegszustände" noch andere ‚Ausnahme'-Zustände waren und sind Zeiten, die sich durch sexuelle Friedfertigkeit oder Desinteresse auszeichnen, vielmehr ist das Gegenteil der Fall.[1] So wird auf der einen Seite gerne der Satz von Punk-Legende Johnny Rotten, „I think, I'm gonna loose interest in sex entirely", zitiert, während auf der anderen Seite die Geschichte zirkuliert, wie 1976 auf einer Punkparty bei einem Konzert der *Sex Pistols* deren Manager Malcom McLaren die Punk-Szene-Göttin/Starlet Jorden anflehte, etwas Empörendes zu tun, um die anwesenden Journalisten mit sensationellem Stoff zu füttern. „Zieh dich aus, Mädchen", war die Bitte, und Jorden stimmte der Aktion – integriert als Teil der Bühnenshow – zu. Die Fotos, auf denen Johnny Rotten auf der Bühne Jorden dann die Kleider vom Leib riss, sind bekannt. Treffend kommentiert wird das von den

[1] Besonders die Aggressivität, mit der im Punk auf die in den 1970er-Jahren sehr populäre Disco- und Glamrock-Welle reagiert wurde, ist deutlicher Ausdruck der häufig offen homophoben und auch rassistischen Tendenzen im Punk.

 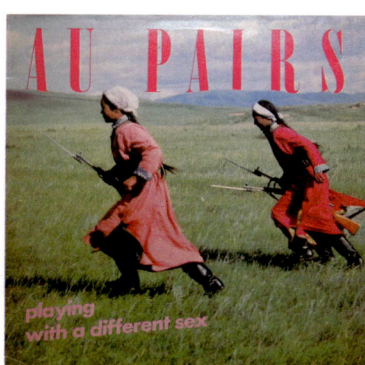 

Autorinnen Press und Reynolds mit dem lakonischen Kommentar: „Raus mit den Titten, Mädel – für die Revolution!" (Press & Reynold 1998, S. 164)

Wahrscheinlich war es vielmehr genau jener Widerspruch – das Aufbrechen und Sichtbarwerden des immer noch uneingelösten Versprechens einer im Geiste revolutionären, mit der herrschenden

Ordnung brechenden Bewegung, die weiterhin unbekümmert im eigenen Kreis Sexismus und strukturelle wie sexuelle Gewalt praktizierte – der die Frauen in Rage brachte. Dass die Welt der Spießer, Bürokraten, ‚der Feind da draußen' Frauen nicht als gleichwertig behandelte, war, wenn auch inakzeptabel, so nicht weiter überraschend – aber in der eigenen Community, im eigenen, engsten Freundeskreis? Es war nicht länger hinzunehmen. Auch hier stürmten Frauen nicht völlig geschichtslos und erstmalig die Bühne, doch der anarchistische Gestus des Punk ermöglichte mehr Spielräume und öffnete Türen zu neuen Darstellungs- und Inszenierungsformen, die eine Existenz jenseits der bisher gängigen bzw. dominanten Rollen ermöglichte. Lora Logic und Poly Styrene von *X-Ray Spex* oder Pauline Black von *Selecter* gehörten zu jenen Frauen, die sich nicht der passiven Zuhörerinnen- und Groupie-Rolle im Punk unterwarfen, sondern ihre eigenen Texte schrieben und in die Welt hinaus schrien. Eine wahre Flutwelle von All-female-Bands und Musikerinnen schwappte über den Kontinent. Es gründeten sich Bands wie *Siouxsie Sioux,* die *Au Pairs* und die *Raincoats* in England oder das Duo *Malaria* in Deutschland, um nur einige zu nennen. Die Inszenierungen waren offensiv, aggressiv, bewusst provokant und vor allem ironisch gebrochen lustbetont – wie mitunter Bandnamen wie jener der All-female-Band *The Slits* und deren barbusig-amazonenhafte Darstellung auf ihrem Debütplattencover oder Plattentitel wie „Playing With A Different Sex" (1981) von den *Au Pairs* illustrieren. Marlene Mader, Gitarristin der ersten Schweizer Frauen-Punkgruppe *Kleenex,* formuliert dieses musikalische Befreiungsmoment so: „Also gut, ich spiel natürlich nicht wie Eric Clapton – solche langen Hippie-Solos. Das haben wir jetzt zehn Jahre lang gehört. Jetzt muß mal endlich Schluß sein!" (Mader, zitiert nach Rohkohl 1979, S. 43). Insofern war die kurze Zeit des Punk – wenn auch begrenzt – ein Spiel- und Experimentierfeld, dessen

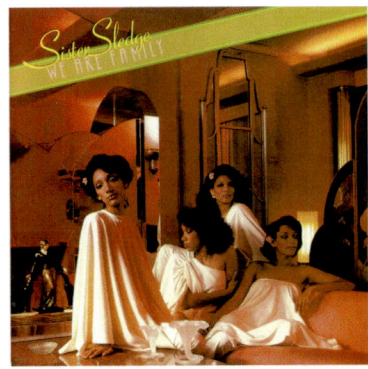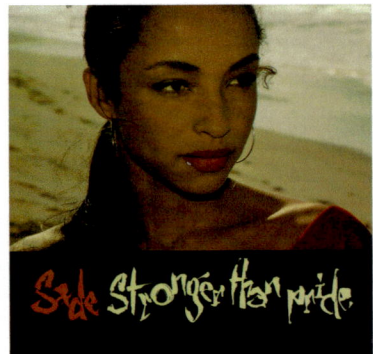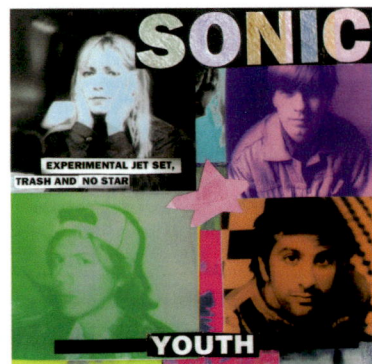

Potential in Variationen noch bis heute nachwirkt. „In general terms, the punk and indie world is littered with females who have not only withstook punk's intolerance toward women, but who have twisted societal notions of femininity in knots" (Raha 2005, S. xiv).

Pop Goes The World
Chrissie Hynde setzte als Gitarristin und Sängerin der *Pretenders* den ‚tough chick' von Suzi Quatro und den *Runaways* noch mit einigen Hits fort, aber der Punk lag in seinen letzten

Zügen, und es folgte eine „grausame, grausame Dekade", wie die Autorin Maria Raha die folgenden 1980er-Jahre bezeichnet, die vom zunehmenden Auseinanderdriften von Mainstream und Subkultur geprägt waren. Auf der einen Seite formierten sich zu Beginn dieser Dekade New Wave und Disco als die zwei dominanten Stränge in der Popkultur. Frauen nahmen hier durchaus zentrale Positionen ein: als Sängerin, Disco-Queen (wie *Sister Sledge)* oder als Soft-Pop-Diva (wie Whitney Houston oder Sade). Auf der anderen Seite entwickelte sich im so genannten subkulturellen Segment bzw. Indiebereich ein feucht-fröhliches Biotop unterschiedlichster Mikrosubkulturen, in der Frauen weniger als Sängerinnen, sondern verstärkt als Musikerinnen in Erscheinung traten – wie Kim Gorden bei *Sonic Youth* oder Kim Deal bei den *Pixies.* Die ‚punk cultural revolution' der 1970er-Jahre eröffnete unzähligen Musikerinnen

und Vokalistinnen wie Lydia Lunch oder Exene Cervenka von *X* neue, experimentelle Felder – doch ihre Bekanntheit und der Zugang zu den zunehmend bedeutend werdenden Vertriebswegen blieb marginal.

Mit dem ‚collapse of consensus' in den 1980er-Jahren der ‚defining concepts' wie ‚Unterdrückung', ‚Patriarchat', ‚Sexualität, Identität und Differenz' entstand so etwas wie eine Redefinition des Feminismus als „antifeministischer Feminismus" (Whiteley 2005, S. 3). Es kam zu einer medial kolportierten und forcierten Abwendung einer neuen, jungen, frechen Frauengeneration vom Feminismus der 1970er-Jahre und von dessen schalem – häufig als lustfeindlich diskreditiertem – Beigeschmack. 1981 startete *MTV* sein Musikvideoprogramm, und der Zirkulation der Bilder waren keine Schranken mehr gesetzt. Das neue Bild der Frau und der Musikerinnen wurde als frei, lebensfroh, selbstbestimmt und vor allem gleichberechtigt in Szene gesetzt, der Bruch mit den politischen Forderungen des Feminismus vollzogen und das Private wieder zurück in den Bereich des Individuellen (bzw. umgekehrt) verlagert. Feminismus schien eine überholte Gesinnung ewig unzufriedener und frustrierter Emanzen zu sein, die für die moderne Frau keine Relevanz mehr hatte. Die kalifornische All-Girl-Band *The Go-Gos,* noch in der Tradition des Punk stehend, transformierte die wütende Punkattitüde in fröhlich-zynische New-Wave-Pop-Surf-Riffs und bewies mit ihrem Video „Our Lips Are

Sealed" in einem Brunnen herumplanschend *MTV*-Tauglichkeit. Andere Musikerinnen wie Cindy Lauper („Girls Just Wanna Have Fun", 1983) und Madonna („Like A Virgin", 1984) wollten vor allem ihren Spaß. Doch zeichnete sich bereits in den ersten Videos von Madonna ihr bis zur Perfektion getriebenes Spiel mit Rollen und der Maskerade ab – keine Festlegungen, sondern das ganze Repertoire, bitte! Kleines Mädchen, verführerischer Vamp, geldgeil und Kontrollfreak, die Inszenierungen sollten in den kommenden Jahrzehnten das gesamte Spektrum diverser Weiblichkeitsentwürfe umfassen. Verstörender und wesentlich kühler hingegen fügten andere Musikerinnen – wie die mit Konzepten der Androgynität spielende Annie Lennox vom Duo *Eurythmics* oder die durchtrainierte, geölte und Dominanz ausstrahlende Schönheit von Grace Jones – auf dem Höhepunkt des New Wave dem Bild der Frauen weitere Aspekte hinzu. Das Medium *MTV* ermöglichte Formen der Selbsterfindung und Selbstsetzung, die von Anfang an auch genutzt und eingesetzt wurden: „Das Video hatte für Musikerinnen sogar einen großen Vorteil gegenüber dem Film, den bis dahin einzigen popkulturellen Bereich, in dem Frauen den Männern als Stars ebenbürtig waren. [...] Im Video zeigten uns KünstlerInnen in einem drei- oder vierminütigen Schnappschuß das, was sie wollen. Anderes als der langsam Charaktere aufbauende Film aktiviert Musik in wenigen Augenblicken Gefühle." (Zellers 1998, S. 128). Das Image-Building wurde zwar nicht durch *MTV* erfunden, aber es revolutionierte die Beschleunigung dieser Images ebenso wie die Möglichkeit deren Wechsels. Dennoch war der Rahmen ein stark begrenzter, und Musikerinnen ohne größeren Major-Vertrag blieb der Zugang zur bunten Bilderwelt verwehrt – nicht zuletzt fehlten die finanziellen Mittel, um professionelle, *MTV*-taugliche Videos zu drehen. Es war schon schwer genug, ohne Major-Label eine eigene Platte zu produzieren.

Trotzdem markiert die Zirkulation der Bilder einen weiteren bedeutsamen Einschnitt in der Geschichte der Rock- und Popmusik. Denn eine vor allem von der kritischen Theorie vertretene kulturpessimistische Vorstellung von Popkultur als einer rein „patriarchalen Kulturpraxis", in der Frauen nur innerhalb vorbestimmter Rollen agieren können, ignorierte die doppeldeutigen Aneignungs- und Aushandlungsprozesse zunehmend globalisierter popkultureller Phänomene auf der lokalen Ebene – vor Ort durch die RezipientInnen und durch die Fans (Kiessling & Stastny 2006, S. 33, Klein 2001). Popmusik ist in höchstem Maße performativ, und um das Gesamtphänomen in den Blick zu bekommen, ist nicht nur ein Augenmerk auf die AkteurInnen auf der Bühne oder die Analyse ihrer Texte und Inszenierungen zu richten, sondern auch der Blick auf jene, die vor der Bühne stehen – die Fans und in erheblichem Maße die Faninnen – zu werfen. Die Rolle der (weiblichen) Fans nicht nur als passive Konsumentinnen, sondern auch als aktive Gestalterinnen ihrer Szene und ihres musikalischen Umfeldes wird später noch verstärkt an Bedeutung gewinnen. Mit *MTV* jedoch war eine erste zentrale Zugangsbarriere durchbrochen. Bands und Musikerinnen konnten nicht nur bei einem der seltenen (und teuren) Konzerte als kleiner Fleck auf der Bühne bewundert werden, sondern sie waren auch im eigenen Mädchenzimmer jederzeit visuell verfügbar, ihre Bildangebote konnten nach eigenem Belieben verwendet, umgedeutet, weiterentwickelt, verworfen oder neu zusammen gesetzt werden.[2]

2 In den 1980er-Jahren erlangten die Frauen auch eine stärkere Kontrolle über die Entwicklung ihrer eigenen Karriere und ihre medialen Repräsentationen. Während in den 1960er-Jahren bei den Girl-Groups das Management zentral die Fäden in der Hand gehalten hatte – vom Namen bis zur Bandbesetzung, übte auch noch in den 1970er-Jahren das Management einen starken Einfluss auf die Formen der medialen Repräsentation aus und unterwarf die Vermarktungsstrategien jenen Kriterien, die die Männer im Management als verkaufsversprechend definierten. So empörte sich etwa Debbie Harry über ein Foto von ihr in durchscheinender Bluse, von deren Transparenz sie nichts wusste. Das Foto hatte das Management zur Bewerbung der neuen Platte inseriert (Gaar 2002, S. 293).

Where Have All The Women Gone?

Mitte der 1980er-Jahre setzte eine Trendwende ein: Seltsam gestylte Männer mit langen, auftoupierten Haaren in engen Hosen und mit entblößter Brust standen breitbeinig auf der Bühne, schüttelten ihre Mähne und schlugen in faustkeilschwingender Manier auf ihre Gitarren ein: Metal eroberte die Musikszene und Bands wie *Bon Jovi, Aerosmith* oder *Van Halen* liefen Powerplay. Frauen konnten bei dem von Männern dominierten Machogehabe nur schwer mithalten: „Bis auf jene unterwürfigen Sugarbabes, die in den comicmäßigen Fantasievideos der Metal-Typen herum-

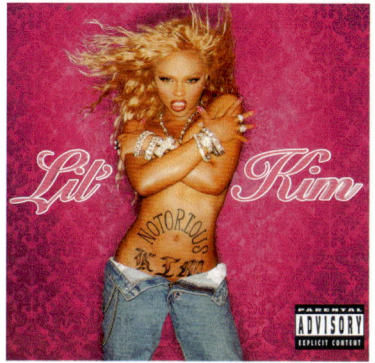  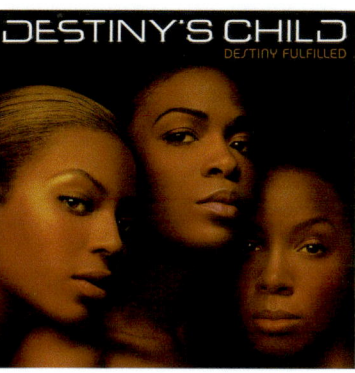

hingen, verschwanden die Frauen aus MTV. Zwischen 1986 und 1991 landeten nur 20 (von insgesamt 120) Frauenvideos in MTVs jährlichem Top-20-Countdown – und davon waren sieben von Madonna." (Zellers 1998, S. 130). Doch die Frauen blieben nicht passiv. Joan Jett verzeichnete als eine der wenigen Frauen im Metal, zum Beispiel mit der Hymne „I Love Rock'n'Roll" (1982), Chartsplatzierungen. Ihre ehemalige *Runaway*-Bandkollegin Lita Ford managte die britische Allfemale-Metalband *Girlschool,* und die US-amerikanische All-female-Metalrock-Band *Vixen* verkaufte ihr Debütalbum 1987 millionenfach. Doch während sich Metal zunehmend in Inhaltslosigkeit und Kraftmeierei verlor, entstand in den USA eine neue, rebellischere Jugendkultur: HipHop. Als Ausdruck einer marginalisierten, ausgegrenzten und machtlosen Generation von vornehmlich schwarzen Jugendlichen setzte HipHop auf die Kraft der Worte, und von Anfang an artikulierten auch junge Frauen ihr „Right to Party", wie es *Salt'n'Pepa* mit ihren chartsfreundlichen Hit „Push It" 1986 eindrucksvoll bewiesen. Musikerinnen wie Roxanne Shante oder LeShaun mit ihren explizit den Sexismus der Szene benennenden Songs oder Queen Latifah ebneten den Weg für eine ganze Generation nachfolgender MCs und DJs wie Sweet Tee und Jazzy Joyce, Missy Elliot, Lil' Kim, TLC oder Destiny Child.

In der feministischen Theoriebildung, die vor allem auf die geschlechtsspezifische Sozialisation und Themen der Reproduktion fokussierte, stand die weiße, heterosexuelle Mittelklasse-Frau im Zentrum, was in zunehmendem Maße als rassistisches und ethnozentristisches Konstrukt entlarvt und kritisiert wurde. Das Gleichheitspostulat des indifferenten Kollektivs ‚Wir Frauen' wurde durch differenztheoretische Ansätze durchbrochen. Die unterschiedlichen Lebensbedin-

  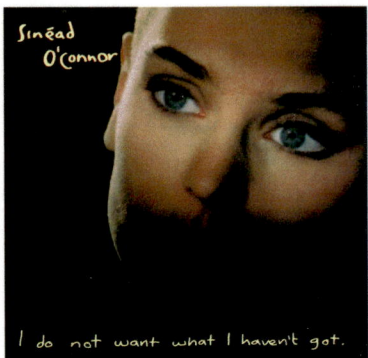

 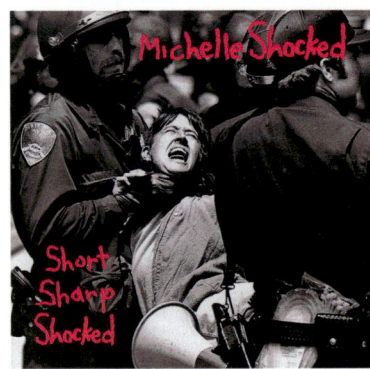 

gungen und Unterdrückungsverhältnisse von Frauen wurden in das Zentrum gerückt. Auch in der Musik fand diese Ausdifferenzierung der unterschiedlichen Lebensrealitäten ihren Ausdruck – was von den schwarzen Frauen im HipHop und von einer neuen Generation Singer-/Songwriterinnen bewiesen wurde. Die bekennend lesbische Countrymusikerin k.d. lang veröffentlichte 1984 ihr Debütalbum „A Truly Western Experience", Suzanne Vega stürmte mit ihrem Hit „Luka" und der Thematisierung von familiärer Gewalt die Charts, Tracy Chapman galt als Inbegriff des neuen politischen Protestsongs, Sinéad O'Connor verstörte als entrückte Schönheit mit kahl geschorenem Schädel und dem Spiel mit stimmlichen und inhaltlichen Provokationen das Publikum, 1986 trat die Extremvokalistin Björk als Sängerin der *Sugarcubes* erstmals in Erscheinung. Andere, stärker rockorientierte Musikerinnen wie Melissa Etheridge oder Michelle Shocked entwarfen weitere deviante Spielarten, die nicht in den Kanon einer einheitlich gefassten weiblichen Identität passten. Trotz beachtlicher Erfolge standen diese Musikerinnen in ihrem Auftreten und ihrer Performance im Kontrast zu jenem Programm, das sich zunehmend im Mainstream durchsetzte.

Die Charts und Videokanäle der frühen 1990er-Jahre waren von Popdiven dominiert, die ein makelloses Schönheitsideal und hoch polierte Sauberkeit repräsentierten. Extrem waren sie lediglich im Ausmaß ihres Einsatzes von Pailletten und Haarspray (Raha 2005, S. 152). Sängerinnen wie Whitney Houston, Mariah Carey, Janet Jackson oder Paula Abdul verkörperten den Typus der (sich-)selbstbewussten Sängerin, und die klassischen heterosexuell-orientierten ‚Frau-liebt-Mann-soooosehr-Lieder' wurden bis zur allgemeinen Bewusstlosigkeit geträllert. Massentauglich war das Durchkreuzen zu vieler Kategorien und Konstrukte mit Kombinationen oder Attitüden wie ‚weiblich plus schwarz plus lesbisch', ‚aggressiv' oder ‚dreckig' (noch) nicht, die Dämme mussten halten, um Erfolg versprechend zu sein. Perfektion wurde zum neuen Erfolgskriterium: eine tadellose Stimme, glamouröses Auftreten, makelloser Körper und minutiös getimte Tanzeinlagen. Der von Susan Faludis in ihrem Buch „Backlash" 1992 beschriebene gesellschaftliche Rekurs auf reaktionäre Bilder von Weiblichkeit fand hier seinen musikalischen Ausdruck. Tanz bzw. die Choreografie wurde zum integralen Bestandteil der musikalischen Darstellung – ein Umstand, der von vielen Mädchen in Jugendzimmern und Jugendzentren enthusiastisch aufgenommen wurde und – um hier auf einen durchaus emanzipatorischen Aspekt dieser Entwicklung hinzuweisen – die Mädchen kopierten begeistert die Tanzschritte. Sie fanden sich in Gruppen zusammen, probten und eroberten sich über diesen Umweg wieder den Weg zu den Bühnen, wenn auch über eine Verschiebung der die Perfektion verachtenden, Instrumente dreschenden DIY-Haltung hin zur disziplinierten, durchtrainierten Körperbeherrschung.

We Ain't No Rock'n'Roll Star

Doch in einem anderen musikalischen Bereich brodelte es gendermäßig ganz gewaltig. Während sich HipHop in seinen verschiedenen Ausprägungen zunehmend dem popkulturellen Mainstream annäherte, entwickelte sich der Grunge. Grunge und seine Rückbindung an die elementaren und reduzierten Formen des Rock'n'Roll sowie seine Verweigerungshaltung gegenüber einer konsumorientierten Massentauglichkeit bewirkte in mehrfacher Hinsicht eine Umkehr. Trotz der Erkenntnis, dass die Produktion des Populären nicht zu kontrollieren war, wie es *MTV* eindrucksvoll bewiesen hatte, und obwohl die Illusion, dass Pop ‚natürlich' progressiv sei, zu Grabe getragen wurde, existierte in einer verklärten, revolutionsromantischen Vorstellung immer noch die Idee, ‚Popkultur' *an sich* könne widerständig und subversiv sein: „Dieser Mythos wird im wesentlichen von weißen, mittelständischen Männern konstruiert, die für das Bild der Subversion ein romantisiertes Bild des *Wilden* in die urbanen Zentren verlagert haben." (Klein 2001, S. 24 f.) Die anhaltende Dominanz der Männer auch bzw. vor allem in der musikalischen Subkultur der Grunge-Ära schien zu weiten Teilen diesem Mythos geschuldet. Durch die Omnipräsenz des männlichen Körpers wurde dieser stillschweigend zur Norm, nicht aber zum Thema. Seine Inszenierungen blieben geschlechtslos, der männliche Körper trat lediglich als Vermittler des Inhalts auf – Motto: Es geht um Musik und um nichts anderes! Der weibliche Körper – sobald als ‚weiblich' sicht- und identifizierbar – wurde und wird hingegen immer zuerst zum Inhalt gemacht (Kiessling & Stastny 2006, S. 34). Im brüchigen Umfeld des Grunge wurden nun auch langsam die Inszenierungen von Männlichkeit mit Fragezeichen versehen – zumindest theoretisch. Eine neue Generation von All-female-Bands wie *L7, Babes in Toyland, Bikini Kill* oder *The Lunachicks* und Musikerinnen wie Courtney Love von *The Hole* konnten ihre Instrumente spielen und setzten gleichzeitig den körperlichen Markierungen qua Geschlecht eine offensive, politische und bewusst physische Performance entgegen: Vielschichtige durchbrochene Inszenierungen als bitch oder als dyke, als schoolgirl oder als vamp spielten mit den gängigen Vorstellungen von ‚bitch' oder ‚schoolgirl' und offenbarten deren projektiven Konstruktionscharakter. Eindimensionalität war nicht der Blick, der die Musikerinnen erfassen konnte, Widersprüche wurden zelebriert. Die Songs der Bands waren rau, krachend und gitarrenlastig und

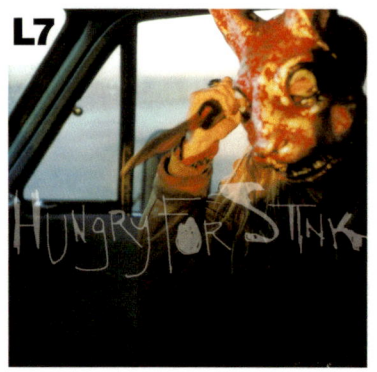  

ihre Texte waren, wenn nicht explizit feministisch, so doch stark an die realen Lebenswelten und Erfahrungen der Frauen gebunden und verweigerten die romantische Idealisierung des (heterosexuellen) Liebeskonstrukts gleichermaßen wie die Imagination einer schönen heilen Welt. Lieder über Freundinnen, die vergewaltigt und ermordet wurden, familiärer Inzest oder der alltägliche Sexismus waren Themen, bei denen es nichts zu beschönigen galt. „A riot grrrl won't take shit from anyone, she is strong, independent, and seemingly invulnerable, [...] a riot grrl can be anyone who is tired of a male dominated or sexcist world", definierten es die Riot Grrrls selbst.

Dem Netzwerkgedanken und dem Austausch zwischen Band und Publikum kam eine zentrale Rolle zu: Musikerinnen produzierten Fanzines, Faninnen organisierten Festivals, Musikerinnen betrieben eigene Plattenlabel, oder der Vertrieb von Platten und Musikkassetten wurde – in Ablehnung der großen Major-Labels – über alternative Kanäle wie Fanzines, eigene Radiosender und Festivals selbst organisiert. Die sich formierende Riot Grrrl-Bewegung speiste ihre Kraft und Wirkung vor allem aus ihrer Verwurzelung in einer großen Community, und Mädchen und junge Frauen inspirierten und motivierten sich gegenseitig produktiv zu werden. Das DIY-Credo des Punk fand seine Wiederbelebung, und Frauen nutzen diese Chance zur Selbstermächtigung, wenn auch nicht konfliktfrei.

„Die Pose tyrannischer, plündernder Omnipotenz ist purer Rock'n'Roll, die brave Selbstermächtigung nicht." (Press & Reynolds 1998, S. 164) Dieses Zitat ist zwar auf eine andere Generation von Musikerinnen gemünzt, bringt aber die Problematik von wilden, starken Frauen in der Rock- und Popmusik auf den Punkt. Sobald künstlerische Äußerungen von Frauen in der Rhetorik der Selbstermächtigung rezipiert werden, haftet ihnen der unangenehme Nimbus zeigefingerschwingender Aufklärungsarbeit an. Gleichzeitig war Diskriminierung und Ausschluss von Frauen immer noch konstitutiver Bestandteil des Rockbusiness. Wilder, härter, potenter als die Jungs zu sein erschien als eine Strategie, den Sonderstatus endlich abzuschütteln.

Doch auch die Independent-Szene selbst blieb von Sexismen und Gewalttätigkeiten gegen Frauen durchzogen. So erlebte Courtney Love 1992 bei einem ihrer Konzerte in London die ungehinderte männliche Aggression, als ihr das Publikum beim Stagediven die Kleider vom Leib riss und sie massiv bedrängte. „When she finally got back onto stage she was virtually naked

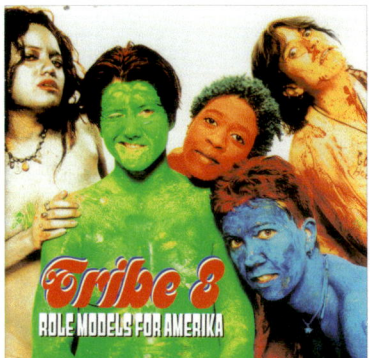  

and crying." (Joe Ambrose in *Moshpit,* zitiert nach Raha 2005, S. 157) Auch den Frauen im Publikum erging es mitunter nicht anders, die Diskrepanz zwischen dem Leben auf der Bühne und der Realität vor der Bühne schien unüberbrückbar. Dennoch setzte die Bewegung der Riot Grrrls eine Energie frei, die in der Gründung vieler weiterer Bands wie *Sleater-Kinney, Team Dresch,* später *The Butchies, Tribe 8* oder *Le Tigre* münden sollte. Auch die Ladyfeste, die erstmals 2000 in Olympia/USA stattfanden, 2003 Europa erreichten und bis heute ungebrochene Netzwerke für Musikerinnen, Fanzinemacherinnen, Faninnen und Interessierte sind, gehen direkt auf diese Bewegung zurück.

Als Nebenarm der musikalischen Entwicklung traten nun verstärkt wieder Solomusikerinnen oder Bands mit dominanten Frontfrauen in Erscheinung, die, wenn nicht explizit, so doch im Kontext der musikalischen Umbrüche der Riot Grrrl-Bewegung stehen. PJ Harvey veröffentlichte ihr Debüt 1992 und ließ mit Songzeilen wie „You Leave Me Dry" keinen Zweifel an einer unbefriedigenden Situation. Die isländische Musikerin Björk irritierte 1993 solo mit ihrem lyrisch-sirenenhaften Gesang, und Liz Phair rüttelte mit „Exile in Guyville" 1994 zumindest die einschlägige Fachpresse auf. Die schwarze Sängerin Skin der Band *Skunk Anansis* thematisierte in ihren Liedern ihre Erfahrungen mit Rassismus und ihre Liebe zu Frauen – und sie tat dies nicht mit einer Harfe in der Hand. Tori Amos durchbrach ein weiteres Tabu und besang 1992 in „Me and a Gun" ihre eigene Vergewaltigung. Die Frauen im Musikgeschäft waren präsent und erfolgreich, sie kreierten ihre eigenen Vorstellungen eines Images, und diese Vorstellungen waren so vielfältig wie unkonventionell, so fordernd wie provokant.

Let's Get Physical, Physica!

Während sich also im Independent- und Alternativbereich Frauen in Bands formierten und in Netzwerken und Labels zusammenschlossen, wurde in einem ungewöhnlichem Medienhype Mitte der 1990er-Jahre ein neues Mädchen- und Frauenbild inszeniert, das sich mit Minirock, Schnürstiefeln und kurzen Haaren wild entschlossen, selbstbewusst und frei von allen Zwängen ins Leben stürzte. Dass diese ‚Girlie-Power' – bravourös inszeniert und dargestellt von den 1994 ‚produzierten' *Spice Girls* – wenig bis nichts mit ihren Ahninnen aus der Riot Grrrl-Bewegung zu tun hatte, war klar. Übernommen wurde nur die Optik: offensives Körperselbstbewusstsein und

dessen Zurschaustellung. Gestrichen wurden der politische Kontext und der feministische Background. Stattdessen gab es arschwackelnde Auftritte, zurechtgeschnittene Images und einen passenden Habitus – in der Summe stand ‚Girl Power' für den Inbegriff der Konsumierbarkeit. Das Angebot an die Mädchen bestand in der Identifikation mit puppenhaften ‚hyperrealen' Weiblichkeitsbildern, je nach Geschmack sportlich, kindlich, wild, girlie- oder lady-like (Kailer & Bierbaum 2002). Es war eingetreten, was nicht anders zu erwarten war: Der Markt hatte die neuen Heldinnen vereinnahmt und in entschärfter Version dem begierigen Publikum vor die Füße gekotzt. Wie schnell subversives Potential vom Mainstream aufgesaugt wird, soll an dieser Stelle nicht beklagt, sondern nur wiederholt festgestellt werden: „Weibliche Unabhängigkeit hat den Common Sense durchdrungen, sie ist der Stoff für Frauen- und Mädchenzeitschriften, TV-Sitcoms und Radioprogramme", bemerkte die Theoretikerin Angela McRobbie da ganz richtig (McRobbie 1998, S. 281). Und ein durchaus kritischer Umgang mit dieser proklamierten Unabhängigkeit bzw. dem Spiel mit der Freiheit verweist wiederum auf die ständigen Rückbezüglichkeiten im Pop: Mit Bandnamen wie *Schlampen ficken besser*, *Die Braut haut ins Auge* oder *Die fabulösen Thekenschlampen* im deutschsprachigen Raum, Netzwerken wie *Die Fiesen Diven* und deren 2003 veröffentlichtem Sampler „Faster Tussicat Kill! Kill!" werden auf ironisch-affirmative Weise diese doppelten Aneignungsprozesse zum Ausdruck gebracht: Die Umstände sind nicht zum Lachen, aber wir wollen trotzdem unseren Spaß! Auch Fragen der Sexualität und Körperlichkeit werden offensiv, jenseits eines leidvollen Opferdiskurses verhandelt. So wirbelten *Die fabulösen Thekenschlampen* beim Covern des U2-Klassikers „Sunday bloody sunday" riesige Tampons durch die Gegend, gewiss nicht ohne dabei an die US-amerikanische Band *L7* zu denken.

Was sich heute zunehmend – vor dem Hintergrund TV-generierter Talentshows á la „Deutschland sucht den Superstar" oder „Starmania" – beobachten lässt, ist eine Vorstellung von Popmusik als Geschäft, das vom Talent und der Fähigkeit – also im

Girl Monster – Cover einer 3 CD's umfassenden Compilation mit Künstlerinnen seit den 1970er-Jahren. Chicks on Speed Records 2006.
www.girlmonster.net
www.chicksonspeed-records.com

weitesten Sinne von der Musikerin selbst – unabhängig ist. Die Musikerin wiederum kann jedoch mit hartem Training und Disziplin das Talent erlernen. Ein Rest an Persönlichkeit, die einen unterscheidbaren Glanz auf die junge Protagonistin werfen soll, wird zugestanden, wenn nicht sogar eingefordert. Das ist eine zynische, dem postfordistischen Leistungsgedanken entsprungene DIY-Ideologie, die wenig mit der Dilettantinnenphilosophie des Punk zu tun hat: Jede kann auf die Bühne, jede kann ein Star sein, just do it, just work for it! In Abgrenzung dazu existiert weiterhin ein Verständnis, das Musik als Ausdrucksform einer konkreten, individuellen Persönlichkeit oder eines Kollektivs begreift, die oder das sich nicht entlang der Ansprüche von Perfektionismus und Vermarktbarkeit, sondern als künstlerische Form und Begehrlichkeit eines subjektiven Bedürfnisses versteht – wobei es hier nicht um ‚Authentizität' geht. Musikerinnen wie Peaches oder Kevin Blechdrom, aber auch die österreichische Musikerin Gustav verweigern sich konsequent, nach ‚authentischen' Gesichtspunkten eingeordnet zu werden, vielmehr sind Irritation und Brüchigkeit ihre Praxis. Andere Bands wie *The Gossip* oder *Erase Errata* oder Musikerinnen wie Chan Marshall alias Cat Power oder Leslie Feist knüpfen wiederum verstärkt an ältere musikalische Traditionen an und definieren ihren eigenen Style of In- bzw. Convention. Und die Reihe ließe sich endlos fortsetzten …

The Final Countdown

Die Geschichte der Frauen in der Rock- und Popmusik ist keine, die sich linear entwickelte oder so verstehen ließe. Viele Stränge entwickelten sich parallel, in zyklischen Kreisen wurden musikalische Traditionen von späteren Generationen aufgegriffen, andere verworfen, neue Variationen ausprobiert und wieder andere neu belebt. In vielen musikalischen Ausdrucksformen lassen sich Anlehnungen an und Zitate aus frühere(n) Entwicklungen finden, keine Entwicklung kam je völlig geschichtslos daher. Kennzeichnend ist das Spiel mit den Strategien der Verwerfung und Verweigerung, mit Affirmation und Überaffirmation, die verschiedenen Praxen der Maskerade sowie der Selbsterfindung und -ermächtigung. Vielleicht ist ja, wie die US-amerikanische Feministin Camille Paglia 1994 behauptete, die zeitgenössische Musik – der Pop – zu ironisch, voll von überflüssigen postmodernen Spielchen, und seine Antithese – die Rockmusik – das Gegenteil von postmodern und demnach immer radikal und politisch, ein Hard-Rock, der dem Publikum die Schädel einschlagen will, wenn der Hochdruck im eigenen Schädel sämtliche Ventile aufpresst und sich eruptiv entlädt. Vielleicht sind die Strategien aber nur subtiler, ironischer und spielerischer geworden und die Antworten angemessener auf die unterschiedlichsten, normierenden und einengenden Verhältnisse, mit denen Frauen sich konfrontiert sehen.[3]

Hier soll keiner „bösartigen Idiotie, die vollkommene Anpassung an herrschende Verhältnisse als Bruch und Innovation zu inszenieren" (Diederichsen 2003, S. 12) das Wort geredet werden, aber die Entwicklungen von Frauen in der Rockmusik sind so vielseitig und unterschiedlich, dass hier nicht eine Entwicklung – als die Richtige – gegen eine andere ausgespielt werden kann. Natürlich bleibt überaus kritisch zu beobachten, welche Angebote und Möglichkeiten die momentan aktuellen weiblichen Ikonen der Popmusik ihren Hörerinnen an eigenständigen, neuen und innovativen Inszenierungen und Alternativen anbieten, aber Pop- und Rockmusik ist in erster Linie Unterhaltung – und nicht Aufklärungs- oder gar Erziehungsmittel. Und hier schließt sich wieder der Kreis: Pflicht einer Musikerin ist es, Musik zu machen. Und wenn sie es vermag, „Menschen zurück zu ihren Sinnen zu schleudern, und diese Musik bewirkt, dass sich die Menschen gut fühlen" – gut so!

[3] Fade sozialwissenschaftliche Fragestellungen wie nach der Vereinbarkeit von Musikerin- und Muttersein waren in poptheoretischen Diskurs nie *en vogue,* auch wenn einzelne MusikerInnen dies immer wieder kritisch thematisierten wie Bernadette La Hengst mit ihrem Lied „Rockerbraut & Mutter". Interessant wäre es trotzdem zu wissen, wie oft musikalische Karrieren von Frauen durch das Kinderkriegen langjährig unterbrochen, wenn nicht beendet wurden – sie scheinen einfach verschwunden und niemand weiß, warum, und man(n) fragt nur dumm, „ob es aus Musikerinnen bestehende Rockbands gäbe, die wenigstens ungefähr so lange zusammen spielten wie die *Rolling Stones"*. (Plesch 2004)

Literatur:

Aeckerle, Susanne (1980): Wild Women Don't Get The Blues. In: Klaus Humann & Carl-Ludwig Reichert (Hg.): Rock Session 4. Hamburg, S. 332–343.

Diederichsen, Dietrich (2003): Sexbeat. Köln.

Gaar, Gillian G. (2002): She's a Rebel: The History of Women in Rock & Roll. New York.

Groetz, Thomas (2001): No One's Little Girl. Post-Punk-Frauenbands: The Slits & The Raincoats. In: *Frauen.Kunst.Wissenschaft.,* Nr. 31, Juni 2001, S. 34–43.

Hirshey, Gerri (1998): Von Sirenen und Amazonen. Fünfzig Jahre Emanzipation und der Boom der neuen Weiblichkeit. In: *Rolling Stone,* Nr. 1, Januar 1998, S. 11–81.

Hölzl, Ute (2000): The Sweet Sound of Success. In: *Nylon.* Kunststoff für Feminismus und Popkultur. Wien, Heft 1, Juli 2000, S. 16–19.

Kailer, Katja & Anja Bierbaum (2002): Girlism. Feminismus zwischen Subversion und Auserkauf. Berlin.

Kiessling, Stephanie (2004): Pop goes Feminism. In: *Weiber.Diwan.* Wien, Sommer 2004, S. 3–5.

Kiessling, Stephanie & Nina Stastny (2006): Let's get physical. Körperinszenierungen zwischen Pop & Rock. In: Rosa Reitsamer & Rupert Weinzierl (Hg.): Female Consequences. Feminismus, Antirassismus, Popkultur. Wien, S. 33–43.

Klein, Gabriele (2001): I am one bad bitch. Image und Performanz in der Popkultur. In: *Frauen.Kunst.Wissenschaft.* Nr. 31, Juni 2001, S. 23–33.

McRobbie, Angela (1998): Muskelpakete und Schwänze. Zur Bedeutung von Girlie-Kultur. In: Anette Baldauf & Katharina Weingartner (Hg.): Lips, Tits, Hits, Power? Popkultur und Feminismus. Wien & Bozen, S. 274–284.

O'Brien, Lucy (1995/2002): She Bop II: The Definitive History of Women in Rock, Pop and Soul. London & New York.

Plesch, Tine (2004): Popmusikerinnen und Ladyfeste. Versuch einer Positionsbestimmung. In: IG Kultur Österreich (Hg.): *Zeitschrift für radikaldemokratische Kulturpolitik.* Wien, Nr. 02/04, oder auf: http://igkultur.at/igkultur/kulturrisse/1086766500/1087146907

Press, Joy & Simon Reynolds (1998): Who's that Girl? Maskerade und Herrschaft. In: Anette Baldauf & Katharina Weingartner (Hg.): Lips Tits Hits Power? Popkultur und Feminismus. Wien & Bozen, S. 158–169.

Rohkohl, Brigitte (1979): Rockfrauen. Hamburg.

Salzinger, Helmut (1982): Rock Power oder Wie musikalisch ist die Revolution? Hamburg.

Whiteley, Sheila (2005): Women and Popular Music. Sexuality, Identity and Subjectivity. London & New York.

Yun, Vina (2006): Cuchi-Chuchi! Salsoul-Disco zwischen Diva-Glam und Tits'n'Ass. In: Rosa Reitsamer & Rupert Weinzierl (Hg.): Female Consequences. Feminismus, Antirassismus, Popkultur. Wien, S. 157–167.

Zellers, Marcia (1998): Die Verwegenen und die Schönen. MTV lässt Frauen alles zeigen. In: Anette Baldauf & Katharina Weingartner (Hg.): Lips Tits Hits Power? Popkultur und Feminismus. Wien & Bozen, S. 126–135.

Barbara Stauber

Selbstinszenierungen junger Szene-Aktivistinnen – Gender-Konstruktionen in Jugendkulturen

In diesem Beitrag werde ich einige theoretische Überlegungen darüber anstellen, was in jugendkulturellen Selbstinszenierungen eigentlich passiert. Das heißt auch, diese Selbstinszenierungen in Beziehung zu den konkreten Anforderungen, mit denen Mädchen und junge Frauen in ihren Übergängen zum Erwachsensein konfrontiert sind, zu setzen. Diese lebensweltlichen Kontexte in den Blick zu nehmen, heißt zu fragen: Welche Bedeutung haben die Selbstinszenierungen von Mädchen und jungen Frauen im Hinblick auf diese (veränderten) Anforderungen? Ihre Bedeutung sehe ich vor allem darin, ein Kohärenzgefühl in unsicheren Übergängen herzustellen (Keupp et al. 1999). Mein Fokus liegt hierbei auf Geschlecht, das heißt ich frage danach, was dies unter der Gender-Perspektive bedeutet. Im letzten Abschnitt werde ich deshalb (Re-) Produktionen und Modifikationen von Geschlecht in den Selbstinszenierungen von Mädchen und jungen Frauen genauer betrachten. Dafür werde ich Beispiele aus meiner inzwischen schon etwas älteren Untersuchung zu jungen Aktivistinnen einer ländlichen Goa-Trance-Szene heranziehen (Stauber 2004).

Doing Gender: Die soziale Konstruktion von Geschlecht

Inwiefern werden in Jugendkulturen bekannte Gender-Konstruktionen reproduziert, modifiziert oder ganz infrage gestellt? Diese Frage rührt an ganz Grundlegendes im Nachdenken über Gender. Denn diese Frage impliziert bereits, Geschlecht als ein soziales Konstrukt zu verstehen, welches in Interaktionen immer wieder neu hervorgebracht wird, das heißt es muss in alltäglichen Interaktionsprozessen immer wieder bestätigt (validiert) werden (Gildemeister 2004).

Hier bietet sich ein kurzer Ausflug in die Ethnomethodologie an, die zentrale soziologische Grundfragen wie die nach der Sozialen Ordnung so aufgegriffen hat, dass sich damit vermeintlich Selbstverständliches grundsätzlich hinterfragen lässt. Anstatt also Geschlecht als etwas Selbstverständliches zu betrachten, fragt die Ethnomethodologie: Wie ist überhaupt Geschlecht als binäres Konstrukt möglich? Wie wird es hergestellt?

Die Frage dreht sich also um das ‚Doing Gender' – ein Konzept, das insbesondere auf die EthnomethodologInnen Candace West und Don H. Zimmerman zurückgeht, die in den 1980er-Jahren in den USA entscheidende Beiträge zu einer Debatte geleistet haben, die erst in den 1990er-Jahren im deutschen Sprachraum ernsthaft rezipiert wurde.

In ihrem grundlegenden Aufsatz „Doing Gender" von 1987 legen West und Zimmerman detailliert dar, was sie unter der sozialen Konstruktion von Geschlecht im Alltag verstehen. Demnach haben Menschen ihr ‚Geschlecht' nicht einfach von Natur aus oder durch Erziehung und Sozialisation und verhalten sich deswegen geschlechtstypisch, sondern sie orientieren sich vor allem am Wissen darüber, wie man sich als ‚Mann' oder ‚Frau' zu verhalten hat. Ein Verhalten, das aus der Beobachtungsperspektive als ‚männlich' oder ‚weiblich' gedeutet werden kann, wird damit zu einer interpretativen und interaktiven Leistung. Geschlecht als soziale Konstruktion ist also ein Merkmal von sozialen Situationen anstatt von Personen. Um die soziale Konstruktion von Geschlecht analytisch zu erfassen, unterscheiden West und Zimmerman zwischen

– der Geburtsklassifikation (Sex),
– der sozialen Zuordnung/Zuschreibung des Geschlechts (Sex-Category) und
– der intersubjektiven Validierung der Geschlechtskategorie in Interaktionsprozessen (Gender).

Letzterem – der ‚intersubjektiven Validierung' von Geschlecht – kommt hier eine besondere Bedeutung zu: Gemeint sind alltägliche Prozesse, in denen wir unser Geschlecht sozial darstellen und uns des Geschlechts der anderen versichern – in vielen alltäglichen Ritualen, die Männlichkeit bzw. Weiblichkeit inszenieren. Geschlecht (Gender) ist so gesehen das Resultat eines Verhaltens, das ständig der Geschlechtskategorie (Sex-Category) zu entsprechen sucht: „virtually any activity can be assessed as to its womanly or manly nature [...], to ‚do' gender [...] is to engage in behavior at the risk of gender assessment" (West & Zimmerman 1987, S. 136). Abgesichert werden die Prozesse des Doing Gender durch eine Vielzahl institutioneller Arrangements (Goffman 1982), die von relativ vagen Handlungserwartungen wie Vorstellungen über typisches ‚Mann-/Frau-Sein' – bis hin zu konkreten Interaktionsskripten wie Alltagsritualen, zum Beispiel die Regeln der ‚Höflichkeit', die soziale Kategorie ‚Geschlecht' im Alltag präsent halten (Gildemeister 2004). Es gibt also ein Hintergrundwissen zur Geschlechterdifferenz, das stets durch unser Handeln aktualisiert und reproduziert wird. Das Geschlecht begreifen wir aber in unserer Alltagslogik (und zumeist auch in der wissenschaftlichen) nicht als Produkt dieser Beziehung zwischen Handeln und Wissen, sondern als ‚stets natürlich gegeben' oder ‚einst in der Erziehung erworben'.

An der Annahme der Unvermeidbarkeit einer stetigen Geschlechtskonstruktion in jeglicher Interaktion wurde Kritik geübt. In der Tat kennen West und Zimmerman in ihrem ersten Aufsatz kein ‚Jenseits' dieser Geschlechtskonstruktion, das heißt ‚Mann' oder ‚Frau' stellen ihr Verhalten immer als das in unserer Kultur adäquate Verhalten eines Mannes oder einer Frau dar: „Doing Gender is unavoidable" (ebd., S. 137). Dies wurde von den AutorInnen später selbst relativiert (West & Fenstermaker 1995). Doing Gender kann in dieser Relativierung des Konzepts – und eigentlich seiner Erweiterung – hinter das ‚Tun' anderer Zugehörigkeiten zurücktreten, beispielsweise hinter ein Doing Race bzw. Ethnicity. Grundsätzlicher noch wurde das Konzept des Doing Gender von AutorInnen kritisiert, die auch ein Vergessen und Neutralisieren, ein Undoing Gender der Geschlechterdifferenz für möglich halten (Hirschauer 2001).

Die Aspekte einer performativen Etablierung von Geschlecht sind schwer zu erkennen, weil wir aufgrund der Alltäglichkeit unserer Erfahrungen dafür blind geworden sind. In unserer Alltagswahrnehmung ist Geschlecht eine stark essentialisierte Eigenschaft. Einmal erstellte Differenzen werden also naturalisiert und institutionalisiert.

Beobachtet werden können Prozesse der Herstellung von Geschlecht insbesondere in Situationen ihrer Infragestellung. So stützt sich die Erforschung des ‚Doing Gender' sehr stark auf Studien über Transsexuelle, also Personen, die im Laufe ihres Wandels erlernen (müssen), wie Gender in Interaktionen hergestellt und wahrgenommen wird.

Doing und Undoing Gender in jugendlichen Selbstinszenierungen

In jugendlichen Selbstinszenierungen passiert genau das: Hier wird Geschlecht immer wieder hergestellt und infrage gestellt. Dabei bedient sich die Geschlechterinszenierung eines breiten Repertoires an Strategien, die den heteronormativen Bereich oft überschreiten oder karikieren.

Inwieweit wird auch bei diesem Überschreiten oder Karikieren auf existierende Geschlechtervorstellungen zurückgegriffen? Inwiefern verweist das bewusst intendierte Undoing Gender in Queer-Szenen auch auf Genderismen als negative oder positive Bezugsrahmen?

Zunächst stellt sich jedoch die Frage: Was ist unter jugendlichen Selbstinszenierungen zu verstehen? Ich will hierunter eine Handlungspraxis verstehen, die Mädchen und Jungen, junge Frauen und Männer kollektiv oder individuell ausüben (Stauber 2004). Mit ihr erproben sie ihre Handlungsfähigkeit, und zwar unter immer neuen Kontextbedingungen, in wechselnden, manchmal aber auch über Phasen hinweg konstant bleibenden Selbstdarstellungen, das heißt in Bewegungs-, Körper-, Kleidungs- und Sprachspielen. Kollektiv bilden sie szenebezogene soziale Umgangsformen wie Begrüßungs-, Beschimpfungs- oder Berührungsrituale aus. So beziehen sie sich zum einen auf virtuelle oder reale Kollektive wie etwa Jugendkulturen, die alle ein eigenes Kodierungssystem entwickelt haben. Zum anderen vergewissern sie sich ihrer selbst, leisten also eine im Kontext der spät-modernen Ungewissheit immer wichtiger werdende Identitätsarbeit (Keupp et al. 1999). Und sie bringen damit zum Ausdruck, dass sie auf einer basalen Ebene verstanden haben, worum es in der späten Moderne geht: nämlich Flexibilität und Anpassungsbereitschaft zu zeigen, immer wieder in neue Rollen zu schlüpfen, neue Formen der Selbstpräsentation auszuprobieren, um Wirkung zu hinterlassen und sich zu spüren. Inwieweit sie damit Doing oder Undoing Gender betreiben, sei hier zunächst dahingestellt. Jedenfalls haben diese Selbstinszenierungen eine große Bedeutung für die Anforderungen an junge Frauen und Männer in ihren Übergängen ins Erwachsensein (Stauber et al. 2007).

Anforderungen im Übergang von der Jugend ins Erwachsensein

Was hat sich verändert in diesen Anforderungen? Die Übergänge junger Frauen und Männer ins Erwachsensein sind riskant geworden, sie sind an keiner Stelle mehr verlässlich. Stattdessen haben junge Menschen nahezu alle Themen, mit denen sie im Übergang sind, selbst zu bewältigen und selbst zu gestalten (Stauber & Walther 2004). Das fängt bei den Familienbeziehungen an, in denen veränderte Familienstrukturen zu erheblich mehr Selbstgestaltungs-Aufwand geführt haben, was für viele Mädchen und junge Frauen ganz klar eine Überforderung ist, weil sie es sind, die hier besonders gefragt und in Anspruch genommen werden. Das geht weiter in den ausbildungs- und berufsbezogenen Entscheidungsprozessen, für die oft der Entscheidungsraum fehlt. Und das ist bei der Gestaltung von eigenen Beziehungen und Freundschaftsnetzen im Übergang und der jugendkulturellen Verortung noch lange nicht zuende.

Der Sub-Text dieser Anforderungen ist dabei, Gender-Kompetenz zu erwerben, das heißt (verkürzt) die geschlechterbezogenen Zumutungen zu erkennen, um zu einem eigenständigen Umgang mit den Anforderungen, aber auch mit den Gestaltungsmöglichkeiten und Ressourcen, die die Geschlechterrollen bieten, zu gelangen. Auf diesen Punkt gehe ich hier etwas ausführlicher ein:

Sigrid Metz-Göckel und Christine Roloff haben Gender-Kompetenz als Schlüsselqualifikation definiert und bezeichnen damit das „Wissen, in Verhalten und Einstellungen von Frauen und Männern soziale Festlegungen im (privaten, beruflichen, universitären) Alltag zu erkennen und die Fähigkeit, so damit umzugehen, dass beiden Geschlechtern neue und vielfältige Entwicklungsmöglichkeiten eröffnet werden" (Metz-Göckel & Roloff 2002, S. 2). Auch wenn sich diese Schlüsselqualifikation hier vor allem auf Lehrkräfte und sonstige MultiplikatorInnen bezieht, so können wir sie an vielen Punkten für junge Frauen und Männer verallgemeinern. Sie ist einerseits wichtig, um existierende geschlechter- oder gruppenbezogene Zuschreibungen zu erkennen, also als soziale Konstruktionen zu de-chiffrieren. Andererseits ist diese Schlüsselqualifikation relevant, um zu lernen, offensiv mit diesen geschlechter- oder gruppenbezogenen Zuschreibungen umzugehen, sich also gegen solche Zuschreibungen und Zumutungen zu wehren und auch Gegenbilder zu diesen Zuschreibungen zu entwickeln. Das ist beispielsweise ein zentrales Übergangsthema für junge Frauen mit und ohne Migrationshintergrund. Gerrit Kaschuba und ich haben diese Form der Gender-Kompetenz im Zusammenhang mit medienpädagogischen Projekten untersucht und diskutiert (Stauber & Kaschuba 2006). Sie kann aber insofern verallgemeinert werden, als sie eine zentrale Schlüsselkompetenz im Aufwachsen von Jungen und Mädchen ist, deren Anforderungsstruktur häufig nicht offengelegt wird, sondern eher subkutan in vielen Anforderungen des Übergangs zwischen Jugend und Erwachsensein mitschwingt. Soll diese Aufgabe nicht völlig individualisiert verlaufen, dann braucht es für ihre Bearbeitung soziale Räume und Anregungsmilieus, in denen das (kritische) Thematisieren geschlechterbezogener Zumutungen einen Ort findet, genauso wie das Experimentieren mit unterschiedlichen Möglichkeiten, die Rolle eines Mädchens oder einer jungen Frau zu interpretieren und somit auch die Ressourcen und Potentiale auszuschöpfen, die hiermit verbunden sind. Dies kann pädagogisch angeleitet sein, in Jugendkulturen werden solche Räume informell organisiert.

Die Hauptanforderung in spät-modernen Übergängen besteht wohl darin, diese Anforderungen der verschiedenen Übergangsbereiche, die oft sogar noch einander widersprechen (zum Beispiel jugendkulturelle Zuordnung – Beginn einer Ausbildung) *gleichzeitig* zu bewältigen – und individuell So ist das erste Stichwort, mit dem die Bedingungen für heutige biographische Übergänge ins Erwachsensein charakterisiert werden können die Individualisierung.

Individualisierung

Viele dieser Übergangsthemen müssen Mädchen individuell bewältigen. Und sie müssen alles, was hierbei geschieht, nach außen, gegenüber Eltern und FreundInnen, aber auch nach innen, sich selbst gegenüber, vertreten und begründen. Mit diesem Zwang zur Selbstthematisierung und -begründung sind vergangene Generationen so nicht konfrontiert worden. Individualisierung – hier verstanden als die verstärkte Zumutung, Probleme selbst in den Griff zu bekommen, auch wenn die Ressourcen zur Problemlösung dem Zugriff der handelnden Subjekte immer mehr entzogen sind – ist zu einer Art Basisideologie der späten Moderne geworden. Dieses Phänomen ist uns allen schon so vertraut, dass wir es als gesellschaftliches kaum noch wahrnehmen. Es spiegelt sich in praktisch allen Facetten des sozialen Lebens wider, vor allem aber in den Argumentationsmustern, in denen sich Institutionen, Professionelle, aber auch die Mädchen selbst Gelingen oder Scheitern erklären. Wir alle hängen in der einen oder anderen Weise dieser Ideologie an, weil sie auch Bedürfnisse moderner Individualität anspricht: Bedürfnisse nach Handlungsfähigkeit, nach freier Entscheidungsmöglichkeit oder nach Selbstgestaltung.

Soziale Ungleichheit

In einem Atemzug mit der Individualisierung wird häufig das Ende von sozialer Ungleichheit behauptet. Soziale Ungleichheiten sind aber durch die Prozesse der Individualisierung nicht aus der Welt, sie sind nur nicht mehr so sichtbar, nehmen andere Formen an und werden anders interpretiert – subjektiv wie gesellschaftlich. Vor allem in Deutschland ist keineswegs von einem Ende der sozialen Ungleichheiten auszugehen. Das haben die PISA-Untersuchungen deutlich gezeigt: Gerade im deutschen Bildungssystem besteht ein im internationalen Vergleich sehr enger Zusammenhang zwischen sozioökonomischen Grundausstattungen und Bildungschancen. Biographische Gestaltungsmöglichkeiten hängen hierzulande wiederum extrem stark von diesen Bildungschancen ab.

Mangel an effektiven Unterstützungsangeboten

Die Individualisierung der Übergänge kommt auch darin zum Ausdruck, dass Mädchen und junge Frauen von Seiten öffentlicher Institutionen häufig keine wirkliche, lebensweltlich stimmige Unterstützung erwarten können (Walther et al. 2006). Es gibt eine Diskrepanz zwischen den vielfältigen subjektiven Bewältigungs- und Gestaltungsanforderungen einerseits und einem eindimensionalen institutionellen Zugang institutioneller Unterstützungsformen andererseits. So haben viele berufsbezogene Beratungsmöglichkeiten, aber auch viele Angebote der Jugendhilfe zu wenig im Blick, wie sehr die verschiedenen Lebensthemen, mit denen sich Mädchen im Übergang befinden, zusammenspielen und sich gegenseitig beeinflussen und dass zum Beispiel Unterstützungsangebote auch jugendkulturell, im Rahmen der Peers, legitimierbar und vertretbar sein müssen. Problemlagen werden also auch durch mangelnde passende Unterstützungsangebote individualisiert.

Selbstorganisation

Selbstorganisation wird zu einem Oberbegriff für die Bewältigung entstandardisierter Übergänge (Hurrelmann 2003). Das heißt, dass bestimmte Management-Kompetenzen wie Zeit-, Beziehungs-, Lern- oder Motivationsmanagement schon früh in Kindheit und Jugendalter Einzug halten. Spätestens als Schülerinnen müssen aber Mädchen lernen, mit dem *Planungsparadox* biographischer Übergänge kompetent umzugehen, das heißt mit der Tatsache, dass ihnen zwar einerseits die bewusste Planung ihrer nächsten Schritte als wichtige Handlungsstrategie nahegelegt wird, und zwar von sämtlichen Institutionen des Übergangssystems wie Schule, Jugendhilfe oder amtlicher Berufsberatung, deren Vertreterinnen und Vertreter sie dazu anhalten, alles dafür zu tun, um ihre Übergänge mit den bestmöglichen Planungsvoraussetzungen auszustatten. Andererseits müssen sie aber permanent Kontingenzerfahrungen machen, also realisieren, wie wenig planbar diese Schritte tatsächlich geworden sind, wie sehr sie – zumindest aus ihrer Perspektive – vom Zufall oder gar der Willkür anderer abhängig sind. Das Gefühl einer grundlegenden Ungewissheit ist hier greifbar – ein in unserem Kulturkreis höchst bedrohliches Gefühl.

Für die meisten Mädchen und jungen Frauen sind die genannten Anforderungen deshalb eine Überforderung, weil sie sich systematisch und strukturell an den konkreten Bedingungen und Möglichkeiten des Aufwachsens reiben, vor allem an den verfügbaren Lebensperspektiven. In der *Perspektivlosigkeit* zeigt sich wohl der krasseste Wandel in der Lebenssituation und im Lebensgefühl der heutigen jungen Generation.

Heiner Keupp und MitarbeiterInnen erachten in ihren Untersuchungen zur jugendlichen Identitätsarbeit (Keupp et al. 1999) den Erwerb eines Gefühls von Kohärenz für ganz zentral. Der Begriff des *Kohärenzgefühls* stammt von Aaron Antonovsky, einem US-amerikanisch-israelischen Medizinsoziologen, der in seinem Ansatz danach gefragt hat, was Menschen gesund hält. Er hat also – ganz im ethnomethodologischen Sinne einer Hinterfragung des Selbstverständlichen – nicht nach Krankheit und ihren Ursachen gefragt, sondern nach dem vermeintlich Normalen: der Gesundheit und ihren Entstehungsbedingungen (Salutogenese, Antonovsky 1987).

Nach Antonovsky sind drei Komponenten für das Kohärenzgefühl zentral:
– zum einen die *Verstehbarkeit* der Welt und ihrer Herausforderungen,
– zum zweiten die *Handhabbarkeit* dieser Anforderungen,
– und schließlich die *Sinnhaftigkeit,* das heißt inwiefern es die Umstände ermöglichen, das Leben als sinnvoll einzuschätzen. Dies alles sollte sich in Kindheit und Jugend soweit gebildet haben, dass die weiteren Anforderungen im Lebenslauf einigermaßen zu bewältigen sind.

Hier schließt sich der Kreis zu den Selbstinszenierungen: Mein Grundgedanke ist, dass Mädchen und junge Frauen in einer Zeit aufwachsen, die subjektiv, aber auch gesellschaftlich von Unsicherheit, Unplanbarkeit und Perspektivlosigkeit geprägt ist, in der also Verstehbarkeit, Handhabbarkeit und Sinnhaftigkeit zwar wesentlicher, aber gleichzeitig auch fragiler geworden sind.

In dieser Zeit wird Kohärenz immer wichtiger. Gleichzeitig aber kann in dieser Zeit nicht mehr erwartet werden, dass sich Kohärenzgefühle einfach so mit dem Älterwerden entwickeln oder aufgrund von äußeren Ereignissen entstehen. Das heißt also für Mädchen zu realisieren, dass sie sich dieses Kohärenzgefühl selbst schaffen müssen. Sie müssen also ein Kohärenzhandeln entwickeln und dies tun sie in ihren Körperkulturen, in ihrem Umgang mit Drogen aller Art und in ihren Selbstinszenierungen, innerhalb und auch außerhalb von Jugendkulturen.

Diese Selbstinszenierungen stehen in gewisser Weise für sich, aber sie erfüllen vor dem Hintergrund der riskanter werdenden Übergänge auch ganz bestimmte Funktionen:

Über jugendkulturelle Selbstinszenierungen verschaffen sich Jugendliche (beiderlei Geschlechts)

- Handlungsfähigkeit: Hier können sie tatsächlich relativ frei über ihre Handlungspotentiale verfügen, können provozieren, können sich abgrenzen, können sich als selbstwirksam erleben;
- Zugehörigkeit: Über diese Selbstinszenierungen setzen sie sich zu realen Gruppen oder zu virtuellen Kollektiven in Beziehung; jedes Element dieser Inszenierung kann dabei für einen solchen Bezug stehen;
- Sinnhaftigkeit: Handlungsfähigkeit und Zugehörigkeit vermitteln – wenn vielleicht auch nur kurzfristig – Sinn.

Es ist nur konsequent: Wenn sich viele Probleme und Anforderungen im Übergang nicht mehr real lösen *lassen,* dann muss auf anderen Ebenen nach Lösungen gesucht werden – sei es die symbolische Ebene der jugendkulturellen Ausdrucksformen oder sei es die Ebene der imaginären Lösungen (Helfferich 1994). Mit ihnen verschwinden die Probleme zwar nicht, aber zumindest lässt sich so ein Umgang mit ihnen schaffen.

Es geht also bei den Selbstinszenierungen um etwas. Es geht um sehr viel: *Es geht um Kohärenz in entscheidenden biographischen Phasen.*

Selbstinszenierungen in einer ländlichen Techno-Szene

Inwieweit wird nun über die jugendkulturellen Selbstinszenierungen Geschlecht produziert, reproduziert, modifiziert? Diese Frage lässt sich überhaupt nicht einheitlich beantworten. Hier gibt es sowohl zwischen jugendkulturellen Szenen als auch innerhalb derselben große Unterschiede.

Den jungen Frauen, die ich im Zuge meiner Untersuchung einer ländlichen Techno-Szene befragt habe, ist gemeinsam, dass sie die Zuordnung zum weiblichen Geschlecht durch ihre körperliche Inszenierung nicht in Frage stellen. In ihrer Haltung zum Doing Gender in der Szene sind sie jedoch sehr unterschiedlich.

So reagiert Lila auf die Frage, ob in der Techno-Szene eher ‚neue' oder andere Männer zu finden sind, eher gereizt und spricht sich dezidiert gegen jegliche Zuschreibungen nach Geschlecht und Szene aus:

„Das hat gar nichts mit der Szene zu tun, das ist *echt* Charaktersache. Weil – ich hab' einen Freund, der brutal fürsorglich ist, der für mich kocht [...], er ist eigentlich der typische Familienvater. Dann kenn' ich aber auf der andern Seite auch so die Jungs, die die vollen Ego-Schweine sind, die zwar schon seit Jahren mit ihrer Freundin zusammenleben, sie ,heiß und innig lieben', aber nix in der Küche machen, keinen Müll rausbringen, überhaupt nix, nur ihr eigenes Ding irgendwie, keinen Haushalt, nichts – das ist Charaktersache, echt." (Lila, 22 Jahre)

Lila sieht zwar ein paar „gute Beispiele", auch in der Techno-Szene. Doch dies heißt für sie noch lange nichts. Sie will sich auf jeden Fall einen Freiraum für ihren kritischen Standpunkt bewahren:

„Man sieht zwar in X und auch in Y [große Raves] viele junge Pärchen, die mit ihren kleinen Kindern kommen, die vielleicht in der Hinsicht anders sind, als sie ihre Kinder miteinbeziehen oder sagen: ,Trotz meiner Kinder unternehm' ich was, und das kann für meine Kinder auch schön sein'. Da zeigt sich vielleicht mehr der Familienvater, der es auch akzeptiert: mit Kind und trotzdem leben und nicht so borniert, so: ,boh, Kind, jetzt geht gar nichts mehr'. Sondern die versuchen, alles unter einen Hut zu bringen. Aber sonst: Das ist echt Charaktersache. – Das fände ich echt hart, wenn man das auf eine bestimmte Szene beschränken wollte, wie die Leute sind. Da wär' ich völlig dagegen sowas auszusagen. Das wär' auch falsch. Dann hätte man nur noch nette Leute in der Techno-Szene, nur noch fürsorgliche Männer." (Lila, 22 Jahre)

Lila wehrt sich gegen die Festlegungen und Problemzuschreibungen, die sie mit der Geschlechterthematik verbunden sieht: Geschlecht als Problemperspektive wird einerseits abgelehnt, ihrer Meinung nach ist es keineswegs so, dass Frauen mit strukturellen Hürden zu rechnen haben; andererseits ist es aber auch keineswegs so, dass jetzt zum Beispiel generell mit anderen Männern in der Techno-Szene zu rechnen wäre. Das alles ist ihres Erachtens viel zu stark verallgemeinert. Sie will es differenzierter. Sie will eben auch sagen können, dass es auch in ihrer Szene üble Machos gibt. Insofern sichert sie sich mit ihrer Weigerung einen eigenen Raum für Kritik jenseits des bekannten Diskurses ,Geschlechterhierarchie'.

Anders Blume: Für sie ist zunächst einmal „alles easy", zum Beispiel in der Arbeitsteilung auf den Parties:

„Ja, das geht irgendwie immer alles so ganz von alleine, weißt. Du hast halt viele Kumpels, der macht das und der macht das, und dann passt's halt immer irgendwie." (Blume, 31 Jahre)

Im Verlauf des Gesprächs kommt sie dann aber darauf, dass diese Arbeitsteilungen durchaus nicht geschlechtsneutral sind:

„Ja, es ist zum Beispiel auch oft so, dass die Mädels dann Theke machen, das sind dann meistens Mädels. An der Kasse sitzt mal der und mal der, je nachdem. Ja, und Kaffee und Tee

kochen, morgens, das machen auch meistens die Mädels, wenn ich mir's recht überleg'."
(Blume, 31 Jahre)

Die Interviewgeschichte mit Blume gibt Aufschluss darüber, dass Geschlechterhierarchien ein verdecktes Konfliktmuster sind, das nicht so recht ins persönliche Selbstbild und ins Selbstbild einer Gruppe passen will, das aber mit einem entsprechenden Blickwinkel durchaus deutlich werden kann. So entdeckt Blume, deren anfängliches Urteil zum Geschlechterverhältnis in der Szene „alles easy" lautet, im Laufe des Interviews neben den positiven Entwicklungsmöglichkeiten, die die Szene für sie als Frau hat, auch einige Aspekte, die durchaus noch oder wieder eine hierarchische Struktur in sich tragen: vor allem die Arbeitsteilungen auf den Parties, die Dominanz der Männer bei der Technik, die nicht unwichtig ist für den Status, den sie in der Gruppe haben: „jaja, so: ich check das, dann control ich das auch".

Andererseits stellt sie fest, dass es für sie durchaus etwas Besonderes und Schönes ist, mal auf den Sound einer DJane zu tanzen:

„Das ist zum Beispiel ziemlich typisch: Es gibt wenig weibliche DJ's. Also in Berlin, das war echt lustig, da hat eine Frau aufgelegt, die kenn' ich noch von Indien, Yara heißt die, die ist ziemlich wild, eigentlich ist sie Iranerin, die aber seit zehn Jahren in Berlin wohnt. Also ein total nettes Mädchen. Und die treff' ich ständig. Die habe ich in Indien kennen gelernt, und dann hab' ich sie in Hamburg mal getroffen, dann mal in Berlin, und immer hin und her. Und die hat jetzt auf der Party auch aufgelegt, und das fand ich echt klasse: mal so ein weiblicher DJ, das kam schon gut, sonst sind's meistens Typen […] Manchmal denkt man gar nicht so drüber nach." (Blume, 31 Jahre)

Blume lässt sich quasi auf die Sichtweise ‚Geschlecht' ein, fängt an, Situationen zu überprüfen, und findet plötzlich hier und da Anhaltspunkte für die Relevanz von Geschlecht. Deutlich wird hieran, dass Geschlechterhierarchien als (modern) verdeckte Themen zu behandeln sind, die erst einmal aufgedeckt werden müssen, weil sie nicht nur ideologisch, sondern auch durch eigene Ansprüche – individuell sowie als Szene – verstellt sind.

Das dritte Beispiel ist Su. In der (retrospektiven) Reflexion erkennt sie, welchen Beitrag die Geschlechterinszenierungen zur Identitätsarbeit leisten.

„Was ich jetzt denke, was generell bei Männern und bei Frauen irgendwie sich in der letzten Zeit verändert hat ist, dass früher die Leute wesentlich cooler waren, und es ist momentan in M. [Kreisstadt] immer noch sehr verbreitet, dass man cool sein muss. Das heißt man darf nicht so viel lachen, man darf sich nicht verletzlich zeigen zum Beispiel. Und da hat sich das mittlerweile gewandelt, also dass ich merke, dass ich glaube ich deswegen auch so leicht Menschen kennen lerne, weil ich eben keine Maske auf habe, weil ich nicht cool bin, im Gegenteil, ich bin manchmal ziemlich uncool, aber [ich] stehe dazu und ich mache mich verletzlich. [...] Und da, wenn man da von einem Trend sprechen kann, glaube ich, geht es immer mehr dazu, einfach mal endlich nicht mehr cool zu sein. Und das bedeutet halt auch vielleicht ein bisschen, dass auch Männer und Frauen ihre Rollen ein bisschen ablegen dürfen oder so, mehr als früher, dass Frauen stärker sein dürfen, und Männer schwächer." (Su, 24 Jahre)

Su beschreibt hier die Spielräume, die eine jugendkulturelle Szene der (Geschlechter-)Inszenierung bietet. Sie beschreibt, was vorher unter Geschlechterkompetenz gefasst wurde: bestimmte Zumutungen an das Weiblich- bzw. Männlich-Sein (coolness) zu erkennen und Alternativen hierzu zu entwickeln. Deutlich wird in ihrer Reflexion auch, dass diese Selbstinszenierungen bei weitem mehr sind als eine Präsentation nach außen: Hier wird ganz aktiv (und reflexiv) Kohärenz (im Sinne Antonovskys) hergestellt.

Schlussbetrachtungen

Mädchen und junge Frauen in jugendkulturellen Szenen sind in vielfacher Hinsicht Trendsetterinnen, nicht zuletzt auch dafür, wie Geschlechterrollen neu interpretiert und moduliert werden können. Vordergründig spielt sich dies auf der Ebene der Selbstinszenierungen ab, für die sich Jugendkulturen ihre je eigenen Bühnen schaffen. In den vielfältigen Forschungsarbeiten zu jungen Frauen in Jugendkulturen zeigt sich jedoch, wie sich diese Mädchen und jungen Frauen darin auch Räume für Reflexionsprozesse schaffen. Egal, wie junge Frauen dabei zum ‚feministischen Projekt', besser: zu den unterschiedlichen feministischen Strömungen stehen – sie setzen sich sehr wohl mit Fragen der Geschlechterinszenierung, des Modulierens und Variierens von Geschlecht auseinander. Und indem sie reflektieren, schaffen sie Kohärenzen zwischen vermeintlich Widersprüchlichem oder Disparatem. Hier geht es um nichts Geringeres als um biographische Aneignungsprozesse, um biographische Arbeit.

Die Frage, um die ich aus sozialpädagogischer Perspektive nicht herumkomme, ist, was diese Beobachtung von Gender-Kompetenz, Kohärenzhandeln und biographischer Arbeit in informellen Räumen für Mädchen und junge Frauen bedeutet, denen die sozialen und ökonomischen Ressourcen sowie die Bildungs-Ressourcen fehlen, um sich solche Räume selbst zu organisieren. Auch wenn ich hier nicht den Anspruch verfolge, pädagogische Konzepte zu entwickeln, so lassen sich meines Erachtens aus der (sozial-)pädagogischen Perspektive mindestens drei Konsequenzen aus dem Gesagten ziehen:

Zum einen muss sich jede Art der unterstützenden Arbeit (Jugendhilfe) oder der Bildungsarbeit zunächst des Potentials dieses Kohärenz-Handelns bewusst werden. In einer Zeit, in der häufig öffentlich über die Motivationslosigkeit und Lern-Unlust von Jugendlichen geklagt wird, ist in ihren jugendkulturellen Selbstinszenierungen ein riesiges Motivations- und Lern-Potential zu entdecken – gerade auch in der Geschlechterdimension. Dieses Potential sollte anerkannt werden.

Zum Zweiten sollte dieses Potential aufgegriffen werden, ohne es zu kolonialisieren. Das kann nur dann erfolgen, wenn sich PädagogInnen der Bedeutung dieses Inszenierungshandelns als

Kohärenzhandeln bewusst werden und ihre Angebote auf dieser tieferliegenden Ebene der Ermöglichung von Kohärenzerfahrungen ansiedeln. Erst dann können sie anfangen, Räume und Bühnen für die Herstellung von Handlungsfähigkeit, Zugehörigkeit und Sinn zu schaffen, ohne die jugendkulturellen Eigensinnigkeiten und Eigenproduktionen zu imitieren oder zu kopieren. Anregungsmilieus und Gelegenheitsstrukturen sind hier die zentralen Stichworte für eine Pädagogik, die nicht nur im Bereich der Offenen Jugendarbeit stattfinden muss.

Zum Dritten ist jedes Unterstützungs- und Bildungsangebot, das Kohärenzerfahrungen ermöglichen will, so partizipativ anzulegen, dass die Konkretisierung dessen, womit die genannten Räume gefüllt und Gelegenheitsstrukturen genutzt werden, von den Mädchen und jungen Frauen selbst vorgenommen werden kann. Gender-Kompetenz auf Seiten der Professionellen ist dann gefragt, um Lernpotentiale, die hier in der Geschlechterdimension entstehen, aufzugreifen und zu Kohärenzerfahrungen zu machen.

Literatur:

Antonovsky, Aaron (1987): Unraveling the Mystery of Health. San Francisco.

Gildemeister, Regine (2004): Doing Gender – Soziale Praktiken der Geschlechterunterscheidung. In: Ruth Becker & Beate Kortendiek (Hg.): Handbuch Frauen- und Geschlechterforschung. Wiesbaden, S. 132–140.

Goffman, Erving (1994): Interaktion und Geschlecht. Frankfurt & New York. [im Original 1982]

Helfferich, Cornelia (1994): Jugend, Körper und Geschlecht. Opladen.

Hirschauer, Stefan (2001): Das Vergessen des Geschlechts. Zur Praxeologie einer Kategorie sozialer Ordnung. In: Bettina Heintz (Hg.): Geschlechtersoziologie. *Kölner Zeitschrift für Soziologie und Sozialpsychologie,* Sonderheft 41/2001. Wiesbaden, S. 208–235.

Hurrelmann, Klaus (2003): Der entstrukturierte Lebenslauf. Die Auswirkungen der Expansion der Jugendphase. In: *Zeitschrift für Soziologie der Erziehung und Sozialisation, 23* (2), S. 115–126.

Keupp, Heiner, Thomas Ahbe, W. Gmür, Renate Höfer, B. Mitzscherlich, W. Kraus & Florian Straus (1999): Identitätskonstruktionen: das Patchwork der Identitäten in der Spätmoderne. Reinbek.

Metz-Göckel, Sigrid & Christine Roloff (2002): Genderkompetenz als Schlüsselqualifikation: www.medien-bildung.net/pdf/themen_seiten/metz_goeckel_roloff.pdf [Zugriff am 22.01.2007]

Stauber, Barbara (2004): Junge Frauen und Männer in Jugendkulturen – Selbstinszenierungen und Handlungspotentiale. Opladen.

Stauber, Barbara & Gerrit Kaschuba (2006): Dem Verhältnis von Medienkompetenz und Gender-Kompetenz auf der Spur – Anregungen aus einer Evaluation medienpädagogischer Projekte. In: Annette Treibel, Maja Maier, Sven Kommer & Manuela Welzel (Hg.) : Gender medienkompetent. Medienbildung in einer heterogenen Gesellschaft. Wiesbaden, S. 327–341.

Stauber, Barbara, Axel Pohl & Andreas Walther (Hg.) (2007): Subjektorientierte Übergangsforschung. Rekonstruktion und Unterstützung biografischer Übergänge junger Erwachsener. Weinheim.

Walther, Andreas, Manuela du Bois-Reymond & Andy Biggart (2006): Participation in Transition. Motivation of Young Adults in Europe for Learning and Working. Frankfurt a. M.

West, Candace & Don H. Zimmerman (1987): Doing Gender. In: *Gender & Society,* 2/1, pp. 125–151.

West, Candace & Sarah B. Fenstermaker (1995): Doing Difference. In: *Gender & Society,* 1/9, pp. 8–37.

Gothic
Visual kei
Riot Grrrls und
Ladyfeste

Mädchen und junge Frauen in ,femininen' Jugendszenen

Marco Höhn

„Das erste Konzert, das ich gesehen habe, live jetzt, von einer japanischen Band, war *Dir en grey,* und da waren auch einige Leute, also über 1000 auf jeden Fall, das war in Berlin damals. Ich bin erstmal reingekommen und wirklich fast alle Mädels waren jünger als ich [sie war damals 18] und auch ziemlich klein, und da stand ich dann in der Menge und dachte mir, ‚Ok, das wird so ein Konzert sein wie auf einem Festival, Gothic-Festival oder so‘, und dann kommt die Band auf die Bühne und auf einmal fangen die alle an zu kreischen, ich dachte mein Trommelfell platzt, und dann waren die da am heulen, die Mädels, am zittern und die sind fast alle in Ohnmacht gefallen.“ (Lea, 20 Jahre)

Visual kei

Eine mädchendominierte Jugendkultur aus Japan etabliert sich in Deutschland

Promo-Bild der japanischen Visual-kei-Band *AYABIE*

„Die Jugendkultur ist überflüssig geworden, weil alles Jugendkultur ist." (Matussek & Oehmke 2007, S. 138) Zu diesem gewagten Zwischenresümee kam *Der Spiegel* jüngst in einem Rückblick auf die gesellschaftlichen Umbrüche der Jahre 1967/68 in Deutschland, worin die Autoren behaupten, dass Jugendkulturen im Zuge des generationenübergreifenden Siegeszuges der Populärkultur und des Verlusts von „Protestkultur" in den vergangenen 30 Jahren an Bedeutung eingebüßt haben. Hier scheint *Der Spiegel* eines außer Acht zu lassen: Jugend ist selbstverständlich keine anthropologische Konstante und deshalb natürlich ‚anders‘ als 1967, sie muss allerdings vor allem eine Aufgabe immer wieder neu erfüllen: die (Er)findung und Ausbildung einer individuellen wie kollektiven Identität in einer Art Selbstsozialisation (vgl. Fromme et al. 1999). Dabei ist Distinktion gegenüber Eltern und anderen Jugendlichen der entscheidende Faktor, in dem sich immer wieder die Bedeutung neuer Jugendszenen zeigt. Die Dynamik auf dem Markt der Jugendkulturen bringt fortlaufend neue Szenen hervor, die selbst populärkulturell sozialisierte Eltern vor große Rätsel stellen und so erfolgreich zur Abgrenzung beitragen. Eine dieser neuen, exotischen und merkwürdigen Jugendszenen, die sich zugleich deutlich von bisherigen, eher westlich orientierten Jugendkulturen unterscheidet, ist das originär japanische Phänomen Visual kei.

Entwicklung und Fokus

Visual kei (vijuaru kei) lässt sich in etwa als ‚optisches System‘ oder ‚visuelle Herkunft‘ übersetzen. Visual kei ist eine Art Sammelbegriff, der sämtliche im Folgenden aufgeführte Szeneaspekte wie Musik, Outfit, Medien, Symbole oder Rituale umfasst. Im Kern dieser Szene steht der J-Rock oder J-Pop, der wiederum ein Sammelbegriff für populäre japanische Musik ist und viele unterschiedliche Musikstile wie Pop, Glam, Rock, Punk, Gothic oder Metal und sogar Anleihen aus traditioneller japanischer Musik umfasst.[1] J-Rock entstand schon in den 1980er-Jahren in Japan und wurde dort in den 1990er-Jahren mit der Etablierung einiger Stars und ihrer Bands sehr erfolgreich. Musikalisch geprägt wurden J-Rock-Bands vom westlichen Glam-Rock, zum Beispiel von *Twisted Sister* oder David Bowie, von Batcave und Deathrock, hier zum Beispiel von *Alien Sex Fiend* oder *Siouxsie & The Banshees,* von New Wave, beispielsweise *Visage* und auch von Post-Punk-Bands wie *Sigue Sigue Sputnik*. Dieser so entstandene musikalische Genre-Mix führt seitdem sogar dazu, dass J-Rock-Bands auf einem einzigen Album sehr verschiedene, teilweise von Lied zu Lied unterschiedliche Musikstile präsentieren:

„Es ist anders als amerikanische Musik, halt auch durch die Sprache und die Stimmen zum Beispiel jetzt. Japaner haben ja auch unglaublich tolle Stimmen, ganz anders halt als irgendwie Europäer oder so und haben einen Ausdruck, was irgendwie kein anderer hat. Vor allem, weil auch überhaupt die Musik in der Visual kei-Szene sehr verschieden ist ne, und da findest du eigentlich immer was Neues, und die Bands sind völlig anders, völlig verschieden auch vom Stil her, und das interessiert mich einfach." (Martina, 20 Jahre)

Der Haupteinfluss in der Entwicklung von J-Rock-Bands wie *X-Japan* (1997 aufgelöst), *Malice Mizer* (2001 aufgelöst), *Dir en grey, Moi dix Mois* oder *D'espairs Ray* lag dabei aber nicht im

[1] Im Folgenden wird der Einfachheit halber nur der Begriff J-Rock verwendet, auch wenn sich mittlerweile weitere Musikstile wie Ero guro oder Angura kei aus dem allgemeinen J-Rock entwickeln.

musikalischen, sondern vielmehr im visuellen Bereich hinsichtlich der schrillen Outfits, Frisuren und Make-Ups. Die ästhetische Erscheinung der Bands, vor allem der einzelnen Musiker, die teilweise zu Superstars und Models wurden, wie *Mana, Gackt, Hyde* oder *Miyavi,* ist der entscheidende stilprägende Faktor der Visual-kei-Szene. Die überwiegend männlichen Bandmitglieder betonen sehr radikal ihre feminine Seite und sprechen so – das gilt sowohl für Japan als auch für Deutschland – die bei den überwiegend weiblichen Szeneanhängern verbreitete Vorliebe für androgyn erscheinende Männer an:

„Ich finde, Asiaten sowieso sind sehr schöne Menschen, weil die haben auch so was Feminines an sich und auch die Augen, das ist einfach anders, weißt du, exotischer. Weil wir sind sozusagen mit Europäern aufgewachsen, und Asiaten sind also schon was Neues für uns, und ich finde die schon also hübsch. Ich stehe jetzt nicht auf irgendwelche Macho-Prolls oder so mit Sixpack oder was weiß ich, ich mag halt schon feminine Leute." (Sabine, 18 Jahre)

„Weil man geschminkte Japaner sonst hier nicht so sieht. Man denkt, die sind klein und einer sieht aus wie der andere und jeder sieht aus wie, irgendwie kann man die gar nicht auseinanderhalten, und dann habe ich dann auch irgendwann so gesehen, da gibt's schon ein paar, auch was ich halt so mag, schön schlank, groß und halt, wenn die dann noch geschminkt sind, das sieht schon sexy aus. Man kann sich da auch gut reinsteigern." (Martina, 20 Jahre)

Visual kei ist, im Unterschied zu den meisten westlich orientierten Jugendszenen, weniger eine Kristallisation um Musik(stile), sondern bildet sich vielmehr über die optische Erscheinung der Musiker[2]:

„Die Musik, wie gesagt, ist ein Hammer. Aber man sieht sie auch gerne. Man hört sie nicht nur gerne, man sieht sie auch gerne. Also [...] zum Beispiel der Stil, wie die so auftreten, das ist einfach so anders. Die meisten Bands jetzt so in Amerika, die sehen halt auch meistens so normal aus oder einfach nur schwarz gekleidet, und die Japaner haben halt auch wirklich ihren eigenen Stil, und Visual kei gibt es wirklich nur in Japan so genau in diesem Stil. Es ist einfach nur krass, weil sie einfach anders sind, und das ist schon interessant. [...] Visual-kei-Bands sind schwarz, aber auch ziemlich bunt, sag ich mal so, sind ja nicht nur die Farben, sondern allgemein, die Schminke zum Beispiel, die haben ja auch damals schon angefangen, also die Geishas, Make-up war für die halt immer sehr entscheidend für irgendwelche Sachen, so immer Make-up, und das haben wir halt auch weiter bei Visual-kei-Bands und so, was wir halt hier in Europa oder Amerika nicht hatten." (Lea, 20 Jahre)

Herkunft und Export

Das Aufkommen des J-Rock und die Aneignung der extrovertierten optischen Erscheinung seit den 1990er-Jahren korrelierte mit den Bedürfnissen japanischer Jugendlicher nach Mög-

[2] Darüber hinaus und in Abgrenzung zur Visual-kei-Szene gibt es aber auch in Deutschland Fans des J-Rock, die ausschließlich an der Musik interessiert sind.

lichkeiten des Ausbruchs aus ihrem Alltag. Dieser war und ist von einer – gerade für westliche Verhältnisse – sehr strengen Erziehung in Schulen und Elternhäusern geprägt. Weitere gesellschaftliche Schranken und Tabus, beispielsweise traditionelles vs. modernes Geschlechterrollenverständnis und Sexualität, werden von den Jugendlichen als sehr einengend und unfrei erlebt (Kreitz-Sandberg 1994, Fukuzawa & LeTendre 2001).

Durch die ästhetische Selbstinszenierung dieser Jugendlichen mit auffälligen und aufwändigen Kostümierungen an Wochenenden und Feiertagen sowie vor Konzerten auf öffentlichen Plätzen, vor allem auf dem Harajuku-Platz in Tokio, entwickelte sich ein stiller, aber schriller Protest. In Tokio sind Visual-kei-Anhänger und -Anhängerinnen mittlerweile zur Touristen-Attraktion und zu beliebten Foto-Motiven geworden. Nicht zuletzt wurden darüber auch westliche Medien auf dieses Phänomen aufmerksam, doch erst der Manga- und Anime-Boom und vor allem die Verbreitung von J-Rock über das Internet über das mp3-Format brachte Visual kei um die Jahrtausendwende auch nach Europa.

Da die japanischen Bands bis vor kurzem keine Lizenzverträge mit europäischen oder nordamerikanischen Plattenfirmen hatten und diese auch kein Interesse daran zeigten, konnten mp3-Musikdateien juristisch problemlos weltweit über das Internet verteilt werden, auch von den Bands selbst. In Deutschland trafen sich erste J-Rock-Fans in verschiedenen Internetforen. In der Folge verbreiteten sich über das weltweite Netz, beispielsweise über englischsprachige japanische Seiten, auch die typischen ästhetischen Kostüm-Stile des Visual kei. Doch erst der Boom der so genannten Web2.0-Angebote ab etwa 2002 mit ihren Selbstdarstellungsmöglichkeiten in Blogs, auf eigenen kleinen Homepages oder in Chats wie bei MySpace.com ermöglichte die lückenlose Übernahme und Aneignung von Visual kei außerhalb von Japan. Visual kei kann somit als eine in Deutschland vollständig medial generierte, geradezu als eine internetgenerierte Szene bezeichnet werden, unter anderem auch, weil am Anfang keinerlei persönliche Beziehungen zu Szenevertretern in Japan bestanden. Das hat sich durch die neuen Kommunikationsmöglichkeiten des Internets und die Verbreitung der Flatrates mit Breitband-Verbindungen mittlerweile geändert. Etliche deutsche Szenemitglieder haben inzwischen persönliche Kontakte zur japanischen Szene[3]:

[3] Mehr zum Thema ‚Medien und Jugendkulturen' zum Beispiel bei Waldemar Vogelgesang (1997).

„Ich kenne einige Japaner auch, durch Internet und ja, ich hab mit vielen Leuten Kontakt in Japan. So in Japan sprechen jetzt nicht viele Englisch, sag ich mal so, aber einige und die, die ich kenne, sprechen halt auch sehr gut Englisch, deswegen kann ich gut mit denen kommunizieren." (Lea, 20 Jahre)

„Ja, ich investiere da sehr sehr viel Zeit drin. […] ich komme um 16 Uhr 30 nach Hause, klick die neuesten Dinger an, die ich runterladen kann und knall mir eigentlich bis ein Uhr morgens den Kopf damit voll, also es gibt massig da, das mache ich jetzt seit fast zwei Jahren, und es ist irgendwie kein Ende in Sicht. Na gut, ich mache natürlich auch am Wochenende noch was anderes, aber ich investiere da sehr viel Zeit drin."
(Lena, 21 Jahre)

Selbstinszenierung und Abgrenzung

Die höchst individuelle Selbstinszenierung der Visual-kei-Szene findet nicht zuletzt im so genannten Cosplay ihren Ausdruck. Cosplay ist die Kurzform für costume play und bezeichnet die möglichst originalgetreue Nachahmung der Kostümierung von J-Rock-Musikern oder von Manga- und Anime-Figuren. Außerdem wird Cosplay in Japan als Synonym für erotische Rollenspiele verwendet, was darauf hindeutet, dass das Kernmotiv des Cosplay ein Spiel mit Identitäten, insbesondere mit Geschlechterrollen, ist. Sinn und Bedeutung erlangt Cosplay vor allem im Wettbewerb mit anderen Visual-kei-Anhängern auf Conventions, wo die besten, also die originalgetreuesten, Kostüme ausgezeichnet werden. Durch diese Wettbewerbssituation wird der scheinbar paradoxe Widerspruch zwischen individueller Selbstdarstellung und der Nachahmung feststehender Outfits wieder aufgehoben, so wie in fast jeder Jugendszene ein Spannungsverhältnis zwischen Individualisierung und Uniformisierung besteht. Da gerade auch die Manga- und Anime-Fans intensiv Cosplay betreiben und die Visual-kei-Szene zunehmend in Ermangelung eigener Groß-Events in Deutschland Manga- und Anime-Conventions ‚stürmt', kommt es in jüngster Zeit vermehrt zu Abgrenzungsbewegungen von Manga- und Anime-Fans gegenüber den Cosplayern des Visual kei. Als Bühne für die Selbstinszenierung dienen inzwischen erste eigene, deutlich kleinere Events, die auch Visual Treffen (ViT) genannt werden. Hinzu kommen J-Rock-Parties in Clubs und Diskotheken in allen größeren Städten in Deutschland. Die Parties stehen aber wegen der bisher relativ überschaubaren quantitativen Größe der Visual-kei-Szene noch nicht im Rampenlicht der Öffentlichkeit. Bei diesen Szene-Treffen werden Cosplayer aber zunehmend kritisch beäugt, da gerade in der deutschen Szene offenbar die Inszenierung der eigenen Individualität Vorrang vor der Kostümierung zu haben scheint:

**„Cosplay persönlich mag ich nicht so, weil ich finde, die Leute, die irgendwie versuchen so auszusehen wie andere Leute, haargenau so, finde ich, meiner Meinung nach haben die nicht sozusagen ihren eigenen Stil, weil sie halt versuchen, sie wollen halt so aussehen wie die anderen Leute, wie ihr Vorbild, und das mag ich persönlich nicht so. Ich mag die Cosplayer, die jetzt zum Beispiel ihren eigenen Stil noch mit einbauen, also die nach ihrem Vorbild gehen, aber noch etwas Eigenes mit reinbringen. Aber ich persönlich cosplaye nich. Da gibt's halt viele von. Weil von zum Beispiel Final Fantasy wird alles gecosplayed, dann gibt's von diesem einen Charakter halt ganz viele andere, dann bist du halt nicht der einzige, der auf irgendwelchen Cosplay-Events mit diesem Outfit rumläuft, und das finde ich persönlich langweilig. […] Klar, ich guck mir auch andauernd die Bands an, so wie die gekleidet sind und puzzle mir da auch irgendwie was zusammen für mich selbst, aber ich sag mal immer so, ich hab meinen eigenen Stil und das bleibt auch so. Aber es verändert sich auch immer."
(Lea, 20 Jahre)**

Neben Cosplay existieren aber auch andere Stilvorgaben und festgelegte Kostümarrangements, die es ebenfalls originalgetreu zu kopieren gilt – die Gothic-Lolita-Styles, wobei etwa zehn bis 15 verschiedene Lolita-Styles unterschieden werden. Diese wurden zunächst von

Mana, dem männlichen Sänger der Bands *Malice Mizer* und *Moi dix Mois* kreiert und über Internetforen und Szene-Magazine wie die *Gothic & Lolita Bible* weltweit verbreitet und über *Manas* eigenes Kostüm-Label vertrieben. Das spricht für eine zunehmende Kommerzialisierung der Visual-kei-Szene. Der kommerzielle Zweig wird allerdings in Deutschland untergraben, weil hier viele Szenemitglieder ihre Kostüme selbst nähen:

„Also ich mache meine Klamotten hauptsächlich selber. So vor einem Jahr oder so, beim WGT [Wave-Gotik-Treffen in Leipzig], hab ich mir aus China japanische Gothic-Lolita-Kleider maßschneidern lassen. Ich hab bei Ebay geguckt und dachte mir, ‚oh, das Kleid ist ja süß‘, und dann konntest du deine Maße hinschicken, und die haben das dann maßgeschneidert und wirklich sehr sehr günstig, viel günstiger als in Japan oder so hab ich das dann bekommen. Und bei Ebay bekommt man so was sehr viel. Aber so in Läden, ich kaufe nur ungerne Sachen, weil das dann auch sehr viele andere Leute haben, und ich bin lieber jemand, der so einzigartige Sachen tragen will oder so und deswegen mache ich mir meine Klamotten hauptsächlich selber.“ (Lea, 20 Jahre)

Die femininen Kostüme der Gothic-Lolita-Styles haben auch ihre Vorbilder im traditionellen Cross-dressing des Takarazuka-Revuetheaters der japanischen Vorkriegszeit. Ihre Bedeutung liegt im vergnüglichen Spiel mit Paradoxien, beispielsweise den Widersprüchen zwischen inszeniertem kindlich-süßen und kitschigen Auftreten, unter anderem auch mit Plüschtieren und Puppen (Mascots und Dolls) und aufreizenden, verführerischen, aber auch düster-romantischen Outfits:

„Wenn ich weggehe, dann als Gothic Lolita. Schwarz, dunkel und niedlich. Ich finde, das ist ein lustiger Gegensatz. Also weil schwarz ist ja eigentlich eher so grausam. Also dann wie ein blutrünstiges Mädchen. Das ist schon cool. […] Ja, Lack ist toll, Rüschen sind toll und weite Röcke, am besten mit Unterrock.“ (Julia, 17 Jahre)

Auch die weit verbreitete Inszenierung, aber das nicht unbedingt reale Ausleben von Bisexualität kann hier eingeordnet werden. Es scheint eine Art unbefangener Pragmatismus, verbunden mit einem gewissen Spiel, vorzuliegen:

„Also natürlich werden die Japaner und Asiaten bevorzugt und alle die es gibt, sind auch weg, sofern sie sich wegschnappen lassen. Und da es sehr wenig Kerle gibt, ist das dann so ’ne Zwangsbisexualität. So hat man wenigstens das Gefühl. Weil, eigentlich dürfte es so viele Bisexuelle gar nicht geben, aber sie versammeln sich alle in der Visual-kei-Szene. Es ist total merkwürdig heterosexuell zu sein.“ (Susanne, 18 Jahre)

Alltag und Außeralltäglichkeit

Anders als in Japan, wo Visual kei nur an Wochenenden, Feiertagen und vor Konzerten eine außeralltägliche Nische findet und als ästhetischer Protest gegen den strengen Alltag funktioniert,

strebe die Szenemitglieder in Deutschland eine Konvergenz des Alltags- und Szenelebens an. Das verursacht allerdings auch einige Schwierigkeiten, da das aufwändige, zeit- und kostenintensive Erscheinungsbild nicht unbedingt kompromisslos durchgehalten werden kann und die Umwelt mit Skepsis darauf reagiert:

„Samstagabend brezel ich mich wirklich auf. Sonst finde ich es nur schön und hab halt ein paar Teile irgendwie am Körper oder so, aber ich brezel mich halt nich mehr voll auf. Samstagabend darf ich dann eine Gothic Lolita sein. Also hin und wieder muss man sich schon mal verkleiden. Also wenn ich arbeiten gehe, darf ich sowieso nicht, da kann ich nicht im Rüschenkleidchen durch den Laden fegen, ich arbeite in ’nem Buchladen.“
(Julia, 17 Jahre)

Fotos: Marco Höhn

Darüber hinaus versuchen deutsche Visus, so die Eigenbezeichnung, auch im Alltag ihrer Begeisterung für japanische Populärkultur einen großen Stellenwert einzuräumen. Japanisch-Kurse werden seit geraumer Zeit in Deutschland überraschend häufig angeboten. Mit dem Besuch von Sprachkursen in Japanisch verbinden die meist noch schulpflichtigen jungen Mädchen Schule und Szeneleben. Auch die Beschäftigung mit traditioneller japanischer Kultur spielt eine wichtige Rolle. Aber vor allem ist die Exotik Japans ausschlaggebend. Allerdings ist das Wissen über populärkulturelle Entwicklungen in Japan auch von Stereotypen gezeichnet:

„Ich denke, mit zwölf, dreizehn hab ich wirklich schon so, weiß nicht, da dachte ich immer schon ‚Japan ist cool‘, da kommen nur die verrücktesten Sachen her und die beklopptesten Sachen, und das finde ich eigentlich auch so cool an der Kultur, also ich meine, da kriegst du Rückenkratzer in Katzenform, die auf Knopfdruck die Krallen ausfahren können und so ’ne

Scheiße. Oder, ich meine das ist jetzt nicht cool, aber wo kannst du getragene Unterwäsche aus dem Automaten ziehen? Weiß nicht, die sind einfach so krank, dass es schon wieder ja so freaky ist, dass es schon einfach, weiß nicht, das spricht mich einfach an." (Lena, 21 Jahre)

In ihrem Alltag erfahren deutsche Visus allerdings auch große Ablehnung, manchmal bis hin zu Bedrohungen, gerade von männlich dominierten Szenen wie der HipHop-Rap-Szene oder der Metal-Szene. Diese bezeichnen Visual kei häufig als „Mädchenkram" oder „Kinderkram" und beschimpfen die wenigen männlichen Visus wegen ihres androgynen Erscheinungsbildes als „schwul". Andererseits legen die Visus auch sehr großen Wert auf eine Abgrenzung von anderen Szenen. Das erscheint den Visus wegen der Adaption des ästhetischen Stils in szenefernen Zusammenhängen und wegen des drohenden Ausverkaufs notwendig. Ein bekanntes Beispiel dafür ist die Übernahme des Stils durch den *Tokio-Hotel*-Sänger Bill Kaulitz, was ausnahmslos von allen Visus mit Nachdruck abgelehnt wird. Die teilweise extremen Formen der Distinktion werden allerdings auch innerhalb der Szene kritisch gesehen:

„Sind sehr eingebildet, sehr arrogant die Leute, die Kiddies in der Szene. Und das hat man auch bei den Konzerten, wenn man da steht, das ist halt sehen und gesehen werden. [...] Die grenzen sich natürlich total ab, also die selbst grenzen sich ab. Weil die einfach sagen: ‚Das, was ich höre, ist am coolsten und ist am besten. Ich bin Visual kei und das ist das Geilste'." (Martina, 20 Jahre)

„Eigentlich ist das ja 'ne ziemlich hinterfotzige Szene. Eigentlich lästert jeder über jeden, ob böswillig oder nicht. Also über die Leute, die drin sind, was der oder die schon wieder für komische Sachen an hat. Man macht offiziell die Schnauze nicht auf, aber tuschel, tuschel. [...] Eigentlich kann man nur darüber lachen, wie die Leute sind – die sind hübsch, aber irgendwie doof. Teilweise reden die Leute nicht mal mit anderen Leuten. Also wenn die nur ein bisschen J-Rock hören, dann ist das nicht gut genug, wenn man nicht seinen kompletten PC nur voller japanischer Musik hat." (Julia, 17 Jahre)

So kommt es, dass es nur wenige Berührungspunkte mit anderen Szenen, vor allem mit der Bat-cave-Fraktion der Gothic-Szene und ein bisschen mit der Emo-Punk-Szene, gibt. Visual kei ist eine sehr eigenwillige Jugendkultur, die kaum Gemeinsamkeiten mit anderen Jugendkulturen aufweist. Visual kei ist eine eindeutig mädchendominierte Szene. Der Fokus liegt auf der schrillen ästhetischen Erscheinung der Musiker und der Szenemitglieder. Visual kei ist in Europa eine internetgenerierte Medienkultur, deren Bedeutung für die Szenemitglieder in der wettbe-werbs- bzw. distinktionsorientierten individuellen Selbstinszenierung liegt.

Ausblick

Jugendkulturen sind nicht, wie *Der Spiegel* behauptet, tot und sie haben ihre Bedeutung sowohl für den einzelnen Jugendlichen als auch für die Gemeinschaft nicht verloren. Sie befinden sich vielmehr als Reaktion auf gesamtgesellschaftliche Entwicklungen in einem ständigen Wandel und verändern dabei auch selbst die gesellschaftlichen Strukturen. Gerade diese Dynamik erschwert das Verständnis für aktuelle Entwicklungen. Das lässt auch Visual kei in seiner exoti-schen Rätselhaftigkeit fast undurchschaubar erscheinen. Allerdings kann gerade diese Szene als eine Art Prototyp für neuartige Jugendkulturen betrachtet werden. Es fällt auf, wie sehr die Entwicklungen, die Ronald Hitzler als ‚Verszenung' (Hitzler et al. 2001) beschrieben hat, hier noch einmal radikalisiert werden: Visual kei ist eine Form der kollektiven ästhetischen Selbst-stilisierung und -inszenierung, wie man sie in diesem Extrem bei älteren, westlich orientierten Szenen so scharf nicht beobachten konnte. Die ästhetische Selbstinszenierung scheint den Visus alles zu sein. Gemeinsam geteilte Wertvorstellungen oder gar Ideologien, die aus ähn-lichen sozialen Lagen resultieren, fehlen. Sicherlich müssen Jugendkulturen diese Aufgabe heute auch nicht mehr wahrnehmen, wie schon die Techno-Szene gezeigt hat. Die Visual-kei-Szene geht hier noch einen Schritt weiter: Während die Techno-Szene in weiten Teilen pa-rallel in den Großstädten Nordamerikas und Europas auch durch gemeinsam geteilte Entwick-lungen und Bedürfnisse entstand, ist Visual kei ein beinahe rein internetbasiertes Exportpro-dukt, eine Art deterritorialisierte Medienkultur (Hepp 2002), die in Europa auf ganz andere jugendliche Lebenslagen trifft als in Japan und vielleicht gerade deshalb eher oder ausschließ-lich als visuell-ästhetisches Phänomen funktioniert. Diese Entwick-lung wertfrei weiter zu ver-folgen, dürfte eine spannende Aufgabe für die Jugendforschung sein. Auch wenn *Der Spiegel* es nicht wahrhaben will, es gilt nach wie vor ein Motto der 1960er-Jahre: „The times they are a-changin'".

Literatur:

Fromme, Johannes et al. (Hrsg.) (1999): Selbstsozialisation, Kinderkultur und Mediennutzung. Opladen.

Fukuzawa, Rebecca. & Gerald K. LeTendre (2001): Intense years. How japanese adolescents balance school, family and friends. New York & London.

Hepp, Andreas. (2002): Translokale Medienkulturen. In: Andreas Hepp & Martin Löffelholz (Hrsg.): Grundlagentexte zur transkulturellen Kommunikation. Konstanz, S. 861–885.

Hitzler, Ronald, Thomas Bucher & Arne Niederbacher (2001): Leben in Szenen. Formen jugendlicher Vergemeinschaftung heute. Wiesbaden.

Kreitz-Sandberg, Susanne (Hrsg.) (1994): Jugend in Japan: Eine empirische Untersuchung zur Adoleszenz in einer „anderen Moderne". Rheinfelden.

Matussek, Matthias & Philipp Oehmke. (2007): Die Tage der Kommune. In: *Der Spiegel,* Nr. 5 vom 29.01.2007, S. 136–152.

Vogelgesang, Waldemar (1997): Jugendliches Medienhandeln: Szenen, Stile, Kompetenzen. In: *Aus Politik und Zeitgeschichte,* Heft B19–20, S. 13–27.

Dunja Brill

Fetisch-Lolitas oder junge Hexen?

Mädchen und Frauen in der Gothic-Szene

Foto: Amanda Michl

Unheimlich klagende Gitarrensounds, tiefer heiserer Gesang und donnernde Trommelschläge erfüllen die vernebelte Luft des kleinen Underground-Clubs. Auf der Tanzfläche sehe ich theatralische, mysteriöse Figuren schattenhaft inmitten des Nebels wogen. Die meisten tragen wallende Samtkleider oder Capes, lange schwarzgefärbte Haare und aufwändiges geisterhaftes Make-up, und selbst wenn sich der Nebel für einen Moment lichtet, ist oft schwer zu sagen, ob diese wundersamen, schwarzgewandeten, anmutig ihre Körper wiegenden Gestalten weiblichen oder männlichen Geschlechts sind. Fasziniert beobachte ich eine junge Frau mit bleich geschminktem Gesicht, dunklem Lippenstift und schwarz umrandeten Augen, die ein samtenes Kapuzencape um ihren zierlichen Körper geschlungen hat. Erst als sich mein Blick in den mystischen Gesten ihrer großen, knochigen Hände verfängt, die aus den weiten schwarzen Ärmeln des Capes hervorlugen, wird mir klar, dass ‚sie‘ in Wirklichkeit männlich ist. In meinen schmucklosen schwarzen Jeans und Hemd fühle ich mich ein wenig deplatziert zwischen all

Fotos: Amanda Michl

diesen künstlerisch gestylten, geheimnisvollen Wesen, aber dennoch bin ich von ihnen gefesselt. Als ein recht unscheinbares, sich gemeinhin eher in Büchereien als in Discos zuhause fühlendes Mädchen von 18 Jahren habe ich kürzlich die alternative Musik für mich entdeckt, und das ist meine erste Begegnung mit der Gothic-Szene.

Mehr als ein Jahrzehnt später sitze ich wieder in einer dunklen Ecke eines verrauchten Gothic-Clubs und sehe den Leuten beim Tanzen zu. Die klagenden Gitarren sind mit den Jahren rar geworden; die Rhythmen sind jetzt schneller und harscher, und mit ihnen die Tanzstile. Mein Blick fällt auf einen Mann mit raspelkurzen Haaren, schwarzer Armeehose und Trägertop, der in martialischer Manier zum Sound verzerrter elektronischer Beats auf und ab stampft. Neben ihm tanzt ein Mädchen in einem knappen schwarzen Lackrock, Korsett und hochhackigen Plateaustiefeln, deren tippelige Schritte und schlängelnde Bewegungen an eine dunkle, laszive Nachtclub-Szene aus einem David-Lynch-Film erinnern. In der Ecke gegenüber sitzt eine Frau in opulentem Mittelalterkleid, die offensichtlich auf sanftere Klänge harrt, um den feenhaften, schwebenden Tanz fortzusetzen, dem sie sich bereits zu Beginn des Abends gewidmet hat.

Alle diese Gestalten haben schon lange ihre geheimnisvolle, undurchdringliche Aura für mich verloren; tatsächlich zählen viele dieser ‚wundersamen Wesen' nun zu meinen Freunden oder Bekannten. Dennoch fühle ich auch jetzt eine gewisse Distanz, während ich kritisch beobachte und Notizen auf ein Blatt Papier kritzle. Nunmehr Doktorandin der Medien- und Kulturwissenschaft, sammle ich fleißig empirische Daten, um einige drängende Fragen zu beantworten, die sich in der langen Zeit meiner Szenezugehörigkeit in meinem Kopf geformt haben. Ich frage mich, was sich wirklich hinter den scheinbar ‚geschlechtslosen‘, aber gleichzeitig stark nach Geschlecht differenzierten Stilen, Praktiken und Bildern des Gothic verbirgt.

Die folgenden Abschnitte, die in konzentrierter Form einige meiner Forschungsergebnisse über Geschlechterkonstruktionen in der Gothic-Subkultur (Brill 2006) diskutieren, geben Antworten. Der Fokus meiner Analyse – in der ich in Interview-Ausschnitten und Beiträgen aus Internetforen insbesondere auch Szenemitglieder aus Deutschland und Großbritannien zu Wort kommen lasse – liegt auf den geschlechtsbezogenen Praktiken, Einstellungen und Lebensstilen von Mädchen und Frauen in der Gothic-Szene.

Die Phantasie der ‚Geschlechtslosigkeit‘

„Die Ästhetik des Gothic wird nicht wirklich vom Geschlecht beeinflusst.“ (Lady Lazarus, slashgoth.org, 28/02/02)

„Ich persönlich gehe gerne mit Typen, deren Make-up-Ausrüstung besser ist als meine … und normalerweise ist das der Fall hihi, es macht mir auch nichts aus, wenn ich [vor dem Ausgehen] 1 Stunde früher fertig bin als er :)“ (Princess Thais, slashgoth.org, 18/11/02)

Die Gothic-Szene, eine Anfang der 1980er-Jahre in Großbritannien entstandene und seit Ende der 1990er-Jahre vor allem in Deutschland boomende Subkultur, ist trotz ihrer zunehmenden Anhängerschaft und teilweisen Kommerzialisierung – man denke etwa an die Charterfolge von Bands wie *Oomph* oder *Nightwish* – für viele Außenstehende noch immer mit dem Nimbus des Obskuren und Geheimnisvollen umwoben. Das hängt vor allem mit den kulturellen Ausdrucks-formen zusammen, über die sich die Szene definiert: Die dunkel-melancholisch bis düster-aggressiv klingende Musik der Gothics, ihre vornehmlich schwarze, entweder historisch (Kleider im viktorianischen Stil) oder fetischistisch (Lackröcke und -korsagen) inspirierte Kleidung und auch ihre Accessoires wie Spinnen, Totenköpfe, Fledermäuse oder magische Symbole haben durchweg einen morbiden, sinistren Touch.

Neben diesen kulturellen Vorlieben scheint die Verwischung oder Verschiebung der herkömm-lichen Grenzen zwischen den Geschlechtern ein besonderes Merkmal der Gothic-Szene zu sein. Dass nicht nur im breiten Mainstream der Gesellschaft, sondern auch in den meisten Subkulturen wie Punk, Graffiti und Metal auch heutzutage noch recht starre Geschlechtergrenzen und vor allem ein tief verwurzelter Machismo tonangebend sind, haben verschiedene akademische Stu-dien nachgewiesen (Leblanc 1999, Macdonald 2001, Walser 1993). Die Gothic-Subkultur zeigt im Gegensatz dazu nicht nur zahlenmäßig ein relativ ausgewogenes Verhältnis männlicher und weiblicher Mitglieder, sondern hat manche Kommentatoren gar dazu hingerissen, ihr eine „abso-lute Gleichberechtigung, welche in der Szene zwischen Männern und Frauen herrscht“ (Wallraff 2001, S. 41) zu attestieren.

Auch in der Szene selbst herrscht ein solches Bild von Gothic als einer Welt jenseits von binären Geschlechterhierarchien vor; ein Bild, das die Subkultur in Hinblick auf ihre Ästhetik und zwischenmenschlichen Beziehungen als eine Art ‚geschlechtslose' Sphäre konstruiert. Wie die zu Anfang dieses Abschnitts zitierten Statements andeuten, sehen viele Gothics ihre Subkultur als einen Ort, an dem traditionelle Kategorien von Männlichkeit und Weiblichkeit nahezu keine Bedeutung haben, auf spielerische Weise verschoben oder sogar umgedreht werden. Das zeigt sich besonders auf der Ebene des Stylings, also des Kleidungsstils und der sonstigen Präsentation des Körpers. Traditionell als feminin codierte Kleidungsstücke und Stilmerkmale wie Röcke, enge Netztops, Make-up und aufwändig gestylte und gefärbte lange Haare werden häufig auch von Gothic-Männern getragen, was ihnen einen androgynen Look verleiht. Es gilt nun die Frage zu klären, inwieweit das erklärte Gothic-Ideal des Überwindens traditioneller Geschlechterrollen in den Stilpraktiken und sozialen Beziehungen der Szene tatsächlich umgesetzt wird.

Foto: Amanda Michl

Das Weibliche als ästhetisches Prinzip

„Schön finde ich vom Äußerlichen bei Frauen, wenn sie weiblich, zart und zerbrechlich sind […] und lange Haare sollten sie haben. Bei Männern zieht mich Androgynie unfassbar an. Das finde ich wunderschön. Je zerbrechlicher, wie bei den Frauen, umso besser … lange Haare, groß und … ja … ein androgynes Gesicht halt." (LadyGiverny, Gothiccommunity.de, 14/03/03)

Im Gegensatz zu anderen Subkulturen ist bei den Gothics eine ausgeprägte Verehrung des Weiblichen als ästhetisches und teilweise auch spirituelles Prinzip zu beobachten. Wie bereits erwähnt, kleiden und stylen sich nicht nur Gothic-Frauen, sondern auch einige Gothic-Männer betont feminin. Obwohl ein androgynes Äußeres bei Männern in der deutschen Szene – wohl wegen der fortschreitenden Kommerzialisierung und zunehmenden Dominanz harter elektronischer Tanzmusik mit entsprechend männlich-martialischen Dresscodes – über die letzten Jahre an Prominenz verloren hat, bleibt Androgynie dennoch ein verbreitetes Schönheitsideal. Männliche Gothics werden von den Stilnormen ihrer Subkultur dazu ermutigt, traditionelle maskuline Codes zu durchbrechen und sich in das für heterosexuelle Männer gemeinhin tabuisierte Terrain des Femininen vorzuwagen.

Für Gothic-Frauen hat die Ästhetisierung des Weiblichen in ihrer Szene jedoch deutlich andere Konsequenzen. Die Stilnormen des Gothic schreiben hier eine geradezu extreme, fast schon überzeichnete Darstellung von Weiblichkeit in Form eines hyper-femininen Stylings fest. Anstelle einer möglichen Transgression stilistischer Geschlechtergrenzen wird eine Übererfüllung traditioneller weiblicher Codes gefordert. So ist die Adaption männlich codierter Stilelemente wie kurze Haare, einfach geschnittene Hosen oder Verzicht auf Make-up bei Frauen und Mädchen in der Szene nicht gern gesehen. Bereits milde Abweichungen von der weiblichen Norm können zu Gefühlen des Nicht-Dazugehörens und auch zu negativen Bewertungen von anderen Szenemitgliedern führen, wie die folgenden Statements zweier Gothic-Frauen belegen:

„Ich frage mich echt, ob ich das einzige Gothic-Mädel bin, das nicht tonnenweise Make-up trägt? Ich trage normalerweise ein bisschen Wimperntusche und etwas Lippenstift [...]"
(mircea, slashgoth.org, 04/10/02)

„Manche Frauen kleiden sich einfach in Hosen und so in [...] es sieht einfach nicht schön aus. Ich würde wahrscheinlich drauf stehen, wenn mein Freund so rumläuft, aber ich würde nicht so in einen Club gehen, weil das halt ein bisschen billig aussieht."
(Nin, w, 27, Brighton)

Make-up, aufwändig gestylte lange Haare und körperbetonende weibliche Kleidungsstücke sind für Gothic-Männer zumeist eher außergewöhnliche Requisiten, die man zu besonderen Gelegenheiten (Festival, Club) trägt, um besonders zu beeindrucken. Für Gothic-Frauen hingegen gehören diese Stilelemente schlichtweg zum erwarteten Standard, dessen Vernachlässigung zu einem Verlust von Zugehörigkeitsgefühl und Status in der Szene führen kann. Während männliche Gothics mit vergleichsweise geringem Aufwand einen selbst im Szene-Kontext hervorstechenden, beeindruckenden Stil kreieren können und auch in schmuckloser schwarzer Hose und T-Shirt noch clubtauglich gekleidet sind, scheinen Mädchen und Frauen in der Subkultur häufig in einen imaginären Wettstreit um ein nahezu unerfüllbares stilistisches Ideal verstrickt zu sein.

Dieses Ideal besteht darin, einerseits strikte und recht uniforme (sub)kulturelle Weiblichkeitsnormen zu erfüllen und andererseits einen individuellen, sich von anderen Szene-Frauen abhebenden Look zu haben. Der unterschwellige Konkurrenzdruck, der durch das allgegenwärtige weibliche Gothic-Idealbild makellos gestylter, feenhafter Schönheit entsteht, wirkt sich teilweise negativ auf das Selbstbewusstsein von Frauen und Mädchen in der Szene aus. Insbesondere bei Frauen, die nicht willens oder fähig sind, diesen überhöhten Schönheitsnormen gerecht zu werden, kann sich schnell ein Gefühl von Unterlegenheit oder gar Minderwertigkeit einstellen. Das wird in folgendem Interviewausschnitt einer Frau deutlich, die in der Gothic-Szene eine Art Attraktivitäts-Hierarchie für Frauen wahrnimmt:

„An der Spitze der Hierarchie sind natürlich die sehr feminin aufgemachten Frauen, die, ja, möglichst freizügig gekleidet sind, ja. Und je weniger man dem klassischen Schönheitsideal entspricht, das eigentlich auch im Mainstream gilt – das unterscheidet sich dann nicht groß, höchstens in der Farbe der Sachen, die man anhat – also wenn man vom Schönheitsideal abweicht, dann ist man auch in der Gothic-Szene nicht so attraktiv, genau wie in der anderen Gesellschaft. [...] ich styl mich nicht so, ich versuch zwar auch was aus mir zu machen, aber nicht in der Form, ich zieh mich nicht so freizügig an. Und allein deshalb also entsprech ich schon nicht dem Ideal und hab also nicht so große Chancen, und, ja, bin in der Hierarchie der Attraktivität schon mal 'ne Stufe drunter." (Satyria, w, 25, Berlin)

Zwar gibt es durchaus signifikante Unterschiede zwischen den im Mainstream der Gesellschaft proklamierten Normen erotisch attraktiver, aber gesitteter Weiblichkeit und dem häufig sehr offensiv und selbstbewusst sexualisierten Styling weiblicher Gothics, die im nächsten Abschnitt ausführlicher besprochen werden. Aber die Schönheits- und die Stilnormen für Frauen inner-halb der Gothic-Szene sind dennoch stark von allgemein kulturellen Vorstellungen weiblicher Attraktivität und Sexyness geprägt. Auch hier gelten Jugendlichkeit, feine symmetrische Gesichtszüge und die elegante Zurschaustellung weiblicher Reize an einem schlanken Körper als Idealnorm. Im übrigen sehen sich Gothic-Frauen in ihrem femininen Styling offenbar nicht nur in Konkurrenz untereinander, sondern teilweise auch in Konkurrenz zur naturgemäß ungewöhn-licher, aparter und transgressiver wirkenden ‚Weiblichkeit' androgyn gestylter Männer, was zu gewissen Frustrationen führen kann:

„Ich bin so neidisch auf Typen, sie müssen sich überhaupt nicht allzu sehr anstrengen um beeindruckend gut auszusehen, ein Mann, der ein bisschen Lidschatten und ein Kleid trägt, macht so viel mehr Eindruck als alles, was Frauen im Traum einfällt, um sich herauszuputzen!" (Lvciani, slashgoth.org, 11/11/02)

„Männer können Frauenkleidung tragen und sofort atemberaubend aussehen, wohingegen wir Frauen Stunden damit verbringen uns fertig zu machen und doch nur genauso aussehen wie jedes andere Mal, wenn wir ausgehen. Es ist einfach so frustrierend."
(Witchygoth, slashgoth.org, 11/11/02)

Verschiedene Autoren haben die These aufgestellt, dass eine Erhöhung des Weiblichen als abstraktes ästhetisches Prinzip oft mit einer Marginalisierung realer Frauen einhergeht (Weil 1992). Weil argumentiert weiter, dass die Phantasie der ‚Geschlechtslosigkeit' in einer Gesell-schaft, in der immer noch Männer eine dominante und Frauen eine untergeordnete Position ein-nehmen, leicht dazu führen kann, dass Frauen als ‚das Weibliche' unter ein männliches Modell subsumiert werden. Das ist ein Stück weit auch in der Gothic-Szene der Fall. Wie die obigen Zitate weiblicher Gothics belegen, scheint hier dem Weiblichen bei Männern (in Form von an-drogynem Styling) ein höherer Wert und Status zugeschrieben zu werden als tatsächlichen

Frauen; bei den Frauen scheint diese Weiblichkeit lediglich eine quasi-natürliche Notwendigkeit, bei den Männern hingegen ein kostbares und rares Luxusgut zu sein.

Hinzu kommt, dass in Subkulturen transgressive, rebellische und subversive Elemente in Stil und Gebaren typischerweise sehr positiv bewertet werden und so innerhalb ihrer sozialen Welten als Quelle von Anerkennung und Status fungieren. Solche ideellen Statusquellen, die Sarah Thornton (1995) – in Anlehnung an das von Pierre Bourdieu (1984) formulierte Konzept des ‚kulturellen Kapitals‘ – als ‚subkulturelles Kapital‘ bezeichnet, sorgen innerhalb von Subkulturen für die Bildung von informellen Hierarchien. Wie Thornton zeigt, verlaufen diese Hierarchien häufig entlang von auch im gesellschaftlichen Mainstream statusrelevanten sozialen Achsen wie Geschlecht. Das trifft auch auf die Gothic-Szene zu, in der die augenscheinliche Überschreitung von bzw. Rebellion gegen traditionelle Geschlechtergrenzen in Form von männlicher Androgynität ein zentraler Wert ist. Androgynes Styling bei Männern wird in der Szene generell hoch bewertet und mit Eigenschaften wie Coolness, Mut und Rebellion assoziiert, wie folgende Statements eines weiblichen und eines männlichen Gothics belegen:

„Ich muss den meisten Damen hier zustimmen – Männer in Röcken sind absolut Gothic und super sexy!!! […] abgesehen von der Röcken innewohnenden Schönheit schätze ich jeden Mann, der selbstbewusst und cool genug ist, ein traditionell weibliches Kleidungsstück zu tragen. Dasselbe gilt für Make-up – reizend, verehrungswürdig und hochgradig unterstützenswert!“ (scarlett severine, slashgoth.org, 15/11/02)

„Männliche Gothic-Mode ist schließlich etwas, dessen Tragen mehr ‚Eier‘ erfordert als weibliche Gothic-Mode, meiner bescheidenen Meinung nach. Wahrscheinlich wegen ihrer Sexualitäts-überschreitenden Androgynität.“ (Taoist, slashgoth.org, 03/10/02)

So führt in der Gothic-Szene paradoxerweise gerade die Verehrung des ‚Weiblichen‘ – und des Überschreitens von Geschlechtergrenzen in Richtung ‚Weiblichkeit‘ – dazu, dass Frauen auf der subkulturellen Werteskala eine niedrigere Position einnehmen als Männer. Während das typische ausgeprägt weibliche Styling von Gothic-Frauen auf ästhetischer und erotischer Ebene innerhalb der Subkultur zwar hoch bewertet wird, fehlt ihm die sexuell-transgressive Aura des weiblich-androgynen Stylings von Gothic-Männern.

Gothic und die Stärkung des weiblichen Selbst

„Mir ist auch aufgefallen, seitdem ich so rumlaufe, ich weiß nicht, ich bin selbstbewusster geworden, ich bin wirklich total selbstbewusster geworden. […] Und vor allen Dingen, früher hatt ich immer Schiss vor irgendwelchen fremden Leuten und jetzt reg ich mich nur noch drüber auf, dass die einem hinterhergucken.“ (Anthea, w, 14, Berlin)

Im vorherigen Abschnitt habe ich aus weiblicher Sicht die Stellung des femininen Stylings innerhalb der subkulturellen Dynamiken und Hierarchien des Gothic eher pessimistisch bewertet.

Die typischen hyper-femininen Stilpraktiken von Frauen und Mädchen aus der Gothic-Szene können allerdings insbesondere auf subjektiver Ebene auch sehr positive, selbstwertstärkende Bedeutungen und Funktionen für das weibliche Ich haben, wie das obige Statement eines jungen Gothic-Mädchens illustriert.

Anthea bevorzugt in ihrer Selbstpräsentation einen eher klassischen Gothic-Stil, mit langen Röcken und opulenten Tops aus edlen Materialien wie Samt oder Spitze. Einem solchen klassischen Stil hängen in der Szene allerdings inzwischen vergleichsweise wenige Frauen an; im Laufe der 1990er-Jahre wurde er zunehmend von einem hoch sexualisierten, Fetisch-inspirierten Kleidungsstil verdrängt und überlagert. Dieser setzt anstelle von wallenden Gewändern auf knappe, enge Kleidung aus Lack oder Latex wie Miniröcke oder Korsagen und andere sexuell konnotierte Elemente wie Strapse und extreme High Heels. Trotz seines hochgradig sexualisierten Charakters hat gerade dieser mit der dunkel-verwegenen Erotik einer Femme fatale assoziierte Stil offensichtlich ein enormes Potenzial für die Förderung des weiblichen Selbstbewusstseins. Viele Gothic-Frauen sprechen von Gefühlen der Macht, Autonomie und Sicherheit, die ihnen das Tragen von offensiv sexuellen Outfits verleiht:

Fotos: Amanda Michl

„Das ist ‚Power-Dressing'. [...] Wenn ich mich fühle wie, ich gehe aus und fühle mich, als wenn ich die Welt erobern könnte, das ist ein Gefühl, wo du einfach hergehen kannst und alles tun kannst. ‚Power-Dressing' auf diese Art, es gibt dir ein machtvolles Aussehen und ein machtvolles Gefühl, es ist sehr, es ist gut, es jagt dir einen Schauer über den Rücken." (Mistress Naté, w, 24, Edinburgh)

„Lady Leather: Ich mag es wegen des Gefühls, das es mir gibt. Wenn ich ausgehe und ich trage Latex und glänzende Stiefel, fühle ich mich wirklich ziemlich machtvoll, und es gibt mir ein gutes Gefühl mir selbst gegenüber. Außerdem mag ich die Aufmerksamkeit, die es auf mich zieht.
Leatherman: und die Furcht
Lady Leather: *lacht*

Leatherman: Die Leute, wenn du etwas Pinkes und Flauschiges tragen würdest – ‚ah, schau, so ein leicht zu kriegendes sexuelles Zielobjekt‘. Das ist nichts, was man erlangen muss; wohingegen jemand, der so richtig furchteinflößend und richtig machtvoll ist, das ist sehr viel attraktiver.

Lady Leather: Ja, wenn du etwas Derberes trägst, könnte es jeden abschrecken, der wahrscheinlich ankommen würde und versuchen würde dich anzumachen, wenn du etwas Flauschiges trägst. […]

Foto: Amanda Michl

Leatherman: Wenn du wie etwas wirkst, das unerreichbar ist, ist es für jemanden gut für eine Phantasie, aber ‚zur Hölle, ich werde sie nicht ansprechen, sie ist …

Lady Leather: … sie ist eine verdammte furchteinflößende Bitch‘.“

(Lady Leather, w, 21, Edinburgh & Leatherman, m, 38, Edinburgh)

Mistress Naté bringt ihren Fetisch-inspirierten Gothic-Stil explizit mit dem Begriff des ‚Power-Dressing‘ in Verbindung, der in S/M-Kreisen den sexualisierten, aber machtvoll wirkenden Stil des dominanten Parts bezeichnet. Sie betrachtet ihr Styling also definitiv nicht als etwas, das sie zu einem passiven Objekt männlicher Begierden macht, sondern im Gegenteil als etwas, das ihr ein machtvolles Äußeres verleiht, in dem sie sich selbstbewusst und aktiv die Welt zu eigen machen kann.

Auch Lady Leather bringt im Austausch mit ihrem Partner Leatherman eine ähnliche Einstellung zu ihrem hoch sexualisierten Fetisch-Stil zum Ausdruck. Besonders interessant an diesem Austausch ist die Wahrnehmung, dass ein solcher Stil die Frau vor ungewollten Anmachen schützen kann, obwohl oder gerade weil die offensive Zurschaustellung weiblicher Sexualität den männlichen Blick auf sich zieht. Wie Lady Leather betonen auch andere meiner Interviewpartnerinnen die gleichzeitig auf der Phantasieebene anziehende und auf der realen Ebene abschreckende Wirkung, die ein Fetisch-inspirierter Gothic-Stil mit seiner dunkel und verboten wirkenden Sexyness auf Männer außerhalb der Szene haben kann. So zum Beispiel Jet, eine sehr attraktive und meist extrem sexy gestaltete Gothic-Frau, die im Folgenden über ihre Erfahrungen mit Männern in Mainstream-Clubs berichtet:

Foto: Amanda Michl

„Und die Männer, ich weiß nicht, es scheint halt, als wenn normale Männer eine Art seltsamen Komplex, fast so etwas wie eine Phantasie über dunkle, irgendwie Domina-mäßig aussehende Frauen haben. [Aber] ich denke, eigentlich schrecke ich sie ab. Ich denke, sie fühlen sich halt ein kleines bisschen eingeschüchtert, dass du tatsächlich wagst anders zu sein. [...] Weißt du, sie geben dem sozusagen, sie meinen zu ihren Kumpels, ‚boh ey, sie hat ein Korsett an, boh ey, sie trägt High Heels, booah‘. Und du gehst echt da hin und stellst dich neben sie und lächelst sie an, und sie machen so nach dem Motto, ‚oh Scheiße, oh Gott, huch, lass mich zufrieden‘."
(Jet, w, 21, Brighton)

Die charakteristischen weiblichen Kleidungsstile des Gothic können also durchaus sehr positive Effekte auf das Selbstwertgefühl und die subjektiv empfundene Autonomie von Frauen und Mädchen haben. Zudem bietet die Gothic-Szene neben diesen Stilpraktiken noch weitere Ansatzpunkte und Quellen für eine selbstbewusste, starke, positiv definierte Weiblichkeit. Einer dieser Ansatzpunkte ist die Beschäftigung mit frauenspezifischen Formen der Spiritualität, die in der Szene recht verbreitet ist.

Junge Hexen

Die aktive Auseinandersetzung mit weiblich geprägten spirituell-magischen Lehren aus heidnischer Geschichte oder anderen Kulturkreisen und modernen okkulten Strömungen wie dem Wicca-Kult wird in den Medien und der Jugendkulturforschung meist mit dem Begriff ‚Junge Hexen‘ versehen. Die Bewegung der Jungen Hexen ist zwar nicht mit der Gothic-Szene identisch – viele Junge Hexen definieren sich nicht als Gothic und umgekehrt – ist aber dennoch stark mit dieser verknüpft. Eine Vielzahl weiblicher Gothics fühlt sich dem modernen Hexentum verbunden, wobei die Bandbreite des Engagements von einer rein theoretischen Auseinandersetzung mit heidnischen Lehren und Kulten bis hin zu einer tatsächlichen Praktizierung von magischen Riten und Bräuchen reicht. Modernes Hexentum unternimmt eine Rückbesinnung auf ursprüngliche, als essenziell weiblich empfundene Stärken und Werte wie Intuition, Naturverbundenheit und der rationalen Wissenschaft entgegengesetztes spirituelles Wissen. Somit fördert es weibliche Gemeinschaft, Selbsterfahrung, Kraft und vor allem auch Autonomie, insbesondere in den Beziehungen zum anderen Geschlecht.

„Hexen faszinieren mich, weil sie alleine für sich gelebt haben, ohne Männer, ohne diese Abhängigkeit Mann/Frau. Das Bild der Kraft, die sie in sich hatten, macht auf mich einen großen Eindruck. [...] Hexen heute bedeutet für mich die Aufgabe eines Klischees: daß jede Frau ihre Vollendung nur in einem Mann findet. Die Suche nach diesem Traummann macht einen abhängig, klein und nichtig. Mein Selbstwertgefühl leidet doch darunter, wenn ich jemand anderen zur Vollendung brauche. Der Schwerpunkt kann nur in mir selber liegen."
(Corinna, 18; zitiert nach Graichen 1999, S. 140 f.)

Ähnlich wie in bestimmten feministischen Strömungen werden im modernen Hexentum spezifisch weibliche Erfahrungen, die durch die christlich-patriarchale Doktrin innerhalb unserer Kultur eine negative Wertung erhalten haben – so die Menstruation und der weibliche Körper im Allgemeinen – als Quellen spiritueller Kräfte entdeckt. Das befreit das Frausein von seinen negativen, männlich geprägten Konnotationen der Schwäche und Abhängigkeit und schafft Raum für eine positiv und selbstbewusst erlebte Weiblichkeit. Als Projektionsfolie für diese Weiblichkeit dienen oft starke Frauenbilder aus religiösen Mythen und Legenden, die nach den patriarchalen Definitionen unserer Kultur als böse verschrien sind, wie die Figur der kindsmordenden ‚schwarzen Göttin' Lilith. In einem Feature eines führenden deutschen Gothic-Magazins wird diese gemeinhin negativ konnotierte mythische Figur als Sinnbild weiblicher Rebellion gedeutet, deren auf den ersten Blick grausam unweibliche Akte die Macht der Mutterrolle und die männliche Furcht vor dieser Macht symbolisieren.

„Die Figur der schwarzen Göttin versinnbildlicht den zeitlosen Mythos des bösen Weibes. […] Lilith stellt also sichtlich die unabhängige, rebellische, tobende und tödliche Frau dar. Sie ist der Inbegriff der überlegenen Mutterrolle. Indem sie kindsmörderische Akte begeht, trifft sie den phallischen Stolz des Patriarchats, welches die Überlegenheit der Mutter nicht ertragen kann. […] Lilith stellt ja nicht nur die Überlegenheit des Mannes in Frage, sondern auch die des himmlischen Gottvaters. Die starke Frau wird daher nicht ohne Grund in den patriarchalischen Kulturen und als zu unterwerfende Dämonin, Kindsmörderin oder verführerische Schlange charakterisiert." (Orkus, 06/03, S. 108)

Mythische Archetypen des ‚bösen Weibes' wie Lilith weisen interessanterweise starke Parallelen zum im weiblichen Gothic-Stil häufig zelebrierten Bild der Femme fatale auf. Sie werden meist als zugleich erotisch anziehend und unantastbar, süßlich lullend und kalt berechnend begriffen, was einen großen Teil ihrer Macht und Faszination ausmacht. Diese Verwandtschaft zwischen der mythischen ‚bösen' Frau und der modernen Femme fatale wird auch von einigen Jungen Hexen betont. Corinna beispielsweise zieht eine direkte Verbindung zwischen ihrer Vorstellung von Hexen und der Femme fatale, indem sie letztere als eine Art von Hexe charakterisiert:

„Für mich gibt es zwei Arten von Hexen. Diejenigen, die Kräuter mischen und heidnische Bräuche und Traditionen überliefert haben [und] die Femme fatale. Die sinnlich und gleichzeitig absolut kalt ist. Für mich heißt das spielend, hingebungsvoll, ein wenig süßlich, aber vom Kern her fest, allein, unabhängig. Ihre Macht fasziniert mich, weil ich mir selber oft klein und so machtlos vorkomme. Ich sehe sie nicht so negativ, wie sie immer dargestellt wird, weil sie vielleicht bei den Männern nur das abweist und verachtet, was sie äußerlich in ihren Beziehungen zu Frauen darstellen." (Corinna, 18; zitiert nach Graichen 1999, S. 140 f.)

Sowohl die Identifikation mit der klassischen Hexe und ihren spirituell-magischen Kräften als auch die Identifikation mit der Femme fatale und ihrer autonomen, machtvollen Erotik bietet also für Mädchen und Frauen in der Gothic-Szene Ansatzpunkte für eine selbstbewusste und selbst-bestimmte Weiblichkeit. Im nächsten Abschnitt wird nun die szenetypische Vorstellung einer autonomen und geschlechtsunabhängigen Erotik näher hinterfragt.

Weibliche Bixualität in der Gothic-Szene

„Für mich ist […] einzig und allein der MENSCH, den man liebt wichtig, NICHT das Geschlecht. Die Liebe fällt hin, wo sie hinfällt und das wird sie, wenn man es zulässt. Ich glaube fest daran, dass ALLE Menschen von Geburt an bisexuell sind." (LadyGiverny, Gothiccommunity.de, 17/09/02)

Bereits im ersten Abschnitt dieses Beitrags wurde die Phantasie der ‚Geschlechtslosigkeit' als ein hervorstechendes Ideal der Gothic-Subkultur beschrieben. Dieses Ideal äußert sich nicht nur in den Stilpraktiken der Subkultur, sondern scheint auch in den typischerweise von Gothic-Frauen propagierten Einstellungen zur Sexualität und zu erotischen Beziehungen durch. Nun gilt es einerseits zu prüfen, ob die Gothic-Szene wirklich eine stärkere Akzeptanz für unkonventionelle Sexualitäten bietet als der gesellschaftliche Mainstream und andere überwiegend heterosexuelle Jugendszenen. Zum anderen gilt es zu fragen, inwieweit die besonders von weiblichen Gothics häufig deklarierte bisexuelle Orientierung – die, wie das obige Statement zeigt, stark mit der bereits diskutierten Phantasie der ‚Geschlechtslosigkeit' verbunden ist – auch die realen erotischen Beziehungsmuster innerhalb der Szene prägt.

Es ist offenkundig, dass das soziale Klima der Gothic-Szene tatsächlich von einer hohen Toleranz, Akzeptanz und oft sogar Wertschätzung alternativer Sexualitäten geprägt ist. Es ist nicht zuletzt das szenetypische androgyne Styling, das hier einen gewissen Raum auch für die gedankliche Lockerung herkömmlicher Grenzen zwischen den Geschlechtern und sexuellen Orientierungen öffnet. Insbesondere die Erfahrung homophob eingefärbter Beschimpfungen, die viele männliche Gothics wegen der Übernahme weiblicher Stilelemente mit vielen Homosexuellen teilen, begünstigt eine hohe gegenseitige Akzeptanz und oft auch Solidarität zwischen Gothics und les-bi-schwulen Subkulturen. Gleichgeschlechtlich Liebende können sich in der Gothic-Szene frei und ohne Angst vor Pöbeleien oder Angriffen bewegen, denn beide Subkulturen haben ein gemeinsames Feindbild: den homophoben rechten Macho-Schlägertyp. Die meisten Gothics betrachten diesen Typ Mann als vollkommen unvereinbar mit ihrer Ästhetik und sexuellen Toleranz:

„Zuerst einmal kann ich mir nicht vorstellen, warum ein Nazi in die Gothic-Szene involviert sein sollte, denn sie ist voll von ‚girligen' Männern, und viele Leute sind schwul, lesbisch, transgender, Bisexuelle etc. Hassen sie uns nicht?? Der Gedanke ein Nazi-Bursche zu sein, der einen Rock trägt, ist lächerlich." (Princess Thais, slashgoth.org, 18/11/02)

Die hohe Toleranz für ungewöhnliche Sexualitäten innerhalb der Gothic-Szene ist unbestreitbar und wurde praktisch von allen lesbischen, schwulen, bi- oder transsexuellen Gothics, mit denen ich gesprochen habe, bestätigt. Princess Thais Bild einer Szene, in der alternative sexuelle Orientierungen allgegenwärtig und gleichberechtigt neben heterosexuellen existieren, entspricht allerdings nach meinen Beobachtungen keinesfalls der Realität auf Szene-Events. Zwar trifft man auf solchen Events vereinzelt auch gleichgeschlechtliche Paare, aber die bei weitem überwiegende Mehrheit der Szenegänger ist heterosexuell verpartnert.

Tatsächlich nimmt ein großer Teil der weiblichen Gothics eine bisexuelle Orientierung für sich in Anspruch. Analog dazu kommen bisexuelle Spielereien zwischen – oftmals sichtbar heterosexuell verpartnerten – Gothic-Frauen wie auf der Tanzfläche herumknutschen in Gothic-Clubs recht häufig vor. Dass für Menschen, die eine ernsthafte gleichgeschlechtliche Partnerschaft suchen, die Chancen in der Gothic-Szene allerdings nicht gerade rosig sind, illustriert folgender Austausch in einem Internetforum; er schließt an die Behauptung eines vorherigen Posters an, der als einen positiven Effekt der vielbeschworenen ‚Gothic-Bisexualität' die Leichtigkeit anführt, mit der man angeblich unabhängig vom Geschlecht in der Szene ein Date arrangieren kann:

„Date? Vielleicht. Wahlloses Knutschen auf der Tanzfläche? Absolut sicher. Tatsächliche Beziehung mit jemandem vom gleichen Geschlecht? Nicht sehr wahrscheinlich meiner Erfahrung nach. Absolut nicht verbittert …" (anonym, slashgoth.org, 01/03/02)

„Ich weiß: Mindestens ein sehr guter Freund von mir hat im Moment dieses Problem. Es ärgert mich einfach von wegen, wie viele Gothics sagen, dass sie Geschlecht nicht als Problem sehen, aber trotzdem alle ihre tatsächlichen Beziehungen mit dem anderen Geschlecht haben." (anonym, slashgoth.org, 01/03/02)

Auch im Bereich der Sexualität scheint das Ideal der ‚Geschlechtslosigkeit' in der Gothic-Szene also mehr hehre Phantasie als soziale Realität zu sein. In diesem Zusammenhang ist die Frage interessant, warum viele Gothic-Frauen mit ihrer häufigen Proklamation und spielerischen Darstellung von Bisexualität eine erotische Orientierung für sich beanspruchen, die sie offensichtlich selten wirklich ausleben. Eine mögliche Antwort auf diese Frage liegt in der rebellischen Rhetorik, die typischerweise von bisexuellen Aktivisten verwendet wird. Bisexualität wird von ihren Vertretern gerne als

Fotos: Amanda Michl

Foto: Amanda Michl

die einzig wirklich radikale, befreite und transgressive sexuelle Orientierung gefeiert, die das Potenzial hat, traditionelle Geschlechtergrenzen zu durchbrechen. Der moderne bisexuelle Diskurs macht in seiner Glorifizierung einer scheinbar frei fließenden, unrestriktiven Sexualität reichlich Gebrauch von Ausdrücken wie ‚Freiheit', ‚Widerstand', ‚Sprengungspotenzial' und ‚dissidentes Begehren' (Eadie 1999, Garber 1999). Dieser Diskurs einer Sexualität, die „Regeln überschreitet, Kategorien niederbricht und Grenzen in Frage stellt" (Garber 1999, S. 141), wird häufig auch von sich als bisexuell definierenden Gothics aufgegriffen, wie die folgenden zwei Statements einer Gothic-Frau illustrieren:

„Ich persönlich denke, dass Bisexualität die einzige willentliche Entscheidungsmöglichkeit darstellt. Wer weiß, vielleicht haben auch hier die Hormone ein Wörtchen mitzureden. Aber ich glaube, dass jemand, der sich bisexuell nennt […] sich aber nicht in seinen Genüssen einschränken lässt durch anerzogene Muster und Moralvorstellungen, die mal jemand aufgestellt hat."
(Audrey, Gothiccommunity.de, 11/10/02)

„Sind diese Leute [die Homosexuellen] neidisch, weil sie, die nach außen hin so unkonventionell agieren, doch genauso eingeschränkt sind wie die Heten? Weil wir Bi's es uns herausnehmen, uns überall ein Stückchen vom Kuchen abzuschneiden?"
(Audrey, Gothiccommunity.de, 03/01/03)

Es überrascht kaum, dass der rebellische, freigeistige Nimbus einer so interpretierten Bisexualität eine starke Resonanz in der Gothic-Szene findet. Schließlich ist die tatsächliche oder zumindest symbolische Transgression konventioneller Werte und Regeln seit jeher ein zentrales Ideal jugendlicher Subkulturen und kann in deren Welten als Quelle von Ansehen und Status fungieren. Wie bereits in der Diskussion über androgynes männliches Styling gezeigt, bezieht Gothic dieses subkulturelle Ideal besonders stark auf die Überschreitung geschlechtsbezogener Tabus und Grenzen.

In ihren hyper-femininen Stilpraktiken bleiben weibliche Gothics von einer solchen statusfördernden Transgression weitgehend ausgeschlossen. Indem sie ein bisexuelles Image annehmen, so meine These, können jedoch auch Gothic-Frauen eine Form geschlechtsbezogener Rebellion – und den damit verbundenen subkulturellen Statusgewinn – für sich reklamieren. Für ernsthaft bi- oder homosexuelle Gothics ist diese Erhebung der Bisexualität zu einem oftmals substanzlosen Symbol der Transgression naturgemäß ein zweischneidiges Schwert, das ihnen neben großer Akzeptanz in der Szene auch ein Gefühl des ideellen Ausverkaufs ihrer Identität vermitteln kann.

Abschließende Bemerkungen

Ich habe in diesem Beitrag Gothic als eine Szene vorgestellt, die Mädchen und Frauen im Vergleich zu anderen Jugendkulturen zahlenmäßig und auch ideell in vielen Bereichen relativ gleichberechtigte Möglichkeiten zur Partizipation einräumt. Die typischen Stilpraktiken der Szene, die weit verbreitete Beschäftigung mit magischen und mythischen Themen sowie die Offenheit und Toleranz für verschiedene Formen der Erotik bieten fruchtbare Ansatzpunkte für eine autonome, selbstbewusste und positiv definierte Weiblichkeit. Viele der in diesem Beitrag zitierten Statements belegen, dass Gothic-Frauen ihre Szene und die dazugehörigen Praktiken häufig als befreiend und selbstwertstärkend erleben. Genau wie männliche Gothics glauben viele von ihnen an das Ideal der ‚Geschlechtslosigkeit' und dessen tatsächliche Umsetzung in ihrer Subkultur.

In meinem Beitrag habe ich allerdings neben all den positiven und progressiven Aspekten der Gothic-Subkultur im Hinblick auf Geschlechterrollen auch negative, reaktionäre Tendenzen festgestellt. Die vielbeschworene ‚Geschlechtslosigkeit' der Szene, also die Vorstellung, dass das Geschlecht eines Menschen hier praktisch bedeutungslos ist und eine vollkommene Gleichberechtigung zwischen den Geschlechtern herrscht, wurde als schöne, aber realitätsferne Phantasie entlarvt. In manchen Bereichen kann – wie ich am Beispiel der Idealisierung des Weiblichen als ästhetisches Prinzip innerhalb des Gothic-Stils gezeigt habe – diese Phantasie der ‚Geschlechtslosigkeit' sogar deutlich negative Konsequenzen haben. Die in der Szene sehr verbreitete Überzeugung, dass geschlechtliche Gleichberechtigung hier bereits perfekt realisiert ist, macht es für Frauen schwer, einen Anspruch auf eine tatsächliche Umsetzung dieses hehren Ideals zu formulieren und durchzusetzen.

Auch die Gothic-Szene ist also entgegen einiger Vorstellungen kein utopischer ‚geschlechtsfreier' Raum, in dem sich Mädchen und Frauen frei von sexistischer Benachteiligung entfalten können. Dennoch bietet diese Szene mehr als viele andere kulturelle Strömungen vielversprechende Ansatzpunkte für eine flexiblere, spielerischere und vor allem gleichberechtigtere Definition von Männlichkeit, Weiblichkeit und Sexualität, die vielleicht auch außerhalb ihrer kleinen Welt gewinnbringend nutzbar gemacht werden könnten.

Literatur

Bourdieu, Pierre (1984): Distinction. A social critique of the judgement of taste. London.

Brill, Dunja (2006): Subversion or stereotype? The Gothic subculture as a case study of gendered identities and representations. Gießen.

Eadie, Jo (1999): Extracts from Activating bisexuality: towards a bi/sexual politics. In: Merl Storr (ed): Bisexuality. A critical reader. London, pp. 119–137.

Garber, Majorie (1999): Extracts from Vice versa: bisexuality and the eroticism of everyday life. In: Merl Storr (ed): Bisexuality. A critical reader. London, pp. 138–143.

Graichen, Gisela (1999): Die neuen Hexen. Gespräche mit Hexen. München.

Leblanc, Lauraine (1999): Pretty in Punk. Girls' gender resistance in a boys' subculture. London.

Macdonald, Nancy (2001): The Graffiti subculture. Youth, masculinity and identity in London and New York. Basingstoke.

Thornton, Sarah (1995): Club Cultures. Music, media and subcultural capital. Cambridge.

Wallraff, Kirsten (2001): Weiss wie Schnee, rot wie Blut und schwarz wie Ebenholz. Die Gothics, 2. Teil. Berlin.

Walser, Robert (1993): Running with the devil: gender, power and madness in Heavy Metal music. New England.

Melanie Groß

Riot Grrrls und Ladyfeste – Angriffe auf die heterosexuelle Matrix

Ladyfest Stuttgart + Esslingen
2004
Grafik: Ina Bär und Chapy Neuper

Das erste Fest, das den Namen Ladyfest trug, fand im Jahre 2000 in Olympia (USA) statt und hatte zahlreiche weitere Ladyfeste zur Folge: In Deutschland waren Hamburg, Leipzig und Berlin im Jahr 2003 die Pionierstädte. Inzwischen sind die Ladyfeste über das ganze Land verteilt: Stuttgart, Trier, Frankfurt am Main, Nürnberg, Düsseldorf, Bochum, Bielefeld, Mannheim, Hannover, Dresden und einige andere Städte haben in den letzten zwei Jahren mindestens ein Ladyfest erlebt. Aber auch über die Landesgrenzen hinaus boomen diese Art von Events: In Wien, Rotterdam, Warschau, Newcastle, Ottawa, Singapur und auf Hawaii – um nur einige wenige andere Orte zu nennen – wurden in den letzten Jahren ebenfalls Ladyfeste abgehalten. Für das Jahr 2007 sind Feste in Monterrey, Leeds, London und Turku angekündigt.

Auf den Websites der Ladyfeste sind stets Verweise auf das erste Fest im Jahr 2000 in Olympia (USA) und auf die Riot-Grrrl-Szene zu finden. Die Ladyfeste verbinden auf einzigartige Weise politische Strategien der Frauenbewegung mit denen der Punk-Szene und mit konkreten Aktionsformen wie Straßentheater, radical cheerleading (Amann 2005), Kommunikationsguerilla (autonome a.f.r.i.k.a gruppe, Blissett & Brünzels 2001) oder Cyberfeminismus (Weber 2001). Mit diesen so genannten Guerilla-Strategien wird versucht, Grenzen zu überschreiten und Sehgewohnheiten zu irritieren (Groß 2003). Das Ergebnis dieser Allianz ist eine facettenreiche, schillernde und lautstarke Bewegung, die nachhaltige Spuren in der feministischen Subkultur hinterlassen hat.

In diesem Artikel werden Ladyfeste und Riot Grrrls vorgestellt. Dabei wird insbesondere der Frage nachgegangen, welche Form feministischer Politik mit den Aktionen der Grrrls und Ladiez verbunden ist.

Im ersten Abschnitt dieses Artikels wird ein Überblick über die Inhalte und Strategien der in der Tradition der Riot Grrrls stehenden Ladyfeste gegeben. Es wird gezeigt, wie sich diese Subkultur mit vielfältigen Aktionen gegen verschiedene Machtmechanismen zur Wehr setzt. Neben der Kritik an der sexistischen Struktur der Musikkultur wird in den letzten Jahren verstärkt eine Debatte über die Grenzen der Kategorie Frau als verbindendes Element feministischer Politik geführt. Die Art der bei Ladyfesten eingesetzten Politikformen steht in engem Zusammenhang mit queer-feministischen Theoriediskursen, die im zweiten Abschnitt kurz erläutert werden.

Die Strategien der Grrrls und Ladiez

Für die Organisierenden und die anvisierte Zielgruppe ist die Stadt Olympia (USA) ein historischer Ort. Hier fand nicht nur zum ersten Mal ein Ladyfest statt, sondern Olympia gilt auch als die Geburtsstadt der Riot-Grrrl-Szene, die als ein gemeinsamer Bezugspunkt der Ladies verstanden wird. In den 1990er-Jahren sind einige Bands aus der US-amerikanischen Punkrock-Szene bekannt geworden, die sich als Riot Grrrls bezeichneten und ein Netzwerk aufbauten, das sich lautstark und aggressiv gegen Misogynie, Androzentrismus und Heterosexismus in der Rock- und Punkkultur richtete (Gottlieb & Wald 1995; Baldauf & Weingartner 1998). Bekannte Bands wie *Sleater Kinney, Bratmobile, Babes in Toyland, Team Dresch, Tribe 8* und *Bikini Kill* erlangten Kultstatus. Ihre Themen sind (sexualisierte) Gewalt gegen Frauen und Mädchen, Sexualität, Marginalisierung in der Musik-Subkultur, die Do-It-Yourself-Kultur und feministische Politik.

Die meist mehrtägigen Ladyfeste, die in alternativen und autonomen (Jugend-)Kulturzentren stattfinden, widmen sich ebenfalls Themen wie Geschlechternormierungen, Sexismus und Gewalt, Sexualitätsnormen, alternative und antikapitalistische Kultur, Ausbeutungsverhältnissen oder Weißsein und Rassismus – Themen, die vom bürgerlich-konservativen Spektrum kaum oder nicht wahrgenommen werden. Neben Punk-, Hardcore- und Elektro-Konzerten können die Teilnehmenden Selbstverteidigungskurse absolvieren, Vorträge über queere Politik und Feminismus diskutieren, selbst gemachte Underground Filme zeigen, eigene Texte vortragen, eine Open-Stage-Bühne nutzen, um eigene Musik zu spielen oder Drag-Workshops besuchen. Drag ist die Bezeichnung für eine spezifische Form der Maskerade, mit der gezielt Geschlechtergrenzen überschritten werden. Dabei wird innerhalb der queeren Subkulturen und auf Ladyfesten nicht mehr notwendigerweise mit der Inszenierung der Drag-Queen oder des Drag-King das so genannte Gegen-Geschlecht verkörpert. Vielmehr ist Drag inzwischen eine Bezeichnung, die für die überzogene Darstellung von geschlechtstypischen Verhaltensweisen, Kleidung und Körpersprache verwendet wird, ohne dabei an ein scheinbar wahres Geschlecht gebunden zu sein.

Ladyfeste werden auf der lokalen Ebene jeweils sehr spezifisch gestaltet. So entstehen an vielen Orten gleichzeitig politische Strategien, die durch ihre je eigene Schwerpunktsetzung immer neue Artikulationen politischer Interventionen hervorbringen. Die jeweiligen Programme können sehr unterschiedlich sein: Im Frankfurter Programm finden sich neben den Konzerten unter anderem eine Anti-Vatertags-Demo, eine Podiumsdiskussion zum Thema Sexarbeit und Fußball-Weltmeisterschaft, Vorträge zu den Themen Weißsein, Deutschland als Einwanderungsland, Körperpolitiken und Behinderung (Website Ladyfest Frankfurt a. M. (2006), www.copyriot.com/ladyfest/docs/programm.htm, Zugriff am 19.01.07). Im Programm des Dresdener Ladyfestes im Jahr 2005 finden sich neben den Konzerten und der Party eine Lesung über Kommunismus, ein Improvisations-Workshop zu Klang und Bewegung, ein Tontechnik-Workshop, ein Drag-Workshop, eine Diskussion über Feminismus sowie eine Filmmatinee über eine Dreiecksbeziehung (Website Ladyfest Dresden (2005), http://perso.orange.fr/cyril-le/ladyfest/lady2005/index.html, Zugriff am 19.01.07). Die gemeinsame Idee, der Name und die prinzipielle Offenheit dafür, welche Schwerpunkte jeweils gesetzt werden, sind wichtige Elemente der Ladyfeste. Diese Form der inhaltlichen Offenheit ist bereits ein wesentlicher Bestandteil der Riot-Grrrl-Szene gewesen. Mit unfertigen Flugblättern wird etwa zur aktiven Selbstgestaltung aufgerufen. Die Anerkennung inhaltlicher Differenzen ist ein wichtiges Element der Szene (Groß 2003).

Ein Hauptmerkmal der Ladyfeste ist der Versuch, ein männlich codiertes kulturelles Feld wie das der Musik zu besetzen. Ein weiteres zentrales Merkmal ist die politische Strategie,

Ladyfest Hamburg
Parole Trixi, Sol, Hellfire
Fotos: Christiane Stephan,
www.christianestephan.com

die Kategorie Frau in Frage zu stellen und sich dafür der Mittel der Musik und der Popkultur zu bedienen. Dieser Aspekt wird in diesem Artikel besonders fokussiert.

Verschiebungen: Vom Girl zu Grrrl zu Lady

Eine Strategie der Grrrls und Ladies ist der Einsatz sprachlicher Verschiebungen, die Irritationen bei den Leser_innen[1] erzeugen und die Bedeutung des Bezeichneten verschieben sollen. Bei der Namensgebung sind diese Verschiebungen besonders offensichtlich: Als Lady wird im Allgemeinen eine Frau bezeichnet, die einen in bürgerlich-konservativen Milieus angesehenen Status erlangt hat, sich durch vornehmes und geschlechtstypisches weibliches Verhalten auszeichnet, die gesellschaftlich geachtet wird und als sexuell unverdächtig gilt. Kurz: ein Feindbild der feministischen und queer-feministischen Subkultur. Mit der progressiven Verwendung des Labels Lady gelingt den Ladies erneut eine Wiederaneignung und Verschiebung eines patriarchalischen Begriffes. Rund zehn Jahre vorher war es bereits den Riot Grrrls geglückt, den Begriff ‚Girl' zumindest für ein paar Jahre neu zu besetzen – bevor die Kulturindustrie ihn wieder zurückerobert hatte. Ihre Intention war, den verniedlichenden und abwertenden ‚Girl'-Begriff neu aufzuladen. Er wurde mit drei ‚r' versehen, die ein Grollen in das Wort Grrrl brachten und ihm so mehrere neue Bedeutungen verleihen konnten. In der Rückeroberung und Wiederaneignung von Bezeichnungen liegt auch eine Verschiebung dessen, was mit dem Begriff zuvor bezeichnet wurde. Mit der Aneignung des Begriffs ‚Grrrl'

[1] Mit dieser Schreibweise wird versucht, Subjektpositionen jenseits von männlich/weiblich sichtbar zu machen. Der Unterstrich macht das Unbenennbare sichtbar (dazu ausführlich Steffen Kitty Hermann auf der Website der A.G. Gender-Killer, www.genderkiller.de/wissen%20neu/texte%20queer%20kitty.htm Zugriff am 19.01.07).

wurde Mädchenkultur aufgewertet und zugleich versucht, diese mit einem neuen Selbstbewusstsein zu versehen:

„Grrrl bringt das Knurren zurück in unsere Miezekatzekehlen. Grrrl zielt darauf, die ungezogenen, selbstsicheren und neugierigen Zehnjährigen in uns wieder aufzuwecken, die wir waren, bevor uns die Gesellschaft klar machte, daß es an der Zeit sei, nicht mehr laut zu sein und Jungs zu spielen, sondern sich darauf zu konzentrieren, ein ‚girl‘ zu werden, das heißt eine anständige Lady, die die Jungs später mögen würden." (Gilbert & Kile 1997, S. 221)

Stigmatisierende oder eingrenzende Begriffe wie Tunte, Lady, queer, Grrrl oder Lesbe werden angeeignet und neu gefüllt. Somit wird versucht, sie ihrer diffamierenden Kraft zu berauben.

Eine weitere Art der Verschiebung wird auf der visuellen Ebene eingesetzt. Mit der oft künstlerisch gestalteten Aufbereitung von Websites, Partyräumen, Fanzines und Flyer werden Bilder klassischer Geschlechterstereotype aufgegriffen und verändert. Diese absichtsvollen Fehlzitationen sollen auf der visuellen Ebene irritieren und Bedeutungen verschieben.

Ladyfeste gegen die Zweigeschlechtlichkeit – „All genders welcome"

Gruppen, die sich heute des Labels Lady, Ladyzzz oder Ladiez bedienen, persiflieren die Figur der Lady als Symbol und Sinnbild der hegemonialen Geschlechterordnung und greifen – inzwischen vermehrt und expliziter als noch zu Beginn der Ladyfeste – das System der heterosexuellen Zweigeschlechtlichkeit an:

„DAS LADYFEST IST EINE PLATTFORM FÜR **FEMINISTISCHE, QUEERE UND TRANSGENDER-KULTUR,** DIE SICH AUS DER DO-IT-YOURSELF-KULTUR DER RIOTGRRRL-BEWEGUNG ENTWICKELTE. DA DIE ANFANGS REBELLISCH GEDACHTE GRRRLS-BEZEICHNUNG U. A. VON DER MUSIKINDUSTRIE KOMMERZIELL ALS GIRLIE VERMARKTET WURDE, HABEN SICH DIE EHEMALIGEN RIOTGRRRLS DEN BEGRIFF LADY ANGEEIGNET, DER PASSENDER IST, UM POLITISCH-FEMINISTISCHE INHALTE ZU TRANSPORTIEREN." (Ladyfest Wien 2005, Hervorhebungen im Original, www.ladyfestwien.org/txts05.html, Zugriff am 19.01.07)

Entsprechend der Betonung auf queer-feministische- und transgender-Inhalte richten sich die Ladyfeste an Personen jedes Geschlechts. Der Existenz vielfältiger Lebensformen jenseits heteronormativer Zweigeschlechtlichkeit wird im Zusammenhang geschlechtshierarchischer Differenzen innerhalb der Musikkultur Raum gegeben. Dabei gehen die Ladyfeste allerdings nicht davon aus, dass Frauen per se gleichermaßen benachteiligt sind, sondern sie verweisen auf das komplexe Ineinandergreifen von Differenzkategorien wie Geschlecht, Klasse, Nationalität, Ethnizität, Sexualität und/oder Alter, die je nach Kontext unterschiedliche Subjektpositionierungen hervorbringen. Dementsprechend betonen sie die heterogenen gesellschaftlichen Positionierungen der Organisierenden und der Zielgruppen. So schreiben die Macher_innen des Wiener Ladyfestes im Jahr 2005 auf ihrer Website:

„WIR WOLLEN EIN ORGANISATORISCHES BÜNDNIS SCHAFFEN, DAS AUS **HETEROGENEN POSITIONEN, ZUGÄNGEN UND KONTEXTEN** BESTEHEN SOLL. DESHALB WENDEN WIR UNS AN **FRAUEN, LESBEN, TRANSGENDER, ARBEITSLOSE, MIGRANTINNEN, ARBEITERINNEN, STUDENTINNEN, MUSIKERINNEN, DIENSTLEISTERINNEN, TECHNIKERINNEN, KÜNSTLERINNEN** … UM GEMEINSAM DAS KNIE BZW. DIE FAUST GEGEN SEXISMUS, RASSISMUS, HOMOPHOBIE UND DIE KAPITALISTISCHE VERWERTUNGSLOGIK ZU HEBEN!!!" (Ladyfest Wien 2005, Hervorhebungen im Original, ebd.)

Die Organisierenden des Ladyfestes Frankfurt am Main 2005 formulieren ihr Anliegen so:

„Klar, dieses Fest will alles sein: feministisch, queer und unkommerziell, sich gegen Kapitalismus, Rassismus und Antisemitismus wenden, will öffentliche Freiräume schaffen und gegen Zweigeschlechtlichkeit, Zwangsheterosexualität, Konkurrenzdenken, Schönheitsideale und Alltagszwänge einen Raum bieten. Ist dieser Anspruch nicht etwas zu hoch? Wie Luka Skywalker (DJane) in einem Interview mal sagte: ‚Weil ich aber eine Frau bin, muss ich außer Kunst zu machen, auch noch den Kapitalismus abschaffen, neue Lebensformen finden, mein konstruiertes Geschlecht und das der anderen reflektieren […] und immer wieder mich selbst in Frage stellen.' Deshalb haben wir bisher einige Schwerpunkte gesetzt, die für uns besonders wichtig sind."
(Ladyfest Frankfurt am Main 2006, Website www.copyriot.com/ladyfest/docs/ladyfest.htm, Zugriff am 19.01.07)

Gemeinsam ist den Ladyfesten, dass sie die machtvolle und gewaltförmige diskursive Herstellung von Gruppenidentitäten angreifen und diese gleichzeitig strategisch neu einsetzen. So können die Kontexte der verschiedenen sozialen Positionierungen sichtbar gemacht und die Positionierungen durch Kategorien problematisiert werden. Diese Form des strategischen Essentialismus bildet eine lokal spezifische und punktuelle Fixierung, mit der es möglich wird, politisch zu handeln. In dem auf Derrida (1983) zurückgehenden Verfahren der Dekonstruktion wird notwendigerweise auf Referenten wie die Kategorie Frau zurückgegriffen, die gleichzeitig verschoben werden:

Ladyfest Hamburg
Katrin Achinger,
Deptford Beachbabes
Fotos: Christiane Stephan,
www.christianestephan.com

„Dekonstruieren heißt nicht verneinen oder abtun, sondern in Frage stellen und – vielleicht ist dies der wichtigste Aspekt – einen Begriff wie ‚das Subjekt' für eine Wieder-Verwendung

oder einen Wieder-Einsatz öffnen, die bislang noch nicht autorisiert waren."
(Butler 1993, S. 48)

[Re]presentin' – Selbstrepräsentation und Vernetzung der Ladyfeste

Die Ladyfeste sind auf eine Weise miteinander vernetzt, wie es nur wenige subkulturelle Szenen oder frauenpolitische Netze im Internet schaffen. So schreiben die Organisierenden des Ladyfestes in Hawaii:

„Premiering this year, Ladyfest Hawai'i is a globally linked-locally grown community arts festival that is known all over the world as Ladyfest." (Website Ladyfest Hawaii (2006), http://ladyfesthawaii.org, Zugriff am 19.01.07)

Mit der Namensgebung ist es zum einen möglich, sich kollektiv auf eine gemeinsame Tradition zu beziehen und dem jeweiligen Ladyfest dennoch ein eigenes Profil zu geben. Zum anderen wird so im Internet eine sehr gute Auffindbarkeit und Präsenz geschaffen. Wer bei Google den Begriff Ladyfest eingibt, erlangt auf den ersten 100 Positionen 95 echte Treffer (Test am 19.01.07).

Die Websites der Ladyfeste sind Orte der (Selbst-)Repräsentation alternativer Lebens-, Konsum- und Kulturformen. Auf den meisten Websites sind Verweise auf den gemeinsamen Horizont zu finden: die gemeinsame Erzählung über die Riot-Grrrl-Bewegung und der Hinweis auf die erste Ladyfestsite www.ladyfest.org. Diese gemeinsame Erzählung ist eine Form der Information, die über die reine Vernetzung hinausgeht: Die Websites sind für die Szene auch eine Plattform der Selbstdefinition. Die verbreiteten Informationen dienen vor allem der Wahrung der Definitionsmacht über die eigene Szene.

In der gemeinsamen Erzählung der eigenen Geschichte spielt auch die Medienblockade der Riot Grrrls im Jahr 1993 eine wichtige Rolle (Gottlieb & Wald 1995, S. 186). Dieser Medienblockade war eine Verzerrung durch traditionelle Medien vorausgegangen, die ein zentraler Grund für die Umbenennung von Riot Grrrl zu Ladyfest gewesen ist: Im deutschsprachigen Raum mutierte das rebellische ‚Grrrl' in der Presse schnell zum ‚Girlie', einer inhaltslosen Hülle für die Bezeichnung von Frauen und Mädchen, die mutig, chic und vor allem sexy sein und als Projektionsfläche für sexistische Träume fungieren sollten (Tietjen 1996). Auch im US-amerikanischen Raum musste sich die Szene gegen eine zunehmende Vereinnahmung durch Medien und Wissenschaftler_innen zur Wehr setzen. Im Frühjahr 1993 wurde deshalb von vielen betroffenen Bands und Gruppen eine Blockade der Medien beschlossen. Die Wahrung der Definitionsmacht über die Ideen, Ziele und auch die Sichtbarkeit der Differenzen untereinander konnte durch eigene Darstellungen und Beschreibungen vor allem in Flugblättern und im aus der Punkkultur übernommenen Medium Fanzine gesichert werden. Fanzines, eine Wortzusammensetzung aus Fan und Magazine, sind selbstgemachte Hefte, die zum Selbstkostenpreis auf Konzerten und anderen Veranstaltungen verbreitet und ausgetauscht werden (Erharter & Zobl 2006). Fanzines der Punk- und Popkultur existieren in subkulturellen Nischen zwar immer noch, sind aber seltener geworden. Gründe dafür sind, dass einige Fanzine-Macher_innen inzwischen auf das Medium Internet umgestiegen oder inzwischen bei Redaktionen etablierter Musikzeitschriften angestellt sind, so dass aus dem Hobby Lohnarbeit wurde (Koch 2002). Innerhalb der queer-feministischen Szene sind Print-Fanzines ebenfalls seltener geworden. Die Themen variieren zwischen Konzertberichten, Vorstellungen der Lieblingsbands, Poesie, Malereien, Comics und Texten zu Themen wie Essstörungen, Feminismus, gender und queer, Les-/Bi-/Schwule-/Queer-/Trans-Sexualität, sexualisierte Gewalt, Rassismus oder Kapitalismus. Fanzines repräsentieren damit eine breite Palette von diversifizierten Mädchen- und Frauenbildern, grrrl-, queer- und trans-culture und ermöglichen darüber hinaus Künstler_innen, die nicht in den Mainstream-Medien genannt werden (wollen), innerhalb der Szene bekannt zu werden.

Die Websites der Ladyfeste stehen in der Tradition der Fanzine-Kultur. Alle, die sich der Szene zugehörig fühlen, können das Netzwerk mitgestalten, indem sie eigene Sites und Veranstaltungen einbringen. Der Anspruch der Selbstdefinition und der Do-It-Yourself-Charakter lassen diese Websites als eine spezifische Transformation der Fanzines erscheinen. Das Internet hat allerdings auch den Inhalt verändert (Groß 2006). Es handelt sich mehr als nur um einen Wechsel des Mediums, denn die Möglichkeiten der Herstellung und Nutzung von Websites sowie der Vernetzung und gegenseitigen Bezugnahme bilden einen anderen Kontext und haben andere Rahmenbedingungen als Fanzines.

Die Verwurzelung der Websites in der Fanzine-Kultur macht deutlich, dass die Websites nicht nur als Werbeträgerinnen funktionieren, sondern vielmehr ein eigener kulturell-politischer Bestandteil der Ladyfeste und der Szene sind. Das gilt auch für die stattfindenden Konzerte, Vorträge oder Filme. Denn die verschiedenen Artikulationen sind jeweils spezifische Träger von Bedeutungen und politischen Botschaften. Sie fungieren als Repräsentationsplattformen für Kultur, Politik und Geschlecht und verbinden diese drei Stränge miteinander.

Ladyfest Hamburg
Debra Kate
Foto: Christiane Stephan,
www.christianestephan.com

Ladyfeste – vielfältiger Widerstand

Im Rahmen der Ladyfeste wird eine Vielzahl von politischen Taktiken verwendet, die sich aus der Differenz der Teilnehmenden und deren politischer Orientierung zusammensetzen. Im Rahmen meiner Dissertation habe ich drei verschiedene Widerstandsarten, die bei den Ladyfesten eingesetzt werden, herausgearbeitet (Groß 2007):

Einige der Aktionen können erstens als *Interventionen auf der symbolischen Ebene* der Repräsentation bezeichnet werden und dienen vor allem der Bedeutungsverschiebung und Vervielfältigung. Hierzu gehören Bühnenperformances, pink & silver-Demonstrationen und radical cheerleading (Amann 2005). Pink & silver ist eine neuere Form des so genannten Schwarzen Blocks. Die daran Teilnehmenden

Grafiken: Website des Ladyfests Wien (2005), www.ladyfestwien.org/txts05.html

kleiden sich – unabhängig vom Geschlecht – meist schillernd in Silber und Pink und tragen beispielsweise Boas und Stöckelschuhe. Auf diese Weise versuchen sie Grenzen zu überschreiten: Polizeibarrieren genauso wie Geschlechtergrenzen. Kombiniert wird diese Aktionsform meist mit radical cheerleading. Dabei werden als ironische Persiflage und als Ermächtigung und Verschiebung traditioneller Frauenbilder die Tanzformen des US-amerikanischen cheerleadings ausgeübt, jedoch gleichzeitig politische Parolen gebrüllt.

Neben diesen Strategien werden zweitens Mittel zur *Skandalisierung & Sichtbarmachung* eingesetzt. Das geschieht auf zwei Ebenen: Einerseits werden die Grenzen der Lebbarkeit von Identitäten jenseits der Zweigeschlechtlichkeit durch Straßentheater, die Organisation von queeren Musikkonzerten oder die Selbstpräsentation in Fanzines und auf Websites visualisiert. Andererseits werden die Unsichtbarkeit und die Marginalisierung im gesellschaftlichen Mainstream skandalisiert.

Die dritte Gruppe der eingesetzten Aktionen ist die *Information & Aufklärung*. Gemeint sind damit zum Beispiel das Schreiben von informativen und aufklärenden Flugblättern, das Gestalten von Radiosendungen oder das Organisieren von politischen Veranstaltungen und Vorträgen.

Diese drei Aktionsformen zeigen den komplexen, in der Szene kursierenden Bedeutungsrahmen von Widerstand. Außerdem verdeutlichen sie, welche Machtformen von der Szene angegriffen werden. Mit der Kombination der Widerstandsarten gelingt es den Ladies, gleichzeitig geschlechtshierarchische Verhältnisse in der Musikkultur anzugreifen und Geschlecht als Kategorie in Frage zu stellen und zu verschieben.

Theoretische Bezüge: Queer-Feministische Theorien

Die Ladyfeste rekurrieren auf die Queer Theory und den feministischen Poststrukturalismus. Beide Theorien erfahren seit den 1990er-Jahren immer größere Popularität. Teilweise lassen sich auch umgekehrt Vertreter_innen dieser Ansätze von subkulturellen Entwicklungen inspirieren. Die namhaftesten Vertreterinnen sind Judith Butler und Teresa de Lauretis. Butlers einflussreiche Genealogie der Geschlechteridentität, „Gender Trouble", erschien 1991 erstmals auf Deutsch (Butler 1991). Teresa de Lauretis hatte 1991 – nach einer gleichnamigen Konferenz im Jahr 1990 in Santa Cruz (USA) – als erste Wissenschaftlerin den Begriff „Queer Theory" im Kontext der Lesbian und Gay Studies als Bezeichnung für eine neue feministische Strategie und Denkart in die theoretische Debatte eingeführt (de Lauretis 1991).

Die Besonderheit queerer Ansätze liegt in der radikalen Zurückweisung des Konzepts der Natürlichkeit von Geschlechteridentität, was auch die Kritik an der Natürlichkeit von Körper und sexuellen Begehrensformen einschließt. Zuvor gab es innerhalb der feministischen Theorie zwar eine weitgehende Einigkeit darüber, ‚gender' als eine sozial konstruierte Kategorie zu verstehen, nun galt es aber, auch ‚sex' als sozial konstruiert zu benennen und zu dekonstruieren (Butler 1995). Heterosexualität und Zweigeschlechtlichkeit gelten nicht mehr als natürliche Erscheinungsformen, sondern vielmehr als machtvolle und Gesellschaft strukturierende soziale Konstrukte.

So gerieten der Körper und die (heterosexuelle) Zweigeschlechtlichkeit als Grundpfeiler der „heterosexuellen Matrix" (Butler 1991) zunehmend ins Visier der theoretischen und der politischen Auseinandersetzung. Das führte wiederum zur Benennung der „Zonen der Unbewohnbarkeit" (Butler 1995, S. 23), jener Zonen, in die etwa Transpersonen zurückgewiesen werden, und deren Abwertung und Verwerfung das sozial und gesellschaftlich anerkannte geschlechtliche Subjekt Frau oder Mann erst hervorbringt. Transpersonen werden somit zu dem Anderen, zur konstitutiven Bedingung des Normalen, des Einen. Die Bezeichnung des Einen hat stets die Markierung eines Anderen zur Folge, das in eine binär strukturierte Differenz gesetzt wird (Derrida 1983). Binäre Begriffspaare wie Frau-Mann sind differentielle Verweisungen – das Eine ist nicht ohne das Andere denkbar, die Spuren des Anderen sind notwendigerweise Teile des Einen (Plößer 2005, S. 39 f.). Die binäre Differenzsetzung führt zu einer Homogenisierung und zugleich zu einer Hierarchisierung. Sie erzeugt ein relativ einheitliches Bild von Männern und Frauen und macht Differenzen innerhalb dieser so bezeichneten Gruppen unsichtbar.

Das systematische Denken eines Dazwischen, Daneben, Quer-dazu-Verlaufens ist in der westlichen Denktradition nicht verankert. Es ist in gegenwärtigen westeuropäischen Gesellschaften schwer möglich, sich nicht als entweder männlich oder weiblich zu identifizieren. Erst die Annahme eines Geschlechts lässt uns zu Subjekten werden: „Die Matrix der geschlechtsspezifischen Beziehungen geht dem Zum-Vorschein-Kommen des ‚Menschen' voraus" (Butler 1995, S. 29). Erfolgt keine Annahme eines exklusiven Geschlechts – aus welchen Gründen auch immer –, verlassen die Individuen die als normal markierte Zone und werden durch Systeme des Rechts, der Psychologie, der Psychiatrie und der Medizin reguliert (Dietze 2003). Die

Differenzsetzung Frau – Mann ist untrennbar mit der heterosexuellen Matrix (Butler 1991) verwoben, innerhalb derer Frauen und Männer als komplementäre und durch wechselseitiges Begehren aufeinander bezogene Identitäten erscheinen (müssen). Geschlecht ist demnach untrennbar mit Sexualität verbunden – sexuelles Begehren jenseits der heterosexuellen Matrix ist nicht vorstellbar. Ladyfeste greifen diese Zonen der Unbewohnbarkeit auf und an, benennen sie und laden sie positiv auf.

Grafik: jukl-kommix, leicht veränderte Version für den Ankündigungsflyer der queerrriot Party 2003 in Bielefeld.
Website jukl-kommix:
www.med-user.net/~jukl-kommix/

Mehrfachstrategien gegen verschiedene Machtformen

Das Besondere an den Ladyfesten ist die Verbindung von verschiedenen politischen Strategien. Die Selbstrepräsentation ist eine Möglichkeit, sich gegen die hegemoniale Zweigeschlechtlichkeit zu positionieren. Außerdem haben es die Ladyfeste geschafft, trotz der unterschiedlichen Schwerpunkte auf den lokalen Festen als ein politischer Kontext und eine Szene wahrgenommen zu werden. Es gelingt, mit den Festen und deren Präsenz im Internet ein internationales Netzwerk herzustellen. Die jeweiligen Websites verkörpern eigene kulturelle und politische Strategien. Sie nutzen einen vernetzten Raum für die diskursive und visuelle Herstellung von Mehrgeschlechtlichkeit sowie für die Thematisierung von gesellschaftlichen Diskriminierungsverhältnissen – insbesondere in Bezug auf Geschlecht und Sexualität, und zwar über die Grenzen der Musikkultur hinaus.

Die nebeneinander existierenden Widerstandsarten zeigen, welche konkreten Machtformen von der Szene als relevant eingeschätzt werden. Die Ladyfeste kämpfen – ähnlich wie die Teilnehmer_innen an Theoriedebatten – gegen strukturelle Ungleichheit und symbolische Normalisierungen. Sie versuchen, der als eingrenzend empfundenen Normalisierungs- und Subjektivierungsmacht und gleichzeitig strukturellen Machtformen in einer Mehrfachstrategie neue und alternative Entwürfe entgegenzustellen. Diese Mehrfachstrategie ist jedoch nicht als eine Form des Konsenses zu verstehen, in dem sich alle Selbstverständnisse und politischen Ansprüche wiederfinden könnten. Sie ist vielmehr die Fotografie eines Moments innerhalb eines sich permanent erneuernden Konfliktes.

Literatur

Amann, Marc (2005) (Hg.): go.stop.act! Die Kunst des kreativen Straßenprotests. Geschichten – Aktionen – Ideen. Grafenau & Frankfurt a. M.

autonome a.f.r.i.k.a gruppe, Luther Blissett & Sonja Brünzels (2001): Handbuch der Kommunikationsguerilla. Berlin.

Baldauf, Anette & Katharina Weingartner (1998): Lips. Tits. Hits. Power? Popkultur und Feminismus. Wien & Bozen.

Butler, Judith (1991): Das Unbehagen der Geschlechter. Frankfurt a. M.

Butler, Judith (1993): Kontingente Grundlagen. Der Feminismus und die Frage der ‚Postmoderne'. In: Seyla Benhabib, Judith Butler, Drucilla Cornell & Nancy Fraser: Der Streit um Differenz. Feminismus und Postmoderne in der Gegenwart, Frankfurt a. M., S. 31–58.

Butler, Judith (1995): Körper von Gewicht. Frankfurt a. M.

Derrida, Jacques (1983): Grammatologie. Frankfurt a. M.

Dietze, Gabriele (2003): Allegorien der Hetersexualität. Intersexualität und Zweigeschlechtlichkeit – eine Herausforderung an die Kategorie Gender? In: *Die Philosophin.* Forum für feministische Theorie und Philosophie. Themenheft: Intersex und Geschlechterstudien, Dezember 2003, Heft 28, S. 9–35.

Erharter, Christiane & Elke Zobl (2006): Mehr als die Summe der einzelnen Teile. Über Feministische Fanzines, Musiknetzwerke und Ladyfeste. In: Rosa Reitsamer & Rupert Weinzierl (Hg.): Female Consequences. Feminismus, Antirassismus, Popmusik. Wien, S. 17–30.

Gilbert, Laurel & Crystal Kile (1997): SurferGrrrls. In: SPoKK (Hg): Kursbuch JugendKultur. Stile, Szenen und Identitäten vor der Jahrtausendwende. Mannheim, S. 220–226.

Gottlieb, Joanne & Gayle Wald (1995): Smells Like Teen Spirit. Riot Grrrls, Revolution und Frauen im Independent Rock. In: Cornelia Eichhorn & Sabine Grimm (Hg.): Gender Killer. Texte zu Feminismus und Politik. Berlin & Amsterdam, S. 167–189.

Groß, Melanie (2003): Von riot grrrls, Cyberfeminismus und Kommunikationsguerilla – Postfeministische Strategien. In: *Widersprüche.* Zeitschrift für sozialistische Politik im Bildungs-, Gesundheits- und Sozialbereich. Heft 87, S. 81–91.

Groß, Melanie (2006): „All genders welcome" – Ladyfeste im Netz. In: Angela Tillmann & Ralf Vollbrecht (Hg.): Abenteuer Cyberspace. Jugendliche in virtuellen Welten. Frankfurt a. M., S. 77–87.

Groß, Melanie (2007): Widerstand aus Post-/Queer-/Linksradikal feministischer Perspektive. In: Melanie Groß & Gabriele Winker (Hg.): Queer- | Feministische Kritiken neoliberaler Verhältnisse. Münster, S. 169–189.

Koch, Christoph (2002): Fanzine Roundtable. Über das Auflösen und Verschwinden des Mediums Fanzine. In: *Intro,* Heft 97, www.intro.de/magazin/musik/23013216 [Zugriff am 10.01.07]

Lauretis, Teresa de (1991): Queer Theory: Lesbian and Gay Sexualities. An Introduction. In: *differences:* A Journal of Feminist Cultural Studies 3 (2), pp. iii–xviii.

Plößer, Melanie (2005): Dekonstruktion – Feminismus – Pädagogik. Vermittlungsansätze zwischen Theorie und Praxis. Königstein/Taunus.

Tietjen, Sabine (1996): Girlies – eine lachende Revolte? In: Elfriede Czurda (Hg.): Mädchen Muster. Mustermädchen. Tübingen, S. 120–134.

Weber, Jutta (2001): Ironie, Erotik und Techno-Politik: Cyberfeminismus als Virus in der neuen Weltunordnung? Eine Einführung. In: *Die Philosophin.* Forum für feministische Theorie und Philosophie, Heft 24, S. 81–97.

Bernadette La Hengst

Immer komplett, doch niemals fertig ...

Foto: Christiane Stephan,
www.christianestephan.com

Um mal ganz von vorne anzufangen, ich hatte früh Klavierunterricht, allerdings habe ich als Kind auch immer in der Kirche gesungen, oft als Vorsängerin, was mir früh ein Bühnenselbstverständnis gegeben hat, aber als mir der klassische und kirchliche Kram zu langweilig wurde, schließlich war es kein glamouröser Gospelsoul, sondern leider nur biederer ‚Provinzchristenschlager‘, habe ich mir mit 14 Jahren selbst das Gitarre spielen beigebracht und dazu gesungen. Mit den ersten Cover-Versionen von den *Beatles* bis *Ton Steine Scherben* habe ich dann angefangen Straßenmusik zu machen. Das waren meine wichtigsten Lehrjahre, bis ich 20 war. Mit 17 Jahren habe ich dann angefangen, eigene Lieder zu schreiben, inspiriert von einem Kollektiv einiger junger Songschreiber aus Ostwestfalen. Darunter waren unter anderen Jochen Distelmeyer, Frank Spilker und

Bernd Begemann, die Mitte der 1980er-Jahre ein Label mit dem Namen „Fast Weltweit" gegründet hatten. Dort habe ich auf Kassetten-Samplern meine ersten Aufnahmen veröffentlicht, bis ich 1987 nach Berlin gezogen bin, um dort Schauspielerin zu werden. Nach zwei Jahren Theaterarbeit zog es mich 1989 nach Hamburg, wo ich zielstrebig die Mädchenband *Die Braut haut ins Auge* und die *Mobylettes* gegründet habe. Zeitgleich spielte ich bei *HUAH* mit, die zur Hälfte aus Frauen bestanden. Ansonsten war Hamburgs Musikszene wie im Rest der Republik eine ziemliche Männerdomäne. Ich hatte einfach das Gefühl, ich müsste mich mit Mädchen/Frauen zusammen tun, um jenseits der Erwartungen der Männerwelt unser eigenes Universum zu erschaffen. Dabei wurden wir stark von Girl Groups der 1960er-Jahre geprägt, vor allem von den *Liverbirds,* der ersten All-Girl-Band überhaupt, die Mitte der Sechziger in Männeranzügen mehrere Jahre im Hamburger Star Club aufgetreten waren. Aber auch Country-Göttinnen wie Dolly Parton oder Tammy Wynette waren unsere Vorbilder, neben den vielen auch männlichen Songschreibern und Bands von Iggy Pop über Chuck Berry, Jonathan Richman, *Velvet Underground,* Patti Smith, Carole King und vielen anderen Punk- und PopmusikerInnen. Dann kam die erste Welle der Riot-Grrrl-Bewegung aus den USA, wir sahen zusammen *L7* im Hamburger „Molotow" und waren komplett

Foto: Calvin Mc Bride

begeistert: Rohe Gewalt in Rockmusik verpackt von tätowierten sexy Frauen, die das so selbstverständlich rüberbrachten, ein Hammer… Natürlich konnte keine Band in Deutschland dieses Lebensgefühl transportieren, wir wollten das auch gar nicht, aber ein Teil dieser rohen Energie und des Do-It-Yourself-Gedankens haben wir verinnerlicht. Unsere Texte und unsere Musik waren aber viel poppiger, ironischer, leichter, so dass wir Schwierigkeiten hatten, eine Plattenfirma zu finden. Die Indie-Labels in Hamburg und anderen Städten konnten nicht wirklich etwas mit uns anfangen, wir saßen immer zu sehr zwischen den Stühlen, wir waren nicht genug „Diskurspop" oder „Hamburger Schule", wie es später genannt wurde, wir waren aber auch nicht genug Riot Grrrl und auch nicht professionell poppig genug, um in die Charts einzusteigen. Nach einigen Label-Absagen

Schwabinggrad Ballet auf einer Bambule-Demo in Hamburg 2002.
Foto: Margiz Czenki

brachten wir unsere erste Doppelsingle selbst raus. Wir haben immer wieder überlegt, ob diese Schwierigkeiten der Zuordnung auch damit zusammenhingen, dass wir Frauen waren, diese Frage ist bis heute ungeklärt… Unsere drei Studio-Alben kamen dann bei BMG/Ariola raus, was uns in der Hamburger Szene nicht gerade zugute kam, denn damals war es noch eine Gewissensfrage, zu einem Major- oder zu einem Indie-Label zu gehen. Für uns gab es keine wirkliche Alternative. Obwohl das Major-Label auch nicht wusste, wie sie uns vermarkten sollten, haben sie ein paar Sachen ganz gut gemacht.

Es folgten viele Jahre mit Touren, Platten machen, die meiste Zeit drehte sich alles um *Die Braut haut ins Auge,* bis wir nach zehn Jahren entschieden, aufzuhören und zum Abschluss noch eine Live-Platte selbst rausbrachten. In dieser Schlussphase hat sich für mich alles noch einmal geändert, ich habe angefangen, die andere Seite der Musikwelt zu erforschen, habe von 1998 bis 2001 eine Booking Agentur hauptsächlich für Musikerinnen („B.H. Booking") gegründet, ein paar Jahre bei dem Indie-Label „What's So Funny About" gearbeitet, zusammen mit anderen Hamburger PolitaktivistInnen, KünstlerInnen, MusikerInnen den „Buttclub" gegründet, ein Ort, an dem bis heute sowohl politische als auch unkommerzielle kulturelle Veranstaltungen stattfinden. Daraus ist das mobile Einsatzkommando-Kollektiv *Schwabinggrad Ballett* entstanden, mit dem wir seit 2000 auf Demonstrationen und No-Border-Camps mit Straßentheater und Freejazz Verwirrung gestiftet haben.

Diese Jahre, in denen die Grenzen zwischen Politaktivismus und Künstlerexistenz nahtlos ineinander übergingen, haben mich sehr geprägt, und ich habe bis heute ein Bedürfnis, mich mit experimentellen künstlerischen Methoden ins politische Geschehen einzumischen, mich auf auf der kollektiven Ebene auszutauschen und in Netzwerken mitzuwirken.

2003 habe ich zusammen mit 50 (!) anderen Frauen das erste deutsche Ladyfest in Hamburg organisiert, was eine echte Herausforderung war, denn gelebte Basisdemokratie ist das schwierigste und langwierigste, was es gibt. Aber es hat sich gelohnt, die Idee der aus den US-amerikanischen Riot Grrrls zu Ladies gewachsenen Bewegung hierher zu transportieren und verschiedenste Szenen zusammenzuführen. Für mich war es eine Art Bestandsaufnahme, was es an weiblicher Kunst, von verschiedensten Musikstilen über Kunst bis Literatur, gibt und wie es eine Stadt verändern kann, wenn sie eine Woche lang nur von Frauen bespielt wird. Dabei war mir auch immer wichtig, dass diese Kunst für alle Geschlechter gemacht wird und so aus ihrer Nischenecke herauskommt. Weibliche Kunst sollte wie Kunst allgemein wegweisend, pionierhaft, experimentell und mutig sein, und das schließt mit ein, dass sie von allen gehört und gesehen wird. Sobald diese

Form der Organisation sich selbst genügt und nur dafür da ist, von Frauen für Frauen gemacht zu werden und sich selbst vom Rest der Welt fern hält, sollte man sich ein neues Konzept überlegen … Allerdings kann ich auch verstehen, wenn Frauen für bestimmte Dinge, die sie machen, keine Männer dabei haben wollen, denn die Kraft, die entsteht, wenn nur Frauen etwas zusammen planen/umsetzen, setzt immer noch solche Energien frei, dass man nicht glaubt, dass wir im 21. Jahrhundert leben, in dem es eigentlich keine Diskriminierung mehr geben und wo es selbstverständlich sein sollte, dass Männer und Frauen gleichberechtigt die gleichen Dinge tun.

Mittlerweile lebe ich mit meiner dreijährigen Tochter in Berlin, spiele seit sieben Jahren solo auf der Bühne und bringe unter meinem Namen Platten raus, gleichzeitig arbeite ich auch in größeren Gruppen für Theater/Hörspiel und Tanz/Kunst/Performance. Ich arbeite mehr mit Männern als mit Frauen zusammen, was ich mir in den Neunzigern so nicht hätte vorstellen können, vielleicht liegt es daran, dass jede/r ihre/seine lange eigene Geschichte mitbringt, die weniger mit dem Geschlecht zu tun hat als mit den sonstigen Inhalten und Formen, an denen man sich abarbeitet und für die man sich künstlerische Partner ausgesucht hat. Dennoch merke ich immer wieder, was für ein befreiendes Gefühl es ist, beispielsweise eine neue Musikerin zu entdecken oder mit einer Tontechnikerin zusammen zu arbeiten, weil es immer noch die Ausnahme ist, und der menschliche Umgang unter Frauen doch ein anderer, meist solidarischerer, selbstverständlicherer ist.

Ich denke, dass es sehr wichtig ist, dass Frauen und Mädchen auch weibliche Vorbilder haben, die überhaupt die Vorstellung freisetzen, für sich entscheiden zu können, ein eigenständiges, selbstbestimmtes Leben zu führen. Dabei finde ich es wichtig, dass es nicht nur berühmte und erfolgreiche Frauen gibt, die zeigen, wie man besonders ehrgeizig Ziele verfolgt und dabei über Leichen geht, das heißt, die die irgendwann einmal definierten und fragwürdigen ‚männlichen Machtgene‘ in sich entdeckt haben, sondern dass sie eine Wahl haben, genauso wie Männer eine Wahl haben, entweder einen Karrierejob zu machen oder in die selbstgewählte Prekarität einzusteigen, die bedeutet, dass man sich auf Unsicherheiten einlässt und sie zum Lebensprinzip macht.

Ich glaube, dass Kunst, Weiterentwicklung und Forschung nur in Unsicherheit und Zweifel entstehen kann, dieses Lebensmodell wurde uns allerdings nicht gerade mit auf den Weg gegeben. Aber dieser Diskurs wird ja gerade umgekrempelt, in einer Gesellschaft, in der das Konzept der Erwerbsarbeit für alle in Frage gestellt ist, wird von uns ‚GesellschafterInnen‘ ja diese Flexibilität geradezu gefordert – die Frage ist nur, wofür? Wirtschaftliche Nützlichkeit ist dabei immer noch die entscheidende Antriebskraft, so sehe ich das auch im Moment, in der Diskussion um den neuen von Familienministerin Ursula von der Leyen geforderten „konservativen Feminismus“. Das heißt, wir brauchen mehr Kita-Plätze, damit Deutschland nicht ausstirbt und damit die gut ausgebildeten Frauen uns nicht als Arbeitskräfte verloren gehen. Dieser geistige Ansatz widerstrebt mir grundsätzlich, deshalb würde ich mir für junge Frauen mehr Vorbilder wünschen, die einen anderen Weg gehen als den von der Gesellschaft für uns vorgesehenen. Also, seid mutig und geht viele Umwege, ihr seid immer komplett, doch niemals fertig …

Rockerbraut & Mutter

Baby, baby, baby,
dies ist deine Zeit,
die du verlierst,
und ich weiß nicht einmal,
ob du ein Rock n Roll
oder ein Techno Girl wirst.
Ein mathematisches Naturtalent
oder eine, die allen ihr Herz verschenkt?
Wer wirst du irgendwann in dieser Welt,
und ob dir einmal alles leicht fällt?
Bist du ein Glückskind,
weil deine Eltern so glücklich mit dir sind?
Oder hast du den Regen bestellt?
Verhältst du dich zu Tragödien
wie ein Magnet, der alles anzieht,
und sich dreht und sich dreht und sich dreht …?

Baby, baby, baby,
wo ist das Vorbild für das Leben
das ich meine?
Wo sind die Role Models,
die mir zeigen, wie es geht,
vielleicht gibt es welche,
ich kenne keine.
Und jetzt bin ich schon mittendrin in diesem Leben,
das ich mir nicht zugetraut hab,
wie solln das zusammen gehen?
Rockerbraut und Mutter.
ich geh wie auf Butter,
ich fühl mich wie die erste Frau auf der Erde,
als wäre da keine Geschichte,
liegt es vielleicht daran,
dass man nicht darüber spricht,
und keine Gedichte schreibt,
keine Bilder malt,
keine Lieder singt?
dieses Lied ist für dich, mein Kind.
…
Baby, baby, baby,
ich kann mir nicht einmal mehr vorstellen,
wie es vorher war,
und dabei habe ich doch niemals geglaubt,
dass ich komplett und eine richtige Frau bin, wenn ich
ein neues Leben weitergebe,

um in dieser Welt zu bestehen,
(was ist das für ein Klischee),
es muss doch weiter gehen,
wenn man jeden Tag aufsteht
(man sollte wissen warum),
und vielleicht noch ein oder zwei
Dinge tut, um die Welt zu retten
(oder anders herum)
ich könnte darauf wetten,
dass man darauf reduziert wird,
seine Gene weiter zu geben,
und sein eigenes Leben deswegen
links liegen zu lassen.
(wie werd ich mich dafür hassen)
wenn ich merke, dass mein Kind
meine eigenen Träume weiter lebt,
weil ich ja selbst gar keine Zeit mehr dazu hatte
(die Welt ist keine Zuckerwatte)
doch ich bin ja nicht nur Mutter, diese Platte
geht um alles, und auch dies hier ist ein Teil von mir,
damit wäre erst mal alles gesagt,
von hier aus können wir ganz in Ruhe weiter machen,
(und darüber lachen, lachen, lachen …)

Mama, warum hast du mich
in diese Welt hinein geboren,
ohne dich bin ich verloren.
Mama, mein Leben fängt nun an,
und irgendwann da brauche ich dich nicht mehr.
Mama, uhuhuh, Mama, uhuhu …

Text: Bernadette Hengst, vom Album „La Beat", *Bernadette La Hengst,* Trikont, 2005

Kill your idols

Ich bin jede Frau, ich bin eine von euch,
ich bin so wie ihr, und dennoch sind wir nicht gleich,
mal ein Alpha- und mal ein Herdentier,
als Teil einer Gruppe, genauso wie ihr,
doch ich bin nicht Jesus, versteht mich nicht falsch,
ich kenne eure Schmerzen, doch ich trage kein Kreuz,
ich hab keinen Rat und auch keinen Trost,
und ich bin auch nicht eurer Mutter Schoß.
Kill your idols, kill your idols,
kill your idols, now!
Ich bin jeder Mann, nur dass ihr es wisst,

ich fühl mich für euch alle verantwortlich,
und das ist hier kein Gender Studies Projekt,
nein, es geht um gegenseitigen Respekt,
kein Eso-Emo-Therapie-Scheiß,
nein, ich steh nicht auf die neue Gefühligkeit,
da muss man ganz genau differenzieren,
und dennoch bin ich ein Teil vom diffusen großen wir.
Kill your idols, kill your idols,
kill your idols, now!
Ich bin jedes Kind, und natürlich ist das
meine kühnste Behauptung, und es macht mir Spaß,
mir vorzustellen, wie es wäre, wenn
ich nochmal 10 wäre als die, die ich jetzt bin,
mit dem Wissen um das Böse und um das Geld,
und dem unschuldigen Glauben, dass die ganze Welt
noch zu retten ist, wenn ich es so will,
mit unserem paradisischen Wohnmobil.
Kill your idols, kill your idols,
kill your idols, now!

Text: Bernadette Hengst, von dem im Januar 2008 erscheinenden neuen
Album, *Bernadette La Hengst,* Trikont, 2008

Das dramatische Kind

Mit 13 liebte ich einen Jungen,
ich ging zur Schule, er ging zur Bundeswehr,
er hat mich verlassen, obwohl wir uns nie besaßen.
Und dann kam der Krieg, der Direktor erzählte von seinem Tod,
ich erschoß den Mathelehrer und zündete die Schule an …

Ja, ja, ja, ja, ich war (lalalala)
ein dramatisches Kind …

Mit 16 liebte ich meine Mutter,
ich ging zur Schule, sie ging nach Hawaii,
sie hat mich verlassen, obwohl wir uns nie besaßen.
Und dann kam kein Krieg, der Mathelehrer war schon tot,
und die Schule stand schon längst nicht mehr,
also erschoß ich meinen Vater …

Ja, ja, ja, ja, ich war (lalalala)
ein dramatisches Kind …

Mit 19 liebte ich einen Mann,
ich ging zur Schule, er ging in mich rein,
es hat mich verlassen, obwohl wir uns nie besaßen,

und weil schon alle anderen tot waren, erschoß ich meinen Mann,
und jetzt sitz ich auf dem Friedhof und bin froh daß endlich Ruhe ist …

Ja, ja, ja, ja, ich war (lalalala)
ein dramatisches Kind …
ein traumatisches Kind,
ein abartiges Kind,
ein apathisches Kind,
ein katholisches Kind,
ein idiotisches Kind,
ein dadaistisches Kind,
ein blablatisches Kind, blabla …

Text: Bernadette Hengst, vom Album „Die Braut haut ins Auge", *Die Braut
haut ins Auge,* BMG/Ariola, 1993

Foto: Christiane Stephan,
www.christianestephan.com

Diskographie:

2007: „Nie mehr vor Mittag", Comp. Beitrag auf „Move against G8"
(www.move-against-g8.de)

2007: Hörbuch: „Zuckerbabies" (Eichborn) Beitrag als Sprecherin und
Musikerin

2006: *HUAH!* „Scheiß Kapitalismus!", Wiederveröffentlichung bei Lado
(www.lado.de)

2006: Bernadette La Hengst, „Nie mehr vor Mittag", Vinyl Single
(www.ritchierecords.de)

2005: Bernadette La Hengst, „La Beat", CD (Trikont), LP (Ritchie Records)

2005: *Schwabinggrad Ballett,* CD, LP (Staubgold)

2005: meets Cybermohalla, Beitrag auf der childish music comp, CD
(www.staubgold.com)

2005: „Warum nicht 2", „I can't relax in Deutschland" Comp.,CD/Buch
(www.icantrelaxin.de)

2005: „Wenn nicht jetzt, dann nie", Beitrag: „Bleib Gold, Mädchen" Comp., CD
(www.mermer.cc)

2004: „Bar Europa", Beitrag auf der Comp. „Müssen alle mit 2", CD
(www.tapeterecords.de)

2003: „Spielbude bis Balduintreppe", Beitrag: Comp. „Return of the
tüdlband", CD (Trikont)

2003: „Die da oben …", Beitrag auf der „Free Mumia now" Comp., CD
(Plattenaufbau/Indigo)

2002: „Ein Mädchen namens Gerd", Beitrag auf „Johnny Cash" Comp., CD
(Trikont)

2002: Bernadette La Hengst, Vinyl Single: „Keine Tränen" (Ritchie Records)

2002: Bernadette La Hengst, „Der beste Augenblick in deinem Leben", CD
(Trikont)

2000: *Die Braut haut ins Auge,* „+1 auf der Gästeliste CD", LP ,
(B.H.Records, Ritchie Records)

1998: *Die Braut haut ins Auge,* „Pop ist tot", CD (BMG), vergriffen

1995: *Die Braut haut ins Auge,* „Was nehm ich mit?", CD, LP (BMG),
vergriffen

1993: *Die Braut haut ins Auge,* CD, LP (BMG), vergriffen

1991: *Die Braut haut ins Auge,* Doppelsingle (Pudels Records),
vergriffen

1991: *Mobylettes,* „Girltalk" (Elbtonal)

1991: Domino, „Mein Platz", Beitrag auf der Eifersuchts-Single (L'age d'or)

1990: *HUAH!* „Was machen Huah jetzt!" 2005 wiederveröffentlicht
(L'age d'or)

1987–1988: „Fast Weltweit", Kassettensampler Nr.1 & Nr.2, vergriffen

Skinheads
Rockabillies
Fussballfans
Hardcore
Rechtsextreme
Mädchen
Black und
Death Metal

Mädchen und junge Frauen in ‚maskulinen' Jugendszenen

Marion Schulze

Mädchen im Hardcore:
Not Just Boys' Fun?

„I was just ‚fuck yeah, this is what I want to be about' and I fell in love" (Kucsulain 2000)

Verse, London 2006
Foto: Jan Urant

Hardcore ist eine musikbasierte Jugendsubkultur[1], die als radikale Reinterpretation des Punks definiert werden kann und sehr männlich dominiert ist. Hauptakteure sind auf den ersten Blick Jungen. Die Konzerte werden in der Mehrzahl von männlichen Jugendlichen besucht, organisiert und in Internet-Foren diskutiert. Auch die Bands bestehen zum Großteil aus jungen Männern. Neben den Konzerten sind es so unterschiedliche Aspekte wie eigene Produktions- und Distributionsnetze, Internetseiten- und Foren sowie die Musik auf Tonträgern, Freundschaften und vor allem Hardcore als ‚Lebensstil', die diese Jugendsubkultur ausmachen. Das Altersspektrum der Konzertbesucher rangiert zwischen 16 und 35 Jahren; das Durchschnittsalter liegt zwischen

[1] Der Begriff „Jugendsubkultur" wurde von den MitarbeiterInnen des Centre for Contemporary Cultural Studies (CCCS) in Birmingham Mitte der 1970er-Jahre geprägt und ist mittlerweile viel kritisiert worden, hat aber an seiner Notorität in der Subkulturforschung noch nichts verloren. Es bleibt zu diskutieren, ob dieser Begriff am geeignetsten ist, dieses gesellschaftliche Phänomen zu fassen.

2 Ein Problem vor allem in der empirischen Geschlechterforschung ist die Reifikation von Geschlechterdifferenz. Auch wenn ich davon überzeugt bin, dass es bei dem heutigen Stand der Jugendsubkulturforschung noch einer analytischen Trennung der Geschlechter bedarf, so sollten die „Fallstricke eines Ansatzes der frauenspezifischen Differenz" (Burkert 2000) im Auge behalten werden.

3 Dabei stütze ich mich auf teil-narrative Interviews, informelle Gespräche und Feldforschung in den letzten vier Jahren sowie meine eigene Sozialisation durch Hardcore, die vor mehr als zehn Jahren begann. Die Feldforschung habe ich hauptsächlich in der Schweiz, London und Deutschland durchgeführt. Es handelt sich dabei um einen „work in progress" und die ersten Ergebnisse meiner Dissertation.

20 und 25 Jahren. Häufig kann zur Geschichte des Hardcore gelesen werden, dass mit dem Entstehen von Hardcore aus dem ‚geschlechter-egalitären' Punk eine männlich geprägte Jugendsubkultur entstand, in der die Mädchen[2] vor allem durch das aggressive Tanzen zunächst an den Rand und dann regelrecht aus dem Hardcore herausdrängt wurden (ausführlich dazu Leblanc 2001, S. 51). Trotz allem oder gerade deswegen kommt es in Interviews immer wieder vor, dass Mädchen sagen, dass sie sich beim ersten Besuch eines Hardcore-Konzerts in Hardcore verliebt haben. Doch was passiert, wenn Mädchen sich in diese männlich dominierte Jugendsubkultur verlieben und teilhaben wollen? Hier soll ein wenig näher auf diese ‚Liebesgeschichte' eingegangen werden.

Auf wissenschaftliche Erkenntnisse ist dabei kaum zurückzugreifen. Wissenschaftlich ist im Vergleich zu anderen Jugendsubkulturen sehr wenig zu Hardcore (Goldthorpe 1992, Willis 1993, Ward 1996, Inhetveen 1997, Budde 1997, Tsitsos 1999, Hitzler et al. 2001, S. 55–68, Müller 2001) gearbeitet worden. Hauptsächlich stehen dem wissenschaftlichen Lesepublikum vereinzelte Artikel oder Buchkapitel zur Verfügung, die sich vor allem auf Hardcore Mitte der 1980er-Jahre bis Mitte der 1990er-Jahre beziehen. Ein großer Anteil der Literatur besteht aus semi-wissenschaftlichen Büchern und Artikeln von ‚Insidern' (Belsito & Davis 1983, Cheslow et al. 1992, Büsser 1996, Lahickey 1997, O'Hara 1999, Blush 2001). Allein der mit Hardcore verbundene Lebensstil „straight edge" – die Ablehnung von Alkohol, Zigaretten und jeglicher anderer Drogen sowie von Promiskuität – hat immer wieder das Interesse der Medien und seit wenigen Jahren vermehrt auch das der Wissenschaft auf sich gezogen, vor allem in Form von Dissertationen und darauf basierenden Artikeln und neuerdings Büchern (Wood 1999, Irwin 1999, Staudenmeier & Helton 2002, Haenfler 2004, Williams & Copes 2005, Atkinson & Wilson 2005, Atkinson 2006, Haenfler 2006, Wood 2006). Im interkontinentalen Vergleich fällt auf, dass fast alle Arbeiten aus Nordamerika stammen, obwohl Hardcore in Europa, Südamerika und Asien (hier vor allem in Japan) schon sehr früh Fuß gefasst hat. Ist das Schreiben über Hardcore schon eine akademische Randerscheinung, so ist noch weniger zu den Erfahrungen der Mädchen im Hardcore in der wissenschaftlichen Literatur zu finden. Zu diesem Thema ist mir nur eine veröffentlichte Arbeit bekannt (Roman 1988), Haenfler (2006) widmet jungen Frauen im „straight edge" ein Kapitel. Es sind dementsprechend noch enorme Forschungslücken zu schließen.

Im Folgenden soll nach einer kurzen Beschreibung des Hardcore gezeigt werden, wie Prozesse und Praktiken innerhalb des Hardcore die Beteiligung und Laufbahn der Mädchen im Hardcore mitbestimmen, aber auch im Gegenzug, wie Mädchen an diesen Prozessen und Praktiken mitwirken, das heißt welche Strategien des Umgangs mit ihnen die jungen Frauen entwickeln.[3]

Hardcore – More than Music

Hardcore hat seine Wurzeln in den von Ronald Reagan regierten Vereinigten Staaten Anfang der 1980er-Jahre und ist heute weltweit verbreitet. Entstanden aus dem Punk, wurde im Hardcore zum Beispiel das Prinzip des Do-It-Yourself übernommen, der Nihilismus des Punk jedoch vehement abgelehnt. Die Musik ist für radio-geprägte Ohren gewöhnungsbedürftig. Sie ist gezeichnet von aggressiv klingenden Gitarren und einer schreienden Stimme. Die Konzerte sind belebter als ‚Standard-Rockkonzerte‘. Sie sind es, die diese Jugendsubkultur zusammen halten. Hier wird Hardcore sichtbar, zum Leben erweckt und am Leben erhalten. Während eines Konzerts entsteht vor der Bühne ein kreisförmiger Raum – der „pit“ –, in dem getanzt wird: Es wird von rechts nach links gelaufen oder es werden auf der Stelle von Kampfsportarten beeinflusste Bewegungen vollzogen. Diese Bewegungen sind oft sehr ausgreifend und werden sehr kraftvoll ausgeführt. Während die einen tanzen, singen andere in das vom Sänger – sehr selten von einer Sängerin – hingehaltene Mikrophon die Liedtexte mit oder springen auf die Leute, die mitsingen, um auch noch ein paar Zeilen mitzuschreien. Am Rand, um den „pit“ herum, steht der Rest der Besucher, schaut der Band zu, bewegt sich eher wenig. Andere reden außerhalb des Konzertraumes miteinander oder schauen die T-Shirts, Platten und CDs oder selbstproduzierten Magazine an, die von den Bands oder Privatpersonen auf Tischen angeboten werden. Auffallend ist jedoch immer wieder, dass nur wenige Mädchen auf den Konzerten sichtbar präsent sind. Die meisten Mädchen stehen im Hintergrund und schauen vom Ende des Raumes aus der Band zu. Einige stehen auf der Bühne und fotografieren oder sitzen hinter den Verkaufstischen der Band. Auf und direkt vor der Bühne sind Mädchen rar – kurz: Rund dreiviertel der Konzertbesucher können als männlich und jung beschrieben werden.

Es ist jedoch vor allem Hardcore als Lebenseinstellung, als ‚Lebensstil‘, was diese Jugendsubkultur ausmacht. Hardcore ist „more than music“ und dies wird in Fanzines, Gesprächen, Internetseiten und besonders in den Texten der Bands deutlich. Auch wenn die Musik aggressiv erscheint, handeln die Texte davon, sich trotz aller Missstände nicht unterkriegen zu lassen, stark sein zu wollen, ja, aktiv positiven Einfluss auf sich selbst und auf die Gesellschaft ausüben zu wollen: „To wake up and live“ und sein Leben in die Hand zu nehmen. Dies kann sich in den mit Hardcore verbundenen ‚Lebensstilen‘ wie Vegetarismus und Veganismus oder „straight edge“ äußern.[4] Auch das Ausgrenzen von Mädchen, Sexismus und Rassismus wird kritisiert und diskutiert. Aber ebenso wird von Hass und Unmut über gesellschaftliche Zustände gesungen. Der Zusammenhalt, die unity, ist ein weiteres wichtiges Thema sowie die Relevanz von Freundschaften.

[4] Verbunden meint hier, dass nicht alle im Hardcore diese ‚Lebensstile‘ annehmen.

Mosh it up ! – Vergeschlechtlichte und vergeschlechtlichende Prozesse und Praktiken

Beginnen Mädchen – wie auch Jungen – auf Hardcore-Konzerte zu gehen, werden sie mit einer Kultur konfrontiert, die seit mehr als einem Vierteljahrhundert existiert und in der es bestimmte, oft männlich geprägte Verhaltensnormen, Prozesse und Praktiken, aber auch bestimmte Geschlechterbilder gibt, die erlernt oder mit denen sich auseinandergesetzt werden muss. Auch die Bilder, die Mädchen von sich als Mädchen entwerfen, sind stark mit ihrer Laufbahn im Hardcore verzahnt. Dies wird anhand ihrer Erzählungen deutlich:

Auf einem Konzert Ende 2006 spreche ich mit einer Sängerin, die vor kurzem aus ihrer ansonsten nur aus männlichen Mitgliedern bestehenden Band ausgestiegen ist. Sie erzählt mir, das, was sie am meisten geärgert habe, die Nicht-Akzeptanz ihres Talentes gewesen sei. Sie sei beim Singen auf gleicher Höhe mit den Jungen, sei aber immer in erster Linie als Mädchen und nicht als Sängerin gesehen worden. Vor allem die anderen Sänger, die sie traf, hätten eher mit Erstaunen und Entsetzen auf ihre Stimme reagiert. Meistens hätten sie Erstaunen darüber geäußert, dass aus einer so zierlichen Person solch eine Stimme kommen könne. Was sie auch gestört habe, seien die Blicke der Mädchen im Publikum gewesen, wenn sie auf der Bühne war. Entweder hätten diese sie mit neidvollen Blicken angeschaut oder mit der Sorge, dass ihre Freunde sich für sie interessieren könnten. Auf der anderen Seite vermisse sie es sehr mit der Band herum zu fahren und neue Leute kennen zu lernen und

Death is not glamorous,
London 2006
Foto: Jan Urant

auch die Art des Umgangs unter den Jungen liege ihr mehr als der unter den meisten Mädchen. Die Jungen seien direkter miteinander, man könne ruhig „Arsch" sagen und müsse nicht auf Wörter wie „Hintern" oder „Po" zurückgreifen. Damit komme sie besser zurecht. Sie wolle auf jeden Fall wieder in einer Band sein, aber nicht sofort.

Eine ganz normale Stimme für das Mädchen – „ich schreie und so kommt es eben heraus" – versetzt die Jungen in Erstaunen. Auf der Bühne geben ihr viele der zuschauenden Mädchen ein unangenehmes Gefühl, hinter der Bühne, beispielsweise im Tourbus, gefällt ihr hingegen der Umgang unter den Jungen. Hier zeichnet sich auch schon ein bestimmtes Geschlechterbild des Mädchens ab: Sie will gar nicht als Mädchen hervorgehoben werden, sondern einfach teilhaben, ohne dass dies an ihrem Geschlecht festgemacht wird.

In einem ersten Schritt möchte ich zeigen, wie Prozesse und Praktiken *innerhalb* des Hardcore die Beteiligung und Laufbahn von Mädchen in dieser Subkultur mitbestimmen. So beschreibt die Sängerin beispielsweise nur Mechanismen innerhalb des Hardcore, die sie aus der Band haben aussteigen lassen. Mein theoretischer Ausgangspunkt ist, dass die Art und Weise der Beteiligung von Mädchen nicht nur durch gesamtgesellschaftliche Geschlechterordnungen und Sozialisationsbedingungen zu erklären ist, sondern vor allem durch die Analyse von Prozessen und Praktiken *innerhalb* des Hardcore verstanden werden kann. Eine Anknüpfung an Theorien und Konzepte, die außerhalb der Jugendsubkulturforschung entstanden sind, kann sich hier als produktiv erweisen. Acker (1990, 1992), Goffman (1987) sowie Maihofer (2001) zeigen in ihren Arbeiten in unterschiedlicher Art und Weise die Bedeutung und Wirkmächtigkeit von Prozessen und Strukturen für Geschlechterverhältnisse in Institutionen auf. Acker betrachtet Organisationen von innen und zeigt in ihrem Konzept der „gendered substructure", dass Organisationen nicht gender-neutral, sondern auf eine tief eingebundende Substruktur von Geschlechterunterschiede aufgebaut sind. Dies bedeutet, „gender is not an addition to ongoing processes […], it is an integral part of those processes" (Acker 1990, S. 146). Goffman vollzieht eine ähnliche Denkbewegung und beschreibt, dass soziale Situationen Mechanismen und Strukturen enthalten, die die Individuen wiederholt und ritualisiert geschlechtsspezifisch handeln und damit Geschlechterdifferenzen entstehen lassen (Goffman 1987, S. 67). „Bedeutsam sind – neben den situationsspezifischen – vor allem die Mechanismen und Strukturen, die mit bestimmten ritualisierten Interaktionsabläufen oder sozialen Institutionen konstitutiv verbunden und damit gleichsam institutionalisierte ‚Handlungsanrufungen' sind" (Maihofer 2004, S. 37). Nach Maihofer evozieren diese bei den Individuen ein „hochkomplexes und vielschichtiges Repertoire an vergeschlechtlichten Signalen, Handlungsweisen, Anrufungen und Wertungen, das […] geschlechtspezifisches *Doing gender* in Gang setzt, einübt, reproduziert und dauerhaft als körperliche, intellektuelle und emotionale geschlechtliche Habitusformen verfestigt" (Maihofer 2004, S. 38, Hervorhebung im Original). Was hier anhand von Institutionen aufgezeigt wurde, könnte auch in der Jugendsubkulturforschung eine interessante Herangehensweise für die Analyse von Geschlechterverhältnissen sein. Das würde bedeuten, so Geschlechterverhältnisse in ihrer Komplexität verstanden werden wollen, eine Blickverschiebung hin zu vor allem diesen Mechanismen und Strukturen, zu Prozessen und Praktiken *innerhalb* der jeweiligen Jugendsubkultur vorzunehmen ist. Dies würde nicht nur eine analytische, sondern auch eine theoretische Blickverschiebung darstellen, und zwar weg von der Annahme, dass allein gesamtgesellschaftliche Geschlechterordnungen von außen in die Jugendsubkultur hineingetragen und dort reproduziert werden, wie es in der bisherigen Forschung oft gemacht wurde. Macdonald (2001) hat einen solchen Blickwechsel in ihrer Forschung zu Männlichkeit im Graffiti exemplarisch vorgeführt. Im Folgenden möchte ich dies anhand von Beispielen aus dem Hardcore verdeutlichen.

This is a fucking hardcore show. I want to see some blood on the floor!

Das Tanzen und Mitsingen hat auf Hardcore-Konzerten eine zentrale Bedeutung. Je nachdem wie stark dieser Zuspruch der ZuschauerInnen ausfällt, ist ein Konzert ein Erfolg oder nicht. In allen Beschreibungen dieses Tanzstils wird deutlich gemacht, dass er für Außenstehende wie ein Kampf aussieht: Haenfler (2006, S. 90) schildert das Tanzen als „full-contact sport", Inhetveen beschreibt die Außenansicht mit dem Wort „Gewalt" (Inhetveen 1997, S. 241). Vor allem das Adjektiv „aggressiv" wird häufig in den Beschreibungen verwendet. Bei genauerer Betrachtung wird jedoch klar, dass das, was wie ein Kampf aussieht, „reglementiert ist und subkulturellen Normen folgt, die erlernt werden müssen. […] Die verschiedenen Arten zu tanzen, Stagediving und Mitsingen sind weitgehend standardisiert und ritualisiert" (Inhetveen 1997, S. 242). Dazu zwei Beschreibungen:

Bulldoze, London 2006
Foto: Jan Urant

Auf einem zweitägigen Hardcore Festival in London, organisiert von drei Mädchen, spielt *Bulldoze,* eine Band aus New York, die für ihre „Tough Guy Attitude" – ein ultramaskulines Verhalten – und aggressive Musik bekannt ist. Wie zu erwarten, ist das Tanzen sehr aggressiv. Die Musik dieser Band ist so geschrieben, dass sie sich besonders für „violent dancing" eignet, einen Tanzstil, der geprägt ist von mit voller Kraft schwingenden Armen, mit Tänzern, die in die Menge laufen und kurz vor Ankommen ein

Bein bis in Brusthöhe hochwerfen und es seitlings in die Oberkörper der stehenden Leute treten. Der Sänger stachelt die Tanzenden mit „I want you to move, show me what you got!" an, und auf der Tanzfläche entstehen Bewegungen, die wie ein Kampf unter den Tanzenden aussehen. Die am Rand Stehenden schützen sich durch ihre Arme und federn mit den Beinen die auf sie Zukommenden ab. Es tanzen nur drei Mädchen und dies direkt vor der Bühne, geschützt durch einem Pfeiler, der den Tanzraum in zwei Bereiche trennt. Die Mitte des Tanzraumes, in der ca. zehn Jungen tanzen, wird nur selten von Mädchen besetzt. Ein tanzendes Mädchen schubst mit aller Kraft die Jungen, die sich neben ihr bewegen, weg, um sich Raum zu schaffen. Sie merkt, dass sie nicht genug Kraft hat und tanzt so gut wie möglich weiter. Nach ein paar Songs nimmt sie zwischen den Liedern das Mikrophon in die Hand, stellt sich kurz vor und sagt, sie und die anderen Mädchen könnten nicht tanzen, wenn die Jungen sich so rücksichtslos bewegten, sie sollten bitte aufpassen. Der Sänger der Band kommentiert: „Wenn ihr das nicht aushaltet, dann bleibt eben weg!". Danach wird weitergetanzt wie zuvor. Die Mädchen bleiben und tanzen weiter so aggressiv wie die Jungen, die eingeforderte Rücksicht wird nicht genommen. Am nächsten Festivaltag sehe ich einen Jungen mit einem blauen Auge und einen anderen, der humpelt und seine Verletzung wie eine Kampfwunde stolz präsentiert.

Auf einem Konzert in der Schweiz spielt die US-amerikanische Band *Cro-Mags*, deren Musik schneller ist und kaum Einlagen zum „violent dancing", sondern viele Stellen zum „sing-along" bietet : Der Sänger ist fast konstant von mindestens zehn Jungen umgeben, die lauthals die Texte mitsingen. Dazwischen ist ein Mädchen. Wäre ich nicht auf dem Konzert, um junge Frauen zu beobachten, würde sie mir gar nicht auffallen. Zwischen den Liedern sagt der Sänger, während er auf das Mädchen zeigt: „This one is the thoughest in here. She makes all of you [gemeint sind die vielen Jungen] look silly!". Vorher warnt er noch die Jungen, auf die Mädchen acht zu geben und diese nicht zu verletzen.

Was haben diese beiden Beschreibungen des Tanzens und „sing-along" miteinander gemein? In beiden Situationen sind hauptsächlich die Jungen aktiv an der Situation beteiligt. Die wenigen Mädchen, die aktiv teilnehmen, unterscheiden sich jedoch kaum in ihren Bewegungen und Handlungen von den Jungen. Sie würden auch nicht weiter auffallen, wenn sie nicht als Mädchen angerufen oder sich selbst als Mädchen positionieren würden. Dies passiert aber, indem das im ersten Beispiel erwähnte Mädchen das Mikrophon in die Hand nimmt und Platz auf der Tanzfläche einfordert. Das gleiche geschieht, indem der Sänger des zweiten Beispiels über das Mädchen, das mitsingt, spricht. Besonders das Hervorheben der wenigen Mädchen, die sich aktiv beteiligen, durch die Jungen ist oft zu beobachten. Dies geschieht beispielsweise durch Wörter der Anerkennung oder der Missgunst, durch Klatschen oder durch Rücksichtnahme und Schützen der Mädchen beim Tanzen. Durch diese Prozesse wird jedoch immer vermittelt, dass junge Frauen, die tanzen oder mitsingen, das Ungewöhnliche, das Andere sind. Deswegen kann auch trotz der Beteiligung einiger weniger junger Frauen das Tanzen und „sing-along" immer noch als Forum der Vergemeinschaftung unter jungen Männern gesehen werden, als ein Forum, in dem zum einen Männlichkeit hergestellt wird und zum anderen junge Frauen als ,das Andere', das noch nicht Dazugehörige hervorhoben werden. Bourdieu nennt dies die „ernsten Spiele des Wettbewerbs" (Bourdieu 1997, S. 203), in denen Männlichkeit unter Männern hergestellt wird. Diese Spiele sind für ihn gekennzeichnet durch die, die teilhaben – die Männer – und die, die nicht teilhaben – die Frauen. Die männlichen Spieler beschreibt Bourdieu als „Partner-Gegner" (Bourdieu 2005, S. 83). Während des Kampfes, im Spiel, sind sie Gegner, davor und danach Partner, Freunde. Der Wettbewerb trennt die Beteiligten also „nicht (oder nicht nur), […], er ist zugleich, in ein- und derselben Bewegung, ein Mittel männlicher Vergemeinschaftung. Wettbewerb und Solidarität gehören untrennbar zusammen" (Meuser 2006, S. 163). Auf lokalen Konzerten beispielsweise kennen sich alle Tanzenden und viele sind befreundet. Verletzt ein Tanzender aus Versehen einen Freund, ist das nicht weiter tragisch. Verletzungen, die sich die Jungen in diesem Wettstreit zugezogen haben – wie in dem Beispiel aus London – werden nicht als Makel, sondern als Beweis von Männlichkeit gesehen und präsentiert. Dieses Präsentieren von Verletzungen kann in gleicher façon bei den tanzenden Mädchen beobachtet werden. Des Weiteren dient das Tanzen aber auch der Herstellung von Geschlechterdifferenz, wie ich oben gezeigt habe. Es kann aber noch einen Schritt weitergegangen und gesagt werden, dass es auch dazu dient, diese Differenz der Geschlechter zu naturalisieren (Goffman 1987, S. 77 ff., Bourdieu 2005, S. 19 ff.). Dies bedeutet, dass Mädchen und Jungen glauben, dass es an den biologischen Unterschieden der Geschlechter liegt, zum Beispiel am Körperbau, und nicht an sozialen Unterschieden, dass sie sich oder eben nicht am Tanzen beteiligen. Begründungen, die Mädchen anführen, warum sie nicht tanzen sind zum Beispiel, dass sie zu klein sind, nicht genug Kraft haben oder Schläge immer in Brusthöhe abbekommen. Sie realisieren dabei nicht, dass viele tanzende Jungen nicht viel größer oder kräftiger sind als sie. Hier kommt noch ein weiterer Punkt ins Spiel: Es genügt nach Meuser (2006) aber nicht nur, die Spielregeln zu kennen, beispielsweise, dass körperliche Verletzungen im Hardcore bis zu einem bestimmten Grad selbstverständlich sind und in Kauf genommen werden (Inhetveen 1997, S. 239), sondern diese Regeln müssen auch geliebt werden, um im Wettbewerb zu reüssieren (Meuser 2006, S. 171). Dies, so kann vermutet werden, ist bei Mädchen im Hardcore generell weniger der Fall als bei den Jungen.

It's time to put down that coat and come sing along (Good Clean Fun 2001)

Mit dem Tanzen eng verknüpft ist eine diskursive Differenzierung der Mädchen in zwei Kategorien: So wird zwischen denen unterschieden, die echt und hart im Nehmen, die „real" und „tough" sind und denen, die nicht wirklich am Hardcore interessiert sind, sondern an den im Hardcore aktiven Jungen. Letztere werden auch als „coatrack", als Kleiderständer, bezeichnet, in Anspielung darauf, dass sie die Jacke und den Rucksack ihres Freundes halten, während dieser tanzt. Diese Mädchen kommen bei Bourdieu (1997, S. 203) als die Zuschauerinnen der Männer vor, die diese brauchen, um Anerkennung im Wettbewerb zu bekommen. In Anlehnung an Virginia Woolf nennt er sie auch die „schmeichelnden Spiegel". Connell (1987) nimmt eine ähnliche Beschreibung vor und charakterisiert diese Frauen durch eine „emphazised femininity". Für Connell sind sie Komplizinnen ihrer eigenen Unterdrückung und „oriented to accommodating the interests and desires of men" (Connell 1987, S. 183). Die Mädchen, die in die andere Kategorie fallen, sind diejenigen, welche – um im Vokabular Bourdieus zu bleiben – am Wettbewerb der Jungen teilnehmen. Dazu ein Interviewausschnitt mit einem Jungen:

„Ich find halt, leider ist es oft so, dass Frauen in der Hardcore-Szene, einige, einfach nur Mitbringsel sind von irgendwelchen Typen, und das Mädel oder die Frau finden den halt toll und gehen halt mit auf die Hardcore Shows. Oft ihm zuliebe, glaube ich. Weil, mhm, man sieht sie sehr selten, Frauen, und wenn dann outen se sich leider oft auch als totale Hohlbirnen. Ey, es gibt echt total wenig korrekte Frauen in der Hardcore-Szene, die ich kenne, die echt, was zu sagen haben, die 'ne gute Einstellung haben." (Interview 2005)

Auch wenn einige Mädchen in den Interviews sagen, dass diese Kategorien genau so bei den Jungen zu finden und auch viele Jungen Mitläufer seien, so ist diese Differenzierung nur für Mädchen im Hardcore gängig. Sie wird für Mädchen besonders als Mittel zur In- und Exklusion genutzt. Wird ein Mädchen von den Jungen als „real", „tough" oder „hard" bezeichnet, ist dies so etwas wie die Verleihung eines Ordens der Zugehörigkeit. Der Ausspruch „Ach, das ist nur eine Freundin von XY" wird hingegen als Abwertung der Mädchen als Außenstehende benutzt.

Ähnliche diskursive Differenzierungen in Bezug auf Mädchen sind auch in anderen Jugendsubkulturen zu finden (Currie et al. 2004, S. 549, Krenske & McKay 2000, S. 300, LeBlanc 2001, S. 121 f., Macdonald 2001, S. 135). Macdonald (2001, S. 135) zeigt in ihrer Forschung zu Maskulinität im Graffiti, dass diese Art der Stigmatisierung als ‚Freundin' und damit als Nichtzugehörige eine der Haupthürden von Mädchen ist, im Graffiti Anerkennung zu finden. Auch Leblanc beobachtet diesen Ausschlussmechanismus, den „kiss of death" für Mädchen, die Punk werden wollen (Leblanc 2001, S. 121 f.). Sie geht sogar noch einen Schritt weiter als MacDonald und zeigt, dass diese Stigmatisierung auch von den etablierten Mädchen benutzt wird, um Konkurrenz durch neu dazukommende Mädchen zu vermeiden. Etablierte Mädchen sind demnach genauso wie die Jungen daran beteiligt, diese „normative standards" (Leblanc 2001, S. 122) zu setzen, um ihre Position zu sichern. Dies geschieht meist durch subtile Äußerungen. So sagt mir beispielsweise ein Mädchen auf dem Festival in London, sie wolle im Hardcore keine Mädchen mehr unter 25 Jahren kennen lernen, da diese meist nur Mitbringsel aus irgendwelchen Diskotheken seien, oder sie kommentiert, als ich, auf ein Mädchen zeigend, frage, wer diese denn sei, das sei eine von diesen „Freundinnen von".
Anhand der Beispiele wird deutlich, wie durch Prozesse und soziale Praktiken Geschlechterdifferenz und deren Naturalisierung sowie geschlechtsbedingte In- und Exklusion im Hardcore hergestellt werden und dies oft zum Nachteil der Mädchen. Es wurde außerdem gezeigt, dass es notwendig ist, diese Prozesse und Praktiken *innerhalb* der Jugendsubkultur zu untersuchen, um genau zu verstehen, wie Mädchen sich beteiligen.

‚Geschlechterlaufbahnen' im Hardcore

In einem zweiten Schritt werde ich beispielhaft an den Geschlechterbildern und -konzepten der Mädchen zeigen, wie Mädchen sich mit diesen Prozessen und Praktiken auseinandersetzen. In der Regel wird in Theorien zu Mädchen in männlich dominierten Jugendsubkulturen geschrieben, dass sie dort zu einer Herstellung von Geschlecht unter männlichen Vorzeichen gezwungen sind. Mädchen werden zum Beispiel als jene beschrieben, die Geschlecht *unter männlichen Bedingungen herstellen müssen* (Krenske & Mckay 2000, S. 301), die Zeichen von Weiblichkeit mit denen von Männlichkeit *ersetzen müssen* (Macdonald 2001, S. 130), die *gezwungen* sind, sich an eine maskuline Performance *anzupassen* (Haenfler 2006, S. 142) oder als solche, die ihr weibliches Geschlecht an das der männlich kodierten subkulturellen Identität *anpassen müssen* (Leblanc 2001, S. 8). Spannend ist, dass neben diesen Begrifflichkeiten des Zwangs und der Anpassung oftmals im gleichen Atemzug die Möglichkeiten der ‚Emanzipation' und der Erweiterung der Spielarten von Geschlecht für die Mädchen hervorgehoben werden. Sie werden als Mädchen beschrieben, die die Möglichkeit haben, ein Selbstbild zu konstruieren, das nicht abhängig von der traditionellen Weiblichkeit ist (Leblanc 2001, S. 142) oder als jene, die konventionelle Geschlechterbilder zurückweisen (Macdonald 2001, S. 140 f.). Auch wenn McRobbie und Garber bereits 1975 kritisiert haben, dass sich die Jugendsubkulturforschung an Jungen und Mann-sein oder Männlichkeit als Norm orientieren (McRobbie & Garber 1997 [1975]), ist dies – wie oben gezeigt – in aktuellen Forschungen immer noch gängig.[5] Bezogen auf Hardcore jedoch, so meine These, muss die Herstellung von Geschlecht und Geschlechterbildern von Mädchen komplexer betrachtet werden und kann nicht auf eine reine Anpassungsleistung an das Männliche reduziert werden.

Mädchen – wie Jungen – sind ab ihrem ersten Konzertbesuch unverzüglich mit den im ersten Teil beschriebenen Prozessen und Praktiken konfrontiert. Es gilt sich mit ihnen auseinanderzusetzen und die dazugehörigen Handlungsnormen zu erlernen. Dies provoziert dauerhaft, wie Becker in seiner Studie zu Marihuana-Rauchern zeigt, „changes in the individual attitude and behaviour" (Becker 1991, S. 45). Mit diesem Wandel der Selbstkonzepte, der Bilder des Selbst (Macdonald 2001, S. 66 ff.) geht zugleich auch eine Verfestigung, Redefinition oder Neuformierung der Geschlechterkonzepte und -bilder der Akteure einher, ein Prozess der kontinuierlich während der Laufbahn im Hardcore abläuft. Die Jugendsubkultur wird so zu einer Ressource bei der Verhandlung von Geschlecht. „Gender construction is no longer a matter of adhering to one set of prescribed rules. It is a negotiation or articulation of identity through the use of many different sources and discourses" (Macdonald 2001, S. 97). Es kann also auch im Hardcore von einer engen und komplexen Verzahnung der Erfahrungen der Mädchen mit ihrem Umgang mit Geschlecht ausgegangen werden.

Das heißt aber gleichzeitig auch, dass Mädchen nicht nur Opfer dieser Prozesse und Praktiken sind und sich der symbolischen männlichen Gewalt unterordnen müssen, sondern selbst an der Konstruktion von Geschlecht mitwirken. Mädchen greifen – wie gezeigt wurde – in diese ein, wollen sie verändern oder aber beteiligen sich an deren Reproduktion. Sie setzen sich als

[5] Diese und ähnliche Kategorisierungen sind auch in anderen Forschungszusammenhängen zu finden wie in Forschungen zu Gangs (Miller 2002, Messerschmidt 2002).

Sängerin durch, verlassen aber auch eine Band, fordern das Recht ein mitzutanzen oder haben Angst zu tanzen. Sie benutzen Kategorien, gegen die sie sich selbst haben durchsetzen müssen, um andere Mädchen auszugrenzen. Wie eng die Geschlechterbilder und -konzepte an diese Reaktionen auf die Prozesse geknüpft sind und wie sie sich wechselseitig bedingen, wird anhand der Erzählungen der Mädchen deutlich.

Eine Sängerin, die seit mehr als zwölf Jahren im Hardcore ist, erzählt mir in einem Interview, dass das erste Konzert, auf dem sie gewesen sei, sie sofort angesprochen habe. Die Atmosphäre sei verrückt, aggressiv und positiv zugleich gewesen und alle hätten eine gute Zeit gehabt. Sie erzählt, dass sie zu der Zeit „got affronted for the way I looked of what I thought. It was really hard for women in general in society to have any type of view anyways. So hardcore is definitely a door that opened up, that showed me, that I have these ideas and other people in the world do too and they understand and I'm allowed to be me". Sie sei eher aggressiv gewesen und im Hardcore habe sie einen Raum gefunden, in dem sie akzeptiert wurde ohne sich ändern zu müssen. Damals habe sie extrem große Hosen (Größe 40), Turnschuhe, Stirnband, Band-T-Shirts und Unterhemden („wife-beaters") getragen. Zurückblickend beschreibt sie, dass sie habe tragen müssen, was die Jungen trugen. Sie habe so handeln und reden müssen wie die Jungen, sie habe ein Junge sein müssen: „You had to be a dude". Doch mit ca. 19 Jahren machte sie einen Bruch: „I started looking like a girl", indem sie angefangen habe, engere und somit figurbetontere Kleidung anzuziehen. Der „turn" sich als Frau zu akzeptieren bedeutete für sie aber auch und zuallererst, sich als Person, als Individuum (als das Andere) zu akzeptieren. Sie sagt: „I personally got way more secure with myself and more secure with being a girl and being a woman" oder „I'm me, I'm a girl, I'm ok with being a girl and I can dress however I want and still be hardcore". Ihre ‚Emanzipation' vollzog sich über die Kleidung und im weiteren Sinne über die Akzeptanz der Differenz der Geschlechter. Inzwischen lehnt sie es vehement ab, dass Frauen wie Jungen sein müssen, denn das sei rückschrittlich, ein Schritt zurück in die Unterdrückung. Es solle akzeptiert werden, dass Jungen und Mädchen unterschiedlich miteinander interagieren. Deutlich wird ihre veränderte Haltung auch darin, dass sie sich dafür einsetzt, dass es im Hardcore T-Shirts nicht nur in Männergrößen – wie es üblich war, als sie anfing auf Konzerte zu gehen – sondern auch in Frauengrößen gibt. Je länger sie im Hardcore ist, desto lockerer ist ihre Verknüpfung mit dem, was sie als ‚männliche Norm' empfindet, geworden. Mittlerweile kleidet sie sich nicht nach einer bestimmten Mode, sondern zieht das an, worauf sie Lust hat, und dies ist vor allem „very girly".

Eine andere Sängerin, die seit ein paar Jahren im Hardcore ist, berichtet mir in einem Interview genau das Gegenteil: Sie sei nicht eine „girly kind type of person". Im Hardcore seien eben nicht viele Mädchen, die Röcke oder Absätze trügen, und das habe Hardcore zum einen für sie „more inviting" gemacht und zum anderen geholfen, sich selbst treu zu bleiben. Auf der einen Seite weiß sie zwar, dass sie auch im Hardcore mit Geschlechter-

Erwartungen bricht, wenn sie als zierliches Mädchen auf der Bühne steht und schreit, aber in der gleichen Zeit meint sie, dass sich ein Junge in einer Band nicht anders fühlen würde: „I mean, I get up there and play just like the guys do. Maybe the only difference is a few things people might say after the show. But there's never a point when I'm on stage that I'm like: ‚Oh, that's right! I'm a girl. I'm different from all you other people'". Sie sagt, wenn sie auf Tour sei, würde ihr gar nicht auffallen, dass sie ein Mädchen sei, wenn sie nicht immer wieder daran erinnert würde. Gleichzeitig ist sie sich jedoch immer bewusst, dass es im Hardcore (noch) Probleme in den Geschlechterbeziehungen gibt: „We don't just have problems with the way women are thought of, we have problems with the way men are thought of. Everything that deviates from that is just strange." Ihre Lösungsstrategien sind zum einen, vorsichtig zu sein mit dem, was wir von anderen in Bezug auf ihr Geschlecht erwarten, und zum anderen „trying to not make a big deal if your are male or female" und „just pretend that there is no difference and everything is fine".

Beschreibt die erste Sängerin in der Anfangspassage des Interviews rückblickend negativ, wie sie sich an männliche Normen anpassen musste, wird jedoch deutlich, dass gerade dies es war, was Hardcore für sie zu Beginn ansprechend gemacht hat. Mit den Jahren nimmt sie jedoch davon Abstand und fordert, als Mädchen im Hardcore anerkannt zu werden. Im Gegensatz dazu ist es der zweiten Sängerin wichtig, kein großes Aufheben um die Geschlechterunterschiede zu machen. Mehr noch, sie fühlt sich gerade deswegen im Hardcore wohl, weiß aber zur gleichen Zeit, dass sie als Mädchen ständig mit den Erwartungen an ihr Geschlecht bricht.

Verallgemeinert kann hierzu gesagt werden, dass der Umgang der Mädchen mit Geschlecht zwischen zwei Polen pendelt: Zum einen der Betonung von Geschlechterdifferenz und zum anderen der Neutralisierung von Geschlecht oder wie Budde (2006, S. 224) es nennt, der „Entdramatisierung von Geschlecht". So betonen auch andere Mädchen wie die Festival-Besucherin in London, dass es wichtig sei, *als Mädchen* einen Platz im Hardcore einzufordern. Manche finden auch, dass eine Verschränkung feministischer Ideen mit Hardcore dringend notwendig sei. Andere, wie die Sängerin aus dem Eingangsbeispiel, die Anerkennung für ihr Talent wollte und nicht dafür, dass sie als junge Frau in einer Band singt, wollen ihr Geschlecht nicht in den Vordergrund stellen und setzen es in vielen Situationen nicht als relevant.

Ausblick

Wie gezeigt, könnten zwei Blickverschiebungen dienlich sein, um die Geschlechterverhältnisse und damit auch die Erfahrungen von Mädchen im Hardcore in ihrer Komplexität zu verstehen: Einerseits sollte der Blick weg von gesamtgesellschaftlichen Geschlechterordnungen und Sozialisationsbedingungen hin zu den Prozessen und Praktiken innerhalb des Hardcore gerichtet werden. Andererseits sollte eine Blickverschiebung hin zu den AkteurInnen stattfinden.

Auf Konzerten, vor allem beim Tanzen und „sing-along", sind Mädchen immer noch ‚das Andere'. Sie fallen oftmals nur deswegen ins Auge, weil sie als Mädchen angerufen werden oder sich selbst als Mädchen positionieren. Nur wenige werden als Mitspielerinnen in den ernsten Wettbewerben von den Männern akzeptiert, auch wenn in den letzten Jahren immer mehr junge Frauen ihr Recht einfordern, an diesem Spiel teilnehmen zu können und dies auch machen. Die meisten Mädchen nehmen auf den ZuschauerInnenrängen am Geschehen teil, das heißt, sie schauen oft vom hinteren Teil des Konzertraumes aus den Wettbewerben zu oder halten sie auf Fotos fest. Dies spiegelt sich auch darin wieder, dass viele Mädchen mit dem ‚Freundinnenstigma' zu kämpfen haben. Diese Kategorisierung wird von Jungen wie von etablierten Mädchen instrumentalisiert, um – im Falle der Jungen – Mädchen als Mitstreiter aus den Wettbewerben herauszuhalten oder – im Falle der Mädchen – Konkurrenz von neu hinzukommenden Mädchen zu unterbinden. Diese und weitere Prozesse und Praktiken im Hardcore bestimmen die Laufbahn der Mädchen entscheidend mit.

Doch wie beschreiben die Mädchen ihre ‚Liebesgeschichte'? Wie beschreiben *sie* ihren Umgang mit Geschlecht? Wie reagieren sie auf die Anrufungen an ihr Geschlecht? Wie anhand der Interviews mit den beiden Sängerinnen gezeigt wurde, versucht die eine Sängerin nicht auf Anrufungen an ihr Geschlecht einzugehen und entdramatisiert so ihr Geschlecht. Die andere Sängerin wartet gar nicht auf Anrufungen. Sie präsentiert sich heutzutage als Mädchen, das am Wettbewerb der Männer als Mädchen teilnimmt und fordert dafür Anerkennung von ihren männlichen Mitspielern. Während sie offensiv mit ihrem Geschlecht umgeht und eine Emanzipation der Frauen im Hardcore einfordert, weiß die andere Sängerin zwar um ihr Geschlecht, will aber durch ihr Handeln keine Differenz zwischen den Geschlechtern aufkommen lassen und für das, was sie macht und nicht ihre Geschlechtsidentität Anerkennung bekommen. Dies sind die beiden Pole, zwischen denen sich die Herstellung von Geschlecht bei Mädchen im Hardcore bewegt. Wie gezeigt, können sich beide aber auch innerhalb einer Biographie wiederfinden.

Ob diese Arten der Herstellung von Geschlecht als ein simples Adoptieren und Anpassen an die maskuline Norm zu beschreiben sind, ist fraglich. Deswegen ist, so mein Punkt, ein genaues Hinhören und Beschreiben, eine Analyse der Herstellung von Geschlecht durch „ethnographies of the particular" (Abu-Lughod 1991, S. 149) notwendig, um vorschnellen Kategorisierungen und Generalisierungen zu entgehen.

Literatur

Abu-Lughod, Lila (1991): Writing Against Culture. In: Richard G. Fox (ed.): Recapturing Anthropology: Working in the Present. Santa Fe, pp. 137–162.

Acker, Joan (1990): Hierarchies, Jobs, Bodies: A Theory of Gendered Organizations. In: *Gender and Society,* Vol. 4, No. 2, pp. 139–158.

Acker, Joan (1992): From Sex Roles to Gendered Institutions. In: *Contemporary Sociology,* Vol. 21, No. 5, pp. 565–569.

Atkinsen, Brian & Brian Wilson (2005): Rave and Straightedge. The Virtual and the Real. Exploring Online and Offline Experiences in Canadian Youth Subcultures. In: *Youth & Society,* Vol. 36, No. 3, pp. 276–311.

Atkinsen, Brian (2006): Straightedge Bodies and Civilizing Processes. In: *Body & Society,* Vol. 12, No. 1, pp. 69–95.

Becker, Howard (1991): Outsiders. Studies in the Sociology of Deviance. New York.

Belsito, Peter & Bob Davis (1983): Hardcore California. A History of Punk and New Wave. Berkeley.

Blush, Steven (2001): American Hardcore. A Tribal History. New York.

Bourdieu, Pierre (1997): Die männliche Herrschaft. In: Irene Dölling & Beate Krais (Hg.): Ein alltägliches Spiel. Geschlechterkonstruktion in der sozialen Praxis. Frankfurt a. M., S. 153–217.

Bourdieu, Pierre (2005): Die männliche Herrschaft. Frankfurt a. M.

Brake, Michael (1985): Comparative Youth Culture. The Sociology of Youth Cultures amd Youth Subcultures in America, Britain and Canada. London & New York.

Budde, Dirk (1997): Take Three Chords … Punkrock und die Entwicklung zum American Hardcore. Hamburg.

Budde, Jürgen (2006): Inklusion und Exklusion. Zentrale Mechanismen zur Herstellung von Männlichkeit zwischen Schülern. In: Brigitte Aulenbacher, Mechthild Bereswill, Martina Löw, Michael Meuser, Gabriele Mordt, Reinhild Schäfer & Sylka Scholz (Hg.): FrauenMännerGeschlechterforschung. Münster, S. 217–227.

Burkert, Esther (2000): Sind Frauen ‚anders' – und anders rechtsextrem? Fallstricke eines Ansatzes der frauenspezifischen Differenz. In: Sabine Wesely (Hg.): Gender Studies in den Sozial- und Kulturwissenschaften: Einführung und neuere Erkenntnisse aus Forschung und Praxis. Bielefeld, S.134–158.

Büsser, Martin (1996): if the kids are united. Von Punk zu Hardcore und zurück. Mainz.

Cheslow, Sharon, Leslie Clague & Cynthia Connolly (Hg.) (1992): Banned in DC. Photos and Anecdotes From the DC Punk Underground, pp. 79–85.

Connell, R. (1987): Gender and Power. Cambridge.

Currie, Dawn, Deirdre Kelly & Shauna Pomerantz (2004): Sk8er Girls: Skateboarders, Girlhood and Feminism in Motion. In: *Women's Studies International Forum 27,* pp. 547–557.

Goffman, Erving (1987): The Arrangement Between the Sexes. In: Mary Jo Deegan & Michael R. Hill: Women and Symbolic Interaction. London, Wellington & Sydney, pp. 51–77.

Goldthorpe, Jeff (1992): Intoxicated Culture. Punk Symbolism and Punk Protest. In: *Socialist Review,* Vol. 22, No. 2, pp. 35–64.

Good Clean Fun (1998): A Song for the Ladies. On: Shopping for a Crew [CD], Phyte Records.

Haenfler, Ross (2004): Rethinking Subcultural Resistance. Core Values of the Straight Edge Movement. In: *Journal of Contemporary Ethnography,* Vol. 33, No. 4, August 2004, pp. 406–436.

Haenfler, Ross (2006): Straight Edge. Hardcore, Punk, Clean-Living Youth, and Social Change. New Brunswick, New Jersey & London.

Helton, Jesse & William Staudenmeier Jr. (2002): Re-Imagining Being ‚Straight' in Straight Edge. In: *Contemporary Drug Problems,* Vol. 29, pp. 445–473.

Hitzler, Ronald, Arne Niederbacher & Thomas Bucher (2001): Leben in Szenen. Formen jugendlicher Vergemeinschaftung heute. Opladen.

Inhetveen, Katharina (1997): Gesellige Gewalt. Ritual, Spiel und Vergemein-schaftung bei Hardcorekonzerten. In: Trutz von Throtha (Hg.): Soziologie der Gewalt. Opladen & Wiesbaden, S. 235–260.

Irwin, Darrell (1999): The Straight Edge Subculture: Examing the Youths' Drug-Free Way. In: *Journal of Drug Issues,* Vol. 29, No. 2, pp. 365–380.

Krenske, Leigh & Jim McKay (2000): ‚Hard and Heavy': Gender and Power in a Heavy Metal Music Subculture. In: *Gender, Place and Culture,* Vol. 7, No. 3, pp. 287–304.

Kucsulain, Candace (2000): Online-Interview. http://trustkill.com/bands/interviews/wallsofjericho_01.php [Zugriff am 26.08.2002]

Lahickey, Beth (1997): All Ages. Reflections on Straight Edge. Huntington Beach.

Leblanc, Lauraine (2001): Pretty in Punk. Girls' Gender Resistance in a Boys' Subculture. New Jersey & London.

Macdonald, Nancy (2001): The Graffiti Subculture. Youth, Masculinity and Identity. London & New York.

Maihofer, Andrea (2004): Geschlecht als soziale Konstruktion – eine Zwischenbetrachtung. In: Ute Helduser, Daniela Marx, Tanja Paulitz & Katharina Pühl (Hg.): under construction? Konstuktivistische Perspektiven in feministischer Theorie und Forschungspraxis, S. 33–43.

McRobbie, Angela & Jenny Garber (1997 [1975]): Girls and Subcultures. In: Ken Gelder & Sarah Thronton: The Subcultures Reader. New York & London, pp. 112–120.

Messerschmidt, James W. (2002): On Gang Girls, Gender and a Structured Theory: A Reply to Jody Miller. In: *Theoretical Criminology,* Vol. 6, No. 4, S. 461–475.

Meuser, Michael (2006): Hegemoniale Männlichkeit – Überlegungen zur Leitkategorie der Men's Studies. In: In: Brigitte Aulenbacher, Mechthild Bereswill, Martina Löw, Michael Meuser, Gabriele Mordt, Reinhild Schäfer & Sylka Scholz (Hg.): FrauenMännerGeschlechterforschung. Münster, S. 160–174.

Miller, Jody (2002): The Strengths and Limits of ‚Doing Gender' for Understanding Street Crime. In: *Theoretical Criminology,* Vol. 6, No. 4, pp. 433–460.

Müller, Alain (2001): Hardcore to the day that I die, Hardcore, it comes from inside! Visite ethnographique d'une sous-culture dissidente. Magisterarbeit, Université de Neuchâtel, Schweiz (nicht veröffentlicht).

O'Hara, Craig (1999): The Philosophy of Punk – More Than Noise! Edinburgh.

Roman, Leslie G. (1988): Intimacy, Labor, and Class: Ideologies of Feminine Sexuality in the Punk Slam Dance. In: Leslie Roman & Linda K. Christian-Schmith (Hg.): Becoming Feminine: The Politics of Popular Culture. London, New York & Philadelphia, pp. 143–203.

Staudenmeier, William J. Jr. & Jesse Helton (2002): Re-imagining Being ‚Straight' in Straight Edge: In: *Contemporary Drug Problems,* Vol. 29, pp. 445–473.

Tsitsos, William (1999): Rules of Rebellion: Slamdancing, Moshing, and the American Alternative Scene. In: *Popular Music,* Vol. 18, No. 3, pp. 397–414.

Ward, James (1996): This is Germany! It's 1933! Appropriations and Constructions of Fascism in New York Punk/Hardcore in the 1980s. In: *Journal of Popular Culture,* Vol. 30. No. 3, pp. 155–184.

Williams, Patrick J. & Heith Copes (2005): ‚How Edge Are You?' Constructing Authentic Identities and Subcultural Boundaries in a Straightedge Internet Forum. In: *Symbolic Interaction,* Vol. 28, No. 1, pp. 67–89.

Willis, Susan (1993): Hardcore: Subculture American Style. In: *Critical Inquiry,* Vol. 19, pp. 365–383.

Wood, Robert T. (1999): ‚Nailed to the X': A Lyrical History of the Straight Edge Youth Subculture. In: *Journal of Youth Studies,* Vol. 2, No. 2, pp. 133–151.

Wood, Robert T. (2006): Straight Edge Youth. Complexity and Contradictions of a Subculture. Syracuse & New York.

Susanne El-Nawab

„Du musst dich halt echt behaupten."

Mädchen und junge Frauen in der Skinhead- und Rockabilly-Szene

Holidays in the Sun-Festival,
Berlin 2000
Foto: Susanne El-Nawab

Zarte Mädels haben in den meist männerdominierten Jugendsubkulturen einen schweren Stand – zumindest dann, wenn sie nicht nur ein dekoratives Püppchen oder „die Freundin von" sein wollen. Bei den Skinheads lehnen sie ‚typisch' weibliche Verhaltensweisen ab, tragen kurzes Haar, schwere Stiefel und müssen sich in einer rauen Männerwelt behaupten. In der Rockabilly-Szene wiederum gibt es den klassischen Gegensatz von Macho-Inszenierung und betonter Femininität, aber auch die etwas ‚härteren' Rockabellas, die flächendeckend tätowiert und gepierct sind und trotzdem ihre Weiblichkeit mit kunstvoll gelegtem Haar und Stöckelschuhen unterstreichen. Vom

Petticoat und Blümchenkleid über Jeans und Biker-Boots tragen die Frauen hier, je nach Anlass und Geschmack, originalen 1950er-Jahre-Stil oder moderne Adaptionen. Diese stilistischen Unterschiede können oft auch Aufschluss über immanente Rollenvorstellungen und Einstellungen zu Geschlechterfragen geben.

Als Angela McRobbie und Jenny Garber 1979 schrieben, dass Mädchen in Studien über Subkulturen nur marginal erwähnt werden und ihre klugen Fragen zu diesem Umstand in den wissenschaftlichen Diskurs brachten (McRobbie & Garber 1979), konnten sie nicht ahnen, dass sich in den folgenden Jahrzehnten wenig daran ändern würde. In der deutschen Jugendsubkulturforschung dominiert nach wie vor ein Blick, der Mädchen und Frauen nur am Rande betrachtet. Noch viel seltener werden Mädchen und junge Frauen *selbst* nach ihren Einstellungen, ihrer politischen Positionierung und ihrem Leben befragt oder kommen in Veröffentlichungen mit ihren Aussagen ausführlich zu Wort. Im Laufe meiner Recherchen über die Skinhead-, Gothic-, Rockabilly-, Psychobilly- und Punk-Szenen habe ich immer wieder gezielt nach den Geschlechterverhältnissen und Rollenvorstellungen gefragt (El-Nawab 2007). Seit einigen Jahren ist meine Forschung von dem grundlegenden Ansatz bestimmt, aus der Binnenperspektive der jeweiligen Subkulturen heraus zu Erkenntnissen über die Szenen zu gelangen. Mit der vorherrschenden Untersuchungsperspektive von außen auf die Subkulturen ist, wie mir scheint, ein Verstehensprozess im eigentlichen Sinne kaum möglich. Aus den ‚Innenansichten‘ ergibt sich hingegen, wie meine Forschungserfahrungen belegen, eine bemerkenswerte selbstanalytische Klarsicht der Befragten, die die Uneindeutigkeiten, Brüche und Widersprüche in den Szenen aufdeckt und veranschaulicht. In diesen zeitgeschichtlich bedeutsamen Zeugnissen liegt der Schlüssel zum Verstehen (Bourdieu 1997).

Skinheads: Kein Platz für Barbie-Puppen

In der Skinhead-Szene mit ihrem martialischen Männlichkeitskult herrscht ein rüder Umgangston, sexistische Sprüche und Lieder stehen auf der Tagesordnung. Fragt man die Männer, wie sie das finden, sagen sie zum Beispiel:

„Starke Frauen, die ihr Maul aufmachen, was im Kopf haben, die werden genauso akzeptiert wie 'n Mann, klar. Dann gibt's natürlich auch Frauen, die ihr Maul nicht aufkriegen, die immer nur 'n Anhängsel sind, die sehen vielleicht hübsch aus, aber die hängen einfach immer nur an ihrem Kerl und sind halt nur die Matratze",

erklärt der 30-jährige Skinhead Matthias und zuckt die Schultern:

„Klar ist das 'ne Männerdomäne. Aber es is nicht alles ein Topf, das ist zu verschieden. Es gibt 'n paar starke Frauen, da hat jeder 'n Heidenrespekt vor, aber das sind wenige."

Darauf folgt dann in der Regel der argumentative Versuch, den Sexismus zu legitimieren, weil er nicht so ernst gemeint sei und die Skinhead-Mädchen sich selbst doch nicht daran störten, sondern sogar mitmachten. Diese charakteristische, gewissermaßen phrasenhafte Bekundung wurde in jedem meiner Gespräche mit Skinheads geäußert. Fragt man die Frauen, dann sagen sie zum Beispiel:

„Du musst dich halt echt behaupten."

Die 30-jährige Paula findet, Frauen seien an sich schon gleichberechtigt in der Skinhead-Szene, aber vielen Frauen liege das Martialische und Ruppige der Skins nicht so. Sie hingegen sei schon immer besser mit Jungs als mit Mädchen klargekommen, denn „mädchenhaftes Barbie-puppenverhalten" war nie so ihr Ding. Zu oft musste sie schlechte Erfahrungen mit der Falschheit von „Freundinnen" machen, so dass sie selbst ein frauenfeindliches Bild habe. Da stört sie die derbe Sprache der Kerle nicht, weil es wenigstens ehrlich sei. Allerdings nur, so lange sie nicht schlecht über Paula reden, da dreht sie dann durch und wehrt sich. Bei Männern erreiche man genau das Gegenteil, wenn man sich über ihre rüden Sprüche aufrege. Sie drehe lieber den Spieß um, denn damit könnten die meisten gar nicht umgehen. Es herrsche dann schnell betretenes Schweigen, wenn sie drastisch formuliert darauf hinweise, dass die tollen Hechte

bloß Schaumschläger seien. Aber es trifft sie, wenn ihr Freund bei sexistischen Liedern mitgrölt. Nie würde sie ihm aber deswegen eine Szene machen, sondern sie singt einfach noch lauter mit!

Die 17-jährige Anna formuliert ihr Faible für den Skinkult so:

„Es ist diese Ausstrahlung, dass halt echt gezeigt wird: ‚Komm doch her! – Wenn du irgendwas willst, dann komm doch her! Dann kriegst du, was du willst.' Das ist sehr wichtig. Ich hab' schon lieber 'n Mann, der mich verteidigen kann, als so 'n Lappen, der dann rennt und ich steh' dann da alleine. Dieser Beschützerinstinkt. Dass ich weiß, da bin ich sicher. Hört sich jetzt vielleicht voll doof an, aber so isses irgendwie."

Auch sie erklärt ihre Zugehörigkeit zu einer männerdominierten Szene mit dem Umstand, dass sie sich seit jeher ausgesprochen gut mit Typen verstanden habe. Außerdem will Anna dadurch „zeigen, dass ich das als Mädchen sowieso schon kann." Als Frau sieht sie sich in dem Dilemma, einerseits begehrte ‚Mangelware' zu sein, andererseits aber auf ihren Ruf achten zu müssen: Sie schildert ihre anfängliche Naivität, sich auf viele Männer eingelassen zu haben, die letztlich nur Sex wollten. Es habe eine Weile gedauert, bis sie es „gecheckt" hätte. Man habe in der Szene als Frau schnell den Ruf einer Schlampe, wenn man beispielsweise innerhalb eines Jahres mit drei oder vier Männern gegangen sei. Die Jungs hingegen dürften sich austoben und ständig von ihren sexuellen Erlebnissen berichten und prahlen. Obwohl sie sich von niemandem etwas vorschreiben lasse, empfindet sie inzwischen die Notwendigkeit, sich gut zu überlegen, mit welchem Typen sie mitgeht oder nicht. Das findet Anna ungerecht.

Sicherlich ist dieses ‚Mit-zweierlei-Maß-messen' nicht spezifisch für die Skinhead-Szene, sondern ein universelles Phänomen. Wegen des in der Skinhead-Szene insgesamt vermeintlich offeneren Umgangs mit Sexualität wird es nur besonders auffällig. Unter Skinheads herrscht meistens der Versuch der Provokation, gesellschaftliche Konventionen und Tabus zu brechen. Sexuelle ‚Perversionen' werden laut verspottet und gleichzeitig teilweise ausgelebt, das Vokabular ist insgesamt gesehen extrem rüde und vulgär.[1] Mit dem Sexismus lasse es sich manchmal nur schwer leben, sagt Anna, aber sie betont, dass ja eigentlich alles nur Spaß und auch gar nicht so schlimm sei. Sie könne sich die Männer aussuchen und würde sich auch nicht unterdrücken lassen. Außerdem richte sich der Sexismus nur gegen „so blöde Tussen" und nicht gegen Mädchen wie sie. So stimmt sie auch gerne die sexistischen Gesänge mancher Oi!-Lieder mit an, und wenn einer kommt und fragt, „Und? Ficken?", dann sagt sie einfach, „Verpiss dich!", ohne sich daran zu stören. Sie sieht sich und ihre Freundinnen als emanzipierte Frauen, auch wenn sie zugibt, dass sie „ihre Rolle" haben. Sie verstehen sich aber als eigenständige Personen und wollen auf gar keinen Fall als „Freundin von" gelten. Auch das ist eine immer wieder auftauchende Aussage: Die jungen Mädchen und Frauen legen sehr viel Wert darauf, als eigenständige Skingirls aufzutreten und nicht als Anhängsel ihrer Jungs betrachtet zu werden. Gleichzeitig verachten sie andere Mädchen als „Fickhennen", die keine richtigen Skingirls seien, sondern lediglich den Männerüberschuss der Szene nutzten und nach mehreren Affären die Szene schnell wieder verlassen. Anna fühlt sich wohl in der Szene, das ist offensichtlich. Doch Anna fehlt das Bewusstsein, den Sexismus und den Ernst im ‚Spaß' zu erkennen. Sie erklärt, dass sie selbstbewusster geworden sei, ihre Meinung heute viel direkter formuliere und nicht mehr so zurückhaltend gegenüber ihren Kumpels sei. Das bestätigt auch Paula. Im Prinzip scheint das zu bedeuten, dass es die jungen Frauen ‚stark' macht, sich in einer männerdominierten harten Szene zu behaupten, sich durchzusetzen. Der offene Sexismus, der mal ernst, mal weniger ernst gemeint ist, drückt im Grunde etwas aus, was andere Männer vielleicht denken, aber nicht (oder hinter vorgehaltener Hand) aussprechen. Skinhead-Fanzines sind gespickt mit billigen pornographischen Bildern und Anekdoten. Zumindest die Bilder stammen aus Quellen, die an Kiosken und in Sex-Shops erhältlich sind. Während andere Mädchen vielleicht nur ahnen können, welchen Ton viele Männer in der alkoholisierten Herrenrunde anstimmen, wird es den Skingirls permanent bewusst gemacht. Das ist nicht zuletzt dem Umstand geschuldet, dass sie sich meistens in alkoholisierten Männerrunden aufhalten. Das provokative, bewusst prollige Gehabe, mit dem man die ‚Spießer-Welt' herausfordern und ihr Scheinheiligkeit vorwerfen will, ist allerdings

[1] Darauf weist auch Kurt Möller (1997, S. 125) hin. Den ungewöhnlichen Emanzipationsversuch der Skinmädchen wertet Möller als „verquer, weil er kaum mehr darstellt als eine Kopie von Männlichkeitsmustern", die er als „höchst problematisch" begreift (ebd., S. 139).

Holidays in the Sun-Festival, Berlin 2000
Foto: Susanne El-Nawab

ausgesprochen zweischneidig. Denn auf einen rüden Umgangston in der Gegenwart von Frauen und laut ausgesprochenen Sexismus zu verzichten, ist vielleicht oft unehrlich, hat aber ein Maß an respektvollem Umgang zur Folge, der einen Teil der Basis des zivilisierten Miteinanders bildet und Grundvoraussetzung für emanzipative Strukturen ist.

Bezeichnenderweise betonen die männlichen Skinheads in meinen Gesprächen mit ihnen, wie sehr sich das tatsächliche Verhalten gegenüber der Partnerin von dem Palaver unter Männern unterscheidet. Inwieweit diese Selbstdarstellung in der Situation begründet liegt, mit einer Frau über Sexismus zu sprechen, ist nicht zu eruieren. Boris versichert mir jedenfalls, dass es nicht darum ginge, Männlichkeit durch den Männlichkeitskult zu überhöhen und die Weiblichkeit niederzumachen, sondern sich einfach nur als stark und groß zu präsentieren. Sicherlich sei die Art und Weise, in der über Frauen gesprochen werde, nicht gerade politisch korrekt, aber zuhause seien die meisten Skins in Gegenwart ihrer Frau „liebevoll und sehr zurückhaltend". Nur im Gespräch unter Männern sei das Frauenbild so „reduziert". Die Mädels würden damit aber ganz gelassen umgehen, sie hätten da gar kein Problembewusstsein, denn es seien schließlich keine Frauen, „die mit feministischer Ideologie gefüttert sind". Sie akzeptieren ihre Jungs und hätten bei aller Selbstständigkeit letztlich ziemlich ähnliche Rollenvorstellungen. Über Sexismus hätte sich noch keine beklagt, das sei gar kein Thema. Boris grölt bei Konzerten einfach mit, da mache er sich keine Gedanken über den Text. Aber zuhause wundere er sich dann schon manchmal über die komischen Texte und dass die Mädels sich darüber nicht beschwerten.

Eine selbstbewusste, ‚starke' Freundin zu haben, ist für viele Skins wichtig. So dreht sich letztlich alles ums Starksein. Abgesehen davon, dass Skingirls Stärke auch in ihrem Erscheinungsbild umsetzen, dürfte das gewissermaßen einem gesellschaftlichen Idealbild der Frau entsprechen. Das medial verbreitete Phantasiebild der Powerfrau, die Kinder und Karriere unter einen Hut bringt und dabei *immer* schön, sexy, sportlich, fit und stark ist, verkörpert einen modernen Idealtypus der Frau. Die weiblichen Skinheads wollen stark sein, aber sie nehmen sich die Freiheit, ‚typisch' weibliches Verhalten abzulegen: Sie grölen, saufen, sprechen rüde, tragen schwere Stiefel und kurze Haare – so wie manche kleinen Mädchen sich lieber raufen anstatt mit Puppen zu spielen. Sie zahlen dafür den Preis, mit einem offenen Sexismus zu leben. So glauben die Jungs, sexistische Sprüche stören die Mädchen nicht, weil diese herausgefunden haben, dass sie stärker wirken, wenn sie so tun, als ob es an ihnen abprallt oder sie sogar noch einen draufsetzen. Andererseits wissen die meisten Mädchen, dass auch die Jungs nicht so hart sind, wie sie sich offiziell präsentieren. Und trotzdem muss jeder versuchen, seine Selbstinszenierung aufrecht zu erhalten, so wie im ‚normalen' Leben auch.

Rockabilly: Nostalgische Rebellinnen

Auch in der Rockabilly-Subkultur sind die Männer ‚harte Kerle' und die Frauen ‚sehr weiblich'. Mit Elvis-Tolle, Kontrabass und schicken Karren basteln sich Rockabillies eine 1950er-Jahre-Idylle für die Gegenwart (El-Nawab 2005). Mein Interesse zu hinterfragen, inwieweit diese Selbstinszenierung primär als Pose zu verstehen ist oder mit einem 1950er-Jahre-ähnlichen Rollendenken verknüpft ist, brachte bemerkenswerte Aussagen meiner Gesprächspartnerinnen und -partner zutage: Der 30-jährige Rick denkt schon, dass viele Mädchen das übertriebene Mackergehabe stört. Trotzdem hätten es Frauen leichter, in die Szene rein zu kommen, weil sie wegen des Männerüberschusses schneller Kontakt fänden. Weshalb die Szene so männerdominiert ist, weiß er nicht. Ist halt so. Genauso wie Frauen sich nicht so sehr für Automotoren interessierten. Ist wohl keine Frauen-Szene und viele Frauen seien ja nur ihres Freundes wegen in der Szene. Wenn es ihnen wirklich gefalle, dann blieben sie ja auch dabei. Diese Einschätzung wurde oft geäußert.

Die 31-jährige Nicole erklärt mir Folgendes:

„Männer sind relativ schlecht beeinflussbar. In der Regel sind Männer Wesen, denen gefällt was oder es gefällt ihnen nicht. 'Ne Frau, wenn die einen Typen sieht, der findet das cool, dann versucht sie zumindest mal, das auch nicht schlecht zu finden, wenn sie ihm gefallen will. Und das ist das Tragische mit den Frauen. Dass eigentlich achtzig Prozent der männlichen Rock'n'Roller immer Rock'n'Roller bleiben. Wenn die sich mal dazu entschlossen haben, das zu machen, dann sind die nicht wieder davon abzubringen. Die meisten Frauen passen sich relativ schnell an die Männer an. Männer finden Fußball toll, dann finden die Mädels auch Fußball toll. Was haben Mädels auf 'm Fußballplatz verloren?! – Eigentlich nix. Aber warum stehen die ganzen Mädels am Fußballplatz? Weil die ganzen Jungs am Kicken sind. Das ist das Tragische. Und deswegen sind auch die Mädels meistens nur so lange in der Szene, wie sie Freunde haben, die da drin sind. Dann gibt's aber zehn Prozent Frauen, die sind in der Rock'n'Roll-Szene aus dem gleichen Grund wie die Männer.“

Langenhagen 2002
Foto: Susanne El-Nawab

Das aber sei wiederum für die Männer nicht normal, weil die es gewohnt sind, netten Püppchen zu erklären, was Rock'n'Roll ist. Und wenn dann Frauen kommen, die selbst wissen, warum sie Rock'n'Roll hören, sind die Männer eben erstmal erstaunt. Unter emanzipierten Frauen versteht Nicole Frauen, die wissen, was sie wollen, die ihren eigenen Geschmack haben und nicht das machen, was alle machen, sondern ihr eigenes Ding – und die seien eben selten:

„Die emanzipierten Frauen haben's natürlich auch in der Szene nicht leicht.“

Aber selbstbewusste Frauen, die wissen, was sie wollen, Paroli bieten können und über Musik oder Autos genauso gut Bescheid wissen, würden den Männern gleichgesetzt und seien sehr angesehen.

Die 24-jährige Klara schildert das ‚Zickig-Sein‘ als großes Problem der Frauen untereinander. Sie interpretiert es als Konkurrenzdenken und Missgunst. Die wenigen Frauen in der Szene seien oft froh, wenn keine neuen Frauen hinzukämen:

„Für viele ist es bestimmt auch ganz toll, von zehn Männern angeguckt zu werden und nicht nur von einem. Es ist halt wahnsinnig schwer, sich zu behaupten. Dann gibt’s auch viele, die kurzfristig mal dabei sind, aber sich nicht so intensiv damit beschäftigen und das nicht so hundertprozentig leben und irgendwann wieder was anderes machen. Wenn ein neues Mädchen in die Szene kommt, wird es von den anderen Mädchen erstmal begutachtet. Wenn es sich dann aber doch länger in der Szene hält oder sich mit den Jungs gut versteht – was am Anfang natürlich als Frau immer einfacher ist als mit den Mädchen, wenn man da gleich auf so ’ne Konkurrenz stößt – dass dann die Frauen doch plötzlich zugänglich werden und auch mit der Person befreundet sein möchten. Weil die dann plötzlich doch dazugehört und alle, die dazugehören, möchte man kennen, damit man mitreden kann. Das is’ ja immer ’ne ganz wichtige Sache.“

Den Hauptgrund dafür, dass viele Frauen wieder verschwinden, sieht sie darin, dass sie sich gar nicht beweisen wollten und diese Intrigengeschichten nicht aushielten:

„Als Frau wird’s einem noch schwerer gemacht als als Mann.“

Die Männer untereinander kämen relativ gut miteinander klar.

„Ich hätte manchmal gerne eine Freundin oder auch zwei oder drei, mit der ich das ’n bisschen intensiver leben könnte.“

Das Machogehabe kommentiert Klara wie folgt:

„Ich find’s manchmal sehr amüsant. Ich halte von Machogehabe sowieso im Prinzip gar nichts. Ich find’s auch teilweise ziemlich sympathisch, wenn ich sehe, mit wie viel Humor und Enthusiasmus sie manchmal jemanden umgarnen. Ich bin auf jeden Fall ’ne emanzipierte Frau, aber mir liegt auch nicht so viel daran, das jeden Tag zu vertreten.“

Klara ist jahrelang alleine und selbstständig durch das Leben gegangen. Sie findet die Frage nach dem Geschlechterverhältnis in der Szene aber schwierig, weil

„es is’ für mich nicht so ’n wichtiges Thema, ob man jetzt gleichberechtigt ist oder nicht. In meiner Beziehung ist das so, da geht jeder mal kochen und jeder mal putzen.“

Klara hatte immer viele Kumpels, die in ihrer Gegenwart kein Blatt vor den Mund nahmen, und betrachtet ihre gleichgültige Haltung zu sexistischen Gesprächen unter Männern in ihrem

Beisein als ,nicht verblendet sein'. Sie wisse eben, wie die untereinander redeten, und greife da nicht ein: Was solle sie denn dazu sagen?

Rick kann emanzipierten Frauen nicht viel abgewinnen und träumt von alten Zeiten:

„Also ich fand das nicht schlecht, wie's damals war. Ich bin auch so aufgewachsen, in meinem Elternhaus war das auch noch so: Vier Männer, eine Frau und wenn wir nach Hause gekommen sind, dann haben wir gegessen. Wäsche – wurde alles von Muttern gemacht, die Wohnung, später das Haus wurde von Mutter gereinigt. Heutzutage is' es 'n bisschen blöde. Alle gehen arbeiten. Ich seh' das bei Bekannten, ich seh' das bei mir. Man sieht sich seltener. Alle wollen ihre Freiheit genießen. So wie das früher war, gefiel mir das schon ganz gut."

Die Frau könne ja ruhig arbeiten gehen, aber das dürfe nicht überhand nehmen, beispielsweise wenn man in Schichten arbeite und sich dann kaum noch sehe.

„Ich mag Familie. Ich mag Kinder. Und wo is' dann noch Zeit für 'n Kind, wenn alle arbeiten gehen?"

Er könne sich schon vorstellen, zu Hause zu bleiben und die Kinder zu versorgen. Aber ob dann noch genug Geld reinkommt? Und mit den Scheidungen ginge das heute so schnell, ganz anders als früher:

„Früher hat man sich verheiratet. Und dann blieb man zusammen, ein Leben lang."

Auf meine Frage, ob er in seinem Rollendenken nicht ganz schön altmodisch sei, antwortet Rick:

„Ja, ich mein', ich lauf' ja auch altmodisch 'rum."

Er sei eben konservativ. Und das Rollendenken in der Szene sei schon ziemlich traditionell. Aber manchmal seien die Dinge eben anders als sie scheinen: Zum Beispiel dass, sobald man zu Hause angekommen ist, die Frau die Hosen trägt:

„Vielleicht is' es nur Gehabe, Gehabe und Gemache, um stark oder hart oder als Mann dazustehen. Vor Freunden, vor sonst was. Weiß ich nicht, keine Ahnung."

Wenn es den Frauen nicht gefallen würde, dann würden sie das doch nicht mitmachen. In seinem Umfeld würden Frauen jedenfalls nicht unterdrückt. Überall, ob beim Bund, im Hand-werksbetrieb oder in der Fabrik würden sexistische Sprüche gemacht. Er findet dennoch, dass Frauen und Männer in der Rockabilly-Szene gleichberechtigt seien.

Das mit der Gleichberechtigung sieht der 33-jährige Paul genauso. Zumindest heutzutage.

„Früher musstest du 'ne Frau haben für Spaß. Aber sonst waren se absolut überflüssig oder eher störend. Hört sich zwar hart an, aber is' so. Du wolltest damals immer der Coolste, Größte sein. Und heutzutage würde ich ohne meine Frau nie weggehen. Und die haben auch genau den gleichen Stellenwert wie wir Männer, bei uns, in unserem Alter. Da gibt's wirklich keine Unterschiede mehr."

Paul formuliert es drastisch:

„Frauen waren damals wirklich nur zum Vorzeigen. Du musstest 'n tolles Auto haben, du musstest 'ne tolle Frau haben, die durfte nichts sagen, die musste zusehen, dass se gut aussieht. Es durfte nicht zu lange dauern, dass sie gut aussieht, und sie durfte nicht quengeln. Und musste 'n Führerschein haben, damit sie dich dann nach Hause fahren kann. Das war damals so. Absolut lächerlich natürlich. Nach außen hin musstete immer repräsentieren, immer der Härteste sein. – Bei den Frauen damals hast du noch Eindruck gemacht als der Stärkste, als der Größte, als der mit der größten Klappe und mit dem tollsten Auto. Wobei das heutzutage Frauen wären, wo du ja überhaupt nichts mehr mit zu tun haben willst. Aber damals hast du auch als Mann gedacht, die Frauen finden dich eher toll, wenn du die größte Klappe gehabt hast und das tollste Auto fährst. Das war so richtig schön klischeehaft."

Die 30-jährige Peggy sieht das alles eher belustigt:

„Die Jungs sind die Coolen, die am Tresen stehen und trinken. Die Frauen tanzen und tratschen viel."

Das sei so wie überall. Das Mackergehabe ist ihr völlig egal, denn Macker gebe es überall. Sie sieht sich als komplett gleichberechtigt und hat überhaupt nicht das Gefühl, unterdrückt zu werden. Das würde sie sich auch nicht gefallen lassen. Wie das bei anderen ist, kann sie nicht genau sagen, aber so weit sie weiß, gebe es da keine Probleme:

„An sich sind die alle so selbstbewusst, dass die sich das auch nicht gefallen lassen."

Linda ist 32 Jahre alt und erklärt es mir so: In ihrem Freundeskreis sei das Verhältnis von Männern und Frauen zueinander sehr unterschiedlich, so dass in manchen Beziehungen beide gleichberechtigt seien und in anderen entweder mehr die Frau oder der Mann „die Pantoffel anhat". Auch Linda sagt, wenn Männer sich für Rock'n'Roll entschieden, dann blieben sie meist dabei. Frauen würden eher mal mitgebracht oder tauchten in der Szene auf, hätten zwei bis drei Beziehungen und seien schnell wieder verschwunden. Nur wenige Frauen zögen das ernsthaft durch und blieben:

„Es ist schon so, dass viele Typen irgendwie den Macker raushängen lassen."

Natürlich seien viele ganz froh, wenn manche Frauen nicht so selbstbewusst seien, aber umgekehrt gebe es auch eine Menge selbstbewusster Frauen. Linda mag es, wenn ein Typ ein bisschen tougher oder härter aussieht. Vielleicht finden es die Mädchen gut, einen Typen an der Seite zu haben, „der 'n bisschen was darstellt", als Beschützer oder so. Bei ihr sei das etwas anders, weil sie immer auch viel alleine unterwegs gewesen sei:

„Ich hab' eigentlich immer für mich gestanden. Und für mich gedacht."

Sie sieht sich eher als ein bisschen männlich und weniger weiblich. Das bedeutet für sie nicht unbedingt, hart sein zu wollen, sondern vielmehr, „tough" zu sein. Linda denkt, dass es daran liegt, dass sie zehn Jahre auf dem Bau gearbeitet hat. Das habe sie schon abgehärtet. Das übertriebene Mackergehabe störe sie bei manchen Typen schon und dann sage sie denen das auch:

„Entweder sind sie beleidigt oder sie haben ein Einsehen."

Sie sei schon immer eine eigenständige Person in der Szene gewesen. Daher kenne sie viele Männer, mit denen sie gut befreundet sei. Die betrachteten sie nicht als „irgend 'ne Tussi", sondern als Kumpel, als Freundin, mit der man ohne irgendwelche Hintergedanken ein Bier trinke. Wenn sie in der Gruppe zusammenstünden, die Männer sexistische Sprüche machten und andere Mädels dann weggingen, da sie es ekelhaft fänden, störe sie das eigentlich nicht. Bei ihr würden die Männer sich auch nicht zurücknehmen, weil sie denken:

„‚Ach, Linda kann das ja ab.' Männer müssen vielleicht so sein. Ich hab's eigentlich nie anders kennen gelernt."

Aber so richtig schlimm finde sie das nicht, zumindest, solange es sich nicht gegen sie richte, da verteidige sie sich, weil es ihr dann doch was ausmache. Wenn über andere Frauen Sprüche gemacht würden, unterscheide sie, ob es gerechtfertigt sei, und setze schon mal einen oben drauf. Wenn sie es nicht gut finde, halte sie dagegen. Sie überlegt:

„Vielleicht bin ich auch so 'n bisschen stolz drauf, daran teilzuhaben, in der Männerwelt."

Das altmodische Rollendenken der 1950er-Jahre finden einige Jungs in der Szene sicher gut.

„Also ich brauch' schon 'n Mann, der mir so 'n bisschen sagt, wo's langgeht. Aber meine eigene Meinung hab' ich selber und möcht' ich auch gerne weiter behalten."

Andererseits hat Linda in einer Beziehung immer schnell den Riegel vorgeschoben, wenn sie das Gefühl hatte, der Typ wollte ihr irgendwas aufdrängen. Man würde es schon oft sehen, dass in Beziehungen die Männer das Sagen hätten. Aber da sollte man sich besser nicht einmischen. Wenn Frauen sich das gefallen ließen, dann wollten sie es vielleicht auch so. Sie selbst betrachtet sich durchaus als emanzipierte Frau. Ich schildere Linda meine Eindrücke über den Sexismus und das

Die niederländische Band *The 2-Tones* auf dem Rock'n'Roll Weekender, Walldorf 2002
Foto: Susanne El-Nawab

Rollendenken in der Szene und dass viele Jungs offensichtlich Probleme mit selbstbewussten, emanzipierten Frauen haben. Sie bestätigt meine Ansicht und erläutert mir, dass viele Kerle außer Arbeiten, Saufen und Partymachen auch nicht viel in der Birne hätten. Wenn die dann eine selbstbewusste Frau kennen lernten, die was aus ihrem Leben machen wolle und womöglich einen „höhergestochenen" Beruf habe, dann kämen die halt damit nicht klar. Aber das sei doch überall so.

„Ich seh' das vielleicht auch alles anders, weil ich da 'n ganz anderen Stand hab'. Ich bin halt seit zwanzig Jahren auf dieser Szene und kenne da sehr viele Leute."

Nanette ist 26 Jahre alt und hat eigentlich nie so richtig über das Geschlechterverhältnis in der Szene nachgedacht. Aber tatsächlich sei das Rollendenken eher traditionell. Wenn beispielsweise eine Frau an Autos schraube, nehme man ihr nicht ab, dass sie sich damit auskennt. Die Kerle lachten da nur. Dabei konnte sie durchaus ihren Oldtimer reparieren. Viele Männer würden nach einer Frau suchen, die das Heimchen am Herd spielt, aber sie für ihren Teil sieht sich durchaus als emanzipiert:

„Ich bin nich' das dumme Puttchen."

In ihren Beziehungen sei es immer partnerschaftlich zugegangen. Feminismus liege ihr fern, aber wenn sie anfange, darüber nachzudenken, auf was die Jungs die Frauen oft reduzierten, dann störe sie das. Wenn ihr Freund ihr oder anderen gegenüber dumme Sprüche mache, versuche sie ihm klarzumachen, wie sehr es sie abschreckt, ihn so reden zu hören. Innerhalb der Szene findet sie sich mit dem Sexismus ab:

„Indirekt fügt man sich dann schon da rein. Bloß in meinem Leben lass' ich mich nicht da reindrücken."

Im Beruf und in der Beziehung lasse sie sich nichts von Männern vorschreiben, aber in der Szene habe sie nicht den Nerv, sich da auch rumzuärgern. Zumal ihr engeres Umfeld sie ja völlig respektiere.

Wenn man sich die Rock'n'Roller-Welt genauer ansieht, kristallisiert sich eine Merkwürdigkeit heraus, die schwer einzuordnen ist: Viele Frauen in der Szene sind keine „Puttchen", sondern selbstbewusst und souverän. Und dennoch sind die Rollen meist klar verteilt. Wenn es nach den Männern ginge, hätten Frauen nicht viel zu sagen, auch wenn sie neben Autos und der Plattensammlung das wichtigste Prestigeobjekt sind. Eine richtig coole Freundin zu haben, die auch mit ganzem Herzen den Rock'n'Roll liebt, ist wahrscheinlich der Traum aller Rockabillies. Aber eine attraktive ,Vorzeige-Puppe' tut es zur Not auch. Selbst diejenigen Männer in der Szene, die eine Partnerin haben, mit der sie gleichberechtigt und liebevoll umgehen, bemerken gar nicht, dass Frauen in ihrem sonstigen (Szene-)Leben gar keine Rolle spielen. Frauen kommen in ihrer Welt größtenteils nur als Partnerin, als potentielle Partnerin, als potentielles Sexabenteuer, als Freundin vom Kumpel oder als Pin-up vor.

Gerade den gestandenen Rock'n'Roll-Frauen tut man aber wiederum Unrecht, wenn man sie als willenlose Dummchen darstellt. Sie *sind* emanzipiert, von ihrem Selbstverständnis her, auch wenn es für den Betrachter von außen anders scheint. Und sie sind es auch wieder nicht. Die meisten haben zu einem eigentümlichen Umgang mit den Männern gefunden und scheinen sich zu sagen: ,Lass sie doch posen und sich gegenseitig beweisen, was für harte Typen sie sind, denn in Wirklichkeit macht er ja alles, was *ich* will, und ist ganz lieb.' Ist das ein Sich-Fügen, Resignation oder ein Kunstgriff, der der Emanzipation dienen soll?

„Ich find' das gut, wenn Männer noch wie Männer sind",

sagt die 30-jährige Andrea und empfindet das traditionelle Rollendenken als unproblematisch:

„Es ist bei den meisten immer noch so: Wenn du mit ’m Mann einkaufen gehst, dann glaub’ ma’ nich’, dass du die schweren Taschen tragen musst. Weil – das macht dann schon der Kerl für dich. Oder in den seltensten Fällen musst du bezahlen, wenn du irgendwo hingehst, das ist den Jungs einfach unangenehm. Das ist einfach so das Denken noch, was aus der damaligen Zeit vielleicht übrig geblieben ist. Dieses teilweise Gentleman-Verhalten, dieses: ‚Ich schlage keine Frauen‘. Sind halt teilweise Machos, klar, gibt’s überall. Aber die meisten verhalten sich doch sehr gentlemanlike.“

Der Beschützer-Versorger-Charakter dieser Form von ‚Gentlemantum‘ gefällt Andrea. Den Sexismus in der Szene könne man nicht leugnen, sagt sie lachend,

„aber das ist ja nicht wirklich schlimm. Ich komm’ damit klar. Wenn mir jemand ’n sexistischen Spruch an den Kopf schmeißt – entweder ist er nett gemeint, dann fühl’ ich mich geschmeichelt und bedanke mich dafür oder ich geb’ ihm Kontra.“

Andrea gibt auch zu, dass die Frauen nicht so viel zu melden hätten, aber die Männer, mit denen sie zu tun habe, seien ziemliche Gentlemen. Leider würden sich viele Männer aus der Szene ein Mädel zur Freundin nehmen, das nichts mit Rockabilly zu tun habe. So hätten sie abends alle Freiheiten, wenn sie alleine ausgingen, weil die Freundin gar keine Lust habe mitzukommen. Früher hätten sich die Leute verliebt, verlobt, verheiratet und seien teils für immer zusammengeblieben. Eigentlich sollte das in der Szene ja so sein, wenn man diese Zeit verehre, dass man auch danach lebe, bloß sei das überhaupt nicht so, sondern der heutigen Zeit angepasst.

Das konservative Rollendenken stört sie nicht, denn sie koche gerne, und wenn der Mann auch mal was tue und beim Abwasch helfe, sei es okay. Momentan habe sie einen sehr lieben Freund, der sie auf Händen trage, der auch mal aufräume und koche oder ihr das Frühstück mache. Gerade die älteren Jungs seien ziemlich vernünftig geworden, und wenn man sich so lange kenne, dann akzeptierten sie es eher, was man sage, auch wenn man „nur eine Frau“ sei.

Andreas Wunschtraum ist es, in den 1950er-Jahren zu leben: Einerseits gute Musik, schöne Autos, feiern, tanzen gehen und rebellisch sein und trotzdem zu Hause mit dem Mann das Hausbackene leben. Von jedem etwas.

„Wenn ich damals aufgewachsen wäre, dann hätte ich jetzt meine Familie und würde irgendwo inner Mietswohnung die Kinder hüten und für den Mann sorgen. – Aber das hätte doch auch was Nettes! Damals sind die Kinder wenigstens noch glücklich aufgewachsen.“

Andererseits hat sie sich mit ihrem Freund abgesprochen, dass er die Kinder versorgen würde, falls sie nicht aus ihrem Job aussteigen könnte.

„In 'nem gewissen Maß bin ich schon emanzipiert, weil sonst hätte ich schon irgend 'n Typen geheiratet und würde nicht mehr arbeiten gehen. Ich möchte auch in Zukunft mein eigenes Leben behalten. Weil, es is' halt dummerweise heutzutage so, dass man sich auch nich' mehr darauf verlassen kann, dass man sein Leben lang mit dem Partner zusammen is', man muss schon auf seinen eigenen Füßen stehen. Und jeder, der auf seinen eigenen Füßen steht, ob Männlein oder Weiblein, der ist emanzipiert. Aber auf der anderen Seite genieße ich's auch, Frau sein zu dürfen. Und je mehr 'n Mann Mann is', oder es vorgibt zu sein, desto mehr kann sich die Frau drauf konzentrieren, Frau zu sein. Find' ich gut. Du nich'?"

Die Schattenseiten des konservativen Rollendenkens scheinen an Andrea abzuperlen. Sie ist die erste Frau aus der Szene, mit der ich gesprochen habe, die sich in die 1950er-Jahre zurücksehnt. Meine Assoziationen mit den 1950er-Jahren beinhalten nicht nur (teilweise) schöne Möbel, coole Frisuren und Traum-Autos, sondern das Klischeebild der ‚modernen Hausfrau' mit schicker Schürze in der modernen praktischen Küche und Vati im Sessel, der sich als Familienoberhaupt und Ernährer den Feierabend verdient hat. Mutti sorgt für den Haushalt, und die Familie blickt zu ihrem Mann empor. In den deutschen Spielfilmen aus dieser Zeit haben Frauen fast immer Pieps-Stimmen, in den Hollywood-Produktionen sind sie elegante Damen, die erwerbstätig sind, deren Lebenserfüllung aber doch erst mit der Ehefrauen- und Mutterrolle beginnt. Meine Vorstellungen von dieser Zeit sind wie bei den Rock'n'Rollern maßgeblich durch die medialen Bilderwelten geprägt und natürlich verzerrt. Keiner von uns weiß aus eigener Erfahrung, wie sich das Leben damals anfühlte. Aber die Gefühle, mit denen wir ‚unsere' Bilderwelten und Assoziationen verknüpfen, unterscheiden sich oft: Für Andrea verkörpert die sorgende Hausfrau mit Familie offenbar ein Wunschbild von perfekter Familienidylle, Heimeligkeit und Geborgenheit. In dieser heilen Welt, in der die Kinder noch bei beiden Eltern aufwachsen, die Mutter für die Kinder und den Mann sorgt, kann nichts kaputtgehen. Hier malen sich viele Rockabillies – Männer wie Frauen – eine Geborgenheit aus, die es so nie gab, und sie *wissen* das. Der nostalgisch-verklärte Rückblick gibt ihnen Halt. Obwohl die Rockabilly-Frauen beruflich ihren Weg gehen und obwohl sie wie ihre Zeitgenossen von einer Beziehung in die nächste stolpern und wenig von der Verbindlichkeit finden, nach der sie sich sehnen, können sie zumindest für die Dauer einer ‚Ehe' in ihren alten Sofas sitzen und sich mit dem muffigen Charme einer vergangenen Ära ‚wegbeamen', indem sie alte Filme gucken, alte Autos fahren, alte Kleidung tragen, alte Musik hören und alte Möbel und Accessoires sammeln. So entsteht eine Gemütlichkeit, die zwischen Rebellen- und Spießertum pendelt. Eine Flucht zurück, die von rein spielerischem Stil-Liebhabertum ohne Hintergrund bis zu Fanatismus reicht. Es ist bemerkenswert, wenn junge oder nicht mehr ganz so junge Menschen ihr Glück in der Orientierung an der Vergangenheit suchen.

Den Sexismus in der Szene leugnen die Befragten einhellig, um ihn im selben Atemzug zu bestätigen. Für viele Mädchen, die sich (gerade in jungen Jahren) für die Szene interessieren, ist das Machogehabe abschreckend oder einschüchternd. Von den wenigen Frauen in der Szene erhalten sie selten Unterstützung und müssen sich entweder als „Freundin von" ihren Platz erkämpfen oder sich alleine durchbeißen. Sofern das Fachsimpeln über Automotoren und Musik nicht zu ihren bevorzugten Interessen gehört, bleibt ihnen nur das Tanzen. Fragt man nun die Frauen nach dem Geschlechterrollendenken in der Szene, so sind sie bemüht, es als ‚normal' und gleichberechtigt zu schildern, um gleichzeitig (unfreiwillig) zu gestehen, dass es nicht so ist. Bemerkenswert ist allerdings, dass die befragten Frauen durchaus emanzipierte Personen sind, die sich auf eine eigentümliche Art mit dem Sexismus der Szene und den rüden Sprüchen arrangiert haben. Als Trost oder Ausgleich für dieses Arrangement erhalten sie eine nostalgische Galanterie, ein Gentlemantum. Manche sagen, sie dürfen sich darauf besinnen, „Frau zu sein".

The city that never sleeps-Festival,
Bielefeld 2005
Foto: Susanne El-Nawab

In der Rockabilly-Szene herrscht eine Form von Sexismus, die sich einerseits darin äußert, dass Männer untereinander rüde Sprüche machen und Frauen zunächst einmal als Sexobjekt betrachten. Dies dient ihnen auch zur gegenseitigen Versicherung und Vortäuschung von Männlichkeit, Härte und Stärke. In manchen Schilderungen ist dies sicherlich als Indiz für die adoleszente und phasenspezifische Instabilität der männlichen Identität zu verstehen. Die adoleszenzspezifische und typische Schwäche der männlichen Identität ist ein bekannter psychosozialer Mechanismus, der zumeist in der übertriebenen Demonstration von dem, was gesellschaftlich als ‚männlich und stark' verstanden wird, und in der Abwehr des Weiblichen seine ‚Scheinlösung' findet. Im Idealfall wird diese Lebensphase möglichst schnell überwunden. Bei Paul kann man sehen, wie sich mit zunehmendem Alter seine Identität stabilisiert hat und ihm heute ermöglicht, mit Selbstironie und Humor über seine Zeit als ‚halbstarker' Macho zu reflektieren. Sein damaliges Bedürfnis, den Kumpels, der Polizei und allen anderen zu beweisen, was er für ein harter Kerl ist, hat er mit 33 Jahren offensichtlich überwunden. Jetzt kommt dieses Bedürfnis nur noch rudimentär in seinen Posen zum Ausdruck. Sofern sich dann ernste Beziehungen zu Frauen ergeben, wandelt sich aggressiver Sexismus in Respekt gegenüber der Partnerin, auch wenn sich das Rollendenken nicht viel verändert. Frauen müssen prinzipiell beschützt und mit mehr oder weniger Galanterie behandelt werden. Traditionelle und galante Verhaltensweisen werden gepflegt: in den Mantel helfen, Tür aufhalten, Feuer geben, die Dame ausführen oder den Vortritt lassen. Demgegenüber steht der hohe Stellenwert von Gesprächen unter Männern über die wirklich wichtigen Dinge des Lebens: Autos, Motorräder, Fachsimpeln über Musik, Sprüche klopfen und natürlich Frauenabenteuer.

Auf den ersten Blick wirkt diese Rockabilly-Welt sehr befremdlich. Wenn man aber ein paar Schritte zurückgeht, sieht man zwölf Millionen Deutsche, die täglich die *BILD*-Zeitung lesen. Und dort kann man auch vieles darüber erfahren, was Frauen und Männer so wollen und sollen. Wir leben in einer Zeit, in der Frauen alle Wege und Lebensentwürfe offen zu stehen scheinen. Doch diese Gleichberechtigung ist trügerisch, denn sie steht nur auf dem Papier. Viele Frauen sind damit überfordert und verunsichert: Sie müssen heute als Frau alles auf einmal machen, zumindest wenn sie Kinder bekommen und trotzdem im Beruf bleiben wollen. Wer kein Geld für ein Kindermädchen oder eine Haushaltshilfe hat, dem stehen stressige Zeiten bevor. Wie schön, dass die Frauen einst ihren Männern den Rücken freihielten und für ein gemütliches Zuhause sorgten, damit sich der Gatte am Abend wohlfühlen konnte. Andrea sehnt sich nach der Piefigkeit der 1950er-Jahre und identifiziert sich gleichzeitig mit der Rebellion des Rock'n'Roll. Vermutlich ist das ein Ausdruck des ambivalenten Wunsches nach Halt und Sicherheit, Geborgenheit einerseits und postadoleszentem Ausbrechen-Wollen andererseits. Klare Rollenbilder und Aufgabenverteilungen sind auch klare Lebensleitlinien. Die halbherzige, nur scheinbare Gleichberechtigung von Frau und Mann im politisch-gesellschaftlichen Leben bildet jedoch den Hintergrund für die anachronistisch wirkenden Geschlechterstereotypen, die bei den Rockabillies teils so grotesk und überspitzt zum Ausdruck kommen. Unsere Gesellschaft ist durchtränkt von Mythen über die Stärke des Mannes und die Schwäche der Frau, von Rollenklischeevorstellungen, die von gestern sind, von hartnäckigen territorialen Machtkämpfen und Verteidigungsversuchen zur Erhaltung eines Zustands, der hegemoniale Männlichkeit konservieren soll. So lange die gesamtgesellschaftlichen Rahmenbedingungen an ihren konservativen und frauenfeindlichen Linien festkleben, braucht man sich über die Äußerungen von Rockabillies nicht zu wundern.

Literatur:

Bourdieu, Pierre et al. (1997): Das Elend der Welt. Zeugnisse und Diagnosen alltäglichen Leidens an der Gesellschaft. Konstanz. [Erstveröffentlichung in franz. Sprache 1993]

El-Nawab, Susanne (2005): Rockabillies – Rock'n'Roller – Psychobillies. Portrait einer Subkultur. Berlin.

El-Nawab, Susanne (2007): Skinheads, Gothics, Rockabillies: Gewalt, Tod und Rock'n'Roll. Berlin.

McRobbie, Angela & Jenny Garber (1979): Mädchen in den Subkulturen. In: John Clarke et al. (1979): Jugendkultur als Widerstand. Milieus, Rituale, Provokationen. Frankfurt a. M., S. 217–237.

Möller, Kurt (1997): Hässlich, kahl und hundsgemein. Männlichkeits- und Weiblichkeitsinszenierungen in der Skinheadszene. In: Klaus Farin (Hg.): Die Skins. Mythos und Realität. Berlin, S. 118–141.

Sarah Chaker

‚Eiserne Ladies': Frauen(-Bilder) im Black und Death Metal

Unruhig treten Nina und Sabina von einem Bein auf das andere. Es ist vier Uhr nachmittags und so heiß, dass die Luft flirrt. „Mann, hab ich Durst", jammert Nina. „Wie lange dauert das denn noch?" Seit knapp drei Stunden stehen sie nun schon fast bewegungslos, eng an das Absperrgitter gepresst, in der ersten Reihe, direkt vor der riesigen Bühne und warten. Vier Bands haben sie schon spielen hören – alle nicht schlecht – aber mit Sicherheit kein Vergleich zu der Band, die als nächstes dran ist.

Hell ist here
Foto: www.neckfracture.de

Vierhundert Kilometer sind sie zusammen mit drei weiteren Freunden mit dem Auto zu diesem dreitägigen Festival irgendwo in Sachsen gefahren und haben mehr als fünfzig Euro für die Eintrittskarte bezahlt – ohne Camping-Gebühren. Wie alle anderen Besucher – es sollen so um die 10.000 sein – wollen Nina und Sabina einige bestimmte Bands endlich live sehen, die sie nur von CDs, aus Interviews und aus dem Internet kennen. Dafür nehmen sie sogar die Dixi-Toiletten in Kauf, die oft in einem – nun ja, beschissenen Zustand sind. Immerhin regnet es nicht, und die Nächte sind mild – perfekt, um zu grillen und bei Nachbars noch das eine oder andere Bierchen zu trinken, bevor man sich ins Zelt verzieht, in der Hoffnung, trotz des Höllenlärms drumherum eine Mütze Schlaf zu bekommen.

Sabina versucht, an ihre Handtasche, die an ihren Bauch gepresst wird, heranzukommen. „Aua", nöhlt ein direkt hinter ihr stehender, hochgewachsener junger Mann mit langen zerzausten blonden Haaren. „Pass doch mit Deinem Ellenbogen auf." „Sorry", nuschelt Sabina, „aber ich muss jetzt dringend eine rauchen und dafür muss ich mal eben an meine Tasche." Der junge Blonde stemmt sich leicht nach hinten, was Sabina kurzfristig mehr Bewegungsfreiheit verschafft. Nach ausführlichem Kramen in ihrer Handtasche befördert sie ein Päckchen Zigaretten hervor. „Willste eine?", fragt sie den Blonden. „Ick nehm wohl eine. Haste Feuer?" Dann rauchen sie schweigend.

Auf der Bühne tut sich was. Die in jeder Umbaupause und heute bereits zum x-ten Mal ablaufende System-of-a-Down-CD wird leiser gedreht, die Roadies, die seit geraumer Zeit flink auf der Bühne hin- und herhuschen, das Schlagzeug aufgebaut und die Saiteninstrumente und Mikros verkabelt haben, werfen eine letzten kritischen Blick auf ihr Werk.

Dann ertönt ein unheimlich lautes, tiefes Dröhnen. Die Musikinstrumente werden eingespielt. Die beiden Double-Bass-Drums wummern, die Hi-Hat zischt, die Toms poltern, die Becken klirren, die Snare scheppert und rattert. Nina bekommt eine Gänsehaut. Nach den Drums werden die Saiteninstrumente gestimmt. Der fette Sound der stark verzerrten E-Gitarre löst im Publikum solche Begeisterung aus, dass immer mehr Leute versuchen, sich möglichst weit nach vorne zu drängeln. Es wird geschoben und geschoben. Durch die von hinten kommenden Druckwellen bleibt Sabina fast die Luft weg. Der Roadie, der die Gitarren einspielt, gestikuliert inzwischen wild in der Luft herum, bis der Mischer Höhen, Mitten und Tiefen endlich richtig eingestellt hat. Das Publikum wird immer unruhiger, weil das Konzert offensichtlich bald beginnt. Während die Lichteffekte ausprobiert werden, spricht der Roadie auf der Bühne sinnlose Worte in ein Mikrophon: „One two one two check check". Als er mit der Aussteuerung zufrieden ist, steckt er das Mikro in die Halterung eines Mikrophon-Ständers und stellt diesen sehr niedrig ein. Das Mikrophon reicht ihm nun gerade bis unter die Brust. Dann ist die Bühne menschenleer.

Direkt vor der Bühne bauen sich zehn Leute von der Security auf. Mit vor der Brust verschränkten Armen harren sie der Dinge, die kommen mögen. „Gleich geht's los", freut sich Nina und kneift ihrer Freundin vor Begeisterung in den Arm. Die Bühnenbeleuchtung flackert in Rot und Grün auf, ist aber kaum wahrnehmbar, so gleißend hell ist dieser Juli-Tag. Künstlicher Nebel hüllt die Bühne ein. Es ist still geworden.

Dann setzt lautstark Musik ein. Ein orchestraler Sound vom Band markiert den Beginn des Konzerts. Die Spannung steigt. Fast unmerklich schlüpft der Drummer hinter sein riesiges Schlagzeug. Drei hochgewachsene Männer mit wallender Mähne betreten schweren Schrittes die Bühne und begrüßen die Menge, indem sie kurz den Arm heben. Dann schnallen sie sich ihre Musikinstrumente um. Das Publikum antwortet mit lautem Brüllen, Grölen, Schreien und dem Teufelsgruß. Als das erste Lied einsetzt, beginnen einige Fans die Haare zu schütteln – in der Metal-Sprache: zu „moshen" oder zu „(head)bangen".

Plötzlich ist sie da. Sie ist noch viel kleiner und zierlicher als Nina und Sabina gedacht hatten. „Bitch back" steht selbstbewusst auf ihrem T-Shirt. Sie tobt über die Bühne, wirft wild ihre blonden Haare zurück, schnappt sich das Mikro und – brüllt. Für den Bruchteil einer Sekunde ist das Publikum fassungslos. Klar hatte man in Interviews und zugegebenermaßen mit einiger Verwunderung gelesen, dass der alte Sänger der schwedischen Death-Metal-Band *Arch Enemy* durch eine Frau ersetzt worden war. Klar hatte man immer wieder die neueste *Arch-Enemy*-Platte gehört, auf der Angela Nathalie Gossow grunzt, growlt und grölt und musste sich eingestehen, dass ein Mann das nicht besser machen könnte. Und doch hält das Publikum für kurze Zeit den Atem an. Wie kann diese kleine, zierliche, ziemlich gut, aber harmlos aussehende junge Frau ihrem Brustkorb nur derart tiefe, abscheuliche Grunz-Geräusche entlocken. Es ist unfassbar.

Dann werden die Musiker gefeiert. Die Haare fliegen auf und vor der Bühne, so auch bei Sabina und Nina. Nichts kann sie stören. Nicht der Achselschweiß der Nachbarn, der in ihre Nasen strömt, sobald diese die Arme im Jubel hochreißen, nicht das Gewicht der zahllosen Crowd-Surfer, derjenigen, die sich vom Publikum ‚auf Händen tragen lassen', die regelmäßig vorne an der Bühne ankommen und von den Security-Leuten über ihre Köpfe hinweg über die Absperrgitter gehievt werden, nicht der tobende Moshpit hinter ihnen, in dem sich junge

Männer gegenseitig begeistert antaumeln, schubsen und anspringen. Nach einer rauschhaften, ohrenbetäubenden knappen Stunde ist das Spektakel vorbei. Ein letztes Winken der Musiker beim Abgehen von der Bühne und fort sind sie.

Die System-of-a-Down-CD setzt ein. Umbaupause. Das Publikum zerstreut sich. Fans der nachfolgenden Band drängen nach vorne, um sich einen Platz in der Pole-Position zu sichern. Sabina und Nina haben Mühe, sich durch die dicht stehenden Reihen vor der Bühne nach hinten zu kämpfen. Geschafft. „Luft", seufzt Nina. Eine Zeit lang laufen sie gedankenverloren nebeneinander her.

„So eine Band, das wäre schon was", träumt Nina vor sich hin. „Wie das wohl ist, vor so vielen Menschen zu spielen und von ihnen bejubelt zu werden?" „Sicher anstrengend", entgegnet Sabina nüchtern. „Auch wenn Du als Musikerin im Metal sicher ganz was Besonderes bist – stell Dir mal vor: Wochen und Monate mit lauter Kerlen im Tourbus – Tag und Nacht unterwegs – nein danke. Und jetzt brauche ich dringend was zu trinken." Am nächsten Bierstand stoßen sie auf Angela Nathalie Gossow von *Arch Enemy* an.

An dieser Stelle verlassen wir Nina und Sabina, nicht, ohne den beiden für die nächsten Tage noch viele elektrisierende Konzerterlebnisse, nette Bekanntschaften und weiterhin gutes Wetter zu wünschen.

Nina und Sabina sind zwei von ein paar tausend weiblichen Heavy-Metal-Anhängerinnen in Deutschland, die regelmäßig Metal-Konzerte und -Festivals besuchen, sich in szenespezifischen Zeitschriften und Fanzines über aktuelle News der Szene informieren, sich auf den myspace.com-Seiten im Internet bei ihren Lieblingsbands als „friends" eintragen und für die Erweiterung ihrer Metal-lastigen CD-Sammlung oft ihr letztes Geld ausgeben.

Obwohl die Heavy-Metal-Szene im Allgemeinen und die Black-Metal- und Death-Metal-Szenen im Besonderen nach wie vor klar männerdominierte Szenen sind, ist der Frauenanteil hier in den letzten Jahren kontinuierlich gestiegen. Es gibt immer mehr überzeugte Szenegängerinnen, die teilweise bis in die Szeneelite vordringen und dort als Musikerinnen, VeranstalterInnen und Journalistinnen das Leben und die Entwicklung in den Szenen maßgeblich

Angela N. Gossow, Sängerin bei der Death-Metal-Band *Arch Enemy*, live @ With full force Festival 2002
Foto: Sarah Chaker

mitgestalten und mitbestimmen. Einige von ihnen werden in diesem Beitrag zu Wort kommen, der folgendermaßen strukturiert ist:

Nach ein paar kurzen einführenden Bemerkungen über Heavy Metal werde ich kurz Männlichkeitsinszenierungen auf der fiktiven Ebene des Heavy Metal umreißen. Dies erscheint mir interessant, da die Black- und Death-Metal-Szenen als Teilszenen des Heavy Metal manchmal auf das im Heavy Metal entworfene Männlichkeitsbild rekurrieren. Da ich davon ausgehe, dass nicht jedem Leser und jeder Leserin Black und Death Metal bekannt sind, werde ich an entsprechenden Stellen einige knappe Erläuterungen über diese Szenen geben, bevor ich auf Weiblichkeits- und Männlichkeitsinszenierungen sowohl auf den fiktionalen als auch den realen Ebenen der Szenen zu sprechen komme.

Mein Beitrag schließt mit einem interpretativen Teil, in dem ich auf der einen Seite mögliche Erklärungsansätze für den Anstieg des Frauenanteils im Black und Death Metal überdenke und mich auf der anderen Seite mit der Frage beschäftige, warum trotz der sich andeutenden Trendwende im Geschlechterverhältnis immer noch relativ wenige Frauen im Black und Death Metal aktiv sind.

Mein Artikel stützt sich im Wesentlichen auf Ergebnisse und Beobachtungen, die ich seit Jahren im Rahmen meiner eigenen Forschungsaktivitäten in der Black- und der Death-Metal-Szene mache und die sich aktuell in einer Dissertation zum Thema Black und Death Metal niederschlagen. Des Weiteren beziehe ich mich auf Quellen aus den Szenen und auf die spärlich gesäte wissenschaftliche Literatur zum Thema Frauen im Heavy Metal, die ich im Folgenden kurz vorstellen möchte.

Gender Studies im Heavy Metal: Zum aktuellen Stand der Forschung

Auch wenn eine Monographie über ‚Frauen im Heavy Metal' bisher noch aussteht, so haben in der deutschsprachigen Literatur bezeichnenderweise drei Frauen zumindest ein Kapitel ihrer Arbeit geschlechtsspezifischen Aspekten im Heavy Metal gewidmet. Dazu gehören die 1996 in Regensburg im Fach Volkskunde vorgelegte, ethnographisch orientierte Doktorarbeit „Heavy Metal – Kunst. Kommerz. Ketzerei" von Bettina Roccor (Roccor 2002) und das Buch „Heavy Metal. Die Suche nach der Bestie" der promovierten Soziologin Elke Nolteernsting (Nolteernsting 2002). Außerdem habe ich in meiner Magisterarbeit „Black und Death Metal. Eine empirische Untersuchung zu Religion, Gewalt und politischer Orientierung", die in den Jahren 2003/2004 an der Carl von Ossietzky Universität Oldenburg im Fach Musik entstanden ist, Geschlechterverhältnisse in der Black und der Death-Metal-Szene untersucht (Chaker 2004).

Die englischsprachige Literatur behandelt das Thema Gender im Heavy Metal ausführlicher. Zu erwähnen ist hier das Buch „Running with the devil. Power, Gender, and Madness in Heavy Metal Music" des kalifornischen Musikprofessors Robert Walser, der sich mit Konstruktionen von Geschlecht vor allem in Heavy-Metal-Videos befasst (Walser 1993, S. 108 ff.). Der promovierte Wissenschaftler Jeffrey Jensen Arnett, der sich vor allem für die Entwicklung junger Erwachsener in der Phase der Adoleszenz interessiert, beschäftigt sich in einem zehnseitigen Kapitel seines Buches „Metal Heads. Heavy Metal Music an Adolescent

Alienation" mit den „Girls of Metal" (Arnett 1996, S. 139 ff.). Natalie J. Purcell (2003, S. 100 ff.) und Deena Weinstein (2000, S. 102 ff.) handeln das Thema Gender in ihren Forschungsarbeiten auf wenigen Seiten ab.

Definitionen von ‚Männlichkeit' und ‚Weiblichkeit' im Heavy Metal

In der nun mehr fast vierzig Jahre währenden Geschichte des Heavy Metal hat sich viel getan: Der Heavy Metal wuchs sich weltweit zu einer der größten musikzentrierten Szenen aus – allen Widrigkeiten von Seiten der Politik, der Medien, der christlichen Kirchen, der Pädagogen und der Wissenschaften zum Trotz – und ist heute lebendig wie eh und je: „the beast that refuses to die" (Weinstein 2000, S. 11). Im Laufe der Zeit sind viele verschiedene Musikpraxen des Heavy Metal entstanden, die sich musikalisch-stilistisch und inhaltlich teilweise stark voneinander unterscheiden. Diese Substile bilden jeweils eigene kleine (Jugend-)Szenen aus, deren Anhänger es durchaus darauf anlegen, sich voneinander abzugrenzen. So gibt es heute – ohne Anspruch auf Vollständigkeit – Speed-Metal-Anhänger, Black-Metal-Hörer, Power-Metal-Fans, True-Metal-Verfechter, Thrash-Metal-Freaks, Metalcore-Liebhaber und Death-Metal-Experten. Manche Metal-Anhänger hören auch mehrere Metal-Musikstile.

Die ausdifferenzierten Szenen firmieren nach wie vor unter dem Oberbegriff ‚Heavy Metal' oder einfach nur ‚Metal'. Das hängt damit zusammen, dass Metal-Anhänger allen Spezialisierungen zum Trotz ein gemeinsames symbolisches Grundkapital besitzen. Die Verwendung von bestimmten Symbolen und ihre szenespezifische Bedeutungsauslegung oder gemeinsame Rituale wie das ‚Headbangen' oder ‚Moshen' auf Parties und Konzerten gehören zu den subszeneübergreifenden Sonderwissensbeständen der Heavy-Metal-Szene.

Darüber hinaus birgt jede Metal-Subszene ein je spezifisches Sonderwissen. Aus diesem Grund existieren sowohl subszenenspezielle als auch subszenenübergreifende Medien. Während sich vor allem privat hergestellte und vertriebene Fanzines oft subszenenspezifischen Musikpräferenzen widmen, wie das Death-Metal-Fanzine *Carnage* oder das vor allem auf Black Metal fokussierte Fanzine *Nebelmond,* bedienen kommerzielle Zeitschriften wie die *Rock Hard* oder der *Hammer* einen breiten subszenenübergreifenden Publikumsgeschmack im Heavy Metal.

Sonderwissen wird von den Anhängern auf den Events der Metal-Szene ausgetauscht. Auf der einen Seite existiert ein großes Angebot an spezialisierten Konzert- und Festivalveranstaltungen. Das *Fuck-the-commerce-Festival* wird beispielsweise überwiegend von Death-Metal-Anhängern besucht. Auf der anderen Seite kommen Metalheads verschiedener Subszenen regelmäßig auf den großen Events der Heavy-Metal-Szene zusammen. Das *Wacken* Festival bietet musikalisch eine so breite Palette an unterschiedlichen Metal-Bands an, dass dieses Festival 2006 von mehr als 60.000 Metal-Anhängern aus der ganzen Welt besucht wurde.

Weder Roccor noch Weinstein, Walser oder Arnett nennen in ihren Arbeiten konkrete Zahlen zum Geschlechterverhältnis im Heavy Metal. Sie stimmen darin überein, dass die Heavy-Metal-

Mørkeskye Nr. 10 –
„Magazin für Trollgroll, Heidenlärm, Kaos sowie atmosphärische & intensive Musik"
Foto: Thor Wanzek

Szene nicht nur eindeutig eine von Männern dominierte Szene ist, sondern auch darin, dass der Heavy Metal „die Männlichkeit zum zentralen Thema gemacht [hat]. Er richtet sich von Anfang an an ein männliches Publikum und vermied alles, was das Grundkonzept der Maskulinität in Frage gestellt hätte" (Roccor 2002, S. 176).

Heavy Metal entstand Ende der 1960er-Jahre, in einer Zeit des geistigen und gesellschaftlichen Umbruchs und kann durchaus als Reaktion auf die Hippie- und die Frauenbewegungen verstanden werden. Möglicherweise kam die erste Metal-Generation mit den wankenden Geschlechterrollen und dem Aufbrechen traditioneller Rollenbilder nicht zurecht und erlebte diese gesellschaftlichen Entwicklungen als Bedrohung ihres männlichen Machtbereiches: „Skinheads, Rocker, Rockfans und Hooligans hielten an traditionellen Männlichkeitsritualen fest und erkämpften sich ihren Platz in hierarchisch strukturierten Gruppen [...] durch Schlägereien, Mutproben, Trinkfestigkeit und sexuelle Eroberungen. Traditionelle Auffassungen über die Rolle der Frau, Ehre und Freundschaft bildeten den Kern eines völlig auf männliche Werte ausgerichteten Verhaltens. Der Hardrock entsprach von Anfang an diesem Wertesystem. Die wesentlichen Merkmale der Musik – Beherrschung der Technik, handwerkliche Fähigkeiten, Lautstärke, Power und Geschwindigkeit – korrespondierten mit dem Lebensstil der Musiker auf der Basis von Männerfreundschaft, Freiheit, Spaß und Abenteuer." (Roccor 2002, S. 177).

Spieglein, Spieglein an der Wand ...
Foto: www.neckfracture.de

Die ersten Generationen der Heavy-Metal-Anhänger sind im Arbeitermilieu verwurzelt (Roccor 2002, S. 316). Das hatte einen maßgeblichen Einfluss auf die Definition von ‚Männlichkeit' im Hard Rock und Heavy Metal: Männlichkeit, Potenz und Leistungsfähigkeit drücken sich in einer klaren physischen Überlegenheit aus, nicht in geistigen Fähigkeiten. Wichtige Werte der Arbeiterklasse wie Ehrlichkeit, handwerkliches Geschick oder physische Kraft werden im Heavy-Metal-Musiker verkörpert, der seine Musikinstrumente ebenso sicher, präzise und auf technisch hohem Niveau beherrscht wie ein Arbeiter seine Werkzeuge. Dass diese Ansicht Tradition hat, zeigt sich in den bis heute anhaltenden Beschwörungen vieler Metal-Musiker und ihrer Anhänger, bei ihrer Musik handle es sich um ‚authentische' und ‚handgemachte' Musik – im Gegensatz zur Popmusik.

Auch die Körpersprache der Arbeiterklasse korrespondiert in vielen Aspekten mit dem Habitus der Heavy-Metal-Anhänger. Das lässt sich auch heute noch auf Konzerten der Szene beobachten: Die Szenegänger stehen oft breitbeinig da oder laufen großen, schweren Schrittes, was ihnen eine Kraft strotzende Aura verleiht. Ihr Verhalten mag Außenstehenden manchmal rüde, rüpelhaft und grobschlächtig erscheinen. Viele Szenegänger sprechen und lachen verhältnismäßig laut. Fotografiert man Metal-Anhänger, so schneiden sie oft Grimassen, die an Drohgebärden erinnern. Im Heavy Metal ermöglicht dieses Auftreten sowohl Distinktionen zu anderen (Jugend-)Szenen als auch eine Abgrenzung von denen, die als bürgerliche Spießer empfunden werden.

Die meisten heutigen Teilszenen des Heavy Metal sind außerdem klar hierarchisch organisiert, und in manchen werden Männlichkeitsrituale wie ‚Kampftrinken‘ praktiziert. Die Verwurzelung des Heavy Metal im Arbeitermilieu hat sich zumindest auf der symbolischen Ebene in die modernen Ausprägungen des Heavy Metal fortgepflanzt. In der Anhängerschaft aber hat in der fast vierzigjährigen Geschichte dieser Kultur nach und nach eine „Verbürgerlichung" (Roccor 2002, S. 325) stattgefunden.

Roccor stellte schon 1996 beim Auswerten von Zuschriften zur sozialen Herkunft von Heavy-Metal-Anhängern fest, „daß die sozialen Hintergründe der Fans sehr unterschiedlich sind und keineswegs dem Stereotyp ‚Arbeiterfamilie‘ oder ‚asozialer familiärer Hintergrund‘ entsprechen [...]" (Roccor 2002, S. 149).

Was Roccor für die Heavy-Metal-Szene beschreibt, deckt sich mit meinen Forschungsergebnissen zu der Black- und der Death-Metal-Szene. Die Auswertung von 163 gültigen Fragebögen ergab, dass das Hören von Black und Death Metal bzw. die Zugehörigkeit zur Szene weder unmittelbar Arbeitslosigkeit und sozialen Abstieg bedingt noch voraussetzt – im Gegenteil, mehr als ein Drittel aller Beteiligten gaben an, einen Universitäts- oder Fachhochschulabschluss anzustreben. Auch das Gerücht, Black und Death Metal würden vor allem bei sozial benachteiligten Menschen auf fruchtbaren Boden fallen (Altrogge & Amann 1991, S. 179), bestätigte sich nicht. 37 Prozent der von mir befragten Black- oder Death-Metal-Anhänger studierten, insgesamt 63 Prozent der Befragten befanden sich in der Ausbildung. Nur 17 Prozent waren als Arbeiter tätig (Chaker 2004, S. 139 ff.).

Die Bilder und Lyrics des frühen Heavy Metal veranschaulichen recht deutlich den Wunsch nach einer Aufrechterhaltung eindeutiger Rollenverteilungen und patriarchal-hierarchischer Geschlechterverhältnisse. Bis heute spielt ‚Weiblichkeit‘ auf der inhaltlich-fiktionalen Ebene des Heavy Metal lediglich eine marginale Rolle.

Einige Musiker lassen das Weibliche in Texten und Bildern in der Rolle der ‚Femme fatale‘, als übermächtige Verführerin auftreten. Auf diese Art werden männliche Unterlegenheitsphantasien bedient, die sich allerdings meist dadurch auflösen, dass die mächtige und starke Frau durch einen noch mächtigeren und stärkeren Mann besiegt wird. Wesentlich häufiger finden sich Konstruktionen der ‚Femme fragile‘ oder der ‚Femme enfant‘. Hier wird die Frau zu einem masochistisch veranlagten, körperlich deutlich unterlegenen Opfer stilisiert, das Missbrauch, Vergewaltigung und Folter zu ertragen hat.

In diesen Phantasien werden Frauen auf ihre Sexualität reduziert. Weibliche und männliche Sexualität wird in der Fiktion außerdem häufig an Macht gekoppelt: Männliche Geschlechtsteile werden manchmal mit Waffen assoziiert. Geschlechtsverkehr dient in erster Linie „der maskulinen Überlegenheitsdemonstration und Selbstbestätigung" (Roccor 2002, S. 173). In einzelnen Fällen gipfeln Vorstellungen von geistigen und körperlichen Erniedrigungen von Frauen in extremen Vergewaltigungsphantasien.

Der wohl berühmteste frauenfeindliche Heavy-Metal-Text stammt von der US-amerikanischen Band *Manowar*. Ihren Song „Pleasure Slave" bezeichnet Roccor als „besonders antisozial und verletzend, als der Sadismus des Mannes als wohlgemeinter Akt der Befreiung der Frau dargestellt wird. Die weibliche Natur sehne sich nach Unterwerfung und Bestrafung, man käme also den innersten Wünschen der Frau entgegen, wenn man sie grausam behandele" (Roccor 2002, S. 174).

Heavy-Metal-,Underground': Eine kurze Einführung in die Stilistik von Black Metal und Death Metal

Black Metal und Death Metal bezeichnen zwei Musikstile, die sich nach und nach aus dem Heavy Metal entwickelt haben und eine jeweils eigene (Jugend-)Szene ausbilden. Sie zählen zu den bedeutendsten modernen Ausprägungen des Heavy Metal. Bevor ich mich auf die „krassen Töchter" des Black und Death Metal konzentriere, werde ich kurz die wichtigsten Merkmale und historischen Entwicklungszüge des Black und des Death Metal umreißen.

Roberto Lizarraga, Bassist der US-amerikanischen Death-Metal-Band *Incantation* live im „Kato" Berlin 2007
Foto: Sarah Chaker

Death Metal trat Mitte der 1980er-Jahre in Europa und in den USA zeitgleich in Erscheinung – als Zentren des Death Metal gelten bis heute Stockholm und Florida. Der Sound des Death Metal zeichnet sich durch rasend schnelle Double-Bass-Parts und Blast Beats im Schlagzeug, drückende Bass- und Gitarrenwände sowie durch einen tiefen, röchelnden, grunzenden und erdigen Gesangsstil aus. Ständige Tempiwechsel und Breaks in schwindelerregender Geschwindigkeit verdeutlichen das Ziel vieler Death-Metal-Bands, die schnellste und härteste Band der Welt zu werden (Mudrian 2006). Musik und Inhalt stehen im Death Metal in einem engen Zusammenhang. Passend zum Sound dominieren in den Songtexten und Bilderwelten die Themen Grauen und Gewalt, welche von den Bandmitgliedern in höchst unterschiedlichen Formen verarbeitet werden. Generell kann bei der Darstellung von Horror, Krieg, Mord, Folter und Vernichtung zwischen realitätsnahen Schilderungen – wie der Verarbeitung von massenmedial erzeugten Bildern aus der Kriegsberichterstattung – und phantastischen Darstellungen – wie Kämpfe zwischen Monstern und Zombies – unterschieden werden.

Seinen Höhepunkt erlebte der Death Metal zwischen 1989 und 1993. Die starke Kommerzialisierung des Death Metal führte Mitte der 1990er-Jahre zur Übersättigung und zum Einbruch des Death-Metal-Marktes. Musikstil und Szene verloren an Bedeutung und lebten lediglich im ‚Underground' des Heavy Metal fort. Death Metal erfreut sich heute wieder einer wachsenden Beliebtheit und differenziert sich aktuell in zahllose verschiedene musikalische

Substile wie Melodic Death Metal, US Death Metal, Brutal Death Metal, Grind Death Metal oder Satanic Death Metal aus.

Der Niedergang des Death Metal beförderte Anfang der 1990er-Jahre in Norwegen die Entstehung des Nordic Black Metal, der aus den musikalischen Spielarten des Death Metal erwuchs, sich in Inhalt und Image aber von Beginn an stark vom Death Metal absetzte. Die heutige Black-Metal-Szene rekurriert inhaltlich nach wie vor auf die bestimmenden Themen des Nordic Black Metal. Zu diesen gehören Satanismus und Heidentum, Gottheiten und Sagen aus der nordischen Mythologie sowie romantisierende Darstellungen der Natur und von Naturgewalten.

Ab 1991 verbreitete in Norwegen eine kleine Gruppe von Black-Metal-Anhängern unter der einheimischen Bevölkerung Angst und Schrecken. Zahlreiche Kirchenbrandstiftungen, Friedhofverwüstungen, Körperverletzungen, Todesdrohungen und Morde führten zu einer intensiven Medien-Berichterstattung über die ‚satanischen' Verbrechen. Black Metal geriet so zum ersten Mal in den Fokus einer breiteren Öffentlichkeit. Einige der beschuldigten Black-Metal-Musiker nutzten ihre plötzliche Popularität und machten mit neofaschistischen und antisemitischen Äußerungen weiter auf sich aufmerksam. In der Folgezeit kam es in den Black-Metal-Szenen einiger anderer europäischer Länder, auch in Deutschland, zu Nachahmertaten.

Black Metal zersplittert sich heute, genauso wie der Death Metal, in zahlreiche Substile. Inhaltlich bleibt der moderne und stark kommerziell geprägte Black Metal dem zentralen Thema Satanismus verpflichtet, nutzt dieses jedoch lediglich zur Imagepflege. Im musikalischen Underground sind die Black-Metal-Bands bemüht, sich möglichst deutlich von diesem ‚Ausverkauf' des Black Metal abzusetzen, indem sie den Szenegängern in Bild und Wort eine intensive und tiefgründige Auseinandersetzung mit satanistischen und okkulten Themen glaubhaft zu machen versuchen.

Während es das Ziel vieler Death-Metal-Musiker ist, auf ihren Musikinstrumenten alle Geschwindigkeitsrekorde zu brechen und gemeinsam möglichst viel Spaß zu haben, begreifen Black Metal-Musiker ihre Musik und die damit verknüpften Inhalte nicht allein als angenehmen Zeitvertreib, sondern als Lebensstil und Lebensaufgabe. Black Metal inszeniert sich selbst als elitäre Kunstform und nimmt sich dabei todernst.

Die politisch rechte Szene versucht seit einiger Zeit, die Black-Metal-Szene zu unterwandern, was über gemeinsame inhaltliche Anknüpfungspunkte wie Satanismus, nordische Mythologien oder Germanentum geschieht und teilweise funktioniert. Dieser rechte Rand des Black Metal wird von den Szenegängern als NS-Black-Metal bezeichnet. Die meisten Black-Metal-Anhänger sind jedoch nicht politisch rechts oder rechtsextrem eingestellt (Chaker 2004, S. 191 ff.).

Fiktive Frauenbilder im Black und Death Metal

Roccor vermerkt bereits 1996, dass „im Death-, Speed- und Thrash Metal fast völlig auf die Darstellung von Frauen verzichtet" (Roccor 2002, S. 172) wird. Auf den fiktionalen Ebenen des Black und des Death Metal ist das Thema Frau fast völlig verschwunden und spielt damit eine noch geringere Rolle als im Heavy Metal.

Eine Ausnahme ist die US-amerikanische Death-Metal-Band *Cannibal Corpse*, die in der Metal-Szene für ihre besonders grausamen Songtexte und abartig brutalen Bilder auf CD-Covern bekannt ist. Gewaltverherrlichende Songtexte und Bilder gelten als ihr Markenzeichen. Einige ihrer Musikveröffentlichungen wurden in der Vergangenheit von der Bundesprüfstelle für jugendgefährdende Schriften indiziert. Über das 1991 veröffentlichte Album „Butchered at birth" schreibt der Psychologe Reto Wehrli, dass „keine andere Musikveröffentlichung [...] in der Geschichte der BRD gründlicher verboten" (Wehrli 2001, S. 296) worden sei. In einzelnen Songtexten verbinden die Musiker von *Cannibal Corpse* Gewaltphantasien mit pornographischen Darstellungen: „Das sehr Spezielle an den Extrem-Rockern war, dass sie sich in ihren Texten grundsätzlich nur über die krassesten Themen ausließen, die das menschliche Dasein (und vor allem das Nichtmehrdasein) zu bieten hat: Vergewaltigung, Folter, Mord – am liebsten alles in der Schilderung von Sexualmorden vereint" (Wehrli 2001, S. 293). Wehrlis Behauptung kann allein schon mit der Aufzählung von Songtiteln wie „Fucked with a knife" (Übersetzung bei Wehrli, ebd., S. 294), „Orgasm through torture" oder „Stripped, Raped and Strangled" untermauert werden. Interviewäußerungen mit *Cannibal Corpse*-Musikern ist zu entnehmen, dass sie mit frauenfeindlichen und gewaltverherrlichenden Äußerungen in Songtexten und Bildern recht kopf- und sorglos, fast kindlich-naiv umgehen. Sie erzeugen eine Art Programmmusik mit entsprechenden Inhalten, die einmal geweckte Erwartungshaltungen mancher Death-Metal-Anhänger bedient. Laut Roccor wird hier „Gewalt an Frauen [...] als unterhaltende Phantasie dargestellt, wie man sie aus der zweiten Wirklichkeit der Gewaltpornographie und des Horrorfilms kennt. Es fehlt ein Bewußtsein für die Problematik, die die Rollenzuweisung ‚Opfer' für Frauen und Männer bedeutet" (Roccor 2002, S. 174).

Auch im Black Metal spielt das Thema Frau inhaltlich kaum eine Rolle. Manche Black-Metal-Bands pflegen aber bewusst ein frauenfeindliches Image, was nachfolgende Interviewausschnitte belegen. Allerdings sind diese mit einer gewissen Vorsicht zu deuten. Auch wenn die Interviewten klar ihre Ablehnung gegenüber Frauen zum Ausdruck bringen, so ist fraglich, ob sie hier ihre tatsächliche Meinung äußern oder lediglich ihr Image aufpolieren wollen. Keine andere Subszene des Heavy Metal ist so pedantisch auf den Aufbau von Szene-Credibility bedacht wie die Black-Metal-Szene. Frauenfeindliche Äußerungen werden von Musikern eventuell bewusst und strategisch eingesetzt, um sich den Szenegängern als ‚true', ‚authentisch' und ‚underground' zu verkaufen.

Nattefrost, Sänger der norwegischen Black-Metal-Band *Carpathian Forest*, beschreibt in manchen Songtexten Sado-Maso-Praktiken. In einem Interview mit Diana Glöckner vom *Legacy*, einem vor allem auf Black und Death Metal spezialisierten Szenemagazin, äußert er sich zum Thema Frauen folgendermaßen:

Nattefrost: „Vor kurzem kam bei einem Konzert eine Frau zu mir und hat mich geohrfeigt und beschimpft, über welche Scheiße ich verdammter Arsch singen würde. Ich habe versucht, ihr zu erklären, daß sie es nicht persönlich zu nehmen braucht, da ich nicht über sie singe, ich singe nur über deine Schwestern, haha! Ich sage nicht, daß alle Frauen überflüssig sind, aber es gibt so viele verdammte Schlampen. Natürlich gibt es auch genügend Männer, die so sind, aber ich bin nun mal nicht schwul, deshalb ist mir das egal. Wir sind alle Schweine. [...]"

Glöckner: „Nattefrost zögert und lacht erst einmal vor sich hin, da ihm offensichtlich gerade erst aufgefallen ist, daß er es hier auch mit einer Vertreterin dieser so verachtenswerten Spezies zu tun hat, deshalb rafft er sich auch erst zu dem Rest seiner Antwort auf, als ich ihm glaubhaft versichern konnte, daß es sich bei mir nicht um eine männerhassende Hardcore-Feministin handelt und ich ihn auch nicht schlagen werde."

Nattefrost: „Haha, wolltest du das etwa? Ich denke einfach, das Ganze wird etwas mißverstanden. Ich sage nicht, daß ihr alle Schlampen seid, nur die meisten von euch, das ist ein wesentlicher Unterschied." (Glöckner, Zugriff am 30.01.2007)

Der US-Amerikaner Akhenaten, der 1992 sein Black-Metal-Solo-Projekt *Judas Iscariot* gründete (Projekt 2002 aufgelöst), äußert sich auf der Internetseite *Art of Malice* erbost über den weiblichen Zuwachs in der Black-Metal-Szene:

HeadbangerInnen auf der Neckfracture Party in Oldenburg
Foto: www.neckfracture.de

„Die Leute wundern sich, warum Black Metal frauenfeindlich ist. Man muß sich nur ansehen, was Frauen getan haben, um den Black Metal zu zerstören! Nichts regt mich mehr auf als wenn ich mit ansehen muß, wie eine pathetische skandinavische Band den Sound von Black Metal mit den Stimmen ihrer Freundinnen vergewaltigt. Black Metal soll nicht nett oder romantisch klingen. Black Metal ist häßlich und entsetzlich, nicht schön und freundlich! Ich habe nur

mit einigen Frauen Kontakt, die den Umfang und die Bedeutung dieser Kunst verstehen. Die meisten Frauen im Black Metal sind jedoch kindisch, dumm und aus sehr oberflächlichen Gründen im Underground involviert. Sie fühlen sich von den harmlosen Image [sic!] von Bands wie Cradle Of Filth angezogen und verlieren nach ein paar Jahren ihr Interesse, um dem nächsten Trend hinterher zu rennen. Mit Ausnahme einiger weniger, habe ich ein Nachricht an Euch Mädchen: You Will Never Be A Part Of Black Metal, No Matter How Hard You Try!" (Glöckner, Zugriff am 02.02.2006)

Männlichkeitsinszenierungen auf der musikalischen Ebene von Black und Death Metal

Black- und Death-Metal-Musik wird bis heute überwiegend von Männern kreiert. Dabei geht es musikalisch wie inhaltlich hauptsächlich um die Inszenierung von ‚Männlichkeit'. Nur ‚männliche' Musik ist ‚gute' Musik – wobei die Auffassungen darüber, wie ‚männliche Musik' klingen soll, natürlich weit auseinandergehen.

Übereinstimmung besteht zumindest in der Vorstellung, ‚echte Männermusik' müsse ‚aggressiv' klingen, nach der einfachen Gleichung: Aggression gleich Testosteron gleich Mann. Das Maß an vermittelter Aggressivität ist im Black und Death Metal *das* zentrale Qualitätskriterium der Musik. Ob ‚aggressive Musik' als gut oder schlecht bewertet wird, ist in erster Linie Geschmackssache. Die Black- und Death-Metal-Anhänger jedenfalls finden ihre Musik gut, *weil* sie ihrer Meinung nach ‚aggressiv' klingt. Das Ziel vieler Bands ist es, möglichst ‚aggressive Musik' zu schaffen, die mit den ‚aggressiven Inhalten' des Black und Death Metal korrespondiert. Dabei inspirieren und nähren sich Musik und Inhalte gegenseitig. Lyrics und Bilderwelten bilden das sprachliche bzw. inhaltliche Pendant zur Musik.

Wie bereits der Interviewausschnitt mit Akhenaten von *Judas Iscariot* gezeigt hat, behaupten Szeneprotagonisten oft, dass das ‚Weibliche' quasi von Natur aus immer ‚schön und freundlich', ‚nett' und ‚romantisch' sei und damit weder inhaltlich noch musikalisch zu ‚aggressiver' und ‚männlicher' Musik wie Black oder Death Metal passe. Gleichzeitig ist diese Behauptung innerhalb und außerhalb der Szenen der am meisten strapazierte Erklärungsansatz für die geringe Zahl von Szenegängerinnen. Dass diese Argumentationsweise jedoch nur funktioniert, weil hier Konventionen der geschlechtsspezifischen Sozialisation immer noch wirksam sind, scheint nur wenigen Menschen bewusst zu sein.

Roccor bemerkt zum Aussparen alles Weiblichen in vielen härteren Spielarten des Heavy Metal: „Sichtbar wird hier zum einen ein Bewußtseinswandel innerhalb der jüngeren Generation, die sich bewußt von patriarchalen Klischeebildern, wie sie sich im Männermagazinstereotyp der spärlich bekleideten, großbusigen Blondine zeigen, distanziert, andererseits aber auch ein erneuter Rückzug in eine männerdominierte Nische, in der Frauen schlicht überhaupt nicht mehr vorkommen." (Roccor 2002, S. 172). Fraglich bleibt, warum das so ist.

Die inhaltliche Vermeidung des Themas Frau ist erstens von Vorteil, weil Black- und Death-Metal-Musiker so eine ganz klare Gegenposition zur verhassten, da kommerziellen und somit ‚verlogenen' Popmusik beziehen können, deren Songtexte oft um Themen wie Romantik, Zärtlichkeit oder Liebe, das heißt in ihrer Sicht um ‚weiblich' konnotierte Themen kreisen.

Die Verdrängung der Frau aus den Bilderwelten und den Lyrics des Black und Death Metal macht zweitens Platz für von Frauen unabhängige Männlichkeitsvorstellungen der Szeneprotagonisten. Die Inszenierungen und Vorstellungen von Männlichkeit im Black und Death Metal weisen häufig romantisierende Züge auf: der tapfere Krieger in der Schlacht, der für Ruhm und Ehre kämpft, der einsam umherstreunende ‚Wolf', der den Naturgewalten trotzt, der tiefsinnige Denker, dem niemand auf seinen geistigen Pfaden zu folgen vermag. Dabei ist der Einzelne entweder in einer Männergesellschaft aufgehoben, in der er sich geborgen fühlt oder er bewegt sich als Einzelgänger in transzendentalen Welten. Frauen sind hier schlicht überflüssig.

Die Black- und Death-Metal-Szenen sind für Männer möglicherweise ein Rückzugsbereich, in dem sie sich – unabhängig von Frauenmeinungen – in verschiedenen Männlichkeitsrollen erproben können. Gesucht wird auf dieser Spielwiese eine möglichst klare, individuelle Definition dessen, was heute eigentlich ‚männlich' sein soll. Im Prinzip geht es darum herauszufinden, was das ‚Ich' tun muss, um von den anderen männlichen Szenegängern als Mann wahrgenommen zu werden. Diese Notwendigkeit der Selbstvergewisserung als Mann offenbart eine massive Verunsicherung über die eigene Geschlechterrolle, wobei diese Unsicherheit in der medienästhetischen Forschung allgemein bekannt ist und auf die Auflösung klarer Geschlechtergrenzen zurückgeführt wird (Bechdolf 1998, S. 141 ff.). In einer Studie der Kulturwissenschaftlerin Ute Bechdolf über Geschlechterverschiebungen in Musikvideoclips reagierten Probanden beispielsweise „auf klare Geschlechterdifferenzen sehr viel aufgeschlossener [...] als auf die unterschiedlichen Verschiebungen und Verwischungen, Verwirrungen und Vermischungen" (Bechdolf 1998, S. 147).

Black- und Death-Metal-SzenegängerINNEN: Zahlen und Fakten

Logischerweise war bis vor kurzem „[a]nalog zum Fehlen jeglicher ‚Weiblichkeit' in der Musik, den Texten und der optischen Darstellung der Musiker [...] in diesem musikalischen Bereich auch der niedrigste Anteil an weiblichen Fans zu verzeichnen" (Roccor 2002, S. 172). Hier zeichnet sich in den letzten Jahren jedoch eine Trendwende ab. Auch wenn es nach wie vor kaum weibliche Black- oder Death-Metal-Musiker gibt, so wuchs die Zahl an weiblichen Szenegängerinnen deutlich.

Natalie Purcell, die 2002 in den USA 67 Death-Metal-Anhänger und -Anhängerinnen via Fragebogen erfasst hat, verzeichnet einen Frauenanteil von mehr als einem Drittel aller Befragten: „[T]he majority of fans, 65.7 percent, were male. However, 34.4 percent is certainly a considerable portion of females. The surveys thus indicated that males outnumber females by about two to one, and the observations at Death Metal shows conducted in this study suggest that this statistic is quite accurate" (Purcell 2003, S. 100).

Erkenntnisse meiner Magisterarbeit aus dem Jahr 2003/2004 weisen in eine ähnliche Richtung wie Purcells Ergebnisse: Von 172 befragten Black- und Death-Metal-Anhängern waren 22 Prozent weiblichen Geschlechts, 78 Prozent der Befragten waren männlich.

In den USA, neben Schweden das Mutterland des Death Metal, ist somit bereits jeder dritte Death Metal-Anhänger weiblich. In Deutschland kommt auf fünf männliche Black- oder Death-Metal-Anhänger bisher zwar nur eine Black- oder Death-Metal-Anhängerin, allerdings ist das im Vergleich zu der früheren Frauenquote im Black und Death Metal schon viel. Das belegt auch eine Interviewaussage von Alex Wank, dem Drummer der österreichischen Kult-Death-Metal-Band *Pungent Stench*. Auf die Frauenpräsenz im Metal befragt, antwortet er:

„Besser als früher. Beim Death Metal waren damals überhaupt keine. Oder, sagen wir, bei einem Konzert mit 400 Fans vielleicht 10 Frauen. Und die hast du nicht als solche erkannt (lacht). Hat vielleicht schon damit zu tun jetzt, dass das ganze Death-Zeug größer und breiter wurde, dadurch wuchs auch der Anteil an weiblichen Interessenten. Man sieht bei unseren Konzerten schon viele Mädels." (Appel, Zugriff am 30.01.2007)

Auch die Bekleidungsindustrie reagierte bereits auf die wachsende Zahl weiblicher Black- und Death-Metal-Anhänger. Seit wenigen Jahren werden in den einschlägigen Mailorder-Katalogen wie *EMP* oder *Nuclear Blast* vermehrt ‚Girlie'-Shirts, Damenunterwäsche oder Handtaschen mit aufgedruckten Logos diverser Metal-Bands angeboten.

Frauen in der Szeneelite

In Black oder Death-Metal-Bands sind nur sehr wenige Musikerinnen aktiv. Die Gründe dafür sind vielfältig und können hier nicht weiter reflektiert werden. Möglicherweise kann aber die fehlende Präsenz von Black- oder Death-Metal-Musikerinnen die niedrige Frauenquote in beiden Szenen zumindest teilweise erklären. Aber Ausnahmen bestätigen die Regel. So hält Jo Bench bereits seit 1987 in der englischen Death-Metal-Band *Bolt Thrower* den Bass fest in den Händen. Jasmin ‚singt' seit dem Jahr 2000 erfolgreich bei der Hamburger Death-Metal-Band *Sufferage.* Von Daniel Holz vom *Leprozine*-Fanzine auf die Besonderheit einer Sängerin angesprochen, bemerkt Drummer Ole von *Sufferage:*

Jasmin, Sängerin der Hamburger
Death-Metal-Band *Sufferage,*
in Aktion
Foto: *Sufferage*

Keine Berührungsängste: Jasmin
beim Crowd-Surfen im Publikum
Foto: *Sufferage*

„Natürlich ist es immer noch was besonderes, als Death-Metal-Band eine Sängerin zu haben, obwohl als wir anfingen, kannte ich nur Rachel von Occult/Sinister und noch Sabina Classen/Holy Moses und Dawn Crosby/Fear of God ... Heute gibt's speziell in Hamburg ne Menge anderer Bands mit Grunzerin. Mir ist es völlig egal, ob Männlein oder Weiblein, Hauptsache es klingt gut und passt zur Band." (Holz 2005)

Die deutsche Death-Metal-Sängerin Angela Nathalie Gossow, seit 2001 ‚Frontgrunzerin' der schwedischen Death-Metal-Kapelle *Arch Enemy,* wird in Interviews mit Szene-Magazinen immer wieder gefragt, ob sie es als etwas Besonderes erachte, im Death Metal zu singen. Zu ihrer Sonderrolle im Death Metal und zum Thema Frauen im Metal allgemein zitiere ich im Folgenden einen längeren Ausschnitt aus einem Interview von Stephan Voigtländer mit Angela N. Gossow für das Internetportal *powermetal.de:*

„Stephan: Ist es für dich persönlich etwas Besonderes eine der wenigen Frauen zu sein, die bei einer doch ziemlich heftigen Kapelle singen?
Angela: Es ist für mich etwas Besonderes eine Frau zu sein, die bei einer richtig guten Kapelle singt. (lacht) Es ist etwas Besonderes, dass es sich eine relativ bekannte Band traut, einen Sänger (Johan Liiva – d. Verf.) gegen eine Sängerin auszutauschen. Ich glaube, das ist das erste Mal passiert. Die meisten wären auf Nummer sicher gegangen und hätten einen anderen Typ genommen. [...] Ich bin jetzt nicht stolz darauf, aber ich empfinde es als Ehre, dass mir so etwas passieren durfte.
Stephan: Glaubst du, dass Frauen heutzutage immer noch eine gesonderte Stellung im Metalbereich einnehmen oder gibt es da keine Unterschiede zu den männlichen Kollegen?

Angela: Ja, ich denke, es ist immer noch eine gesonderte Stellung, weil es einfach noch nicht so Viele [sic!] gibt. Du stellst mir ja zum Beispiel auch ein paar andere Fragen als du einem Typen stellen würdest.

Stephan: Ja, zum Teil …

Angela: Ich denke, das Interesse ist von den Medien sehr groß, weil sie verstehen wollen, wie Frauen in diesem Bereich denken und warum sie es überhaupt machen wollen, weil es ja schon ein ziemlich extremer Bereich ist. Was treibt eine Frau dazu sich auf eine Bühne zu stellen und zu brüllen und im Tourbus fünf Wochen lang mit zehn langhaarigen Typen zu touren? Ich denke schon, dass es noch eine Sonderstellung gibt, obwohl es immer mehr Frauen werden, was ich absolut toll finde und total unterstütze. Ich kenne mittlerweile viele Frauen und ich versuche soviel wie möglich für diese Art von Bewegung zu tun. Wenn man sich das Publikum anschaut, da sind schon ziemlich viele Frauen drin, das ist keine reine Männerdomäne. Das dauert halt immer ein bisschen; zuerst kommen die weiblichen Fans ins Publikum und irgendwann ergreifen sie ein Instrument und gehen in eine Band. Ich glaube, das ist ein Prozess, der sich erst entwickeln muss.

Stephan: Wenn du die Frage schon stellst, was hat dich denn dazu getrieben, so etwas zu machen?

Angela: (grinst) Jugendlicher Leichtsinn. (lacht) Mit 16 Jahren war es bestimmt jugendlicher Leichtsinn. Ich stand halt auf extreme Bands und wollte damals auch selber so extrem wie möglich sein, von der Kleidung her und dem, was ich mache. Mich hat das total fasziniert, ich war halt dadurch super individuell. Ich bin wahrscheinlich ein Individualist und habe immer schon etwas anderes gemacht als die Anderen. Ich hatte damals halt Glück, denn ich habe einen Haufen Jungs kennen gelernt, die einen Sänger suchten und da ich brüllen konnte, hieß es, ‚dann mach du es doch‘. Seitdem bin ich dabei geblieben."
(Voigtländer, Zugriff am 04.02.2007)

Im Black Metal sind Musikerinnen noch seltener zu finden als im Death Metal, was vielleicht auch mit dem bereits geschildertem frauenfeindlichen Image des Black Metal zusammenhängt.

Zu den Ausnahmen zählt *Onielar,* Sängerin und Gitarristin der deutschen Black-Metal-Band *Darkened Nocturn Slaughtercult,* die sie 1997 mitbegründet hat. In Interviews betonen die Musiker von *Darkened Nocturn Slaughtercult* immer wieder, dass es notwendig sei, „von einer nur allzu menschlichen, oberflächlichen Geschlechtsreduzierung" (*Darkened Nocturn Slaughtercult,* Zugriff am 10.02.2007) abzuweichen, um zu erkennen, dass es geschlechtlich „multiple Formen, individuell ausgeprägt in Ihrer Art und Weise, gibt. Somit achtet und respektiert Slaughtercult nicht das Geschlecht, sondern das Individuum, das selbst gekrönte Ich, jenes erst nach ablegen der alltäglichen Masken zum Vorschein kommt." (ebd.) Für *Darkened Nocturn Slaughtercult* ist das Geschlecht für das Kreieren von Black-Metal-Musik demnach unerheblich. Vielmehr komme es auf die Leistungsfähigkeiten eines Menschen als Musiker und auf die innere Einstellung an:

„Weiblicher Gesang wird oftmals mit lieblichen Melodien und Keyboard Gewichse verwechselt. Scheiss drauf, es geht auch absolut roh und brachial. Die innere Einstellung, jene letztendlich die ‚gesanglichen Äusserungen' hervorbringen, sind Geschlechtslos [sic!]. Die Agressivität [sic!] und Kompromisslosigkeit, der Hass, die vermeintlich ‚negativen Emotionen', sind Gesichts- wie auf Geschlechtsunabhängig! [sic!] [...] Die Flammen des Hasses sind in einem vernarbten, schwarzen Herzen einfach vorhanden. Es ist die tiefste Überzeugung, die das was als Endprodukt auf Slaughtercult's Veröffentlichungen zu vernehmen ist, heraufbeschwört" (*Darkened Nocturn Slaughtercult*, Zugriff am 09.02.2007).

Foto von Onielar, Sängerin der Black-Metal-Band *Darkened Nocturn Slaughtercult*, 2007 live im „K17" Berlin Foto: Sarah Chaker

Auffallend ist, dass die Black- und Death-Metal-Sängerinnen den Gesangsstil der Männer übernehmen. Darin sehe ich kein Anpassungsverhalten. Growlen und Kreischen sind Wesensmerkmale von Black- und Death-Metal-Musik, die Art des Gesangs fungiert als ein wichtiges Unterscheidungsmerkmal zu anderen Musikstilen des Heavy Metal. Ein klarer Gesang würde das musikalische Gesamtkonzept des Black Metal und des Death Metal in Frage stellen. Sängerinnen des Black und Death Metal drücken mit ihrem Gesang – wie die Männer auch – Aggressionen, Wut und Hass aus, und zwar nicht als Frau oder Mann, sondern als Mensch. Wenn die Leistung und innere Einstellung stimmt, das zeigen die zitierten Interview-Passagen, spielen Geschlechterunterschiede keine Rolle mehr.

In den Szeneeliten von Black und Death Metal halten sich neben einigen wenigen Musikerinnen zahlreiche Konzert- und Partyveranstalterinnen, Discjockeys, Journalistinnen und Fotografinnen auf und tragen dazu bei, den „Szenemotor" (Hitzler et al. 2005, S. 27) am Laufen zu halten. Roccors Beobachtung, dass Frauen im Heavy Metal allgemein „eher hinter den Kulissen, als Managerinnen, Bandbetreuerinnen, Promoterinnen, Journalistinnen, Kostümdesignerinnen, Maskenbildnerinnen usw." (Roccor 2002, S. 183) agieren, ist auf die Black- und Death-Metal-Szene übertragbar.

Stellvertretend für zahlreiche aktive Black- und Death-Metal-Anhängerinnen in der Szeneelite, möchte ich an dieser Stelle eine der bekanntesten Journalistinnen des Black und Death Metal, Diana Glöckner, die für das bereits erwähnte Szenemagazin *Legacy* schreibt und die

Internetseite *Art of Malice* gegründet hat, selbst zu Wort kommen lassen. Auf der Homepage des *Legacy* stellt sich Diana Glöckner folgendermaßen vor:

„Manche Lebenswege sind schon früh vorherbestimmt und so trieb ich schon im zarten Pubertätsalter meine entnervten Eltern mit lautstarker Dauerbeschallung aus dem Metal-Bereich in den Wahnsinn, bis ich schließlich einige Jahre später beschloß, die Metal-hörende Szene nicht länger von meinen schriftlich verbreiteten Weisheiten verschonen zu können, weshalb ich meine Bosheiten seit mittlerweile knapp vier Jahren über das Legacy und seinen glorreichen Vorgänger (RIP) verbreite. Musikalisch bin ich für alles offen – solange es Black Metal ist! Nein, Blödsinn – zuweilen findet auch eine nicht dem Black Metal frönende Band bei mir Anklang, wobei die Priorität eben doch eindeutig im schwarzmetallischen Bereich liegt, ich mich aber auch nicht derart limitieren lasse, geniale CDs in die Tonne zu treten, nur weil sie nicht das passende Etikett tragen. Der redaktionelle Zuständigkeitsbereich ist auch schon eingeteilt: Psychopathen, arrogante Rock-Stars, Extremisten und potentielle Amokläufer ausschließlich zu mir! Wenn ich mich nicht gerade auf irgendwelchen Konzerten rumtreibe oder Bands mit subtil fieser Fragestellung bei Interviews dem Wahnsinn anheim fallen lasse, treibe ich mich ab und an mal auf dem Uni-Gelände in Erlangen rum, wo ich nach einigen Orientierungsproblemen mittlerweile dabei gelandet bin, Literatur zu studieren, um wenigstens eine gewisse Grundintelligenz vorzutäuschen [...]" (Glöckner, Zugriff am 20.01.2007)

Ziel dieser Selbstbeschreibung von Diana Glöckner ist es, von den Black-Metal-Anhängern als Teil der Black-Metal-Szene (-Elite) anerkannt zu werden. Um den Erwartungshaltungen und Vorstellungen möglichst vieler Black-Metal-Anhänger gerecht zu werden, greift sie auf für die Black-Metal-Szene wichtige und typische ‚Codes‘ zurück, die als verbindende Elemente wirken: Die Black-Metal-Szene ist sehr darum bemüht, sich scharf von anderen Musikrichtungen und Szenen abzugrenzen. Es ist daher wichtig, dass Diana Glöckner Black Metal eindeutig als ihre favorisierte Musik bezeichnet. Präventiv rechtfertigt sie sich außerdem dafür, ab und an auch einmal andere Musik zu hören und zu besprechen. Glöckner macht ferner klar, dass sie für den journalistischen Job in der Szeneelite kompetent ist: Sie höre schon seit ihrer Pubertät Metal-Musik, was auf einen großen Sonderwissensbestand schließen lässt. Die meisten Black-Metal-Anhänger begreifen Black Metal zudem als Lebensstil. Von Beginn an forciert Glöckner daher den Eindruck, Black Metal sei auch für sie weit mehr als nur Musik. Das verdeutlicht bereits ihr erster Satz, in dem sie Black Metal gleichsam als ihr Schicksal und ihre (Lebens-)Aufgabe bezeichnet: „Manche Wege sind schon früh vorherbestimmt [...]". Eine besonders starke Anerkennung in der Szene verschafft sich derjenige, bei dem Black Metal tief in andere Lebensbereiche hineinwirkt und existenziell zu sein scheint. Auch Glöckner stellt angeblich Szeneaktivitäten klar über jeglichen anderen Handlungsbedarf: Für eine berufliche Ausbildung bleibe nur Zeit, wenn sie nicht gerade Black-Metal-Konzerte besuche oder Musiker interviewe.

„Death-Jockey" Inga rockt schon seit fünf Jahren die Oldenburger Neckfracture Party
Foto: www.neckfracture.de

Ich bin der Ansicht, dass sich in Zukunft immer mehr Frauen in den Szeneeliten des Black und des Death Metal etablieren werden, vorausgesetzt, Frauen suchen und finden verstärkt Zugang zu den Szenen. Geschlechtsspezifische Aspekte, das zeigen die Interviewausschnitte, spielen für Männer keine Rolle, wenn Leistungen der Frau als dem Mann äquivalent anerkannt werden. Allerdings werden die Maßstäbe für ein Leistungsverhalten in der Black- und der Death-Metal-Szene bisher von Männern vorgegeben. Ein höherer Frauenanteil in den Szeneeliten wird es Frauen ermöglichen, sich auch als Frau vermehrt in die Musik und die Szene einzubringen, auch wenn diese künftig in den Szenen entworfenen Bilder des Frau-Seins recht wenig mit konventionellen Vorstellungen von ‚Weiblichkeit' gemein haben werden.

Weibliche Black- und Death-Metal-Fans

Roccor schreibt über die Beweggründe, warum Frauen sich gerne in der Heavy-Metal-Szene aufhalten: „Die Begründungen, warum die Frauen ausgerechnet Heavy Metal hören, fallen nicht anders aus als bei den männlichen Fans [...]. Genannt wird die Qualität von Musik und Texten, die Ehrlichkeit, der Zusammenhalt innerhalb der Szene, die starke Emotionalität der Musik, die Power und Energie des Heavy Metal" (Roccor 2002, S. 191). Eine ähnliche Bemerkung findet sich bei Arnett in seiner Studie über US-amerikanische Heavy-Metal-Anhänger: „For the most part, the girls sound remarkably similar to the boys when they talk about the appeal of heavy metal. Just as for the boys, the primary themes are the high-sensation pleasures of the music, admiration for the skills of the performers, and their sense of identification with the alienation expressed in the songs" (Arnett 1996, S. 140). Diese Einschätzungen sind meiner Beobachtung nach auf Black- und Death-Metal-Anhängerinnen übertragbar.

Metal-Veranstaltungen bieten für Frauen außerdem auch gute Gelegenheiten, um potentielle Partner zu treffen: „For females, shows offer a great opportunity to meet a potential boyfriend because males outnumber females two to one. No males cited meeting girls as a reason to attend shows, but a few girls did indicate that meeting males was a good reason to attend shows" (Purcell 2003, S. 104 f.). Für weibliche Black- und Death-Metal-Fans ist die Partnerauswahl allerdings nicht der ausschlaggebende Grund, sich in diesen Szenen zu bewegen – vielmehr ist das ein angenehmer Nebeneffekt.

Roccor behauptet für Szenegängerinnen der Heavy-Metal-Szene: „Um ernstgenommen zu werden, verdrängen sie manchmal ihre weibliche Seite, d. h. sie bemühen sich, keine sexuelle Verfügbarkeit zu signalisieren. In gewisser Weise vermännlichen sie sich selbst, indem sie bei allem mithalten: Sie demonstrieren Mut, Kraft, Können, Wissen und Trinkfestigkeit, übernehmen männliche Diskursformen in Habitus und Sprache." (Roccor 2002, S. 189). Diese Beobachtung Roccors trifft auf Black- und Death-Metal-Szenegängerinnen nur teilweise zu.

Wie auf Fotografien von Parties und Konzerten zu sehen, kleiden sich die meisten Black- und Death-Metal-Szenegängerinnen attraktiv und sind sehr wohl darauf bedacht, sexuell anziehend auf die Szenegänger zu wirken. Richtig hingegen ist, dass Szenegängerinnen von den männlichen Szenegängern einen Habitus übernommen haben, der in unserer Gesellschaft als ‚männlich' bezeichnet wird: Selbstbewusstes, forderndes, provokantes Auftreten, lautes Lachen, wildes Tanzen und exzessiver Alkoholkonsum zählen zu diesen Verhaltensweisen. Darin sehe ich allerdings nicht ein Anpassungsverhalten an ein ‚männliches' Auftreten. Die Frauen unterlaufen traditionelle Verhaltensnormen mehr oder weniger bewusst und vereinnahmen ehemals ‚männliche' Verhaltensweisen. Die Szenegängerinnen scheinen Spaß an diesen Umgangsformen zu haben, der Habitus dieser Szenen kommt ihnen entgegen.

Die männlichen Szenegänger scheinen mit dem Verhalten der Szenegängerinnen – das ihrem eigenen ja nicht unähnlich ist – gut zurecht zu kommen. Meiner Beobachtung nach gehen Szenegänger mit Szenegängerinnen oft langfristige und gut funktionierende Beziehungen ein.

Manchmal werden Frauen zwar in Männer-Gesprächen als Bedrohung für die männliche Freiheit, Kreativität und Ungebundenheit beschrieben. Diese Befürchtungen sind aber auch außerhalb der Black- und Death-Metal-Szene unter Männern verbreitet. Frauen repräsentieren vor allem für junge Männer scheinbar das ‚Normale' wie die Familie oder den Alltag. Letztlich verbinden gemeinsame Einstellungen und Handlungsmotive die weiblichen und männlichen Szenegänger jedoch so stark, dass Geschlechterunterschiede unwichtig werden. Das Schwelgen in romantisierenden Männlichkeitsphantasien scheint sich in diesen Szenen nicht oder zumindest nicht negativ auf die realen Umgangsweisen der Geschlechter miteinander auszuwirken.

Frauen im Black- und Death-Metal-Publikum

Szenen sind „Interaktionsgeflechte" (Hitzler et al. 2005, S. 211 ff.). Im Unterschied zu den Menschen im Publikum kommunizieren Szenegänger miteinander und verfügen außerdem über Sonderwissensbestände, die sie sich entweder allein oder in Interaktionen mit anderen Szenegängern über einen längeren Zeitraum hinweg angeeignet haben (Rohmann 1999, S. 23, Hitzler et al. 2005, S. 22, S. 211).

Im Black- und Death-Metal-Publikum halten sich oft Frauen auf, die die männlichen Szenegänger sexuell attraktiv finden und auf Partnersuche sind. Die große Auswahl an potentiellen Partnern und die niedrige Frauenquote sind Hauptgründe, warum sie Black- oder Death-Metal-Konzerte oder -Festivals besuchen.

Im Publikum einer Black- oder Death-Metal-Veranstaltung finden sich außerdem Frauen, die ihren Black oder Death Metal hörenden Partner zu Parties und Konzerten begleiten, auch wenn sie persönlich andere Musikrichtungen präferieren. Manche dieser Frauen finden erst über ihre Beziehung zu einem Szenegänger Zugang zur Black- und Death-Metal-Szene. Wenn ihnen die Szene gefällt, beginnen sie sich intensiver mit der Musik zu beschäftigen, schließen Freundschaften mit anderen Szenegängern und bleiben der Szene auch dann treu, wenn eine Trennung von dem Partner erfolgt, der sie mit Black und Death Metal in Berührung gebracht hat. Die

Übergänge zwischen Frauen im Publikum und Szenegängerinnen sind also fließend. Andere Frauen, die der Musik und Szene nichts abgewinnen können, bleiben Teil des Publikums und kehren der Szene wieder den Rücken, wenn sie mit dem Partner aus der Black- oder Death-Metal-Szene nicht mehr zusammen sind.

Schlussgedanken

Abschließend stellt sich die Frage, warum sich trotz des Zuwachses an weiblichen Szenegängerinnen in den letzten Jahren immer noch verhältnismäßig wenige Frauen im Black Metal und Death Metal aufhalten.

Meines Erachtens sorgt schon allein die niedrige Frauenquote dafür, dass Frauen diese Szenen wenig attraktiv erscheinen. Es fehlen nicht nur Geschlechtsgenossinnen für Interaktionen unter ihresgleichen. Auch der Zugang zu den Szenen erweist sich für Frauen als schwierig: Frauen, die die Black- und Death-Metal-Szene kaum kennen, können den Habitus der männlichen Szenegänger nur schwer einschätzen. Um dem überwiegend männlichen Publikum nicht schutzlos ausgeliefert zu sein, verzichten viele Frauen auf den Besuch der Black- oder Death-Metal-Konzerte oder -Festivals. Die Frauenquote im Black und Death Metal ist also nach wie vor niedrig, *weil* sich hier nur verhältnismäßig wenige Frauen aufhalten.

Hinzu kommt, dass heute die meisten Jungen und Mädchen immer noch geschlechtsspezifisch sozialisiert werden. In vielen Köpfen ist das Denkmuster ‚typisch männlich' – ‚typisch weiblich' präsent und wirksam. Das zeigt sich auch darin, dass wir von einer Gleichberechtigung der Geschlechter in Alltag und Beruf nach wie vor weit entfernt sind. Auch die wohlwollende Resonanz, die Eva Herman momentan mit ihrem „Eva-Prinzip" in den Leitmedien, Kirchen, konservativen Parteien und Zirkeln erhält, bestätigt diese Einschätzung.

Geschlechtsspezifische Sozialisation ist einer der Hauptgründe für den geringen Frauenanteil in der Black- und Death-Metal-Szene. Mädchen werden fast unverändert dazu erzogen, nachzugeben, Einsehen zu haben, nicht aufzubegehren, sich anständig zu benehmen und auf ihr Aussehen zu achten. Folglich halten es die meisten Mädchen und Frauen für ‚natürlich' und richtig, sich ‚weiblich' zu benehmen.

Das Auftreten und Verhalten der Black- und Death-Metal-Anhängerinnen entspricht diesen Vorstellungen nicht. Indem die Szenegängerinnen ihr erlerntes Verhalten ablegen, führen sie ihren Geschlechtsgenossinnen ein Negativbild vor Augen. Mit Sicherheit fühlen sich viele Frauen von dem Verhalten der Szenegängerinnen abgestoßen. Abschreckend wirkt außerdem die Beobachtung, dass Szenegängerinnen für ihr Verhalten im Alltag häufig stigmatisiert werden. Als Frau in der Black-Metal-Szene oder in der Death-Metal-Szene zu leben, erfordert ein starkes Selbstbewusstsein.

Weitere Gründe für den geringen Frauenanteil in beiden Szenen scheinen mangelnde Identifikationsmöglichkeiten zu sein. Im Black und Death Metal taucht ‚Weiblichkeit' weder auf der inhaltlichen Ebene noch auf der rein musikalischen Ebene noch im Habitus der Szenen auf. Die wenigen Sängerinnen grunzen oder kreischen wie ihre männlichen Kollegen, für viele Frauen ist eine Identifikation mit den Musikerinnen damit ausgeschlossen.

Es fehlt schlicht an Anknüpfungspunkten, die die Szenen für Frauen interessanter machen. Diese These erhärtet sich, wenn man andere Ausprägungen des Heavy Metal, beispielsweise den Dark- oder Gothic-Metal-Bereich, betrachtet. Diese bei Frauen sehr beliebten Spielarten des Heavy Metal zeichnen sich durch klare musikalische Strukturen aus, häufig werden Keyboardklänge integriert und Alben mit ganzen Orchestern eingespielt. Einige kommerziell äußerst erfolgreichen Bands wie *Nightwish* oder *Within Temptation* haben Frontfrauen, die sich im Gesang von ihren Black- und Death-Metal-Kolleginnen darin unterscheiden, dass sie nicht brüllen und schreien, sondern klar und hoch singen, was allgemein als ‚weiblich‘ gedeutet wird. Ich will damit nicht andeuten, dass Frauen von Natur aus weiche Klänge und klare Strukturen bevorzugen – im Gegenteil. Meiner Meinung nach ist diese Präferenz nicht das Ergebnis ihrer Natur, sondern ihrer geschlechtsspezifischen Erziehung, also Teil ihrer Kultur.

Der Zuwachs an weiblichen Szenegängern im Black und Death Metal in den letzten Jahren ist also nicht aus Veränderungen der musikalischen Struktur von Black und Death Metal ableitbar. Weder die Musik noch die männlichen Szenegänger haben sich in den letzten Jahren verändert und so die Szenen für Frauen attraktiver gemacht, sondern die jungen Frauen verändern sich: In der Black- und Death-Metal-Szene fühlen sich vor allem solche Frauen wohl, die sich von den ihnen von der Gesellschaft aufgezwungenen Attributen der ‚Weiblichkeit‘ befreit haben und in der ihnen zugedachten „Rolle der Frau als makelloses Wesen" (Nolteernsting 2002, S. 82) nicht mehr funktionieren wollen.

Man amüsiert sich köstlich – Szenegängerinnen auf der Oldenburger Neckfracture Party 2006
Foto: www.neckfracture.de

Literatur

Altrogge, Michael & Rolf Amann (1991): Videoclips – Die geheimen Verführer der Jugend? Ein Gutachten zur Struktur, Nutzung und Bewertung von Heavy Metal Videoclips. Berlin.

Appel, Andi: www.resonance.at/metal/?id=AlexWank, [Zugriff am 30.01.2007]

Arnett, Jeffrey Jensen (1996): Metalheads. Heavy Metal Music and Adolescent Alienation. Colorado/Oxford.

Bechdolf, Ute (1998): Männlich und/oder weiblich. Madonna, Prince und andere Geschlechterverschiebungen. In: Christian Rotta & Hartmut Kuhlmann (Hg.): *Universitas*. Zeitschrift für interdisziplinäre Wissenschaft, 53. Jahrgang, Nummer 620. Stuttgart, S. 140 ff.

Chaker, Sarah (2004): Black und Death Metal. Eine empirische Untersuchung zu Gewalt, Religion und politischer Orientierung. Carl von Ossietzky- Universität Oldenburg. Unveröffentlichte Magisterarbeit.

Darkened Nocturn Slaughtercult: www.slaughtercult.de/chronicles.php?sid=47&wp=interviews, [Zugriff am 09.02.2007]:

Darkened Nocturn Slaughtercult: www.slaughtercult.de/chronicles.php?sid=32&wp=interviews, [Zugriff am 10.02.2007]

Glöckner, Diana: www.legacy.de/front_content.php?client=1&lang=1&idcat=15&idart=20, [Zugriff am 20.01.2007]

Glöckner, Diana: www.legacy.de/front_content.php?client=1&lang=1&idcat=22&idart=528, [Zugriff am 30.01.2007]

Glöckner, Diana: http://artofmalice.de/interviews/judas_iscariot/, [Zugriff am 02.02.2006]

Hitzler, Ronald, Thomas Bucher & Arne Niederbacher (2005): Leben in Szenen. Formen jugendlicher Vergemeinschaftung heute. 2. Aufl., Wiesbaden.

Holz, Daniel (2005): *Sufferage* – Hamburg Death Metal. *Leprozine* Fanzine, Ausgabe Nr. 3: 2005/ 2006.

Mudrian, Albert (2006): Choosing Death. Die unglaubliche Geschichte von Death Metal und Grindcore. Berlin.

Nolteernsting, Elke (2002): Heavy Metal. Die Suche nach der Bestie. Bad Tölz & Berlin.

Purcell, Natalie J. (2003): Death Metal Music. The Passion and Politics of a Subculture. Jefferson/North Carolina & London.

Roccor, Bettina (2002): Heavy Metal. Kunst. Kommerz. Ketzerei. 3. Aufl., Inauguraldissertation Regensburg 1996. Berlin.

Rohmann, Gabriele (1999): Spaßkultur im Widerspruch: Skinheads in Berlin. Bad Tölz.

Voigtländer, Stephan: www.powermetal.de/interview/interview-402.html, [Zugriff am 04.02.2007]

Walser, Robert (1993): Running with the Devil. Power, Gender, and Madness in Heavy Metal Music. Middletown/Conneticut.

Wehrli, Reto (2001): Verteufelter Heavy Metal. Forderungen nach Musikzensur zwischen christlichem Fundamentalismus und staatlichem Jugendschutz. Münster/ Westfalen.

Weinstein, Deena (2000): Heavy Metal. The Music and its Culture. 2. Aufl., USA: Da Capo Press.

Nicole Selmer & Almut Sülzle

TivoliTussen, Milchschnitten und Hooligänse – Weibliche Fankulturen im Männerfußball als Role Models für soziale Arbeit?[1]

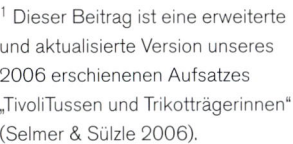

[1] Dieser Beitrag ist eine erweiterte und aktualisierte Version unseres 2006 erschienenen Aufsatzes „TivoliTussen und Trikotträgerinnen" (Selmer & Sülzle 2006).

Geteilte Freud …
… geteiltes Leid
Foto: ERWIN

Zum Fußball gehen

Petra ist auf dem Weg zum Spiel. Sobald sie in der S-Bahn sitzt, ist es schon fast wie im Stadion: Sie ist ein Fan unter Fans, alles um sie herum ist rot-weiß und laut, gespannt und in Feierlaune. Am Endbahnhof angekommen, hat die Polizei den Bahnsteig abgesperrt und eskortiert die Gruppe zum Stadion. Wie durch Geisterhand trennt sich die Menge an den Eingängen nach Geschlecht, seit neuestem gibt es hier getrennte Eingänge für Männer und Frauen, das ist

2 In den vergangenen Jahren ist die angeblich rasant wachsende Anzahl weiblicher Fußballfans zu einer Art Modethema geworden, das jedoch mehr auf zusätzliche Werbeabsatzmärkte als auf Gleichberechtigung zielt (Wetzel 2005). So weiß *Spiegel Online* im WM-Jahr 2006 zu vermelden: „Das Klischee, wonach Fußball und Frauen naturgegeben einen Gegensatz bilden, ist längst überholt" (*Spiegel Online* 2006). Das Vorhandensein des Klischees würden wir weiterhin konstatieren, naturgegeben war der Gegensatz noch nie.

3 Fanprojekte, die innerhalb der Stadien soziale Arbeit leisten, werden zumeist dann gegründet, begründet und finanziell aufgestockt, wenn es ‚geknallt' hat (vgl. die öffentliche Diskussion um die gewalttätigen Ausschreitungen in Leipzig im Februar 2006, in der DFB, Vereinsvertreter, Polizei und Bürgermeister unisono präventive soziale Arbeit mit den Fans forderten). Die Rahmenkonzeption zur Arbeit der Fanprojekte wurde 1993 durch das „Nationale Konzept Sport und Sicherheit" erarbeitet.

4 Auch die sozialwissenschaftliche Forschung zu Fußballfans befasst sich vorrangig mit dem ‚Problem' Fußball, also mit Gewalt und Hooligans. Diese Konzentration auf Gewalt und auf ‚Problemfans' ist einer der Gründe, warum weibliche Fans in der wissenschaftlichen Literatur zu Fußballfans bisher selten auftauchen.

lästig, weil Gespräche unterbrochen und Gruppen getrennt werden. Nach dem Abtasten wird dann wieder vereint marschiert. Petra begrüßt ihre Freunde, spricht mit den Umstehenden. Die Spieler laufen ein, und alle gemeinsam rufen ihre Namen, jeglicher berufliche Ärger dieser Woche ist vergessen. Am Rande des Fanblocks kommt es zu einer Rangelei zwischen Fans und Polizei, die Stimmung kocht kurz hoch, bis jemand einen Song anstimmt und alle mit einer gewaltigen Kraftanstrengung die Mannschaft nach vorne brüllen. Was zählt, ist das Spiel. Von den Rängen hallt es: „Schiri, du schwule Sau." Die Pausenwurst ist mit Aberglaube garniert, garantiert fällt jetzt innerhalb der nächsten 20 Minuten ein Tor. Und wirklich, alle reißen die Arme hoch, schreien, singen, umarmen sich. Petra ist glücklich wie alle um sie herum, die Welt dreht sich jetzt nur um diesen Moment.

Ein Teil des Charmes des Stadionfußballs ist die Vielfalt der Fans. Unterschiedliche Menschen aus unterschiedlichen Schichten, die alle nur das eine wollen: ihre Mannschaft siegen sehen. Der Kuttenträger und der Anzugträger, der Getränkehändler von nebenan, der Sparkassendirektor auf der VIP-Tribüne, der Müllmann im Ruhestand und der Student. Und dann gibt es da noch die vielen Frauen, und die wollen auch nur das eine: dass ihre Mannschaft gewinnt. Genau wie die vielen Männer um sie herum sind sie unterschiedlich in ihrer Art, Fan zu sein. Eine trägt zwanzig Schals und einen Becher Bier, die andere hat den Namen ihres Lieblingsspielers auf die Stirn gemalt, jene hat sich durch intensive Lektüre von Fachblättern auf das Spiel vorbereitet, die nächste war mit den Kumpels zum Warmtrinken und Warmreden verabredet, und wieder eine andere ist direkt von der Arbeit hierher geeilt.

Warum gehen Frauen und Männer zum Fußball? Weil sie sich für das Spiel interessieren und weil sie die besondere Stimmung im Stadion schätzen. Das Stadion ist eine eigene Welt, besitzt eine eigene Kultur mit eigenen Regeln. Diese Regeln folgen in weiten Teilen einer „männlichen Grammatik" (Becker 1990, S. 149) und orientieren sich an der Fußball-Normalbiografie des jugendlichen männlichen Besuchers. Ein (zeitweiser) Ausschluss von Frauen findet durch Sexismus und Abwertung statt. Nur die Männer pissen nach dem Auswärtsspiel zusammen hinter den Bus, nachdem sie vorher alle Toiletten unpassierbar gemacht haben. Spätestens dann ist es hilfreich, wenn noch andere Frauen da sind und man sich beim Pinkeln gegenseitig die Zaunfahne als Sichtschutz halten kann. Umgekehrt werden nur Frauen, die allein ins Stadion kommen, verwundert gefragt, wo denn ihr Freund sei. Fußball ist Männersache, auch wenn es diverse Möglichkeiten gibt, wie Frauen Fußball zu ihrer Sache machen.[2]

‚Männersachen' haben oft mit Gewalt zu tun und Gewalt – vor allem in ihrer öffentlichen, körperlichen und nicht staatlichen Form – ruft den Staat auf den Plan. Der Staat versucht sowohl durch Repression als auch durch Sozialarbeit gegen diese so genannte Devianz vorzugehen. Besonders im Fußball ist soziale Arbeit eindeutig im Kontext von Vorbeugung und Eindämmung fußballbegleitender Gewalt verortet.[3] Mädchen fallen, da sie selten als Gewalttäterinnen auffallen, aus der primären Zielgruppe der Fanarbeit heraus. Sie stehen nur dann im Zentrum sozialer Arbeit, wenn diese explizit das Geschlechterverhältnis zum Thema hat, beispielsweise wenn spezielle ‚Mädchenprojekte' angeboten werden.[4]

Die oben beschriebene männliche Grammatik ist ein Teil der Rahmenbedingungen, die so oder so ähnlich im Fußballstadion anzutreffen sind. Darauf gibt es, für weibliche wie männliche Besucher, unterschiedliche Möglichkeiten zu reagieren, sich darin einzuleben oder sich konträr dazu zu verhalten. Wir möchten in diesem Beitrag zeigen, wie Frauen sich in der Fußballkultur eines Fanblocks verorten und mit welchen Strategien sie es einrichten, darin zuhause zu sein.[5] In diesem Artikel stellen wir die unterschiedlichen Strategien weiblicher Fans aus einer ethnographisch-beschreibenden Perspektive dar und werfen am Ende die Frage auf, inwiefern dieses Wissen in der sozialen Arbeit für Mädchen im Fußball sinnvoll eingesetzt werden könnte. Ohne diese Frage aus unserer Sicht beantworten zu können, möchten wir eine Zugangsweise anregen, in der die soziale Arbeit aus den im Feld vorgefundenen Praxen lernt und sich die Handlungsweisen weiblicher Fans in gewisser Weise sogar zum Vorbild nimmt. Denn unserer Beobachtung nach werden von manchen jungen Frauen im Stadion neue Wege beschritten, die über Empowerment durch bloße Separierung hinausgehen und stattdessen Ironie und Subversion für sich nutzen.

Schreien, Siegen, Kumpel sein

Man kann das Fußballstadion auch als Teil der gesellschaftlichen und familiären Erziehung zum Mann sehen. Die klassische Fußballkarriere ginge dann so: Der Grundschüler geht mit Papa zum Heimspiel (Lernziel: Wettkampf, Siegen, Treue zum Verein), als Zehnjähriger steht er mit den anderen Jungs unten am Zaun (Lernziel: hart im Nehmen sein, Rempeleien und Sticheleien, Brüllen), hat zugleich das erste *Panini*-Fußballalbum (Lernziel: Namen und Statistiken, Auftrumpfen mit Detailwissen), dann in der Pubertät der Wechsel in den Fanblock, den der Vater von der Sitztribüne aus wohlwollend beobachtet (Lernziel: Kameradschaft, körperliche Auseinandersetzungen einschätzen und steuern, gezielt zuschlagen, nie zurückweichen, Trinkfestigkeit, Körperkontakt unter Männern).[6] Zwischen 18 und 20 Jahren gründet er eine Familie und wechselt auf die Sitztribüne, Frau und Kinder sind manchmal auch dabei. Das ist das Ideal. Aber was ist mit den Frauen? „Ich gehöre da genauso dazu wie jeder andere auch", sagt Conny (20, Logopädin), und das meint sie in keiner Weise trotzig. Sondern sie sagt es, um der nach Geschlechterunterschieden fragenden Interviewerin zu verdeutlichen, dass es für sie und ihre Umgebung selbstverständlich ist, dass sie hier im Fanblock steht.[7]

Was auf den ersten Blick widersprüchlich erscheint, lässt sich trotzdem verbinden. Die Fankurve ist eine Welt junger Männer, die nach deren Regeln funktioniert, *und* es gibt Möglichkeiten für Frauen, sich dort selbstverständlich und anerkannt zu bewegen. Frauen können sich in dieser Umgebung, so sie wollen, eine Scheibe der männlichen Sozialisation abschneiden. Sie können sich ausprobieren in Eigenschaften, Handlungen und Haltungen, die eigentlich für Männer reserviert sind, manchen Frauen jedoch, zumindest zeitweise, näher liegen als die allgemeinen gesellschaftlichen Anforderungen an ihr Geschlecht. Wer das Spiel – im übertragenen wie im wörtlichen Sinne – kapiert hat, kann sich ein Trikot überwerfen und Fan sein. Oft muss man schon sehr genau hinsehen, wenn man wissen will, ob ein männlicher oder ein weiblicher Körper unter dem XXL-Trikot steckt. Im Stadion stört es garantiert niemanden, wenn eine Frau wüst schreit und flucht.

[5] Die Verwendung des Wortes ‚Strategien' ist vor allem der Ermangelung eines anderen Ausdrucks geschuldet, wir wollen nicht implizieren, dass die Frauen und Mädchen in jedem Fall mit bewussten Intentionen handeln.

[6] Diese Schilderung orientiert sich ausdrücklich an proletarischen Männlichkeitsvorstellungen, die im Fußball eine Art Restgültigkeit haben. Für eine ausführlichere Diskussion der männlichen Werte im Fanblock siehe Sülzle 2005.

[7] Alle Zitate stammen, falls nicht anders vermerkt, aus qualitativen Interviews, die Almut Sülzle im Rahmen ihrer Promotion zu Frauen in Männerdomänen geführt hat. Namen und Orte wurden anonymisiert.

Frauen können in der männlich strukturierten Fankultur untertauchen, sie dürfen hier anders sein, nach dem Motto: „Hier bin ich Fußballfan mit allem Drum und Dran" und können darum das tun, was sonst als männlich gilt: schreien, hart sein und alles, was zickig, rosa, zimperlich und schwach ist, rundweg ablehnen. Die Abgrenzung der weiblichen Stehblock-Fans gegenüber Frauen, die eher dem Weibchenklischee entsprechen, ist ein wichtiges Element dieser Fankurven-Fußballkultur. Sie tauschen sich darüber aus, wie blöd sie Cheerleader finden, die im Minirock und bauchfrei auf dem Platz rumhampeln und möglichst viel Bein und Busen zeigen. Hier können Frauen untereinander, aber auch gemeinsam mit Männern, nach Herzenslust über Groupies und andere Frauen herziehen, die ihre Weiblichkeit darin ausdrücken, Männern zu gefallen und sich für den männlich sexualisierenden Blick auszustaffieren.

Fußball ermöglicht Frauen Freiräume, die anderswo schwer vorstellbar sind, zugleich werden ihnen aber auch rigide Grenzen gesetzt. Was Gewaltanwendung angeht, gelten im Stadion für Männer und Frauen unterschiedliche Regelungen: Ein Mann ist keine Memme, er verteidigt sich, wenn er oder seine Ehre angegriffen wird; für Frauen gilt hingegen: „Mädchen schlägt man nicht und wird noch viel weniger von ihnen geschlagen." Ausnahmen bestätigen auf beiden Seiten die Regel. Aber auch Sexismus, der ein gewisses Maß übersteigt, hindert Frauen daran, sich als Teil der Fankultur zu begreifen, zum Beispiel wenn bei der selbstüberhöhenden Liedzeile „Unsere Schwänze sind genauso lang wie wir" das Mitsingen nicht mehr so recht Sinn macht.

No Gummitwistbraut

Ein häufig wiederkehrendes Motiv in den Erzählungen langjähriger weiblicher Fußballfans ist etwas, das man Tomboy-Phänomen nennen könnte. Das Gefühl, als Kind eher wie ein Junge denn wie ein Mädchen gewesen zu sein, an weiblich definierten Beschäftigungen und Verhaltensweisen weniger Spaß gehabt zu haben als am Bäumeklettern, Raufen oder Fußballspielen. „Ich war nie so die Gummitwist-Braut" – diese schöne Formulierung verwendet die ehemalige deutsche *Tagesthemen*-Moderatorin Anne Will in einem Interview, um ihr Fußballinteresse einzusortieren *(11 Freunde,* Mai 2004, S. 72).

Fanbiografien, die à la Nick Hornby mit „Ich war mit elf das erste Mal im Stadion ..." anfangen, gibt es auch für weibliche Fans in großer Zahl.[8] Ein wiederkehrendes Element dieser ‚erfolgreichen' Fußballsozialisation nach männlichem Muster ist das bewusste und unbewusste Ausblenden der eigenen Besonderheit, dazu gehört eben auch, sich nicht „wie ein Mädchen" zu verhalten und zu kleiden. In *Watching the Boys Play* (Selmer 2004) beschreibt die 39-jährige Paula, wie bei ihrem Eintritt ins Gymnasium die Welt ihres Mädchenfußballteams (in der damaligen Zeit ein echtes Pionierprojekt) und die Geschlechterordnung von Schule und Gesellschaft kollidierten:

„Da habe ich gemerkt, es sind zwei Welten. Vorher gab es immer nur meine. Aber mit den Mädchen in meiner Klasse konnte ich nichts anfangen, das war die ganze Zeit im Gymnasium so. ‚Wat sind denn det für Eulen?' habe ich gedacht. Das fand ich ja so ätzend, wenn die da über ihren *Bravos* saßen, ich hatte dann ja immer jeden Montag meinen *Kicker* ..." (ebd., S. 42)

[8] Vgl. dazu Wetzel 2000 und Selmer 2004. Wobei entgegen Nick Hornbys Erfahrung nicht immer der Vater der erste Begleiter sein muss, sondern auch Mutter oder Oma als Vorbild dienen und den Grundstein für die Fußballliebe legen können (de Schryver 2000, Selmer 2004, S. 29 ff.).

Paulas Irritation und Empörung bringt sie dazu, sich mit den Jungs zu prügeln, bis die bereit sind, sie mitkicken zu lassen und Fußballklebebildchen zu tauschen. Im späteren Leben sind die Strategien, mit denen weibliche Fans sich Anerkennung verschaffen, zumeist etwas andere. Um Eingang in die Fußballwelt zu finden, ist ein gewisses Maß an Fachwissen nötig, das Männern meist automatisch unterstellt, Frauen meist automatisch abgesprochen wird.[9] Wird jedoch durch regelmäßige Anwesenheit im Stadion, fachliche Bemerkungen zu Aufstellung, Trainer-wechsel oder Ereignissen der Fußballhistorie ein per definitionem echtes Interesse unter Beweis gestellt, heißt es irgendwann: „Mensch, für 'ne Frau kennst du dich ja echt aus." So ist eine Aufnahme in den Boys' Club und der ‚Aufstieg' von der Frau zum Fan möglich. Ein wich-tiges, wenngleich nicht notwendiges Moment der klassischen, und das heißt: männlichen, Fuß-ballsozialisation ist das aktive Spielen. Dies ist vielleicht der Bereich, wo in den letzten Jahren – zumindest in Deutschland – das Bestehen auf der ‚Ungleichung' von Frau und Fußball am stärk-sten irritiert worden ist. Die Erfolge der Frauennationalmannschaft und das damit verbundene enorm gestiegene Interesse, in Vereinen und Verbänden Fußball-sparten für weibliche Mit-glieder einzurichten, haben sehr viel dazu beigetragen, die Verbindung von Frauen und Fußball selbstverständlicher werden zu lassen.[10]

Mit dieser Entwicklung verbindet sich die Möglichkeit, dass Kämpfe, wie sie die zitierte Paula ausgetragen hat, in Zukunft weniger schmerzhaft ausfallen könnten und die akzeptierten Inter-essen und Beschäftigungen weniger streng nach Geschlechtszugehörigkeit sortiert werden.[11] Spielen vier Mädchen in einer Klasse Fußball, sind sie schon sehr viel weniger anders als eine allein. Die heranwachsenden kickenden Mädchen von heute, die sich zudem auch für (Männer-) Fußball interessieren und Aufstellungen von Bundesligisten herunterbeten können, werden das traditionelle Gefüge der Fankultur sicher nicht völlig aufbrechen, aber vermutlich ein wenig ins Wanken bringen.[12]

Sexismus

Beim Fußball ignorieren oder verharmlosen viele weibliche Fans frauenfeindliche Elemente, die sie in anderen Bereichen der Gesellschaft nicht akzeptieren würden.[13] „Klar, habe ich auch schon Schimpfwörter wie Fotze gehört, aber nicht auf mich bezogen" – so die Äußerung eines weiblichen Fans (Selmer 2004, S. 92). Wenn man für einen Moment das Wort „Fotze" durch „Neger" oder „Schwuchtel" ersetzt, wird deutlich, wo die Schwierigkeit liegt. Auch dann wäre es nicht auf sie bezogen, aber sie hätte die Bemerkung ganz klar als rassistischen bzw. schwu-lenfeindlichen Spruch aufgefasst. Offenbar macht hier gerade die Tatsache, implizit betroffen zu sein, es schwerer, Diskriminierungen als solche zu benennen.

Als emotional beteiligter weiblicher Fan beim Fußball zu sein, verändert nicht nur die Wahrnehmung der Berechtigung von gelben Karten, sondern auch die Sensibilität gegenüber sexistischen Sprüchen. Mit der Akzeptanz bzw. dem Herunterspielen frauenfeindlicher Struk-turen treten weibliche Fans bewusst oder unbewusst einen weiteren Beweis dafür an, dass sie auch als Frauen Teil der Männerwelt Fußball sind und deren Regeln akzeptieren. Dabei spielt das im Fußball so wichtige Wir-Erlebnis, das Gefühl, im Stadion zuhause zu sein, eine

[9] Kein Spruch ist dabei so über-holt, dass er nicht noch einmal wiederholt werden könnte. Die Frage nach Kenntnis der Abseits-regel musste sich im Interview mit der *Bild am Sonntag* zum Beispiel auch die deutsche Bundeskanz-lerin Angela Merkel gefallen lassen (*Bild am Sonntag*, 01.01.2006, S. 5).

[10] Deutliche Zeichen für die stei-gende Anerkennung der Bedeutung von Mädchen-/Frauenfußball sind sicher auch die Einrichtung eines entsprechenden Portals auf der Website des Deutschen Fußball-Bundes (www.dfb.de) oder die ver-stärkte (sport-)wissenschaftliche Beschäftigung mit diesem Thema, vgl. etwa den Internetauftritt der „Forschungsgruppe Mädchenfußball" (www.sbc-fischer.de/ forschungsgruppe/index.htm).

[11] Dies trifft im Übrigen nicht nur auf Mädchen, die sich für Fußball begeistern, zu, sondern ebenso für Jungen, die lieber tanzen oder turnen statt kicken wollen.

[12] Inwieweit der Frauenfußball als Zuschauersport, der hinsicht-lich der Spielorte, Eintrittspreise und kommerziellen Ausprägung dem Männerfußball vergangener Tage ähnelt, möglicherweise eine eigene Fankultur ausprägen wird, ist eine weiterführende Frage.

[13] Diese durch Interviews be-legte Beobachtung findet sich bei Selmer 2004 ebenso wie bei Wetzel 2000. Selbstverständlich gibt es auch kritische Ausein-andersetzungen mit Sexismus

innerhalb der Fan-Szene, die „Aktion gegen blöde Sprüche" beim FC St. Pauli, die zur Verurteilung von sexistischen Äußerungen oder Handlungen in der Stadionordnung führte, ist ein Beispiel.

entscheidende Rolle. Es gibt für weibliche Fans subjektiv gute Gründe, sexistische Bemerkungen zu ignorieren. Denn was hieße es für Frauen, die Fußball gucken und ihr Team unterstützen wollen, darauf zu reagieren? Was hieße es, ernst zu nehmen, dass deine Anwesenheit und Kompetenz hinterfragt wird, noch bevor du einmal den Mund aufgemacht hast, dass Spieler beleidigt werden können, indem man sie als „Mädchen" bezeichnet? Das ernst zu nehmen und auf sich selbst zu beziehen, bedeutet, auf etwas zu verzichten, das eine sehr wichtige Rolle im Fußball spielt: dabei sein, dazu gehören, Samstagnachmittag nach Hause ins Stadion kommen und dort willkommen sein. Als Frau auf der Tribüne sexistische Vorfälle zu kritisieren, kann gleichbedeutend mit der Aufkündigung des Fanstatus sein. Diskriminierende Sprüche oder Taten ziehen eine Grenze, stellen Aus- und Einschlüsse her. Gerade in Situationen, in denen Frauen nicht persönlich angesprochen sind, Sexismus jedoch als solchen wahrnehmen und sich angesprochen fühlen, machen sie selbst diese Grenzen sichtbarer, wenn sie dagegen Stellung beziehen.

Groupies – Kreischende Opfer der Kommerzialisierung?

Dieses unbestritten rein weibliche Rollenfach im Ensemble des Fußballtheaters hat mit den größten Vorurteilen zu kämpfen: Groupies seien keine echten Fans, nicht am Fußball, sondern nur an den Fußballern interessiert, und damit letztlich im besten Fall unwissende Opfer, im schlimmsten Fall gefährliche Komplizinnen der Kommerzialisierung, die das Spiel zum Event, den Spieler zum Star macht. Fußballgroupies tragen Verhaltensweisen aus der Rock- und Popkultur ins Stadion und auf den Trainingsplatz: Sie sammeln Fotos, Geschichten und Autogramme, umlagern Hotel, Zuhause oder Klubheim ihres Idols, schicken ihm Briefe oder Mails, wollen ihn sehen und anfassen.

Dieses Phänomen ist nicht neu, massive Schützenhilfe leistet spätestens seit Beginn der 1990er-Jahre eine Berichterstattung, in der Privatleben, Aussehen und Image der Fußballer eine immer größere Rolle spielen. Die ökonomisch motivierte Erschließung des Fußballfeldes für die Pop- und Showkultur hat die Konsequenz, dass sich die Zugänge zu diesem Feld verändert haben: Die Währung, in der Fußball diskursiv gehandelt wird, besteht nicht mehr nur aus Statistiken, Auswärtsfahrten oder Taktikdebatten, sondern auch aus persönlichen Interviews, Frisuren und Familienverhältnissen. Diese Bereiche werden innerhalb der dominierenden Fankultur abgewertet und bleiben auch deswegen meist exklusiv weiblich. Für Frauen und Mädchen besteht so die Möglichkeit, gewissermaßen über die Hintertür der Schwärmerei den Weg ins Stadion zu finden, sich also mithilfe von Regeln und Mustern, die sie an anderen Orten bereits gelernt haben, in ein Feld zu begeben, in dem ansonsten ein anderer Kodex gilt. Dazu passt, dass sie gar nicht vorhaben, es den vermeintlich echten Fans gleich zu tun, sondern in ihrer „Kreischecke"[14] zufrieden sind.

Ein Nebeneinander dieser beiden Zugangsweisen, der traditionellen, männlichen und der popkulturell-modernen, weiblichen, lässt sich in den digitalen Gästebüchern oder Foren von Spieler-Websites beobachten. Die Einträge stammen überwiegend von UserInnen mit weib-

[14] Dieser schöne Begriff stammt aus Kathrin Kipps (1998, S. 47) Magisterarbeit über Fußballfans in Reutlingen.

lichen Namen – übrigens eine große Ausnahmeerscheinung im Online-Fußballuniversum[15] – wobei sich jedoch zeigt, dass diese neben den zu erwartenden Groupie-Äußerungen wie „Ich finde dich sooo süß" auch noch ganz andere enthalten. Während die wenigen User eher betont sachlich die letzte Partie, Formkrise oder Verletzung von Kevin, Arne oder Benny kommentieren, posten die Userinnen, einfach gesagt, Texte, in denen die häufigsten Wörter „ich" und „du" sind, die also um die Beziehung zwischen Schreiberin und Spieler kreisen. Dazu kann dann aber auch gehören, dass sie „ihn" regelmäßig im Stadion spielen sieht, „er" ihr Vorbild im Mädchenfuß-

[15] Wie Schwier und Fritsch (2003, S. 140) darlegen, konstruieren die Internetauftritte von Fangruppen und -initiativen „nahezu ausnahmslos das männliche Subjekt als den authentisch, ‚echten' Fußballfan".

Zaungäste oder Einheimische?
Foto: ERWIN

ballteam ihrer Schule ist oder sie gestern im *Kicker* gelesen hat, „er" würde den Verein wechseln und wie er nur auf die Idee kommen könne?[16] Ganz ‚normale' Merkmale eines Fußballfans also, die die Vermutung erlauben, dass sich die Pop- und Rockkultur der Groupies bei der Übertragung ins Fußballfeld mit den dort vorhandenen Elementen vermischt. Nur weil eine im Stadion kreischt, statt zu grölen, bedeutet das nicht, dass sie auch sonst nichts mit dem ‚echten' Fußballfan gemein hat.

Etwas anders liegt der Fall bei jenen Frauen und Mädchen, denen ein Autogramm beim Training und Einträge auf der Website des Stars nicht reichen. Von dem noch relativ freundlichen „Partygirl" bis hin zum „Luder" reichen die Bezeichnungen für die außerehelichen oder möglichen Affären der Fußballstars, deren öffentliche Wahrnehmung wohl in den 1960er-Jahren und mit dem ersten Fußball-Popstar, George Best, begann. Trotz zahlloser Presseberichte bleibt auch dieses Groupie-Phänomen weitgehend im Dunkeln, zumindest was die weiblichen Akteure

[16] Für ausführlichere Beispielzitate von den offiziellen Websites der Bundesligaprofis Arne Friedrich und Kevin Kuranyi siehe auch Selmer 2004, S. 126 ff.

17 Eindrücklich illustriert wird dies an einem Artikel des Fußballmagazins *Rund* vom Oktober 2005, der sich in aufklärerischer Geste mit dem Thema der „Groupies" (im Sinne von für Fußballer sexuell verfügbare Mädchen und Frauen) beschäftigt. Zwar kommen zahlreiche männliche ‚Experten' zu Wort, doch die Frauen selbst werden nicht befragt, sondern in einer großen Fotostrecke lediglich abgebildet.

18 Zur Angst des Profifußballs vor homoerotischen Blicken und Gesten – von realen Schwulen und Lesben ganz zu schweigen, vgl. auch Eggeling (2005) und Heidel (2005).

19 Auf der Grundlage von schriftlichen Quellen aus Österreich vermutet Matthias Marschik (2003, S. 101 f.), dass diese, wie er es nennt, „Wesensverschiedenheit" von Frauen und Fußball nicht erst in jüngerer Zeit unterstellt wird, sondern vermutlich ein Phänomen ist, das mit dem Aufstieg des Fußballs zum Massensport in den 1920er-Jahren koinzidiert.

angeht.[17] Eine der wenigen interessanten Beobachtungen dazu findet sich in Ronald Rengs Buch „Der Traumhüter" über Torwart Lars Leeses Jahre in der englischen Liga: „Manche Mädchen machen daraus eine kuriose Jagd. Wie kleine Jungen in der Schule Fußballklebebilder von Panini sammelten sie Sex mit Profifußballern. Die Fußballer an sich schienen ihnen dabei gar nicht so wichtig. ‚Die Spieler waren wie Trophäen für diese Mädchen und merkten es noch nicht einmal', sagt Daniela Leese" (Reng 2002, S. 146).

In dieser Bemerkung der Ehefrau des Torwarts werden männliche und weibliche ‚Fankulturen' auf einmal parallel geschaltet, und es erscheinen – ganz entgegen der Sensationsberichte über Prostituierte oder Groupies in Trainingslagern – die Männer als Objekte, die zirkulieren, getauscht werden und es nicht einmal wissen. Auch wenn sie sicher nicht verallgemeinerbar ist, wirkt diese Abweichung vom psychologisierenden bis pathologisierenden Blick auf die Extrem-Groupies erfrischend. Nur wenn die Frauen als handelnde Subjekte betrachtet werden, kann auch ihr möglicher, und zwar emotionaler, sexueller und materieller, Profit einkalkuliert und ein umfassenderes Bild der Story vom „Profi und dem Partymädchen" gewonnen werden.

Bodycheck – Voyeurinnen auf den Tribünen

Vermutlich ist das am häufigsten abgebildete Motiv in unserer Kultur das einer spärlich bekleideten, attraktiven Frau, die dem männlichen Blick dargeboten wird. Im europäischen National- und Männersport Fußball allerdings wird mit dieser Konstellation gebrochen: Hier sind es die Männer, die ihre sorgfältig geformten Körper und deren Fertigkeiten öffentlich zur Schau stellen. Man darf den Akteuren und Managern des Fußballgeschäfts natürlich deswegen kein gewolltes Rütteln am patriarchalen Blickregime unterstellen, im Gegenteil. Die Möglichkeit eines voyeuristisch aufgeladenen Spiel(er)konsums hat keinen Ort in der traditionellen Fußballkultur. Der britische Kulturwissenschaftler David Rowe stellt fest, dass die Betrachtung männlicher Fußballer durch den prototypischen männlichen Zuschauer entlang bestimmter Bahnen verläuft. Er spricht von „an uneasy confinement of the male gaze to the nominally de-sexualised spheres of technique, camaraderie and emotion" (Rowe 1997, S. 125). Gekreuzt wird dieser Blick, der durch die dem Fußball eingeschriebene Homophobie in seiner Bahn gehalten wird, jedoch von anderen Blicken: denen der weiblichen (und schwulen) Zuschauer.[18]

Eine entsprechende Thematisierung („Der ist aber süß." „Die Trikots sitzen gut.", oder auch: „Wann gehst *du* eigentlich mal wieder joggen, Schatz?") ist in Fußballkreisen wenig wohlgelitten. Fußballinteressierte Frauen können fast ausnahmslos davon berichten, dass ihnen unterstellt wird, sie würden nur ins Stadion gehen, um die kickenden Männerkörper zu begutachten. Impliziert ist in dieser Unterstellung zum einen, dass männliche Fans dies nicht tun, zum anderen, dass *Fans generell* so etwas nicht tun und schließlich auch, dass der weiblich-voyeuristische Blick notwendig von völliger Unkenntnis bezüglich des Spiels selbst getrübt sein müsse.[19]

Der Umgang weiblicher Fans mit dieser Haltung variiert: Nicht wenige vertreten die Einstellung, dass Kommentare zum Aussehen der Spieler vor allem peinlich auffallen und dementsprechend auch für ihren eigenen Status als Frau beim Fußball nicht unbedingt hilfreich sind. Andere

Frauen oder Mädchen geben sich vielleicht gerade deswegen betont voyeuristisch, um die Jungs zu provozieren oder deren Missbilligung als puren Neid zu entlarven. Eine Taktik, die natürlich in Gruppen besonders viel Spaß macht. So ließ der Kölner Frauen-Fanklub „Always Ultras Cologne" über einige Spielzeiten hinweg die weiblichen Zuschauerinnen im Stadion den „Mr. FC Köln" unter den Spielern küren, der dann mit Schärpe und Urkunde ausstaffiert wurde. Dieser offensive Umgang mit den Vorurteilen gegenüber weiblichen Fans ist längst auch kommerziell verwertet worden: Jede Frauenzeitschrift, die etwas auf sich hält, lässt zu EM- oder WM-Zeiten die attraktivsten Spieler wählen. In einem Fußballmagazin wie *11Freunde,* das sich explizit als Organ der Fanszene versteht, wäre dies weiterhin undenkbar.

Best of both worlds

Zwischen der Affirmation einer Fanleitkultur, die den Blick konzentriert auf Aufstellung, Bier und Kurvenchoreografie gerichtet hält, und dem Abschweifen zu vermeintlich fanfremden Schauobjekten liegt jedoch noch ein Drittes, das dem realen Leben vieler weiblicher Fans vielleicht am ehesten entspricht: nämlich die Kombination beider Perspektiven. „Wenn eine Frau mitguckt, die sich nicht so auskennt, macht man da mit – ‚He, guck mal die Frisur' – und zur anderen Seite sagt man was anderes, macht Kommentare zum Spiel." – so beschreibt eine der Interviewpartnerinnen in *Watching the Boys Play* das ‚janusköpfige' Verhalten der fröhlichen Voyeurin, die zugleich auch sachkundige Expertin sein kann und will (Selmer 2004, S. 65). Ganz ähnlich kann vielleicht auch das angesprochene Nebeneinander von *Bravo Sport* und *Kicker,* von Selbstspielen und Schwärmen verstanden werden, als ein Versuch, sich nicht auf einseitige Zuschreibungen festlegen zu lassen, sondern selbst zu entscheiden, wie das eigene Fansein aussieht. So beschreiben die „TivoliTussen", ein Frauen-Fanklub von Alemannia Aachen, ihre Website als

„eine Plattform, auf der Weib- und Alemanniafan-Sein ohne genbedingtes Unverständnis vereinigt werden konnten. Auf gut Deutsch, wo wir Mädels auch ohne hämisches Gelächter oder unverständliches Kopfschütteln gleichzeitig über ‚dat war doch niemals Abseits, die blöde Nuss von Schiri' als auch ‚aber nen hübschen Hintern hatte der Kleine' diskutieren durften." („TivoliTussen", Zugriff am 18.01.2006)

Frauenpower: Fußballfanklub, weiblich

FankurvengängerInnen sind in losen Beisammensteh-Gruppen, Cliquen und auch oft in Fanklubs organisiert, wobei die Übergänge zwischen diesen Gruppen fließend sind. Ein Fanklub entsteht häufig aus einer Clique heraus oder aus gemeinsamen Sekundäreigenschaften, zum Beispiel gemeinsamer Wohnort, geteilte politische Weltanschauung, gemeinsamer Freizeitsport oder identischer Arbeitgeber. Nicht wenige dieser Fanklubs sind rein männlich, und einige wollen es auch gerne bleiben. Eine eher feministisch anmutende Reaktionsweise auf männliche Dominanz ist es, sich in männerfreien Frauengruppen zusammen zu schließen. Als Antwort auf den Ausschluss durch Männerklubs einfach Frauenklubs zu gründen, war eine Strategie der bürgerlichen Frauenbewegung gegen Ende des 19. Jahrhunderts, die auch heute noch in vielen

Bereichen wie etwa in Frauennetzwerken in der Wirtschaft Verwendung findet. Geschlechts-homogene Fanklubs sind, sofern sie männlich sind, im Fußball keine große Besonderheit, das geballte Auftreten von Frauen hingegen schon. Die Frauen des Frankfurter Fanklubs „EFC Frieda" haben daher, neben dem Hauptziel des gemeinsamen Fußballerlebens, auch aufkläreri-sche Hintergedanken:

Männerhintern, rosa beschriftet
Foto: Uschifront

Die rosa Zaunfahne und ihre
Macherinnen
Foto: Uschifront

20 Beate Großegger (1999) beschreibt diese Art der Separie-rung in Jugendszenen als „girls only for empowerment" und sieht darin vor allem ein zeitweises Aufbegehren gegen traditionelle Frauenrollen. Großegger verortet diese Strategie des Empower-ments in Szenen mit „Girlfaktor", dem gegenüber würden wir ge-rade möglichst männlich konno-tierte Szenen als ideales Nähr-boden für Girls-only-Abspaltungen vermuten, wie auch das von Groß-egger selbst angeführte Beispiel der HipHopperinnen, die ihre Kollegen „dissen" und eigene Frauenlabels gründen, zeigt.

„Ein zentraler Gedanke hinter der Gründung eines Frauen-Fanklubs war es aber auch, ein Zeichen zu setzen gegen das offenbar noch immer weit verbreitete Vorurteil, dass sich Frauen nicht für Fußball interessieren." („EFC Frieda", Zugriff am 18.01.2006)

Es geht den Fanklub-Frauen also auch darum, eine weibliche Gegenöffentlichkeit herzu-stellen, die weiblichen Fans sicht- und hörbar zu machen und Vorurteile gegenüber Frauen zu bekämpfen.[20] Die Nürnberger „Red-Black Crazy Girls" (gegründet 1997) kämpfen gegen ein ganz bestimmtes Frauenbild an, das ihnen offensichtlich im Fußball entgegenschlägt:

„Der Grund war damals, einfach mal zu zeigen, dass es durchaus Mädels beim Fußball gibt, die wegen der Sache selbst ins Stadion pilgern und nicht weil sie als Anhängsel von irgendjemandem mitgeschleppt werden oder gar nette Fußballerwaden bestaunen möchten." („Red-Black Crazy Girls", Zugriff am 18.01.2006)

Logisch, dass dann Frauen, die nach Waden oder Hintern schauen, kritisch beäugt werden:

„Uns ist es wichtig, dass wir als ‚normale‘ Fußballfans wahrgenommen werden. Jede von uns geht schon seit Jahren aus Liebe zum Verein und aus Interesse am Fußball zum Klub. Mit kreischenden pubertierenden Mädels, die Spieler anhimmeln oder gar sabbernd hinterherdackeln haben wir nichts am Hut." (ebd.)

Eine ironische Wendung sowohl dieses unterstellten Sabberblicks auf Männerhintern als auch der sexistischen Bildsprachen auf den Webseiten vieler männlicher Fanklubs hat der Kölner Frauenfanklub „Uschifront" im Angebot: Unterhosen für Männer, bedruckt mit dem Schriftzug „Uschifront". Dieses Accessoire ist offensichtlich für die männlichen ‚Anhängsel‘ der weiblichen Fanklubmitglieder gedacht, denn Männer können ja qua Geschlecht nicht selbst Mitglied der Uschifront werden.[21]

[21] Wir bedanken uns ganz herzlich bei Nina von Uschifront und Volker von ERWIN, dem großartigen Offenbacher Fanzine, für die freundliche Überlassung der Bilder.

Die meisten weiblichen Fußballfans grenzen sich vom Feminismus ab. So sagt die 32-jährige Gründerin eines Offenbacher Frauen-Fanklubs (Hausfrau, Mutter zweier Kinder):

„Wir benehmen uns ganz normal, so wie wir sind, also wir sind jetzt auch nicht so Feministinnen. Wir sagen auch zum Beispiel, dass zu den Spielen die Partner ruhig mit dabei sein können. Wir sind da jetzt nicht so, dass wir da plötzlich einen Lesbenklub aufmachen." (zitiert nach Wetzel 2000, S. 89)

Sie gründete den Klub also nicht aus feministischen Erwägungen heraus. Im Gegenteil, sie entscheidet sich dafür, diesen Frauenraum zu schaffen, obwohl sie befürchtet, dadurch in eine unliebsame Emanzen- und Lesbenecke gestellt zu werden. Ebenso berichten die Frankfurter „Friedas", dass sie einen Namen wählten, „der weder platt noch feministisch klingen sollte" („EFC Frieda", Zugriff am 18.01.2006). Wie im Fußball-Onlinebereich üblich, ist die Sprache der Websites gewürzt mit sexualisierenden Andeutungen. Überschneidungen mit feministischem Gedankengut finden sich interessanterweise gerade in diesem anzüglichen Bereich: Auf mehreren Webseiten von Frauen-Fanklubs wird das schon von der feministischen Sprachwissenschaftlerin Luise F. Pusch (1984, S. 163) ironisch eingeführte Sprachspiel zur Aufdeckung sexistischer Sprache um das Wort Mit*glied* aufgegriffen. „Mit(ohne)glied kann jedes Mädel werden", heißt es bei den „TivoliTussen" (Zugriff am 18.01.2006), und die „Crazy Girls" verkünden eine „OhneGliederzahl von acht aktiven Girls" („Red-Black Crazy Girls", Zugriff am 18.01.2006). Auch die grammatikalisch (noch) ungültige Benutzung des Wörtchens „frau" anstelle von ‚man‘ findet sich auf den Websites einiger Frauen-Fanklubs wieder.

Ironie und Umdeutung: Titten auswärts

Soziale Bewegungen fangen oft damit an, abwertende Bezeichnungen für sich zu übernehmen und die Begriffe neu zu besetzen und umzudeuten, so geschehen mit den ehe-

22 Das Wort „schwul" wird heutzutage als selbstverständliche und selbstbewusste Selbstbezeichnung verwendet und findet sich auch über die Schwulenbewegung hinaus im akzeptierten Wortschatz vieler Menschen. Zugleich ist „schwul" weiterhin ein Schimpfwort geblieben und wird nicht zuletzt im Fußballstadion häufig als solches benutzt.

23 Ultras sind Fangruppierungen, die mit aufwändig vorbereiteten Choreographien, Transparenten, Fahnen und Gesängen für die Unterstützung der Mannschaft auf den Rängen sorgen.

maligen Schimpfwörtern „Schwuler"[22] oder „Krüppel". Sie treffen damit ins Herz der Abwertung, und wenn die Umpolung des Begriffes klappt, dann ist auch diese gesellschaftliche Abwertung zwingend neu zu verhandeln, da ihr die alten Begrifflichkeiten abhanden gekommen sind und die anfänglich ironisch aufgegriffene Bezeichnung zur selbstverständlichen Selbstbezeichnung wird. Eine solche Strategie findet sich auch in der Erzählung Isabellas über den Namen ihres Fanklubs „Titten auswärts". Isabella (21, Kauffrau, Mitglied einer gemischtgeschlechtlichen Ultra-Gruppierung[23]) wurde eingeladen, Mitfrau des schon bestehenden Fanklubs zu werden, auch wenn der Name sie anfangs noch irritierte:

„[Ich fand] die Grundidee, die dahinter steckt, ganz gut, dass sich Mädchen, die zusammen ins Fußball fahren, zusammentun und organisieren. Inzwischen find ich den Namen eigentlich ganz gut, wenn man dieses *Titten* einfach als ‚Frauen', ‚selbstbewusste Frauen' vielleicht sieht. Und *auswärts* stimmt ja, wir sind ja immer unterwegs, eine von uns fährt seit Jahren jedes Spiel."

Sie übersetzt Titten für sich einfach mit „selbstbewusste Frauen" und irritiert damit ihre sexistisch vorgeprägte Umgebung, die Isabella so beschreibt:

„Normalerweise kriegt man halt von Jungs viele blöde Sprüche, wenn man ins Stadion geht als Frau, wenn man jetzt nicht [...] sagen wir mal etabliert ist oder mit einer Gruppe mitkommt, wo man so ein bisschen unterschlüpfen kann."

Die „Titten auswärts" sind etabliert und haben sich ihren Namenszug auf figurbetonte weiße Blusen drucken lassen – eine „Suff-Idee" und zugleich eine weitere bewusste Provokation, da Blusen als zu weiblich und weiße Bekleidungsstücke als zu eitel für Fußball gelten. Sie tauchen so ausstaffiert in ihrer gewohnten Umgebung im Fanblock auf, und schon können die Jungs nur noch mit offenem Mund staunen:

„Da kommt kein blöder Spruch mehr nach, weil da fällt ihnen nichts Blöderes ein und dann fangen sie schon fast an zu denken."

24 Den Begriff des „vorweggenommenen Sexismus" verwenden wir in Anlehnung an die „subversive Affirmation" der Kommunikationsguerilla (Blissett & Brünzels 1997).

Die Frauen erreichen also durch die Vorwegnahme des Sexismus[24], dass selbigem der Wind aus den Segeln genommen wird. Und vielleicht ist sogar ein Überdenken vonseiten der Jungs auch noch zu erreichen? Voraussetzung für dieses Strategie ist jedoch die vorherige Anerkennung der Akteurinnen im Feld – Isabella ist ‚die Statistikkönigin' der Kurve und gewinnt mit ihrem Fußballwissen jede Wette – sowie eine bestimmte Gruppengröße:

„Alleine ist es komisch, also da wird man schon extrem seltsam angeschaut, vom Polizisten weg bis zum normalen Fan und natürlich von den anderen Mädels."

Denn nicht alle weiblichen Fans sind begeistert von diesem Blusen-Schauspiel:

> **„Mädels reagieren wirklich extrem gereizt drauf, die haben wirklich die größeren Probleme damit als die Jungs. Weil sie einfach damit nicht leben können, weil sie sagen, ihr degradiert euch ja selber zu so was – zu Titten sozusagen, also dann braucht ihr euch nicht wundern, dass Sexismus aufkommt. Wobei sich natürlich viele auch gar nicht trauen, gegen fünf Mädels was zu sagen. Das kommt natürlich auch dazu, so ein gewisses Stärkegefühl, wenn man da zu fünft mit Bluse auftritt, dann ist man eine Gruppe, wer will da jetzt was alleine dagegen sagen?"**

Die Strategie des vorweggenommenen Sexismus findet sich auch in der Namensgebung anderer Frauen-Fanklubs wie den „Hooligänsen" von 1860 München, den „Braun-weißen Milchschnitten" aus St. Pauli oder den bereits erwähnten „TivoliTussen" von Alemannia Aachen.[25] Sie schließen nahtlos an die in der Fußballfan-Szene verbreitete Praktik der provokativen negativen Selbststilisierung als Proleten, Gewalttäter und Underdogs an. Ihre Vorbilder sind vermutlich eher Fanklubs wie „Pöbel und Gesocks" oder „Kampftrinker" als feministisch inspirierte Bands der Riot-Grrrl-Musikszene, die in ähnlicher Weise durch Bandnamen wie *Hole* oder *Lunachicks* frauenfeindliche Blicke irritieren und zurückweisen (Baldauf & Weingartner 1998, Melanie Groß in diesem Band).

Soziale Arbeit mit weiblichen Fans im Männerfußball – Empowerment durch Separierung?

Unser Streifzug durch die weiblichen Fankulturen im Männerfußball hat gezeigt, dass es sehr viele unterschiedliche Arten gibt, wie Frauen Fußball erleben und für sich gestalten. Diese Vielfältigkeit lässt vermuten, dass auch die Wünsche und Anforderungen von Frauen an soziale Arbeit im Fußballumfeld sehr unterschiedlich ausfallen. Die Vielfalt der Fankultur gilt auch und besonders für Frauen, denn das einzige, was alle weiblichen Fans gemeinsam haben, ist, dass sie sich in einem männlichen Feld bewegen.[26] Weiblicher Fanalltag besteht aus vielen Elementen, ein zwangsläufiger Bestandteil ist dabei immer die Auseinandersetzung mit der Männlichkeit, die den Fußball prägt. Die Strategien dieser Auseinandersetzung reichen vom Ignorieren übers Adaptieren und Ironisieren bis zum Herausfordern und Bekämpfen. Unterschieden werden kann zwischen der Annäherung an die traditionelle Fußballkultur und der Übernahme von Einstellungs- und Verhaltensmustern, die aus einem anderen Feld wie der Popkultur stammen. Auf ihre je eigene Weise sind beide Strategien eine Herausforderung für das Fußball-Establishment: Frauen, die ein „ganzer Kerl" sein wollen und sind, ebenso wie kreischende Mädchen, denen nichts ferner liegt als das. Besonders effektiv wird diese Irritation, wenn sich die Akteurinnen aus dem Repertoire beider Strategien bedienen, Popkultur und Fußballtradition trotz ihrer Gegensätzlichkeit kombinieren und sich nicht auf eine Seite festlegen lassen. Auch was die angeblich männliche und die angeblich weibliche Art des Fußballschauens angeht, lassen sich die meisten weiblichen Fans nicht auf

[25] Dagegen sehen die schwullesbischen Fanklubs mit ihrer bundesweit fast einheitlichen Bezeichnung als „Hertha-" oder „StuttgarterJunxx" recht blass aus.

[26] Im Übrigen ist es selbstverständlich auch für Männer ein sehr wichtiger Teil ihres Fanerlebens, dass sie sich im Fußball in einem extrem männlich konnotierten Feld bewegen und sich daraus wie in einem „Männlichkeits-Supermarkt" (Williams 2006, S. 208) bedienen können.

diese Trennung ein, sie schauen sowohl auf die Spieltechnik als auch auf die Körperästhetik und stellen damit das Konzept der geschlechtsspezifischen Rezeptionsweise in Frage.

Ausgangspunkt für soziale Arbeit im Stadion ist zunächst die fußballbegleitende Gewalt, was automatisch eine Fokussierung der Fanarbeit auf auffällige Gruppen zur Folge hat. Ein substanzieller Teil der präventiven sozialen Arbeit gegen Gewalt im Stadion ist es aber auch, den gegenseitigen Respekt und die Anerkennung der unterschiedlichen Gruppen im Stadion zu fördern.[27] Und wenn junge Frauen im Stadion zumeist nicht durch Gewalttätigkeit auffallen, so sind sie doch – mehr oder weniger selbstverständlich – Teil der vielfältigen Fankultur.

Handlungsbedarf sieht die Mitbegründerin des (inzwischen ausgelaufenen) Bremer Mädchenfanprojekts Anja Janetzky daher auch nicht beim Thema Gewalt, sondern bei den Ausschlussmechanismen einer männlich konnotierten Fußballkultur: „Die Projekterfahrung aber zeigt, dass die Frauen beschuldigt werden, durch ihre Anwesenheit die vermeintliche Harmonie des Fußballzusammenhanges zu stören" (2005, S. 161). Ziel wäre es dann, durch soziale Arbeit die im Fußball angelegten sexistischen Strukturen zu verändern. Hier könnte eine klassische feministische Mädchenarbeit ansetzen, indem sie Frauenräume schafft, das weibliche Selbstbewusstsein fördert und weibliche Zugangsweisen stärkt. Mit Feminismus aber wollen die meisten weiblichen Fans ja selbst in den Frauenfanklubs nichts zu tun haben, sie reproduzieren das separatistische, männerfeindliche und vor allem lustfeindliche Image der Emanze, distanzieren sich vehement von jeglicher Nähe zum Feminismus und setzen sich mit anderen Mitteln gegen den allgegenwärtigen Sexismus im Fußball zur Wehr. Sozialpädagogische Mädchenprojekte geraten hier leicht in ein Dilemma: Erstens können sie schnell in Verdacht geraten, feministisch und damit unattraktiv zu sein, und zweitens steht die Separierung nach Geschlecht dem Wunsch nach gleichberechtigter Gemeinsamkeit im Fansein von Männern und Frauen entgegen. Das Tun und Lassen der weiblichen Fans zielt ja gerade darauf ab, dass Frauen im Fußball „eine Realität sind, deren Selbstverständlichkeit und Anerkennung erst erkämpft werden muss".[28] Es geht also gerade darum, als Frau nichts Besonderes zu sein und nicht ständig auf den Geschlechterunterschied hingewiesen zu werden. Sozialpädagogische Projekte für Mädchen machen jedoch zuallererst eines: Sie sprechen die Mädchen als Mädchen an, das Geschlecht ist entscheidend und nicht das Fan-Sein oder gar die jeweilige Art Fan zu sein.

Rosa ist auch okay!

Außer dass sie zum Fußball und zum selben Verein gehen, haben die Hardcore-Allesfahrerin und die Kreischecken-Steherin jedoch erst mal nichts gemeinsam. Junge Frauen, die in ihrer Mädchenclique zum Spiel kommen, um dort ihren Stars möglichst nahe zu sein und ihnen gemeinsam zuzujubeln, fühlen sich in ihrer selbst erschaffenen Frauenecke wohl und manche tragen auch selbstbewusst sexy Kleidung. Rosa oder pink, Rüschen oder keine sind hier eine Frage der aktuellen Mode. Solche ‚typisch weibliche' Kleidung wird aus anderen Ecken des Stadions jedoch kritisch beäugt und als fußballfern abgelehnt. So wissen zum Beispiel die Frauen aus der Mitte der Fankurve zu berichten, dass es im Fanblock ein sicherer Weg ins

[27] Um das Thema „Sexismus im Stadion" zu bearbeiten und um Geschlechterhierarchien im Stadion abzubauen, sind Mädchen eigentlich die falsche Zielgruppe, oder zumindest nur die halbe. Für eine umfassende Antisexismusarbeit und auch für die Auseinandersetzung mit (männlicher) Gewalt ist zuvorderst die Arbeit mit Jungs zum Thema Männlichkeit gefragt, was wiederum einen reflexiven und kritischen Umgang der männlichen Sozialarbeiter mit ihren Männlichkeitskonzepten voraussetzt. Wie Esther Lehnert zeigt, fehlen aber gerade im Bereich der Arbeit mit gewalttätigen und ‚schwierigen' Jugendlichen geschlechterreflektierende Ansätze. „Diese Tatsache ist umso erstaunlicher, als zum Beispiel der Zusammenhang zwischen Geschlecht, Gewalt und Fremdenfeindlichkeit evident ist" (Lehnert 2006, S. 92).

[28] Diese schöne Formulierung benutzt die Fußballaktivistin Heidi Thaler, um die Antisexismusarbeit des österreichischen Antirassismus-Projekts „Fair Play. Viele Farben ein Spiel" zu beschreiben (http://de.farenet.org/news_article.asp?intNewsID=742).

Separierung der anderen Art
Foto: ERWIN

Abseits ist, sich zuallererst als Frau darzustellen oder girliemäßig zu kleiden, denn was hier zählt, ist in erster Linie, Fan zu sein und das von ganzem Herzen und mit dem ganzen Körper. Wer das kapiert hat, kann darüber hinaus durch einen Tick rosa – wie die rosa Zaunfahne der Uschifront – die Freude an den vielfältigen Provokationen, die vom Fanblock ausgehen, noch steigern und auf das Geschlechterthema ausdehnen. Was sich hier so locker anhört, nämlich mit rosa zu provozieren, macht auch sicherlich Spaß in der Umsetzung, zugleich aber ist es harte Arbeit, ein rosa Banner stadionfähig zu machen, gerade weil dadurch die Grundfesten der Abwertung alles Weiblichen infrage gestellt werden.

Im Stadion gibt es eine klare Hierarchie dessen, wer als ,echter Fan' gilt, und am ,echtesten' sind die lauten Jungs aus der Kurve, deren Leben nur aus Fußball besteht. In eben jenen Kurven ist zumeist auch das Zentrum der Arbeit der Fanprojekte, und weil sie von hier aus auf die Fußballwelt schaut, übernimmt die Sozialarbeit schon mal unhinterfragt die Wertigkeiten des Fanblocks. Dazu kann dann auch die Einschätzung gehören, Frauen, die sich nicht fanblockkompatibel verhalten, seien nur Anhängsel oder Groupies und damit keine Fans. Dadurch werden diese Frauen aus der Klientel der Fanprojekte herausdefiniert und in den Angeboten nicht berücksichtigt. Im schlimmsten Fall werden so die bestehenden Hierarchien in den Varianten des weiblichen Fanseins bestätigt, indem nur die Mädels in der Kurve als die ,richtigen' Fans angesprochen und die Girlies, die beim Training am Zaun stehen, um ihren Star anzuhimmeln, als ,unechte' Fans abgewertet werden.[29] Ziel einer umfassenden antisexistischen sozialen Arbeit könnte es also sein, alle Frauen,

[29] Im Modellprojekt des Bremer Mädchenfanprojekts wurden diese Mädchen explizit angesprochen: Mehr über die Möglichkeiten und Schwierigkeiten eines solchen Zugangs sozialer Arbeit findet sich bei Anja Janetzky (2005).

die im Stadion anwesend sind, auch anzusprechen, aber sie dabei nicht alle über einen Kamm zu scheren und in dieselbe Frauenecke zu stellen.

Eine Strategie, mit der sich Fans der immer wieder anzutreffenden Separierung entziehen, ist die Feststellung „Ich bin hier gleichberechtigt". Sich einfach als gleichberechtigt zu definieren, ist eine andere Art, hierarchische Machtstrukturen infrage zu stellen und herauszufordern. Und sie stellt zugleich einiges an feministischen Diskussionen infrage. Folgerichtig gibt es von dieser Seite Abwehrreaktionen gegenüber dem „Ich bin aber gleichberechtigt"-Frauentypus: Sie werden als Bedrohung für feministische Projekte, als Trägerinnen des Backlash, als undankbare Gören oder als pubertär-widersprüchlich angesehen, und manche Wissenschaftlerin sowie manche Sozialarbeiterin setzt viel Energie ein, um diese Gleichheitsbehauptung als Lüge oder Irrglaube zu entlarven, anstatt sie, wie es einige ihrer Kolleginnen auch tun, als Strategie ernst zu nehmen und zum Thema ihrer Arbeit zu machen.

Bei genauem Hinschauen zeigen sich in den verschiedenen Fankulturen vielerlei Strategien für den Umgang mit Ausschluss und Separierung, Ironie und Subversion, Kritik und Teilhabe, an die sowohl soziale Arbeit als auch feministische Diskussionen anknüpfen können. Vor allem der spielerische Umgang mit Klischees und die darin immer wieder neue Kombination scheinbar widersprüchlicher Elemente bietet eine Vielzahl von Möglichkeiten, Hierarchien zu hinterfragen. Zum Beispiel, wenn die Frauen der „Uschifront"die Zumutungen weiblicher Rollenklischees ablehnen, schon alleine dadurch, dass sie sich im Fanblock selbstverständlich zuhause fühlen und zugleich durch ihre im Fußball eigentlich unpassende und dadurch provozierende Farbverwendung sagen: „Ich bin tough *und* rosa", was zugleich mittransportiert „Rosa ist auch okay."

Sekt oder Bier

Vordergründig verlangt der Fußball von uns wie sonst kaum ein anderes gesellschaftliches Feld eine Entscheidung, auf welcher Seite wir stehen: Härte oder Schwärmerei, Fußballkultur oder Popkultur, „Eier haben" oder „wie ein Mädchen spielen". Das in diesem Beitrag aufgefächerte Kaleidoskop der weiblichen Fankulturen belegt jedoch, dass viele der skizzierten Strategien weiblicher Fans sich aus beiden – und noch mehr – Bestandteilen zusammensetzen: schwärmende Mädchen, die den *Kicker* lesen; abseitsversierte Expertinnen, die den Spielern auf den Hintern gucken, Frauen aus dem Zentrum der Fankurve, die beschließen, einen weiblichen Fanklub zu gründen, aber auf keinen Fall als Feministinnen gelten wollen, „Hooligänse" und „TivoliTussen". Die Geschlechterordnung auf den Rängen gerät vor allem dann ins Wanken, wenn die vermeintlichen Gegensätze zwischen Fan und Frau, Tradition und Kommerz, Bier und Sekt, Kreischen und Brüllen verwischt werden. Dieses Oszillieren zwischen verschiedenen Polen zeichnet die Vielfältigkeit der weiblichen Fankultur aus und zugleich unterscheidet sie sich dadurch grundlegend von der männlichen Fußballtradition. Möglicherweise ist diese Strategie des Oszillierens auch eine Möglichkeit, dem Dilemma der sozialen Arbeit im Fußball zwischen Separierung und Empowerment zu begegnen. Unserer Meinung nach könnte es einen Versuch wert sein, hier genau hinzuschauen und sich gegebenenfalls auch allerlei abzuschauen.

Literatur

Baldauf, Anette & Katharina Weingartner (1998): Lips Tits Hits Power? Popkultur und Feminismus. Bozen & Wien.

Becker, Peter (1990): Fußballfans: Vormoderne Reservate zum Erwerb und zur Verteidigung männlicher Macht und Ehre. In: Gisela Welck & Karin Völger (Hg.): Männerbande – Männerbünde: Zur Rolle des Mannes im Kulturvergleich. Köln, S. 149–156.

Blissett, Luther & Sonja Brünzels (1997): Handbuch der Kommunikationsguerilla. Berlin & Hamburg.

De Schryver, Christiane (2000): Weibliche Fußballfans. Eine Typologie am Beispiel der Fans des 1. FC Kaiserslautern. ASW – Berichte und Studien. Trier.

Eggeling, Tatjana (2005): Der Heterofußball auf dem langsamen Weg in die Gegenwart. Ein Gespräch mit der Kulturwissenschaftlerin Tatjana Eggeling. In: Antje Hagel, Nicole Selmer & Almut Sülzle (Red.): gender kicks. Texte zu Fußball und Geschlecht, KOS-Schriften 10, herausgegeben von der Koordinationsstelle Fan-Projekte bei der Deutschen Sportjugend. Frankfurt a. M., S. 99–105.

Großegger, Beate (1999): Der Girlfaktor. Weibliche Szene-Minder im Panorama der Jugendkultur. In: Journal der Jugendkulturen Nr. 1, November 1999. Berlin. Zugriff auch unter www.jugendkulturen.de/sub_r/journal/girlfakt.html

Heidel, Ulf (2005): Mit dem Arsch zur Wand … Vom Warten auf den ersten schwulen Bundesliga-Star. In: Antje Hagel, Nicole Selmer & Almut Sülzle (Red.), gender kicks. Texte zu Fußball und Geschlecht, KOS-Schriften 10, herausgegeben von der Koordinationsstelle Fan-Projekte bei der Deutschen Sportjugend. Frankfurt a. M., S. 107–114.

Janetzky, Anja (2005): Picknick auf dem Mittelkreis. Arbeit mit weiblichen Fußballfans nach einem Modellprojekt in Bremen. In: Antje Hagel, Nicole Selmer & Almut Sülzle (Red.), gender kicks. Texte zu Fußball und Geschlecht, KOS-Schriften 10, herausgegeben von der Koordinationsstelle Fan-Projekte bei der Deutschen Sportjugend. Frankfurt a. M., S. 161–169.

Kipp, Kathrin (1998): „Wer nicht hüpft, der ist ein Ulmer!" Zu den kulturellen Praktiken von Fußballfans in der Regionalliga am Beispiel der Fans des SSV Reutlingen 05. Unveröffentlichte Magisterarbeit. Tübingen.

Lehnert, Esther (2005): Auf der Suche nach Männlichkeiten in der sozialpädagogischen Arbeit mit Fans. In: Eva Kreisky & Georg Spitaler (Hg.): Arena der Männlichkeit. Über das Verhältnis von Fußball und Geschlecht. Frankfurt a. M. & New York, S. 83–96.

Marschik, Matthias (2003): Frauenfußball und Maskulinität: Geschichte – Gegenwart – Perspektiven. Münster u. a.

Pilz, Gunter A. (2004): Mädchen und junge Frauen in gewaltbereiten, rechten Fußballszenen. In: C. Kugelmann u.a. (Hg.): Geschlechterforschung im Sport. Differenz und/oder Gleichheit. Hamburg, S. 45–58.

Pusch, Luise F. (1984): Mitgliederinnen. In: Das Deutsche als Männersprache, Frankfurt a. M., S. 163–164.

Reng, Ronald (2002): Der Traumhüter. Die unglaubliche Geschichte eines Torwarts. Köln.

Rowe, David (1997): Big Defence: Sport and Hegemonic Masculinity. In: Alan Tomlinson (Hg.): Gender, Sport and Leisure. Continuities and Challenges. Aachen, S. 123–127.

Schwier, Jürgen & Oliver Fritsch (2003): Fußball, Fans und das Internet. Baltmannsweiler.

Selmer, Nicole (2004): Watching the Boys Play. Frauen als Fußballfans. Kassel.

Selmer, Nicole & Almut Sülzle (2006): TivoliTussen und Trikotträgerinnen. Weibliche Fankulturen im Männerfußball. In: Eva Kreisky & Georg Spitaler (Hg.): Arena der Männlichkeit. Über das Verhältnis von Fußball und Geschlecht. Frankfurt a. M. & New York, S. 123–139.

Sülzle, Almut (2005): Männerbund Fußball – Spielraum für Geschlechter im Stadion. Ethnographische Anmerkungen in sieben Thesen. In: Martin Dinges (Hg.): Männer – Macht – Körper. Frankfurt a. M. & New York, S. 175–191.

Wetzel, Steffie (2000): Frauen in der Fußball-Fanszene: Weibliche Selbstdarstellung und Selbstwahrnehmung im Kontext eines männlich dominierten Umfelds. Unveröffentlichte Diplomarbeit. Frankfurt a. M.

Wetzel, Steffie (2005): Die im Dunkeln sieht man nicht …? Weibliche Fußballfans im Fokus von Marketing, Medien und Meinungsmachern. In: Antje Hagel, Nicole Selmer & Almut Sülzle (Red.): gender kicks. Texte zu Fußball und Geschlecht. KOS-Schriften 10, herausgegeben von der Koordinationsstelle Fan-Projekte bei der Deutschen Sportjugend. Frankfurt a. M., S. 28–35.

Williams, John (2005): Die kulturelle Produktion von Männlichkeiten im englischen und europäischen Profifußball. In: Eva Kreisky & Georg Spitaler (Hg.): Arena der Männlichkeit. Über das Verhältnis von Fußball und Geschlecht. Frankfurt a. M. & New York, S. 197–217.

Websites

„EFC Frieda": http://de.geocities.com/efcfrieda/frieda_story.htm, [Zugriff am 18.01.2006]

„Red-Black Crazy Girls": www.red-black-crazy-girls.de, [Zugriff am 18.01.2006]

„TivoliTussen": www.tivolitussen.de, [Zugriff am 18.01.2006]

„Uschifront": http://www.uschhifront.de.vu, [Zugriff am 27.02.2007]

Michaela Köttig

Lebensgeschichten von rechtsextrem orientierten Mädchen

Zu Beginn dieses Beitrags muss die Frage aufgeworfen werden: Kann die rechtsextreme Szene überhaupt als ‚Jugendkultur' verstanden werden? Dafür könnte sprechen, dass viele Jugendliche involviert sind und ihnen szenetypische Stil- und Kommunikationsmittel wie Kleidung, Musik, Internetforen oder Fanzines angeboten werden. Dagegen spricht, dass Rechtsextremismus in ganz unterschiedlichen Bevölkerungsmilieus anzutreffen ist: Rechtsextreme Orientierungs- und Handlungsmuster finden sich bei Jugendlichen, aber auch bei Älteren, bei GewerkschaftsvertreterInnen genauso wie in der Gothic-Szene. Damit spreche ich auch die Differenz an: In Jugendkulturen gibt es eine Tendenz sich abgrenzen zu wollen, in der rechtsextremen Szene dagegen ist – gerade momentan verstärkt – die Tendenz zu beobachten, möglichst unterschiedliche Milieus zu erobern und rechtsextreme Ideologiefragmente in möglichst viele Bereiche der Gesellschaft zu tragen. Das zeigt sich auch darin, dass sich Rechtsextreme äußerlich unauffälliger und angepasster in den jeweiligen Kontexten präsentieren und auf die als ‚szenetypisch' geltenden Stilmittel immer mehr verzichten. Ich plädiere deshalb eher dafür, das rechtsextreme Spektrum als politische Bewegung zu sehen und nicht im Sinne einer Jugendkultur wahrzunehmen.

Foto: Michaela Köttig

Das eigentliche Thema dieses Beitrags sind rechtsextrem orientierte Mädchen und Frauen. Ganz allgemein formuliert kann gesagt werden, dass das rechtsextreme Spektrum als männerdominiert gilt. Auf den ersten Blick scheint sich dies auch zu bestätigen, da primär Männer im Vordergrund agieren und ihre Gewaltbereitschaft demonstrieren. Werden Ausschnitte von Demonstrationen rechtsextremer Organisationen im Fernsehen gezeigt, schauen wir auf männliche Glatzköpfe, das gleiche gilt für Fotos in Zeitungen und Zeitschriften. Die Aufmerksamkeit der Medien ist auf den potentiellen Einsatz von Gewalt fokussiert, und die – so kann resümiert werden – geht tatsächlich in großem Maß von Jungen und Männern aus. Und dennoch ist dieser Blick einseitig, denn die Männerdominanz im rechtsextremen Milieu sollte über die unterschiedlichsten Beteiligungsformen von Mädchen und Frauen nicht hinwegtäuschen. Vielmehr sollte sich gerade deshalb unsere Aufmerksamkeit schärfen, weil die Mädchen und Frauen eher im Hintergrund agieren und sich damit unserem Blickfeld entziehen.

In meinem Beitrag werde ich zunächst einen Überblick über die Dimension und die Eingebundenheit von Mädchen und Frauen, die dem rechten Spektrum zuzuordnen sind bzw. sich selbst dort verorten, geben. Anschließend werde ich die Rolle der Mädchen in rechten Jugendgruppen erläutern und dabei sowohl auf politische Orientierungsmuster als auch ihren Umgang bzw. Zugang zu Gewalt eingehen und dies an einem Fallbeispiel festmachen.

Eingebundenheit von Mädchen und Frauen in das rechte Spektrum

Die Forschung zum Thema Mädchen und Frauen im Rechtsextremismus ist mit der Einschätzung konfrontiert, dass dieser Bereich ein Nebenschauplatz sei. Konkreter ausgedrückt bedeutet dies: Es existieren immer noch (Vor-)Urteile wie die, Rechtsextremistinnen könnten aufgrund ihrer geringen Präsenz vernachlässigt werden oder bräuchten in ihren politischen Aktivitäten nicht ernst genommen zu werden, da sie weitgehend in der Funktion als Freundin oder Ehefrau aufträten. Diese Beurteilungen halten sich in vielen Bereichen beharrlich, obwohl Wissenschaftlerinnen bereits seit Beginn der 1990er-Jahre auf der Basis ihrer empirischen Ergebnisse zu gegenteiligen Aussagen kommen. So konnte aufgezeigt werden, dass Mädchen und Frauen in den unterschiedlichsten Kontexten des rechtsextremen Milieus – also sowohl in rechtsextremen Skinheadgruppen und Kameradschaften als auch in ultrarechtsextremen Gruppierungen und in rechtsextremen Parteien – in unterschiedlichsten Funktionen auftreten. Die Zahlen über die Beteiligung von Mädchen und Frauen in den unterschiedlichen Kontexten variieren. Renate Bitzan hat die Angaben gebündelt und stellt die Beteiligung von Mädchen und Frauen in Form einer Pyramide dar:

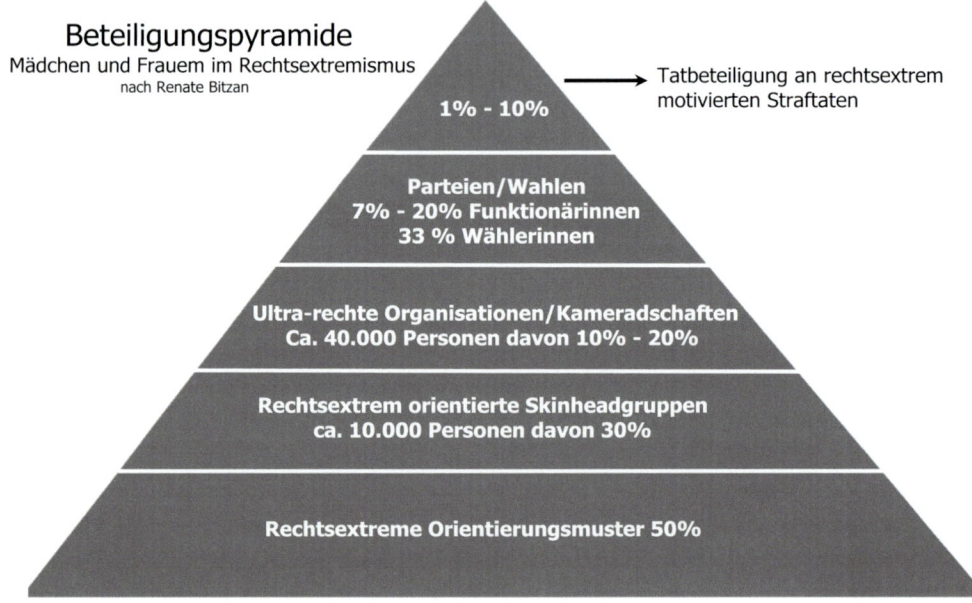

Die quantitative Beteiligung von Frauen erreicht in Parteien unter den FunktionärInnen bis zu 20 Prozent, ähnliche Größenordnungen sind bei ultrarechten Organisationen zu finden. In rechtsextrem orientierten Skinheadgruppen wird der weibliche Anteil durchschnittlich mit 30 Prozent angegeben. Mädchen und junge Frauen übernehmen die unterschiedlichsten Funktionen, dies reicht von Funktionärinnen über Organisatorinnen bis hin zu den so genannten Mitläuferinnen oder Freundinnen der männlichen Mitglieder. Leider kann jedoch nicht davon ausgegangen werden, dass diese so genannten Mitläuferinnen den größten Anteil in diesem Spektrum bilden. Ganz im Gegenteil scheint es eher so zu sein, dass sich Mädchen und junge Frauen aktiv in unterschiedlicher Hinsicht beteiligen – sofern sie sich über einen längeren Zeitraum im rechtsextrem orientierten Spektrum bewegen. Auch im Hinblick auf rechtsextreme Orientierungsmuster stehen sie ihren ‚Kameraden' in nichts nach. So kommen unterschiedliche Einstellungsuntersuchungen zu dem Ergebnis, dass Mädchen und junge Frauen in gleicher Weise – in manchen Bereichen sogar stärker noch als männliche Jugendliche – rechtsextremen Ideologien zustimmen. Besonders interessant ist zudem, dass seit Ende der 1990er-Jahre verstärkt Neugründungen von Mädchen- und Frauenorganisationen innerhalb der extremen Rechten zu beobachten sind und dass Mädchen und Frauen neue Medien wie das Internet für ihre politische Zwecke ebenfalls ausgeprägt nutzen.

Ein Unterschied zu Jungen und Männern scheint sich allein im Bereich der Gewaltbereitschaft und bezogen auf rechtsextrem motivierte Straftaten abzuzeichnen, hier wird die Beteiligung von Mädchen und jungen Frauen bis maximal 10 Prozent angegeben. Bei diesen Angaben ist jedoch zu berücksichtigen, dass in unserer Gesellschaft noch immer ein geschlechterrollenspezifischer Blick dominiert, der von Mädchen und Frauen verübte Gewalttätigkeiten sehr stark ausblendet. Davor sind weder die Medien noch die Polizei noch die Justiz gefeit, so dass die differenzierten und zum Teil subtilen Beteiligungsformen von Mädchen und jungen Frauen an rechtsextremen Straftaten in der Darstellung und Verfolgung der Taten der Gefahr von Ausblendung, Bagatellisierung oder Verzerrung unterliegen (Bitzan, Köttig & Schröder 2003).

Die Fokussierung auf männliche Rechtsextremisten birgt die Gefahr, dass die Aktivitäten von Rechtsextremistinnen unkontrollierter bleiben. Dies kann und wird zum Teil auch im rechtsextrem orientierten Milieu bewusst genutzt, beispielsweise bei der Anmietung von Räumen für Veranstaltungen oder von Internetportalen.

Außerdem vertreten Mädchen und Frauen in der Szene recht unterschiedliche Rollenverständnisse, die von der traditionellen Frauenrolle als Hausfrau und Mutter, über die Verknüpfung der Hausfrauen- und Mutterrolle mit Berufsinteressen bis hin zu ‚emanzipativen' Lebensentwürfen reichen. Renate Bitzan (Bitzan 2001) kommt in ihrer Studie zu dem Ergebnis, „dass es punktuelle Überschneidungen zwischen den Positionen rechter Frauen und denen linker feministischer Frauen geben kann. Patriarchats- und Sexismuskritik sind keine eindeutigen Erkennungszeichen für eine insgesamt herrschaftskritische, demokratische oder humanitäre Orientierung." Das heißt, es wird zunehmend haltloser davon auszugehen, dass es sich bei Mädchen und Frauen, die sich dem rechten Spektrum zuwenden, um Ewig-Gestrige handelt. Es wird aber auch für die übrige Gesellschaft schwerer, Abgrenzungen gegenüber beispielsweise emanzipierten rechten Mädchen und Frauen zu finden.

‚Typen‘ rechter Mädchen und junger Frauen

Generell kann gesagt werden, dass es *den* Mädchentyp in der Szene nicht gibt. Es lassen sich mindestens drei Typen unterscheiden: Die eindeutig zugehörigen, die ambivalenten und die unerkannten jungen Frauen. Die eindeutig Zugehörigen sind entweder am typischen Haarkranz (Kopf fast kahlgeschoren mit langem Pony, Koteletten und Nackenhaaren) als Skingirls (Renées) zu erkennen und tragen häufig Springerstiefel, Bomberjacken und andere typische Merkmale rechter Skinheads. Oder sie haben keine besondere Frisur, lassen sich aber zum Beispiel durch den rechten ‚Girlie‘-Look einschlägiger Kleidungsmarken und entsprechend offensives Auftreten leicht als rechtsextrem identifizieren.

Aryan Sisterhood, rechtsextrem orientiertes Frauenfanzine. Neue und alte Frauenbilder.

Die ambivalenten jungen Frauen sind unauffälliger gekleidet und in ihrer Selbstdarstellung mehrdeutig. Ihr Auftreten variiert, je nachdem, in welchem Umfeld sie sich gerade bewegen. Einerseits demonstrieren sie bei Bedarf durch entsprechendes Verhalten und eine dezente, aber eindeutige Verwendung von Symbolen als Kettenanhänger oder im Handy-Display ihre Zugehörigkeit zur rechten Szene. Andererseits zeichnen sie sich durch unauffälliges Verhalten aus, wenn es um Konfrontationen mit der ‚Außenwelt‘ zum Beispiel in der Schule, im Elternhaus oder im Umgang mit politischen ‚Feinden‘ geht. Dieses „Sowohl-als-auch" charakterisiert den ambivalenten Typus. Die jungen Frauen sind häufig ‚Grenzgängerinnen‘, die zwischen der Szene und anderen Zusammenhängen wechseln und dort jeweils akzeptiert werden. Im Unterschied dazu sind die gänzlich unerkannten Mädchen in ihrem Outfit und Auftreten nicht als rechte Mädchen zu erkennen. Sie tragen nur partiell szenetypische Kleidung und verhalten sich auch in rechten Zusammenhängen eher defensiv.

Derzeit kann beobachtet werden, dass sich rechte junge Frauen insbesondere im schulischen Rahmen weniger deutlich zu erkennen geben und sich mit einschlägigen politischen Äußerungen zunehmend zurückhalten. Dies ist jedoch kein geschlechtsspezifisches Verhalten, sondern entspricht einem übergreifenden Trend zur Verlagerung der Aktivitäten auf den Freizeitbereich und zur Vermeidung von Sanktionen. Junge Frauen sind in ihrer rechtsextremen Orientierung keinesfalls ‚harmloser' als Jungen und agieren außerhalb der Schule oft als feste Größen in der Szene.[1]

Meine Untersuchung

Seit Anfang der 1990er-Jahre beschäftige ich mich mit der Frage, wie es kommt, dass Mädchen und junge Frauen rechtsextrem werden. Dazu wählte ich einerseits ein biographie- und familiengeschichtlich-orientiertes Vorgehen (Köttig 2004), zum anderen habe ich als Sozialarbeiterin über ein Jahr eine rechtsextrem orientierte Jugendgruppe betreut, diese gleichzeitig teilnehmend beobachtet und die Interaktionen in der Gruppe später ausgewertet. Diese Gruppenanalyse und etwa 40 biographische Interviews und deren fallrekonstruktive Analysen bilden den Hintergrund für die nun folgenden Aussagen.

Ergebnisse

Wie bereits erwähnt, bietet die rechte Szene für alle erdenklichen weiblichen Rollenmodelle Möglichkeiten der Umsetzung und sie bietet auch eine große Bandbreite von Aktionsformen und Themen an, an denen sich die Mitglieder der Szene beteiligen oder mit denen sie sich beschäftigen können. Welche dieser Angebote die jeweilige junge Frau auswählt und wie sie sich innerhalb der Szene bewegt, ist nicht zufällig, sondern ganz eng mit familiengeschichtlichen und biographischen Erfahrungen verbunden. Das ist meine empirisch gesicherte Erkenntnis.

Ganz allgemein formuliert zeigte sich, dass die Hinwendung und Verortung von Mädchen und jungen Frauen innerhalb der rechtsextrem orientierten Szene in einem Prozess verläuft, der sich im wechselseitigem Zusammenwirken schwieriger biographischer, ‚unbearbeiteter' familiengeschichtlicher Themen und stützender sozialer Rahmenbedingungen vollzieht. Die von den Mädchen und jungen Frauen exponiert vertretenen und ausgelebten rechtsextrem orientierten Handlungs- und Orientierungsmuster sind dabei eng mit Themen aus der Familienvergangenheit und der Lebensgeschichte verbunden.

Was bedeuten diese Ergebnisse nun konkret? Zunächst einmal kann festgestellt werden, dass die Herausbildung rechtsextremer Orientierungs- und Handlungsmuster weder ausschließlich an eine Erfahrungsdimension gebunden ist, noch kann ein einmaliges Erlebnis ausschlaggebend sein. Erst durch das Zusammentreffen und -wirken spezifischer Erfahrungen entwickeln und transformieren sich rechtsextrem orientierte Haltungen. In diesem Prozess können zwar einzelne Dimensionen – wie die Angewiesenheit auf eine rechtsextrem orientierte Gleichaltrigengruppe oder die Identifikation mit den Großeltern und deren vermittelter Botschaften – eine größere Rolle spielen. Die Verortung der Mädchen und jungen Frauen im rechtsextrem orientierten Milieu ist aber nicht ausschließlich darauf zurück zu

[1] Diese Aussagen basieren auf Beobachtungen von Gabriele Elverich. Für einen gemeinsamen Vortrag unter dem Titel „Theoretische und praktische Ansatzpunkte für einen geschlechtsbewussten Umgang mit Rechtsextremismus in Schule und Jugendarbeit" auf der Fachtagung „Mädchen und junge Frauen im Spannungsfeld zwischen Demokratie und rechter Ideologie" (23./24.11.2006 in Dresden) haben wir unser Wissen in den Bereichen Schule und Jugendarbeit zusammengetragen.

führen, sondern durch ein wechselseitiges Zusammenwirken von Erfahrungen unterschiedlicher Erlebenszusammenhänge konstituiert. In dieser Entwicklung ist das Zusammenwirken von Erlebnisprozessen auf drei Ebenen bedeutsam, und zwar auf der Ebene der

    a) familiengeschichtlichen Transformationen

    b) biographischen Entwicklungen insbesondere im Hinblick auf die Elternbeziehungen
       und

    c) sozialen Rahmenbedingungen.

Zunächst möchte ich auf die familiengeschichtlichen Transformationen eingehen:

In den rekonstruierten Biographien zeigen sich deutlich Hinweise darauf, dass das ‚Rechts-Sein‘ der Biographinnen im Zusammenhang mit den von Großeltern und Eltern bisher nicht aufgearbeiteten und weitgehend dethematiserten Verflechtungen von Familiengeschichte und NS-Vergangenheit steht. Bezogen auf die Bearbeitung der Familiengeschichte während der Zeit des Nationalsozialismus deutet vieles darauf hin, dass bisher weder die Großeltern noch die Eltern der Biographinnen den reflektierenden Dialog über die Familienvergangenheit während der Zeit des Nationalsozialismus eröffnet haben. Es konnten in keinem der rekonstruierten Fälle Hinweise auf eine aufdeckende Auseinandersetzung über die Mitverantwortung sowie die Beteiligungen am Nationalsozialismus und über damit verbundene möglicherweise begangene Verbrechen gefunden werden. Ganz im Gegenteil zeigt sich, dass die Biographinnen Opfer- und Leidensgeschichten ihrer Großeltern thematisch ausbauen und Verdachtsmomente im Hinblick auf deren Täterschaft negieren. Als ein spezifisches Phänomen wird in den rekonstruierten Biographien zudem deutlich, dass die Großväter gar als NS-Helden konstruiert werden – das heißt, es werden ihnen positiv besetzte Funktionen und Aktivitäten im NS zugeschrieben, die sie in der von den Biographinnen dargestellten Weise nicht inne hatten. In diesem Zuschreibungsprozess verschmelzen bruchstückhafte Wissensbestände aus der NS-Vergangenheit der Großväter und Beziehungserfahrungen mit ihnen. So gelingt es den Biographinnen, sich entsprechend ihrer politischen Orientierung Identifikationsvorbilder innerhalb ihrer Familie zu schaffen.

Die Frage ist nun, wieso die Mädchen und jungen Frauen ausgerechnet ihre Großeltern – und hier insbesondere ihre Großväter – als Identifikationsvorbilder benötigen. Mit dieser Frage nähere ich mich der zweiten Dimension der Erfahrungsprozesse an, nämlich den biographischen Entwicklungen im Hinblick auf die Elternbeziehungen.

Als zentrales verbindendes Merkmal werden in den rekonstruierten Biographien unterschiedliche Facetten problematischer Entwicklungen im Hinblick auf Beziehungserfahrungen zwischen den Biographinnen und ihren Eltern sichtbar. Die Beziehungserfahrungen mit den Eltern sind dadurch gekennzeichnet, dass die Mädchen und jungen Frauen ihre Eltern nicht als verlässliche Bezugspersonen erlebten. In den rekonstruierten Biographien zeigt sich, dass die Mädchen und jungen Frauen im Verlauf ihrer Kindheit und Jugend entweder in unterschiedlicher Weise traumatisierenden Erlebnissen ausgesetzt waren oder das Erleben der Beziehungen zu den Eltern durch Ambivalenzen geprägt war. Ambivalente Erfahrungsmomente beziehen sich darauf, dass die enge Bindung an einen Elternteil im Verlauf des Lebens mit der Ab- bzw. Ausgrenzung des anderen

Elternteils verbunden ist. Diesen beiden Varianten ist gemeinsam, dass die Identifikation mit den Eltern und mit deren Handeln kaum entwickelt werden kann bzw. widersprüchlich bleibt. Ein schwieriges Generationenverhältnis zwischen Eltern und Kindern führt zu einer Hinwendung der Kinder zu den Großeltern und damit auch zu einer Identifikation mit deren tatsächlicher oder zugeschriebener Vergangenheit im Nationalsozialismus.

Neben der bisher skizzierten Bedeutung der familiengeschichtlichen Genese und der beziehungsdynamischen Prozesse zwischen Eltern und ihren Töchtern kann auch dem außerfamilialen Umfeld der Biographinnen ein erheblicher Stellenwert beigemessen werden – womit die dritte Erlebensdimension angesprochen ist. Die Rekonstruktion der Biographien zeigt, dass

Cover der rechtsextrem orientierten Frauenfanzines *Der Mädelbrief* und *Midgard*.

Institutionen der öffentlichen Erziehung wie Schulen, Jugendheime oder Jugendwohngruppen sowie Angebote der offenen Jugendarbeit, in denen die Mädchen und jungen Frauen sozialisiert werden, den Zugang zu rechtsextrem orientierten Gruppierungen, das Ausleben sowie die Aufrechterhaltung rechtsextrem orientierter Haltungen stabilisieren und ausweiten können. Insbesondere in pädagogischen Institutionen gelingt es zudem nicht, adäquate Hilfestellungen zur Aufdeckung der Ursachen für die Hinwendung zum rechtsextremen Milieu zu geben. Ganz im Gegenteil zeigen die Analysen, dass die Mädchen und jungen Frauen im Rahmen außerfamilialer Betreuungssituationen ihre rechtsextrem orientierten Haltungen ideologisch festigten und ihre Aktivitäten innerhalb des rechtsextremen Milieus intensivierten.

Anhand eines Fallbeispiels werde ich nun einerseits verdeutlichen, wie diese unterschiedlichen Erlebensdimensionen im Verlauf des Lebens der Biographinnen zusammenwirken und sich gegenseitig beeinflussen. Andererseits werde ich aufzeigen, wie eng die exponiert vertretenen rechtsextrem orientierten Haltungen und die Aktivitäten der Mädchen und jungen Frauen mit deren Familienvergangenheit und Lebenserfahrungen verwoben sind. Dafür habe ich den

Fall Svenja ausgesucht. Damit möchte ich zeigen, inwiefern sich ihre antisemitische Haltung aus ihrer Lebens- und Familiengeschichte sowie ihrer sozialen Umgebung erklären lässt, aber auch, wie wirkungsmächtig ambivalente Beziehungserfahrungen sind.

Fallbeispiel Svenja

Svenja wird 1983 in einem kleinen Dorf in Westdeutschland geboren, in dem sowohl ihre väterliche als auch ihre mütterliche Familie seit mehreren Generationen ansässig ist. Beide Familienzweige haben regelmäßig Kontakt miteinander. Ihre Eltern kennen sich bereits als Kinder und leben schon mehrere Jahre vor Svenjas Geburt zusammen. Bereits vor ihrer Geburt entwickelt sich eine Konstellation innerhalb der Familie und auch zwischen ihren Eltern, in der sich immer wieder zwei Personen verbünden und sich gegenüber Dritten abgrenzen. Konkret heißt das, dass sich Svenjas Vater mit seinem Bruder verbündet und damit bewirkt, dass sich seine Frau aus diesem Bündnis ausgegrenzt fühlt. Svenjas Mutter entwickelt eine enge Freundschaft zu einer ihrer Schulfreundinnen. Das Bündnis der beiden Frauen steht in Abgrenzung zu Svenjas Vater. Schon in ihrer frühen Kindheit wird Svenja in diese mitunter konflikthaft ausgetragenen Beziehungskonstellationen eingebunden. Als Svenja in der Grundschule ist, zieht ihre Mutter mit ihr in eine norddeutsche Großstadt. In dieser Phase entfernt sich Svenja von ihrer Familie – insbesondere von ihrem Vater – und entwickelt eine fast symbiotische Bindung an ihre Mutter – was insbesondere darauf zurück zu führen ist, dass sich Svenja wegen ihres starken Sehfehlers in der Großstadt allein hilflos fühlt und permanent auf ihre Mutter angewiesen ist. Als ihre Mutter nach drei Jahren mit Svenja wieder in ihren Herkunftsort zurückzieht, entwickelt die damals 10-jährige Svenja Ängste, dass sie ihre Mutter an ihren Vater verlieren könnte. Diese Befürchtungen werden etwa zwei Jahre später für Svenja real, als sich ihre Eltern einander wieder stärker zuwenden und in eine gemeinsame Wohnung ziehen. Svenja erlebt die Beziehungen zu ihren engsten Bezugspersonen mit der Gefahr verbunden, selbst ausgegrenzt zu werden und damit als unsicher. Sie bearbeitet die Gefahr einer möglichen Koalition der Eltern, indem sie sich zunehmend stärker gegen ihren Vater positioniert, um so die Zuwendung ihrer Mutter zu erfahren.

Die Abgrenzung gegenüber ihrem Vater gelingt Svenja, indem sie sich der rechtsextremen Szene zuwendet. Svenja kann so erreichen, den Zorn und die Ablehnung ihres Vaters auf sich zu ziehen, da ihr Vater sich in seinem Selbstverständnis und in seinem Habitus als ‚Linker' präsentiert. Ihre Hinwendung zur rechtsextremen Szene wird parallel zur Abgrenzung gegenüber ihrem Vater zunehmend intensiver und gleichzeitig auch radikaler. Die Radikalisierung ihrer Haltungen wird zudem dadurch unterstützt, dass sie sehr jung – also etwa mit 12, 13 Jahren – in die Gruppierung eingeführt und dort bis zu ihrem Erwachsenenalter sozialisiert wird. Hinzu kommt, dass diese Gruppierung als führender Impulsgeber des rechtsextremen Milieus gesehen werden kann, und zwar sowohl im Hinblick auf die intellektuelle ideologische Entwicklung dieses Spektrums in den letzten Jahrzehnten als auch bezogen auf die Gewaltbereitschaft diese Milieus. Svenja entwickelt engen Kontakt zu den männlichen ‚Führern' der Gruppierung, die ihr mit Respekt begegnen und sie als politische Aktivistin ernst nehmen. Es gelingt ihr so, die Anerkennung – die sie sich von ihrem Vater erhofft – stellvertretend in der rechtsextremen Szene zu erlangen. Doch trotz der ihr entgegen gebrachten Bestätigung korrespondiert ihre Zugehörigkeit dort mit der als unsicher erlebten Beziehung zu ihren Eltern: Wegen ihres starken und in der Szene geheimgehaltenen Sehfehlers muss Svenja auch dort befürchten, dass sich ihr vertraute Personen innerhalb der Gruppierung gegen sie wenden und sich gegen sie verbünden. Sie kann sich deshalb der Bindungen auch innerhalb der rechtsextremen Szene nicht sicher sein. Diese Unsicherheit bearbeitet Svenja, indem sie sich für Personengruppen wie Drogenabhängige oder Obdachlose einsetzt, die innerhalb des rechtsextremen Milieus üblicherweise ausgegrenzt werden. Sie könnte damit das Ziel verfolgen, dass langfristig – neben diesen Personengruppen – auch ‚Behinderte' zumindest von Teilen des rechtsextremen Milieus nicht länger ausgegrenzt werden, was auch ihre eigene Zugehörigkeit sichern könnte.

Neben dieser Bearbeitung ihres biographischen Themas – der unsicheren Bindungen – zeichnet sich noch eine weitere Ebene ab, die in Svenjas Familiengeschichte aufscheint. Wie bereits erwähnt sind beide Familienzweige von Svenja seit mehreren Generationen in einem kleinen Ort ansässig, mit Ausnahme der Großmutter väterlicherseits, die nach dem zweiten Weltkrieg als ‚Vertriebene' aus Ostpreußen in die Familie eingeheiratet hat. In ihrer Familie wird die Beteiligung ihrer Urgroßväter am Nationalsozialismus und die Erziehung ihrer Großeltern im ‚Dritten Reich' dethematisiert, während der Fluchtgeschichte ihrer Großmutter väterlicherseits ein zentraler Stellenwert eingeräumt wird. In den politischen Orientierungs- und Handlungsmustern von Svenja werden beide Aspekte zum Thema. So interessiert sie sich für die Politik bezogen auf die ‚deutschen Ostgebiete' und beschäftigt sich auf unterschiedlichen Ebenen mit politischen Häftlingen, der Gesetzgebung und dem Strafrecht. Darin zeigt sich eine thematische Parallele zu ihren Urgroßvätern, die beide während der Zeit des Nationalsozialismus im Rahmen der Wehrmacht für die Bewachung von Gefangenen zuständig waren. So greift Svenja durch ihre Zugehörigkeit zur rechtsextremen Szene und indem sie in ihren politischen Aktivitäten Bezug auf die Zeit des Nationalsozialismus nimmt, dethematisierte Bereiche aus der Familiengeschichte auf. Interessant ist hierbei, dass Svenja auf der ihr bewussten Ebene vermutlich nicht weiß, dass ihre Urgroßväter für die Bewachung von Gefangenen zuständig waren. Meine Informationen darüber stammen aus Archivrecherchen. Dies bedeutet, dass in Svenjas politischen Aktivitäten thematische Bezüge zu Lebensbereichen der Urgroßeltern im Nationalsozialismus sichtbar werden, die von ihr selbst nicht bewusst erinnert werden. Bei Svenja zeigt sich dieses Phänomen auch im Hinblick auf weitere Aktivitäten innerhalb der rechtsextrem orientierten Szene. So wird gegen sie polizeilich ermittelt, weil sie im Rahmen eines Internetchats eine Sequenz aus einem in der rechtsextrem orientierten Szene verbreiteten Lied zitiert hat. Sie schrieb: „Wetzt die Messer an dem Bürgersteig, lasst sie flutschen in den Judenleib." Wird diese antisemitische Äußerung im Kontext der historischen Entwicklung ihres Herkunftsortes betrachtet, so zeigt sich, das ergaben umfangreiche Recherchen zu dieser Gemeinde, dass das Dorf, in dem ihre Familie seit Generationen ansässig ist, bis Anfang der 1930er-Jahre das Zentrum jüdischen Lebens in der Umgebung war. Nach der Machtübernahme Hitlers trafen sich abends in einer Gaststätte des Ortes regelmäßig SA-Einheiten. Nach ihren Zusammenkünften zogen die SA-Abteilungen durch das Dorf und warfen Scheiben der Häuser jüdischer Familien ein. Ausgelöst durch diesen andauernden Terror gaben nach und nach sämtliche EinwohnerInnen jüdischen Glaubens ihre Häuser auf und flohen. Bereits 1937 hatten alle jüdischen Familien den Ort verlassen, lediglich ein älteres Geschwisterpaar war zurück geblieben. Diese Geschwister wurden 1942 im Morgengrauen überraschend abgeholt und kamen kurze Zeit später in Konzentrationslagern um. Am Nachmittag des Deportationstages bekamen alle Kinder des Ortes schulfrei und mussten vor dem Haus der Geschwister antisemitische Lieder singen. Unter diesen Kindern waren sicherlich auch Svenjas Großeltern, die zu diesem Zeitpunkt zwischen acht und dreizehn Jahre alt waren und damit das schulpflichtige Alter erreicht hatten. Hinzu kommt, dass die SA-Einheiten bei ihren terrorisierenden Umzügen durch das Dorf den Refrain eines ‚Horst-Wessel-Liedes‘ sangen, in dem es heißt: „Wenn das Judenblut vom Messer spritzt, geht es nochmal so gut." Dieser Refrain zeigt eine auffällige Parallele zu dem Textausschnitt, den Svenja im Internetchat zitierte, indem sie schrieb: „Wetzt die Messer an dem Bürgersteig, lasst sie flutschen in den Judenleib." Svenja spricht im Interview nicht über die Bedeutung jüdischen Lebens in ihrem Herkunftsort und auch nicht über den Terror der NationalsozialistInnen gegenüber der jüdischen Bevölkerung. Dennoch werfen diese Parallelen zumindest die Frage auf, inwiefern Svenjas antisemitische Aktivitäten durch subtile Formen der intergenerationellen Weitergabe beeinflusst sind. Im Fall von Svenja konnte allerdings auf der Basis des vorhandenen Datenmaterials weder ein konkreter Zusammenhang rekonstruiert noch herausgefunden werden, welche Rolle Svenjas Urgroßeltern einnahmen, als in ihrem Ort jüdische Menschen terrorisiert wurden.

Dieser Fall veranschaulicht zum einen, dass bisher ungenügend verarbeitete biographische Entwicklungen von den Biographinnen innerhalb des rechtsextrem orientierten Milieus reproduziert und stellvertretend bearbeitet werden. Zum anderen korrespondieren die Aktivitäten und exponiert vertretenen rechtsextremen Haltungen sowohl mit biographischen Erfahrungen als auch mit Themen aus der Familiengeschichte.

Das Fallbeispiel Svenja zeigt, dass Mädchen und junge Frauen sich nicht ‚zufällig‘ dem rechtsextremen Milieu zuwenden und dass ihre Aktivitäten dort in einem engen Zusammenhang zu ihrer Familienvergangenheit und den Erlebnissen in der eigenen Biographie stehen. Das heißt, der Rechtsextremismus von Mädchen und Frauen ist nicht einfach nur eine unbedeutende Spielart, die ungefährlich ist und sich von selbst erledigt, sondern dahinter stehen sehr vielschichtige und lebenslang aufgebaute Dynamiken, die jeweils spezifisch sind. Wie hier sichtbar wurde, können Mädchen und junge Frauen im rechtsextremen Milieu deshalb nicht als unpolitische Anhängsel der männlichen Mitglieder gesehen werden. Es ist höchste Zeit, diese Annahme endlich aufzugeben.

Literatur:

Bitzan, Renate (2001): Zurücklehnen ist nicht … Zur Involviertheit von Frauen in die rechtsextreme Szene. In: *K(r)ampfader.* H. 15, S. 6–9 und S. 26–31.

Bitzan, Renate, Michaela Köttig & Berit Schröder (2003): Vom Zusehen bis zum Mitmorden. Mediale Berichterstattung zur Beteiligung von Mädchen und Frauen an rechtsextrem motivierten Straftaten. In: *Zeitschrift für Frauenforschung und Geschlechterstudien,* 21. Jg., H. 2+3, S. 150–170.

Elverich, Gabriele & Michaela Köttig (2006): Theoretische und praktische Ansatzpunkte für einen geschlechtsbewussten Umgang mit Rechtsextremismus in Schule und Jugendarbeit. Vortrag auf der Fachtagung „Mädchen und junge Frauen im Spannungsfeld zwischen Demokratie und rechter Ideologie" am 23./24.11.2006 in Dresden. Unveröffentlicht.

Köttig, Michaela (2004): Lebensgeschichten rechtsextrem orientierter Mädchen und junger Frauen – Biographische Verläufe im Kontext der Familien- und Gruppendynamik. Gießen.

Graffiti
Breakdance
Rap

Mädchen und junge Frauen
im HipHop

Pyranja

Let's Go Girls!

Ein Gespräch mit der Rapperin Pyranja über Mädchen und junge Frauen im HipHop

Pyranja, stell' dich doch mal selbst vor…

Unter dem Pseudonym Pyranja bin ich seit über zehn Jahren in der deutschen HipHop-Szene als Rapperin aktiv. Ich war bei drei unterschiedlichen Plattenfirmen unter Vertrag, bevor ich im Jahr 2004 mein eigenes Label „Pyranja Records" gründete. Insgesamt habe ich im Laufe der Jahre diverse Singles, die drei Solo-Alben „Wurzeln & Flügel", „Frauen & Technik" und „Laut & Leise", zwei EPs sowie das Album „Einmal um Blokk" in Zusammenarbeit mit dem Künstlergruppe „Ostblokk" herausgebracht. Davon erschienen zwei Alben und eine EP auf „Pyranja Records". Parallel zum Rappen gebe ich Rap-Workshops an Schulen und in Jugendeinrichtungen, schreibe Kolumnen für ein Stadtmagazin und bin Moderatorin und DJ bei *Radio Fritz*. Außerdem hatte ich die Ehre, mich in den Filmen „Will einmal bis zur Sonne gehen" [Das kleine Fernsehspiel, ZDF/arte] und „Status Yo!" [Kinofilm] selbst zu spielen.

FOTO: KATJA KUHL

Es gibt nicht viele aktive Frauen im HipHop. Woran liegt das?

In all den Jahren meiner Karriere wurde ich in unzähligen Interviews nach den Gründen befragt, warum es meiner Meinung nach wohl so wenige Rapperinnen gebe. Ich würde sogar behaupten, dass mir diese Frage weitaus öfter gestellt wurde als jede andere. Oft erschien es mir, als wäre mein Geschlecht im HipHop und Rap für die Öffentlichkeit viel interessanter als meine Musik und meine Fähigkeiten im Rap an sich.

Die HipHop-Kultur ist eine ganz eigene, spezielle Lebenswelt mit einem klaren sozialen Ordnungssystem, festen Regeln, definierten Orten und einem tradierten Normen- und Wertesystem. HipHop ist eine performative Kultur, eine Kultur des Machens und Produzierens, in der Realness und Authentizität zentrale Qualitätskriterien und Bewertungsmaßstäbe sind. Die Ästhetik von Rap stützt sich auf eine urbane, individualistische und maskuline Identität. HipHop gestaltet sich nach einem patriarchalischen Konzept von Männlichkeit, das heißt, die Frauen werden über ihre Bedeutung für die Reproduktion des Mannes definiert und Männlichkeit wird im Rap konsequent als Gegenkonzept zu Weiblichkeit konstruiert. So sind alle Formen der Auseinandersetzung in dieser Szene prinzipiell Dialoge unter Männern.

Der Grund dafür, dass HipHop zu Beginn ganz überwiegend männlich geprägt wurde, ist vielleicht der, dass HipHop eine sehr öffentliche Kultur ist, die sich auf „street credibility" beruft. Die Aneignung der „Regeln der Straße" war schon immer weitgehend ein Privileg männlicher Rebellion. So erhielten anfangs auch im HipHop eher Männer als Frauen die Möglichkeit sich zu artikulieren und auszudrücken. Solidarität unter Männern – einer Crew, einer Band – ist ebenfalls ein wichtiges Element dieser Identität, das zum Beispiel Frauen ausschließt. Die HipHop-Kultur hat prinzipiell einen progressiven Ansatz, dennoch werden bestehende Konstruktionen von Gender reproduziert. Hier spielen vor allem der soziale Rahmen wie die Einbindung in den afroamerikanischen Kontext und das Konzept des gesellschaftlichen Außenseiters zentrale Rollen. Opposition an sich ist hier für die Konstruktion von Männlichkeit sehr relevant.

Opposition zu was?

Die HipHop-Kultur bewegt sich hauptsächlich im Spannungsfeld zwischen der Tradition afroamerikanischer Kunst und der Hybridisierung ihrer Ursprünge. Dies hat dazu geführt, dass innerhalb der HipHop-Kultur der Dialog über rassistische Unterdrückung stets vorrangig war. Dem gegenüber wurde die Debatte über Sexismus und die Rolle der Frau kaum geführt. Die Orientierung am Männlichen ist im HipHop bis heute vorherrschend.

Warum ist es so schwer, im HipHop die Geschlechterrollen zu hinterfragen? Immerhin gibt es auch diese Jugendkultur schon etwas länger.

Dass es Frauen und Mädchen nicht wenigstens in den letzten zehn Jahren der über dreißigjährigen Geschichte des HipHop gelungen ist, die Kultur zunehmend im weiblichen Sinne zu beeinflussen, liegt möglicherweise auch daran, dass Rap-Musik für Mädchen und Frauen weniger interessant ist, da für sie weniger Identifikationsmöglichkeiten geboten werden.

Warum vergleichsweise wenige Frauen rappen, hat vor allem mit der männlichen Hegemonie zu tun, die noch immer alle Bereiche unserer Gesellschaft tangiert und die im HipHop wegen dessen Herkunft besonders deutlich wird. Es ist nicht für alle Frauen interessant, etwas verkörpern zu wollen, was sie immer wieder neu unter Beweis stellen müssen – im ständigen Versuch einer Selbstfindung zwischen Männerphantasien und weiblichen Rollenklischees. Es ist für Mädchen und Frauen weitaus einfacher, sich der HipHop-Kultur als Konsumentin zu nähern als aktiv einen als authentisch empfundenen Beitrag dazu zu leisten. Denn nur, wenn sich der innere Wandel von der Konsumentin zur Produzentin wirklich vollzogen hat, wird eine Frau zu dieser Kultur dauerhaft und nachhaltig etwas beitragen können. Die unterproportionale Präsenz von Frauen in dieser Musikkultur, zumindest auf Seiten der Produzenten, hat ihre Ursache also einerseits in der Struktur, die die Männer bevorzugt und

Foto: Katja Kuhl,
www.katjakuhl.com

andererseits in den kulturellen Konstruktionen von Geschlecht, die diese Musikszene dominieren.

Was denkst du über die Vorbehalte, dass es im HipHop auch sexistische Tendenzen gibt?

Ich denke, dass das in den gängigen HipHop-Kommunikationsmitteln transportierte Frauen-bild nicht ursächlich ist für die fehlende aktive Beteiligung von Frauen als Produzentinnen der Kultur. Die sexistischen Darstellungen von Frauen in HipHop-Videos und auf Fotos können nicht als alleinige Gründe gesehen werden, die Frauen davon abhalten könnten, mit dem Rappen überhaupt anzufangen.

Die in der deutschen Öffentlichkeit teilweise vorherrschende Einschätzung, dass HipHop wegen Frauen verachtender Inhalte die aktive Beteiligung von Frauen verhindert, ist fragwürdig. In den letzten Jahren stiegen die Indizierungen der BPjM [Bundesprüfstelle für jugendgefähr-dende Medien] von deutschen Rap-Tonträgern wegen sexistischer, frauenfeindlicher und Ge-walt verherrlichender Texte sprunghaft an. Diese werden in der öffentlichen Wahrnehmung, neben den teilweise sexistischen Darstellungen von Frauen auf Fotos, im Artwork und in den Videos unzähliger Rapper, oft für den geringen Frauenanteil in der HipHop-Kultur verantwortlich gemacht. In meiner Diplomarbeit, die ich an der Universität der Künste in Berlin zu diesem Thema geschrieben habe, habe ich aber herausgefunden, dass sich die Mehrheit der Frauen und Mädchen von diesen Texten weder angesprochen noch angegriffen fühlt. Sie fassen die Texte nicht wörtlich auf und verstehen sie nicht als Tatsachenberichte, sondern eher als symbo-lische Inszenierungen. Keine meiner Interviewpartnerinnen fühlt sich innerhalb der Rap-Szene eindeutig diskriminiert. Das Spektrum der gemachten Erfahrungen ist breiter und vielschich-tiger, die interviewten Rapperinnen selbst gehen insgesamt äußerst reflektiert und gewisser-maßen ‚nachsichtig‘ mit diesem Thema um. Sie sagen, als Frau müsse man immer auch mit männlichen Gegnern und starren Vorurteilen rechnen, nicht nur in der HipHop-Kultur, sondern auch in allen anderen Bereichen. Als problematisch empfinden sie es dagegen, dass die Anwe-senheit unzähliger Groupies in der HipHop-Szene bei den männlichen Rappern ein realitäts-fremdes Frauenbild hervorrufe, was ihnen wiederum das Erreichen von Akzeptanz und Aner-kennung innerhalb der Szene erschwere.

Was würdest du Mädchen und jungen Frauen mit auf den Weg geben, um sich in dieser männlich dominierten Szene zu behaupten?

HipHop im Allgemeinen und Rap-Musik im Speziellen stellt Frauen und jungen Mädchen nur eine sehr limitierte Anzahl an Weiblichkeitsrollen zur Verfügung. Die rangieren in der Regel zwischen den beiden Polen ‚Heilige‘ und ‚Hure‘. Es gibt also kaum alternative Modelle von Weiblichkeit – doch gerade dies sollten die Frauen als Chance sehen, sich selbst neu zu erfinden und zu definieren.

Eine Rapperin muss sehr viel Willenskraft und Durchsetzungsvermögen besitzen. Leider gelten diese Eigenschaften in unserer Gesellschaft als nicht besonders weiblich. Die unterschiedlichen Rollenmuster, die Jungen und Mädchen in ihrer Entwicklung durchlaufen und die ihnen durch sozial und historisch bedingte Zusammenhänge anerzogen werden, sind ebenfalls bei der Suche nach einer weiblichen Identität innerhalb der Rap-Kultur hinderlich. Zudem wirkt die aggressive Kultur der Battles und Competitions auf Mädchen nicht genauso anziehend wie auf Jungen.

Soweit einige wenige Frauen trotzdem mit dem Rappen anfangen, ist es für sie zunächst schwerer, sich in der Rap-Szene zu behaupten, da sie in dem ganz überwiegend männlich besetzten Feld der HipHop-Kultur gegen Vorurteile ankämpfen und sich dauerhaft durchsetzen müssen. Haben sie jedoch erst einmal ihre Authentizität bewiesen, wird ihnen sowohl von den Medien als auch vom Publikum größere Aufmerksamkeit entgegengebracht. Für Rapperinnen gibt es wegen ihrer geringen Anzahl noch immer viele Marktlücken. Das sind Chancen für künftige Generationen weiblicher MCs.

Die weiblichen MCs, die ich für meine Diplomarbeit befragt habe, wollen vor allem als ernst zunehmende, eigenständige, zielstrebige, selbstbewusste und authentische Künstlerinnen wahrgenommen werden und nicht allein durch ihre Weiblichkeit stimulieren. Rapperinnen müssten sich künftig auch außerhalb eines männlichen Wertesystems bewegen können. Jede Künstlerin muss sich ihre eigene, ganz persönliche Nische suchen und ein neues Selbstbewusstsein entwickeln, unabhängig von männlich besetzten Kategoriesystemen und Bedingungen. Rapperinnen sollten nicht nur ihre eigenen, persönlichen Netzwerke aufbauen, pflegen und erweitern, sondern sich auch aktiv in die überwiegend männlichen sozialen Verbunde innerhalb der Rap-Szene einbringen. Denn nur so kann eine starke weibliche Präsenz nach außen dauerhaft gewährleistet werden.

Rapmusik kann im Vergleich zu anderen Musikgenres mit unaufwändigen Mitteln betrieben werden. Dadurch wurde die Demokratisierung von Produktionsprozessen entscheidend vorangetrieben. HipHop ist also durchaus eine progressive Musikkultur. Es bleibt zu hoffen, dass sich in Zukunft die geschlechtlichen Rollenzuweisungen lockern. Das kann jedoch nur geschehen, wenn die Frauen von sich aus anfangen, die dafür erforderlichen Prozesse selbst in Gang zu setzen und zu steuern. Let's go girls!

Interview: Gabriele Rohmann

Mehr Informationen zu Pyranja:
www.pyranja.de
www.myspace.com/pyranja

So Oda So

written by Pyranja

1. strophe

ey, manchmal wach ich auf und seh mein leben vorbeiziehn. ich hab vielleicht schon was erreicht, doch kann nicht sagen, es reicht mir. ich will nicht mehr verstehen müssen, will nicht mehr so viel nicht dürfen. seh mich und gefallne würfel, wer will meine tränen küssen? ich tu nur so als wär mir alles egal, belüg mich selbst und sag: es ist ja nur spaß. jetzt, wo ich schon mal da bin, frag ich nicht, was ich darf. also steh mir nicht im weg, sonst sag ich tschüss und das wars. doch viele probleme, sie ziehen ein wieder und wieder, fast ohne trost und halt, immer tiefer und tiefer, dann kommt der große knall, dem man sich nicht entziehn kann und alles fängt von vorne an. so läuft das prinzip man. ich denke schon, dass eigentlich ein jeder mehr verdient hat. es zählt wie sehr du etwas willst, man davon hängt das spiel ab. ich seh zurück und merke, wirklich nichts war vergebens, denn heute ist der erste tag meines restlichen lebens.

chorus:
so oda so kann ich vieles in kauf nehmen
so oda so gehört mein leben nur mir
so oda so werd ich dann irgendwann draufgehn
so oda so hab ich nichts zu verlieren
so oda so werd ich hürden in kauf nehmen
so oda so gehört das morgen nur mir
so oda so wird die sonne neu aufgehn
so oda so haben wir nichts zu verliern

2. strophe

der tiger sitzt im käfig und träumt von der steppe. diese ewige ferne würd er so gern entdecken. das gitter im blickfeld, der ausweg voller ketten und dazu die gewissheit: niemand kommt, um dich zu retten. die blume der wüste kann den regen nicht vergessen. die oase da drüben ist ein mythos, fast besessen sucht sie in der heißen glut nach allerletzten resten, nur einem einzigen tropfen, um die sehnsucht zu bekämpfen. komm fühl die wichtigen dinge, wie die sonne, den mond, wie die erde, das wasser, begreif das leben im tod. bitte liebe die momente, die sich nie wiederholn. sieh es einfach mal so: nichts kann dich wirklich bedrohn. ich kann ja nicht mal sicher sagen, wonach ich wirklich suche. ich weiß nur, dass leidenschaften zum teil immer auch ein fluch sind. vertreib die bösen geister und beweis dir, dass du gut bist, entscheid für dich allein und finde endlich raus, was mut ist.

3. strophe

es ist ne menge passiert in letzter zeit. ich denk oft, ich erfrier und bin es nur leid, eingeengt und gezähmt, doch so will ich nicht sein, schlag den kopf durch die wand und fang an zu schrein. du hast nur einen weg und nur einen versuch. komm, verfass dein gebet, sammle all deinen mut und ganz egal, wo du stehst oder was du auch tust, überleg, was du willst und dann trau es dir zu. alles kann morgen vorbei sein oder ewigkeiten leben. du hast nur eine chance, such dir deinen weg und geh ihn, verpass nicht den moment, in dem sich räder für dich drehn und falls du etwas brauchst, nimm dir raus, es dir zu nehmen. sobald sich etwas staut, lass es raus, es sind nur tränen. vertrau dem, was du glaubst und dem traum aus deiner seele. ich schau mich und weiß ich kann nicht einfach nur dabei sein. der tau besiegt den staub und ich die grenzen meiner freiheit.

Thomas Schwarz

Zur Rekonstruktion narrativer Identität und Weiblichkeit im HipHop: Weder „Heilige" noch „Hure" – Portrait einer Rapperin

Einleitung

Das weite Feld der Popkultur ist von der Dominanz weißer Männlichkeit geprägt, einmal abgesehen von den bewussten „Festschreibungen auf das weibliche Geschlecht" (Reitsamer & Weinzierl 2006, S. 9). Das verdeutlichen mittlerweile zahlreiche Girl-Groups oder Phänomene wie die androgyn geprägte Visual-kei-Szene japanischen Ursprungs und die Riot Grrrls. Als die Newcomer „des Girl Group-Pop der achtziger Jahre" galten die „Mädchencrews der Hip Hop-Szene", deren „messerscharfer, schlagfertiger Protz-und-Prahl-Stil […] eine gänzlich neue Dimension in die Musik der Mädchenbands" (Greig 1998, S. 189) einführte. Bis dato boten Identifikationsfiguren wie die Pop-Ikone Madonna Anknüpfungspunkte für eine emanzipierte Weiblichkeit und für die Revolution weiblicher Rollenzuschreibungen, während der ehemalige Kinderstar der Disney-TV-Serie „The Mickey Mouse Club", Britney Spears, sowie die US-amerikanische Popsängerin und ebenfalls ehemalige Moderatorin des „Mickey Mouse Club", Christina Aguilera, „sich primär am Imagerepertoire des altbewährten Lolita-Spiels bedienen" (Baldauf 2006, S. 70). „Madonna bedrohte das männliche Ego mehr, als daß sie ihm

Illustration: ill.One, www.ILL-ATTACK.de

schmeichelte […] Sie war und ist eine Narzisstin, eher sexuell selbstbewußt als ein Lustobjekt. Und tausende junger Frauen, die sich in ihr wiedererkannten, bewunderten mit ihrem Idol zugleich die eigene Schönheit." (Greig 1998, S. 177)

Renate Nestvogel weist auf die bei der Sozialisation durch weibliche Vorbilder impliziten komplexen kognitiven Prozesse der Identitätsbildung hin, „die in enger Verbindung mit der jeweiligen Geschlechtersozialisation stehen." (Nestvogel 2002, S. 220) Auf dieser basieren dann die „sozial konstruierten Geschlechtsrollen und deren Verankerung in der weiblichen Subjektivität." (Keupp et al. 2002, S. 154) In der Kultur des HipHop werde „Weiblichkeit als Projektionsfläche für männliche Phantasien begriffen", und das „Subjekt Frau" könne sich demzufolge „nur über die mimetische Angleichung an eine männliche Bilderwelt herstellen." Als eine Lesart biete sich daher an, HipHop als „eine patriarchal organisierte, männlich dominierte und sexistische Kulturpraxis" zu begreifen (Klein & Friedrich 2003, S. 206).

Das „Spektrum männlich produzierter Weiblichkeitsbilder" (ebd.) spiegelt sich demnach in vielfältigen ‚Typen' der Kategorien von Sexualität und Enthaltsamkeit wieder: „Hure, wilde Weiber, verträumte Teenager, Schlampen, folgsame Mädchen, schutzbedürftige kleine Dinger, verklemmte Jungfrauen, Opfer, erlebnishungrige Ausreißerinnen, zornige Furien" stellten jene „dominante Kategorisierungen von Mädchentypen dar." (Baldauf & Weingartner 1998, S. 17) Gabriele Klein und Malte Friedrich nennen neben zum Teil identischen Bezeichnungen (bzw. schreiben „schutzbedürftige Kindfrauen" statt „schutzbedürftige kleine Dinger") noch „mediensüchtige Chicks", „folgsame Groupies" sowie „unnahbare Queens" als „entsprechende Images, welche die Geschichte des HipHop begleitet haben." (Klein & Friedrich 2003, S. 206 f.)[1]

Allerdings, schreibt Ingeborg Schober, gibt es auch Frauen, „die nicht mehr Hure oder Heilige spielen wollen" und „mit einem unglaublichen Selbstbewußtsein verunsichern. Diese bunten, schrillen, schrägen exotischen Wesen, diese fröhlich-albernen Mischungen aus naivem Kinder-Vamp und weiser Hexe, Schlampe und Intellektueller erscheinen als gefährliche Dämonen, Teufel und sind mit Sicherheit verdorben und damit auch jugendgefährdend." (Schober 1998, S. 163) Auf der anderen Seite müsse die Rap-Bewegung sich anhören, „ihre Musik sei amoralisch in ihrem Feiern des Verbrechens, der Schusswaffen, in ihrer Frauenfeindlichkeit, Aggressivität und in ihrem Lärm." (Toop 1998, S. 86)[2] Im Fokus stehen hier Rapper wie *Sido* oder *B-Tight,* die beim HipHop-Label Aggro Berlin unter Vertrag sind, oder *Bushido,* der Aggro Berlin „laut eigenen Aussagen aus persönlichen Gründen" im Juni 2004 verließ (http://de.wikipedia.org/wiki/Aggro_Berlin), Rapper, „die sich als die letzten chauvinistischen Idole präsentieren" (Jacob 1998, S. 82).

Veröffentlichungen des Labels Aggro Berlin erregten nicht zuletzt die Aufmerksamt der Bundesprüfstelle für jugendgefährdende Medien (BPjM), da die Texte geeignet seien, „Kinder und Jugendliche ‚sozialethisch zu desorientieren', urteilte die BPjM." (Bauer 2005) „Aggro Ansage Nr. 2", der zweite Sampler von Aggro Berlin, erschien 2001, wurde aber später indiziert und schließlich unter dem Titel „Aggro Ansage Nr. 2 X" noch einmal veröffentlicht. In der Neuveröffentlichung fielen die Songs, die zur Indizierung geführt hatten, teilweise weg (darunter *B-Tights* „Psycho Neger B") oder wurden durch andere ersetzt (ZDeeV o.J. [2007]).

Frauen und Mädchen würden an vielen Stellen abwertend etwa als ‚Nutte' oder ‚Muschi' bezeichnet. „Sie hätten zur sexuellen Befriedigung des Mannes Geschlechtsverkehr ‚in allen

[1] Mercedes Bunz nennt in diesem Zusammenhang das Beispiel der US-amerikanischen Rapperin, Sängerin und Musikproduzentin *Missy Elliott,* die im ersten Video ihres zweiten Albums, „She's A Bitch", „in sechs Identitäten aufgelöst" werde, darunter als „Insektenmensch", im „Cowboy-Outfit" und im „Punk-Outfit" sowie „in schwarzem Pelz als Rapperin gekleidet und reimend." Das Video soll mit einem Budget von 1,2 Millionen Dollar ausgestattet worden sein (Bunz 2001, S. 285).

[2] Während zunächst nur Independent Labels an derartigen Inhalten interessiert waren, nahmen seit den 1990er-Jahren auch marktführende Labels eben jene Rapper unter Vertrag, weil sich herausstellte, was sich am besten verkaufen ließ: Texte über Gewalt und sexualisierte Kontexte im städtischen Raum (Rosenthal 2006, S. 666).

Varianten' auszuführen: ‚Ihr wollt Romantik? Ich fick mit der Faust! Ich mag es, wenn Du weinst. Komm, Nutte, bounce. Spar dir Deine Blumen, hoch mit dem Rock!' (aus ‚Pussy' von Bushido)." (Bauer 2005)

In dem indizierten Text von *B-Tight* heißt es zum Beispiel: „Ich bin übergeil auf Sex und habe null Respekt für das andere Geschlecht, ich misshandle es zurecht, […] ich bin agressiv mit ner Vollzeitlatte stets auf der Suche nach Beef[3] […] Ich bin B-Tight, trage Silber kein Gold, meine Coolness macht Frauen feucht, wenn ich einen roll, rauche ich ihn alleine und verführe Frauen mit Ecstasy, schleppe sie ins Hinterzimmer […] und fessel sie. Ich bin Pimpplayer und dazu ein dope MC, versucht mich eine Nutte zu rippen, dann hängt sie." *(B-Tight: „Psycho-Neger B!")* Oberflächlich betrachtet handelt es sich dabei sicher um frauenfeindliche, sexistische und mithin gewaltverherrlichende Worte „als Ausdruck nekrophiler Misogynie [Frauenhass; Weiberfurcht]", um „sadomasochistische Fantasie", schreibt Elisabeth Bronfen in „Nur über ihre Leiche. Tod Weiblichkeit und Ästhetik" (Bronfen 2004). Jener „Widerspruch zwischen Abwehr und Faszination" führte Bronfen dazu, „die affektive Wirkungskraft weiblicher Todesdarstellungen als eine unheimliche Verschränkung zwischen einer Angst vor und einem Begehren nach dem Tod zu beschreiben und diese Fantasieszenarien deshalb mit kulturellen Symptomen zu vergleichen" (ebd., S. VI).

„Den oft sexistischen Milchbubenphantasien" der Aggro Berlin-Rapper, so das Nachrichtenmagazin *Der Spiegel* in dem Artikel „Hier reimt die Unterschicht" über deutschsprachigen Rap, widme „sich die Hauptstadt-HipHopperin Pyranja auf ihre Weise: […] ,Ich will zeigen, dass auch Frauen dieses Macho-Vokabular gebrauchen können', sagt sie." *(Der Spiegel 14/2005, S. 176)*

Mit dem Ungleichgewicht zwischen Männern und Frauen in der HipHop-Kultur könne höchstens noch der Black Metal konkurrieren, so das Genrelexikon auf www.musicline.de über das Geschlechterverhältnis im HipHop, wobei sich im Falle des HipHop die Dominanz der Männer noch ganz gut geschichtlich begründen lasse. Der Ursprung von HipHop liegt in der Bronx, „einem durch schwarze Hautfarbe und Armut doppelt benachteiligten New Yorker Viertel", in dem Wettkämpfe unter den ersten MCs „bald schon an die Stelle blutiger Bandenkämpfe treten" sollten, doch „der Wettkampf-Gedanke wie er im Battle-Rapping seinen Ausdruck findet", fand für den HipHop richtungweisend unter Männern statt und schloss Frauen einfach aus. „Durch die gewaltsamen Kämpfe um die Nachbarschaft hatten sich vor allem Männer als Verfechter ihrer Hood herausgetan. Diese Tradition wurde in die Grundsäulen der HipHop-Kultur eingeschrieben." (Vgl. www.musicline.de)

In dem folgenden Fallportrait der Rapperin Iw, welches auf dem Datenmaterial eines ca. 100-minütigen narrativ geführten Interviews in der Privatwohnung der Befragten Ende August 2004 basiert, sollen die in der eingangs geleisteten Bestandsaufnahme angesprochen Aspekte weiblicher Rollenmuster im Bereich popkultureller Musik(-produktion) und -rezeption neben den ebenfalls skizzierten Fragen adoleszenter Identitätskonstruktion anhand von ausgewählten und analysierten Interviewsequenzen interpretierend verdeutlicht werden.[4]

[3] Die Bezeichnung „Beef" (engl. Rindfleisch) für eine Frau wird hier in despektierlicher, mithin pejorativer Form gebraucht. Die feministische und vegan lebende Autorin Carol J. Adams hat sich mit ihren Schriften „The Sexual Politics of Meat: A Feminist-Vegetarian Critical Theory" (1990) sowie zuletzt in „The Pornography of Meat" (2003) an eine literatur- und kulturwissenschaftliche Analyse über die soziale Bedeutung von Fleisch und den damit verbundenen Diskurs über die verschiedenen Konnotationen von Konsumption in der patriarchalischen Sprache – wie in der Sage von Zeus und Metis – gemacht.

[4] Zur Rekonstruktion narrativer Identität vgl. Lucius-Hoene & Deppermann 2004. Die Interviewdaten erscheinen hier anonymisiert, obwohl „Iw" im Rahmen dieser Buchveröffentlichung ihre Anonymisierung auf eigenen Wunsch aufgegeben hat. Ihr Künstlername und der Verweis auf ihre Website finden sich in den Angaben unter ihren Illustrationen, die sie für diesen Beitrag freundlicher Weise zum Abdruck freigab.

Portrait der Rapperin Iw

Iw ist im November 1980 im norddeutschen B-Stadt geboren, bewohnt – nach einem Umzug der Familie („mit sieben, acht") in das noch kleinere R-Stadt des gleichnamigen Landkreises – eine gemeinsame Wohnung mit ihrem älteren Freund und studiert im fünften Semester Sozialpädagogik. Iw hat einen vier Jahre jüngeren Bruder, der ebenfalls in der HipHop-Szene aktiv ist und rappt und der nach abgeschlossenem Zivildienst in einer Großstadt im Süden Deutschlands wieder bei den Eltern eingezogen und auf Ausbildungssuche ist. Die Eltern seien früher „Hippies" und zudem „politisch sehr aktiv" gewesen. Die Mutter, eine Yoga-Lehrerin, bietet Kurse für Schwangere an und arbeitet mit Hebammen zusammen. Sie habe auch kurz nach dem Umzug den Vegetarismus in die Familie gebracht. Zu ihrem Vater macht Iw keine beruflichen Angaben, äußert aber, dass dieser „voll aktiv", „im Stadtrat", „im Landtag bei den Grünen", „im NABU", „Mitglied bei Greenpeace und Pro Vieh" und „grundsätzlich sehr tierfreundlich" sei. Iw beschreibt sich selbst als „voll öko auf jeden Fall, aber ich seh' ja nicht so aus." Ihr Bruder habe sich viel stärker als sie von den Eltern abgegrenzt. „Der ist leider 'n kleiner Sexistenarsch total, isst halt auch Fleisch und alles und säuft und kifft und alles und der ist ziemlich anders, aber der ist auch noch'n bisschen jünger. Vielleicht ändert sich das ja noch." So habe ihr Bruder der Mutter vorgeworfen, ihn als „Weichei" erzogen zu haben.[5]

Illustration: ill.One

„Mein Bruder wurde halt auch nicht jetzt irgendwie halt so machomäßig erzogen, sondern im Gegenteil, der war halt auch total so sensibel früher und alles, und das ist halt als Mann schwer. [...] Ich mein', das ist gut seinen Sohn [so] zu erziehen, aber das passt dann nicht mit der Gesellschaft zusammen, und [...] da ist man als Mann oder Junge besser gesagt dann einfach total übel Druck und Repressionen ausgesetzt, wenn du halt so das Weichei bist. Als Frau macht das nichts, wenn du halt soft und sensibel bist, aber als Typ haste da echt 'n schweren Stand. [...] weil's eben einfach als Typ so schwierig ist, weil es nicht akzeptiert ist gesellschaftlich gerade bei Jugendlichen ja sowieso, wo man dann so macker [...] und drum hat er sich glaub ich ganz stark in die Gegenrichtung entwickelt so, dass er jetzt der totale Macho-Arsch geworden ist und halt voll sexistisch und voll die ätzende Meinung Frauen gegenüber und Schwulen sowieso, darfst du gar nicht anfangen mit, also total, ja er ist eigentlich das totale Gegenteil von mir. [...] Er ist auch neunzehn jetzt [...] oder zwanzig wird er. Aber vielleicht ist das ja auch alles jetzt noch hier so pubertätsmäßig. Man sagt ja auch, bei Jungs ist Pubertät ja auch später und länger so nach hinten. Ich schätz' mal so, das wird auch noch etwas moderater dann alles mit der Zeit. [...] Also, ich hab' auch 'n guten Kontakt, 'n gutes Verhältnis zu ihm mittlerweile, aber der ist halt schon ganz anders von Ganzen her."

Mit 15 Jahren ist Iw zunächst in die Punk-Szene gekommen und während dieser Zeit „in einen Typen verknallt" gewesen, „der war zu der Zeit Veganer". Im Folgenden vollzog Iw selbst eine

[5] Anzieu weist darauf hin, dass die Mutter dem Jungen nicht nur in bemutternder und ernährender Beziehung gegenüberstehe, sondern sie definiere sich zu ihm auch bezüglich des Geschlechtsunterschiedes. „Unabhängig von jeglicher spezifischen Pathologie projiziert sie auf ihren Sohn genitale Vorstellungen, die durch das Inzesttabu einerseits und durch die unbewußte Präsenz des ödipalen sowie zeugenden Vaters andererseits charakterisiert sind." (Anzieu 1996, S. 65)

Änderung ihres Lebensstils, „nicht um ihn zu beeindrucken", sondern „weil der mir die Hintergründe erklärt hat". So erfolgte ein langsamer Übergang zur Veganerin, „mit sechzehn, siebzehn", was sie dann „volle Elle gemacht" habe, „kein Leder gekauft, keinen Honig gegessen". Mittlerweile nehme sie es allerdings „in Kauf", wenn Schuhe einen Lederanteil hätten, „obwohl ich das eigentlich auch nicht so gut finde", „ich kauf mir auch nicht so oft Schuhe". Iw hat lange Haare mit Rastazöpfen, sie ist tätowiert und gepiercht.

„Tattoos find' ich geil. [...] Wollt ich schon immer gerne haben, auch als Kind schon, wo ich achtzehn war, durft' ich dann endlich. Sind leider viel zu teuer, sonst hätt' ich noch viel mehr."

In den Unterarm hat sie sich das Wort „respect" tätowieren lassen:

„[...] so meine Lebensmaxime, und die wird auch, denk' ich mal, ewig für mich gültig bleiben [...] und irgendwann, wenn ich's mir verdient hab', werd' ich mir noch Courage auf den anderen [Arm] tätowieren lassen."

ZAHLTAG, FUKKAS...

UND EINES MORGENS ERGAB MIT EINEM MAL ALLES EINEN SINN: ES MUSSTE **GEHANDELT** WERDEN !

Illustration: ill.One

Eintritt in die HipHop-Szene

Iw erzählt, genau an ihrem 18. Geburtstag ihren ersten Rap geschrieben zu haben.

„[...] nachdem ich halt mehr so die Battleschiene gefahren bin, also so dieses Aggressive mehr so mit Fäkalausdrücken und hin und her, mach ich jetzt zum Teil auch noch, aber ich bin jetzt seit also weiß' nicht, seit ein, zwei Jahren seh' ich halt auch zu, dass ich die politische Schiene wieder mehr aktiviere so, und da geh' ich halt besonders in so Sexismusgeschichten, was glaub' ich 'ne komplette Neuheit für'n HipHop ist, soweit ich weiß, weil das eigentlich total sexistisch eigentlich mehr ist, HipHop im Großteil, im Mainstream so. Und, da habe ich auch lang überlegt, ob ich das so reinbringen soll, mach ich jetzt aber doch und das sehr erfolgreich auch. Und jetzt werd' ich halt auch erstmalig explizit das Veganismusthema und Tierrechtsthema mit reinziehen [...]"

In den frühen Phasen aktiver Musikaneignung gewinnen zunächst HipHop-Formationen wie *Die Fantastischen Vier* oder *Criss Cross* („die fand ich so toll") an Bedeutung. Ruth-Gisela Klausmeyer schreibt in einer psychoanalytischen Abhandlung über das „Musik-Erleben in der Pubertät" (1976), dass Jugendliche sich zu ihrer Erholung Musik aneignen, „wenn das reale Dasein unerträglich zu werden droht – im Bereich der Wunscherfüllung, nahe den Perversionen." Entspannt tauche der oder die Jugendliche wieder „aus der Welt der unbewußten Wünsche" auf und könne „nun einen neuen Schritt in seiner Ichentwicklung und Selbstfindung tun in Richtung auf die Realitätsanpassung." (Klausmeier 1996, S. 154)

„HipHop fand ich eigentlich schon früher, also seit ich angefangen hab', Musik zu hören, fand ich das schon cool [...] da war ich vielleicht zwölf so round about [...] und das ging halt

total ab fand ich. Und selbst damals, ich kann mich noch genau erinnern, ich kann mich erinnern, dass ich da bei meinen Eltern auf'm Balkon saß und dachte, ‚irgendwann will ich auch auf 'ner Bühne stehen und rappen' und damals konnt' ich's ja überhaupt noch nicht, aber ich dachte mir damals schon, vielleicht, wenn man sich irgendwas vornimmt und das ganz ganz doll will und sich da irgendwie nicht von abbringen lässt, dass man dann auch alles erreichen kann, und na ja, das ist ja lustig, dass es jetzt doch so gut geklappt hat und ich jetzt tatsächlich auf 'ner Bühne stehe und Rap mach', obwohl das ja über Umwege war, weil ich ja zwischendurch in der Punkszene mehr war. Also, es war ja so, wie gesagt, damals fand ich HipHop schon gut und dann mit fünfzehn bin ich halt in die Punkszene gekommen, und das ist ja zum Teil sehr dogmatisch da auch, dass man da eben Punk hört und alles andere ist auf jeden Fall scheiße und total assi […] da war ich auch noch nicht so selbstbewusst, dass ich da so mein eigenes Ding direkt gefahren hab', […] mit 15 ist man ja auch mehr so'n Herdentier […]."

Illustration: ill.One

Iw sieht zwischen beiden – Punk und HipHop – (und anderen) Szenen durchaus einen gewissen Schnittpunkt, der sich im Konsum von Drogen manifestiere:

„Na ja, also diese Szenen […] die überschneiden sich durch Drogen und Alkohol […], Kiffen tun Punker, tun HipHopper, tun Techno-Leute, und da vermischt sich das dann eben einfach so. Ich hab' halt auch noch viel gekifft damals so. Das ist dann so der gemeinsame Nenner quasi, dadurch kommt man auch zusammen […]"

Drogenkonsum im Zentrum individueller und kollektiver Erfahrungsräume

„Also ich habe sieben Jahre lang hardcore durchgekifft, also die schlimmsten Zeiten von morgens um sechs bis nachts um zwölf. Und in der Zeit hab' ich auch Speed genommen und kurze Zeit lang auch so Pilze und Pappen, also LSD und Psilocybin-Rauschpilze. Ja also, dieses Kiffen war bei mir am längsten und Hart-Alk [Spirituosen] war zwischendurch auch, also ich hab' da echt schon einiges durchgemacht so, und das war glaub' ich auch gut, dass ich die extreme Phase hatte und jetzt die andere. Also, es ist jetzt so, sonst hätt' ich auch nicht aufhören können, ich lass' mir das jetzt so offen, dass ich, wenn ich mal Bock hab', 'n Joint zu rauchen, kann ich das machen so."

Das Experimentieren mit halluzinogenen und bewusstseinsverändernden Substanzen spielt offenbar nicht nur in der Annäherung unterschiedlicher (musikorientierter) (Jugend-)Szenen eine zentrale Rolle, sondern spiegelt sich auch in den individuellen Beziehungsmustern bei Iw wider, wie an der folgenden Sequenz des Interviews deutlich wird:

„Na ja, also, das ist ganz witzig gewesen. Also das war glaub' ich bei diesen Hauptdrogen, die ich hatte, also Speed, Alkohol und Hasch, das ist witzigerweise ganz einfach so gelaufen bei allen drei Sachen, dass ich 'n Freund kennen gelernt, also dass ich 'n Mann kennen gelernt hab' über diese Droge, indem man sich halt zusammen besoffen hat oder indem man halt zusammen immer gekifft hat oder Drogen konsumiert, halt Speed gezogen hat, dass ich den darüber kennen gelernt habe, aber durch die Beziehung dann mit dem, die ich mit ihm hatte, also partnerschaftliche Beziehung, davon dann wieder losgekommen bin von dieser Droge genau und sogar Aversionen entwickelt hab', weil diese Freunde jeweils bei diesen drei Suchtmitteln, die waren halt auch ziemlich süchtig sag' ich mal, und das hat einem dann auch so das Hässliche da dran vor Augen geführt, so dieses halt, [...] was Süchtige halt haben, dieses Gierige [...] und so, was ich auch hatte so, aber wenn man das an 'nem anderen sieht, dann wird es einem doch noch bewusster so. Und das ist ja eigentlich, das war wie gesagt bei all diesen drei Hauptsuchtmitteln war das so. [...], also als ich aufgehört hab' so viel zu kiffen, das war, wo ich angefangen hab' zu studieren, also vor, warte, drei Jahren circa, ja, zwei drei Jahren. Und mein jetziger Freund hier, der kifft halt auch, der kifft seit zwanzig Jahren halt auch den ganzen Tag und so, und wir sind auch darüber zusammengekommen. Wir haben uns bei unserem Dealer kennen gelernt. Und jetzt tu ich's nicht mehr. Und das [...] find' ich halt so witzig, dass es bei all diesen Hauptdrogen so gelaufen ist über'n Freund so, dass ich 'n Freund darüber kennen gelernt hab' und dass sich das darüber dann wieder aufgelöst hat."

Offenbar führt nicht allein der Beginn des Studiums zu einem weitgehenden Bruch mit der drogenexperimentellen Vergangenheit. Die Drogenkarriere einer Tante gibt schließlich den Impuls zu einem reflektierteren Umgang mit Drogen:

„Und halt bei Kiffen, damit musst' ich aufhören, weil ich sonst 'ne Psychose gekriegt hätte wahrscheinlich und da hatt' ich natürlich nicht so Lust drauf. Grad weil ich da auch genetisch denk ich mal vorbelastet bin, bei meiner Tante war's genauso, die hat auch früh mit Drogen angefangen und die ist jetzt auch, ja die geht psychisch am Stock sozusagen. Und es hat ja auch meistens so irgendwelchen manischen und schizophrenen Geschichten am Start. Und man sagt ja auch, dass gerade Hasch latente Sachen halt auch rausholen kann."

Im laufenden Jahr habe sie „vier Mal am Joint gezogen"; das sei „jetzt schon fünf Monate her, das passiert fast gar nicht", was für Iw offenbar ein Indiz dafür ist, dass ihr eine gewisse Kontrolle über ihren Umgang mit Drogen gelungen ist („Es ist natürlich besser nicht süchtig zu sein.“). Sie räumt ein, sich „gelegentlich […] auch mal auf 'ner Party" zu betrinken, „aber alles moderat, weil früher hab' ich diesen Extrem-Scheiß, was Drogen und Rauschmittel im Allgemeinen angeht, hatt' ich halt früher schon mit Saufen auch und alles. Nur Zigaretten geraucht hab ich nie". Sie sei zwar „jetzt nicht so komplett drogenfrei", aber habe ein gewisses Maß der Selbstkontrolle erreicht.

„[…] bei Drogen oder Alkohol gibt man Geld dafür aus um sich selbst zu schaden, das ist […] irgendwie abstrus […] ich hab' das jetzt so etwas auf das Essen verlagert, meine ganzen Suchtgeschichten so, ich geb' halt total viel Geld für Essen aus, […] weil vegane Sachen sind zum Teil ja schon teurer."

Ambivalenzen und Widersprüchlichkeiten in Bezug auf den eigenen Drogenkonsum und die Selbstwahrnehmung bzw. die Einschätzung der kreativen Schöpfungen anderer spiegeln sich im Interview an verschiedenen Stellen, so auch in dieser Sequenz, wider:

„Das kommt halt auch immer, wenn man viel säuft und Drogen nimmt, so dann kriegt man's halt nicht so auf die Reihe das zu fokussieren so die Energie. Auch mein Plus jetzt, dass ich da nichts, dass ich da jetzt sag' ich mal komplett gar nichts konsumiere, krieg' ich mehr auf die Reihe als die ganzen anderen Jungs hier aus R., die auch total gut rappen und auch viel mehr, qualitativ viel mehr auf die Reihe kriegen als ich."

Einerseits zeigt Iw sich durchaus überzeugt von ihren selbstverfassten Texten im Vergleich zu den männlichen HipHoppern aus dem Ort. Auch in der größeren Zahl ihrer Live-Auftritte gegenüber den „Jungs" findet sie Bestätigung für ihr Können:

„[…] ich hab' die meisten Konzerte auf jeden Fall und so. Das kommt bestimmt daher, dass ich halt nicht trink' und auch nicht mehr kiff' und auch sonst keine Drogen mehr nehme, daher ist man dann halt auch konzentriert."

Andererseits bringt Iw trotz allem tiefe Bewunderung für die männlichen HipHop-Aktivisten zum Ausdruck:

„Also bei mir ist immer das Problem, dass ich mit der Quantität total Probleme hab', also Qualität kann ich mir glaube ich guten Gewissens sagen, dass das in Ordnung ist auf jeden Fall, dass da immer gute Sachen bei raus kommen, aber ich brauch' so lang, ich weiß nicht wieso. Die Jungs, die andern Jungs aus meiner Ex-Crew oder die Russen da oder mein Bruder oder sonst wer, die setzen, weiß ich nicht, setzen sich Samstag zusammen, saufen ordentlich sich einen, schreiben dann zack 'n Text, nehmen den zack auf und haben innerhalb von ein zwei Tagen 'n fertigen Track am Start und das machen die drei Mal die Woche so ungefähr. Die hauen was raus, Alter, die haben, da kann ich nur immer mit offenem Mund da stehen, ich

NO NEED for a Man

(love ya'self!)

yeah...
not at all!

Illustration: ill.One

weiß nicht, wie die's machen, keine Ahnung, das find' ich immer ziemlich frustrierend. Weil ich mein', ich hab' zum Teil halt schon komplexere Inhalte [...] brauch' ich trotzdem voll lange."

Ihren ersten Auftritt hatte Iw im März 2002 im örtlichen Jugendzentrum als Vorgruppe für eine Deutschrockband, kurz danach trat sie in einem anderen Jugendzentrum im Vorprogramm eines Punk-Konzertes auf. Einen ersten größeren Erfolg verzeichnet Iw für sich – bei insgesamt neun Auftritten bis zum Zeitpunkt des Interviews – bei einem ,Band-Contest', also einem Wettbewerb, und dem damit verbundenen „Auftritt auf dem Stadtfest":

„Zweite bin ich da geworden, als einzigster Solo-Act, als einzigster HipHop-Act und in der Endrunde als einzigste Frau muss ich mal anmerken."

Eine Zusammenarbeit mit zwei männlichen HipHoppern erweist sich wegen persönlicher Differenzen als nicht nachhaltig:

„[...] wir hatten auch oft so Differenzen wegen Sexismusgeschichten. Er meinte, ich wär' 'ne verbohrte Emanze, weil ich Pornos und Prostitution nicht so komplett befürworte unbedingt."

Sowohl Iw als auch die beiden Rapper gingen fortan getrennte Wege.

„Also, je mehr sich mein eigenes Selbstbewusstsein und so entwickelt hat und meine eigene politische Einstellung, desto mehr hab' ich halt auch gesagt, dass ich halt nicht Sachen wie Fotze oder so was, will ich halt nicht im Stück haben, wo ich halt mitrap.[6] Und das konnt' er halt nicht verstehen, und ich würde doch auch sexistische Sachen gegen Männer sagen, aber das ist auch nicht das Gleiche meiner Meinung nach, weil, ne, Sexismus gegen Frauen hat ja schon eine etwas längere Tradition und Sexismus gegen Männer ist ja mehr so ein demonstratives Ding, um eben dem Sexismus gegen Frauen zu begegnen [...]."

Die Produktion einer eigenen CD als Prozess der Selbstfindung und Grenzerfahrung

Im Jugendzentrum in der Nähe kann Iw für eine geringe Monatspauschale den Proberaum und das offenbar technisch gut ausgestattete Studio („superteures Studiomikrophon", „Computer mit Computerprogrammen", „top ausgerüstet") nutzen, was „auch andere Bands" für sich in Anspruch nehmen. Ihr erstes Album enthält „Lieder, die innerhalb von zwei Jahren entstanden sind", so auch Tracks aus dem gemeinsamen Projekt mit den männlichen Rappern. Die Aufnahmen hätten insgesamt „voll lange gedauert", und die Produktion der CD sei „hammerhart" gewesen, „weil ich eben auch nicht alles allein machen kann, also Beats kann ich nicht selbst machen, Cuts, also so

[6] Tatsächlich findet der Begriff sich aber doch in einem Text wieder, allerdings um die pejorative Verwendung des Begriffes für ein Mädchen, eine Jugendliche oder eine Frau zu verurteilen und Analogien von Rassismus und Sexismus als Formen der willkürlichen Unterdrückung zu thematisieren: *„Ich will hier nicht ausdiskutiern / wer es letztendlich schwerer hat / als ,Nigger' in 'nem weißen Land / oder als ,Fotze' im Patriarchat / so läuft das ja nicht erst seit heute: / Reproduktions-automat / oder rechtloser Sklave / Hure und primitiver Heide / Leibeigentum warn beide / beide benutzbares Fleisch / dieses Bild ist in vielen Köpfen / so noch existent / ES REICHT!!"* (Auszug Liedtext)

Scratche, DJ-mäßig kann ich nicht selbst machen, ich kann nicht mit Grafikprogrammen umgehen, Mischen kann ich nicht, das mussten also alles andere Leute machen."

Das farbige Album-Cover wurde von einem Freund des Ex-Freundes gestaltet, der Anfang 30 und von Beruf eigentlich Tätowierer sei, vom Arbeitsamt aus aber eine Umschulung zum Mediengestalter mache und „der total Alkoholiker ist", „der ist eben im besten Sinne Alkoholiker, so dass er seinen Korn dann immer die ganze Zeit am Start hat" und daher „ziemlich schusselig und auch ziemlich langsam" sei. Das Cover sei aber „gut geworden letztendlich", „weil ich bin ja auch so perfektionistisch drauf, ich muss es dann auch ganz genau haben, auf jeden Fall, wie ich mir das auch vorstelle."

Ihr Freund habe ihr während der Zeit der Gestaltung des Covers „Steine in den Weg gelegt, weil der ist immer so super eifersüchtig". Als Außenstehender könne man es sich „halt nicht vorstellen, wie aufwändig so was ist", und „der dachte, ich will ihn total verarschen, dass ich da jede Woche zweimal nach V-Stadt fahre, um dieses blöde Cover da fertig zu machen, weil er sich's halt gar nicht vorstellen konnte, dass das so lang dauert, und was ich dann da immer noch mach' und so".

Weitere Unterstützung in musikalischer und technischer Hinsicht holte sich Iw über lokale Szene-Kontakte („Russen-Freunde am Start"), die ein „paar Jahre jünger" seien, deren universale Kompetenzen sie aber vollkommen anerkennt und honoriert:

„[…] ich weiß nicht, ob die einfach so Naturtalente sind oder ob die sich halt so da rein gefuchst haben, die sind halt technisch total geil drauf. Die machen auch die Beats hauptsächlich für mich, und die haben's auch alles auch für mich gemischt […] und die Aufnahmeleitung zum Teil gemacht, den Beat geschnitten hinterher […] dass der Beat dann auch auf das Gesagte so passt und an den passenden Stellen Pausen sind und Unterbrechungen […] Und da habe ich echt Glück und die machen's halt auch umsonst. Also ich hab' denen dann für die CD jetzt halt, weil das ja auch so viel Arbeit zum Teil für die auch war, hab' ich denen halt Döner ausgegeben und Bier und so was halt, aber im Großen und Ganzen haben die's halt umsonst gemacht."

Für die Zukunft plant Iw eine EP „mit drei oder fünf Tracks", eine „Frauen-Scheibe" mit eben solchen Inhalten, „weil ich eher die politische Schiene weiter ausbauen will". Es soll sich dabei um eine „conscious-Scheibe" handeln, wobei „conscious" „so'n stehender Begriff in der Szene" sei – „und da fällt bei mir halt alles so drunter, also sowohl diese Tierrechtsgeschichte als auch sag' ich mal Schwulendiskriminierung oder Homosexuellendiskriminierung allgemein als auch eben so feministisches Zeug fällt da ja alles für mich drunter, weil's ja auch alles ein Ding ist eigentlich in verschiedenen Ausläufern." Iw unterstreicht, dass sie mit dieser neuen, zweiten Produktion „ein Gegengewicht setzen" wolle:

Illustration: ill.One

„[…] es ist ja immer leicht irgendwo gegen zu sein, aber damit ist ja noch lang nicht gesagt, wofür man nun eigentlich ist. Und ich finde, der gemeinsame Nenner von dem Ganzen

Illustration: ill.One

7 An dieser Stelle verweise ich auch auf eine Arbeit von Maria Suutala. Das 17. Jahrhundert mit der Mechanisierung des Weltbildes ist von zentralem Interesse für die Geschichte der Naturzerstörung und der Unterdrückung der Frau. Als Teil der wissenschaftskritischen und ökologisch-feministischen Diskussion rückt die Autorin die Bedeutung der Religion und der Wissenschaft im Herrschaftsdenken in den Mittelpunkt. Das Neue liege vor allem in der Erforschung der Idee des Tierischen als des Bösen: Während die Renaissance allseits gegen das Tierische kämpfte, werde nun das Tierische besonders in die Frau hineinprojiziert. Die Frau ist nicht nur tierisch, sondern sie wird sogar als das böseste aller Tiere angesehen. Zur Bezähmung der Frau gehörte die Vernichtung der Weiblichkeit, namentlich in ihrer Sexualität, die als unersättlich erachtet wurde (Suutala 1999).

jetzt, also gegen Diskriminierung von Ausländern, Schwulen, Frauen, Tieren sonst was ist, dass man eigentlich Respekt haben sollte vor dem Ganzen."

„Oder wenn jemand Feministin ist, aber gleichzeitig Fleisch isst, das kann ich nicht verstehen. Wenn ich sag', ‚hier, ich will nicht, dass Schwarze diskriminiert werden, weil sie schwarz sind', dann kann ich nicht sagen, ja, es ist aber in Ordnung, Tiere zu diskriminieren, nur weil sie Tiere sind'. Oder wenn man sagt, ‚es ist fürchterlich, was da im Dritten Reich passiert ist, weil da Juden vergast wurden', finde ich, ist es auch nicht in Ordnung, dass jetzt Tiere vergast werden. Und es ist tatsächlich [so], dass sie vergast werden, jetzt hier diese männlichen Küken von Eier, von ja Legehennenproduktionen sag' ich mal in Anführungszeichen."

Hier schließt sich im Grunde der Kreis, sogar in zweifacher Hinsicht, nämlich in der Separation durch die Kategorien Geschlecht – wobei diesmal nicht die Eigenschaft ‚weiblich' das entscheidende Kriterium ist, sondern die des angeborenen männlichen Geschlechts im Fall der Küken – *und* der Spezies (‚Tier'). Der Speziesismus ist ein Begriff, der von dem Tierrechtsphilosophen Richard Ryder eingeführt wurde (Ryder 1975) und der das Fleischessen als eine (weitere) Form der Unterdrückung, wie sie auch von Carol J. Adams begriffen wird, bezeichnet.[7]

„Und drum hab' ich dieses Respektismus erfunden. Das beschreibt eigentlich alles. [...] meine spirituellen Aspekte, meine politischen Aspekte, meine emotionalen Aspekte, das umschreibt das alles sehr schön und beschreibt mich auch so ganz gut, drum hab' ich's mir auch tätowieren lassen."

„Kompensationsfeminismus"

Eine weitere Wortschöpfung von Iw ist der Begriff des „Kompensationsfeminismus", der wiederum, wenn auch nicht die reale Aufhebung, so doch aber als Protest gegen soziale Wirklichkeiten, die von ihr als gesellschaftliches Übel empfunden werden, fungieren soll:

„Also, das ist so, dass ich Feminismus, ich bin nicht irgendwie feministisch oder [hab'] 'ne feministische Einstellung, weil ich mir denk', dass Frauen irgendwie besser sind oder so. Gibt bestimmt auch Feministinnen, die das so sehen. Das sehe ich halt nicht so. [...] also, ich würde mich jetzt auch nicht ohne weiteres als Feministin bezeichnen. Ich mein', mein Denken ist schon feministisch, aber eben nur, soweit, so lange eben ein Ungleichgewicht herrscht also. Wir leben ja im Patriarchat, das kann man ja irgendwie nicht bestreiten. Und das heißt, es gibt ja ein Machtgefälle und das schon seit mehreren tausend Jahren, was nicht in Ordnung ist. Und, sag' ich mal, Frauen sind schon weiter unten in der Nahrungskette, sag' ich mal, oder in dieser Machtpyramide, wenn man so will, und das find' ich halt scheiße und deswegen werde ich halt, sag' ich mal, so lang feministisch, bis es ausgeglichen ist."

Wie ernst es Iw mit diesem Ansinnen zu sein scheint, wird auch darin deutlich, dass sie nicht nur in ihren Rap-Texten gesellschaftskritische und feministische Positionen artikuliert. Auch im Rahmen ihrer Diplomarbeit möchte Iw sich mit diesem Problembereich auseinandersetzen: „So grob geht's halt um Sexualnormen und Konventionen des Patriarchats und deren destruktive Auswirkungen auf Männer und Frauen".

„Und ich hab' halt gesehen, dass dieses Stück [...] das [hat] ja eigentlich total radikal-feministische Inhalte und dadurch, dass das eben durch den Beat und den Gesang und den Rap halt ja, dieses Stück finden total viel Leute geil, also auch Türken, Russen, Jungs, halt alles, die eigentlich auch, gerade Türken jetzt hier. Ich sag' ja auch eher [...] was gegen [...] Islam und Religion und so was, und die finden das Stück alle geil, was für mich total erstaunlich war, weil ich dachte, das mach' ich jetzt halt mal für Frauen so und für Mädchen, und trotzdem finden's auch ganz viel Typen total geil [...]."

Rap-Texte als Gesellschafts-, Medien-, Religions- und Szene-Kritik

Der ersten Strophe eines von Iw verfassten Rap-Textes ist eine weitläufige Religionskritik inhärent, in der Kleidungsvorschriften, Genitalverstümmelungen, Ausgangsverbote oder Zwangsheiraten genauso angeprangert werden wie die christlichen Kreuzzüge oder als solche benannte „Doppelmoral und Lebenslügen", was möglicherweise eine Anspielung auf das heimliche Sexualleben von katholischen Geistlichen und der kaum einzuschätzenden Zahl der ‚Priester-Kinder' sein mag.

„Christentum, Islam, Buddhismus
Judentum und Hinduismus
sind alle von und für Männer gemacht
von männlichen Propheten
wurden sie zum Volk gebracht
und haben im Laufe der Zeit
viel Leid und Unrecht verursacht
Unterdrückung, Glaubenskriege
Unfreiheit, Gewalt, Kreuzzüge
Doppelmoral und Lebenslügen
Aber ich wird mich nicht fügen
werd nicht niederknien vor Euren Gottvätern
die für mich Götzen sind
ich wende mich an meine Schöpferin
weil ich da sein kann, was ich bin"

Illustrationen: ill.One

Bewusst tritt hier „die Schöpferin" als weibliche Imagination und abstrakte Kraft in personaler Gestalt in den Vordergrund. An einer Stelle des Interviews spricht Iw auch vom „Respekt vor der Schöpfung":

„[…] drum kann man da vielleicht nicht so sagen, ‚ja okay, bist zwar gegen die Diskriminierung von Frauen, aber Tiere dürfen ruhig diskriminiert werden'. Sehe ich nicht ein. Nein. Respekt vor der Schöpfung und vor allen Lebewesen."

In der folgenden Passage aus demselben Track nimmt Iw das vor allem medial vermittelte Frauenbild in unserer Gesellschaft in den Fokus. Außerdem thematisiert sie die selbst im Grundschulalter häufig in einem gestörten Körperbild begründeten Abmagerungsstrategien fast ausschließlich (in diesem Alter) junger Mädchen, die sich oft zu Essstörungen wie Magersucht oder Bulimie zuspitzen:

„In Tittenblättern, Pornos und Puffs
sind Frauenkörper nichts als ein
Konsumgut
was in mir Ekel schürt und Wut
Wie soll ein kleines Mädchen denn
Selbstwertgefühl entwickeln
wird es bombardiert mit Titten
Ärschen und triefenden Blicken
von sämtlichen Zeitschrifttiteln
es ist eindeutig und einseitig
was die Medien vermitteln
man sieht uns lieber nackt als stark
der Fakt ist hart
das Grundschulmädchen schon Diäten
machen
weil sie ihren Körper hassen"

Illustration: ill.One

Zu guter Letzt trifft ihre Wut auch die despektierliche Rolle der Frau innerhalb der HipHop-Kultur, der Iw das Bild einer rebellischen, mithin ‚feministischen' Rapperin, die ebenfalls wortgewaltige Lyrics ins Feld zu führen weiß, entgegensetzen will:

„Und im HipHop den ich liebe
scheint es leider unvermeidlich:
Rassismus gilt als out und wack
doch Sexismus bleibt stylish
ich peil nich
wie das so klar geht"

Von männlichen Sexualphantasien und Zeichnen als „selbsttherapeutisches Mittel"

Iw zeichnet mit Vorliebe Schulmädchen im ‚Manga-Stil'. Manga wird im Japanischen als Bezeichnung für Comics ganz unterschiedlicher Sparten und Zielgruppen verwendet und kann wörtlich als ‚zwangloses, ungezügeltes Bild' begriffen werden, wobei ‚Yuri' (übersetzt ‚Lilie') wiederum ein spezielles Genre innerhalb der Manga-Literatur bezeichnet, welches von Geschichten geprägt ist, in denen es um Frauen und ihre (lesbischen) Gefühle füreinander geht und welches als weibliches Gegenstück zum ‚Yaoi' verstanden werden kann, wo homosexuelle Beziehungen zwischen männlichen Protagonisten das zentrale Thema sind.

„Gerade dieses pseudolesbische Motiv sag' ich mal ist ja gerade das totale Standard-Ding in jedem Hetero-Porno eben und dabei auch zunehmend in den ganzen HipHop-Videos, dass es da eben gerade noch der zusätzliche Kick ist, dass da irgendwelche zwei Mädchen halt miteinander wild rummachen, was ich natürlich ziemlich asozial finde, weil's immer so instrumentalisiert wird, um halt Männerphantasien zu befrieden. Ja, und da handelt's sich dann ja auch normalerweise nicht um richtige Lesben, sondern halt um höchstens Bisexuelle, die dann halt auch den Mann mitmachen lassen, weil's [...], schätz' ich mal auch die Phantasie von Männern [ist], die auf so was jetzt abfahren, aber das ist bei denen halt nicht der Fall. Die sind komplett lesbisch und haben gar nichts mit Jungs zu tun."

Zeichnen charakterisiert Iw für sich als „halt so selbsttherapeutisches Mittel, halt irgendwie Sache[n], die in mir sind halt nach außen zu bringen." So entsteht auch der Eindruck, dass diese Zeichnungen eher ‚privater Natur' und nicht für einen intendierten Adressatenkreis gedacht sind. „Wenn das jetzt für Männer praktisch so jetzt gezeichnet wäre, dann wär's ja total scheiße, das wär' ja total, das wäre ja total Wasser auf den Mühlen der ganzen sexistischen Medien, und da will ich natürlich nichts mit zu tun haben." Etwas merkwürdig mag die folgende Sequenz wirken, die innerhalb der narrativen Darstellung in keinen konkreten situativen Kontext, außer dem Zeichnen an und für sich, eingebunden ist:

Illustrationen: ill.One

„Na ja, ich war auch in therapeutischer Beratung deswegen, weil mir das selbst etwas Probleme gemacht hat, dass ich dieses Lolita-Ding irgendwie so produziere auch in meinen Zeichnungen so, was ich auch öfter tu'. Aber wie gesagt, ich muss mir keine Sorgen machen. Aber jedenfalls jetzt hab' ich das so für mich geregelt, diese Schulmädchen, Lolitas, die ich zeichne, sind alle lesbisch, von daher ist es in Ordnung. [...] Wenn ein erwachsener Mann auf dieses Lolita-Schulmädchen-Ding abfährt, find' ich's schon etwas kritisch."

Sexuell aufgeladene Texte im HipHop als Provokation und Selbstreflexion

„Provokation ist bestimmt auch immer ein gutes Mittel. Grad weil, ja, gerade wenn man's auf 'ne humorvolle Art und Weise macht, weil ich gerade so im Feminismus und Tierrecht und so [engagiert bin] […], wenn man da selbst irgendwie total verbittert und hart hinter steckt, dann tut man da keinem glaub' ich einen Gefallen mit, weil man selbst grenzt sich dann irgendwann aus, wenn man halt nur so verkrampft dahinter steht."

Den Aspekt der unterstellten Humorlosigkeit nicht nur im Feminismus, sondern auch in der Popmusik stellt Tine Plesch zur Diskussion. Der Mangel jeglichen Humorgefühls sei einer der häufigsten Vorwürfe an Frauen generell, „vor allem an Feministinnen, denen ständiger Ernst und Verbissenheit" zugeschrieben werde und „denen der Kampf gegen das Patriarchat als einziger Lebensinhalt nachgesagt wird." (Plesch 2006, S. 139) Plesch schließt sich in ihren Erörterungen inhaltlich uneingeschränkt an Suutala an. Die Frau an sich sei „einerseits sexuell unersättlich, andererseits keusch und rein", wobei der hygienebezogene Aspekt vor allen Dingen im Bereich der Werbung kolportiert werde (ebd., S. 148).

„Außerdem bietet man viel mehr Angriffsfläche und so für Außenstehende, die halt gerade bei Emanzen jetzt zum Beispiel dieses Bild […] von der weiß nicht verbitterten lustfeindlichen Emanze da haben, und dann ist man ja nur Klischee und wenn man dann Leute in ihrem Klischeedenken […] praktisch irritieren kann, dann müssen die anfangen zu überdenken." (Iw)

Illustration: ill.One

Mädchen und Frauen im HipHop: die Reflexion der eigenen Rolle zwischen Selbstwirksamkeit und Peer-Bezug und die Utopie eines gesellschaftlichen Wandels

„Bis jetzt war eigentlich fast immer nur durchweg positives Feedback. Obwohl auch gerade, na ja, […] ich mein, die meinen's nicht böse so, aber dieses Ding […], wenn die jetzt sagen so ‚und das auch noch als Frau so'[8], da denk' ich natürlich immer, ‚ja toll das'. Aber das ist ja nicht böse gemeint. Die meinen das halt mehr respektvoll, weil sie kennen's einfach nicht so. Es gibt im HipHop ganz wenig Frauen halt nur, und die finden das dann […] eigentlich alle toll, […] eben weil man auch […] als Mädchen […] auf die Bühne geht und da mal sacht, was Sache ist. Und da hab' ich bisher eigentlich fast nur positives Feedback gekriegt von Leuten, die ich halt persönlich kenne und die mich persönlich gesehen haben."

Vor diesem Erfahrungshorizont versucht die Rapperin Iw „so viel Öffentlichkeit wie möglich" zu bekommen und andere Mädchen und junge Frauen dazu zu ermutigen, selbst aktiv zu werden: in der Aneignung sozialer und medialer Räume, die vornehmlich maskulinen Ritualen vorbehalten und von nahezu ausschließlich männlichen Imaginationen reservierten Anteilen unterwürfiger weiblicher Performanz okkupiert sind.

„Gerade weil ich damit eben auch politische Sachen vertrete, die mir am Herzen liegen, denk' ich so, dass ich auch so was wie 'ne Vorbildfunktion da [habe] vielleicht, ohne das

[8] Eine Untersuchung von Barbara Stauber (2004) über Selbstinszenierungen und Handlungspotentiale junger Frauen und Männer in Jugendkulturen hat des weiteren gezeigt, dass traditionelle Geschlechterklischees, also sowohl „die traditionelle Frauenrolle mit den Konnotationen passiv, schüchtern, unauffällig" ebenso wenig positive Bezugspunkte darbieten und „genauso verpönt" seien „wie die traditionelle Männerrolle des Macho." Bemerkenswert ist auch, dass die Selbstverortung der befragten Frauen und Männer sich von dem unterscheidet, was sie über andere Frauen und Männer sagen (Stauber 2004, S. 202 f.).

194

jetzt irgendwie überheblich [...] zu meinen. Ich mein' einfach so als Identifikationsfigur. [...] Ich hab' ja auch viele Praktika [...] in der Mädchen- und Frauenarbeit gemacht und da halt' ich das für total wichtig, [...] dass auch jüngere Mädchen oder vielleicht auch gleichaltrige Mädchen sehen, ‚oah, das geht ja auch so'. Und gerade würde ich mir wünschen, dass im HipHop [...] mehr Frauen oder Mädchen am Start wären, und ich kann mir [...] vorstellen, dass das schon ermutigend wirkt, als wenn man da [...] nur sieht, da sind nur Männer. Da fragt man sich als Mädchen vielleicht so, ‚hmm, da sind ja nur Männer, dann kann ich das als Frau vielleicht gar nicht'. Und wenn man dann sieht [...], dass die auch sogar sehr gut [sind], dann ermutigt das vielleicht auch andere Mädchen, was zu machen, hoff' ich mal."

Illustration: ill.One

Literatur

Adams, Carol, J. (1990): The Sexual Politics of Meat: A Feminist-Vegetarian Critical Theory. New York.

Adams, Carol J. (2003): The Pornography of Meat. New York u. a.

Anzieu, Annie (1996): Beunruhigende Weiblichkeit. Zum Thema Adoleszenz. In: Bohleber, S. 64–82.

Baldauf, Anette (2006): Good White Girls. Weiblichkeit als Special Effect. In: Rosa Reitsamer & Rupert Weinzierl, S. 69–72.

Baldauf, Anette & Katharina Weingartner (Hrsg.) (1998): Lips. Tits. Hits. Power? Popkultur und Feminismus. Wien & Bozen.

Baldauf, Anette & Katharina Weingartner (1998): Revolution Girl Style. In: Dies., S. 17–23.

Bohleber, Werner (Hrsg.) (1996): Adoleszenz und Identität. Stuttgart.

Bronfen, Elisabeth (2004): Nur über ihre Leiche. Tod, Weiblichkeit und Ästhetik. Würzburg.

Bunz, Mercedes (2001): Das Mensch-Maschine-Verhältnis. Ein Plädoyer für eine Erweiterung der Medientheorie am Beispiel von Kraftwerk, Underground Resistance und Missy Elliott. In: Jochen Bonz (Hrsg.): Sound Signatures. Pop-Splitter. Frankfurt a. M., S. 272–290.

Der Spiegel 14/2005: „Hier reimt die Unterschicht", S. 176.

Greig, Charlotte (1998): Marry Me (If You Really Love Me). Punk, Funk und Hip Hop. In: Peter Kemper, Thomas Langhoff & Ulrich Sonnenschein (Hrsg.), S. 176–196.

Jacob, Günther (1998): Let's Talk About Sex and Violence. In: Peter Kemper, Thomas Langhoff & Ulrich Sonnenschein (Hrsg.), S. 80–85.

Kemper, Peter, Thomas Langhoff & Ulrich Sonnenschein. (Hrsg.) (1998): „but I like it". Jugendkultur und Popmusik. Stuttgart.

Keupp, Heiner et al. (2002): Identitätskonstruktionen. Das Patchwork der Identitäten in der Spätmoderne. 2. Aufl., Reinbek bei Hamburg.

Klausmeier, Ruth-Gisela (1996): Musikerleben in der Pubertät (1976). In: Werner Bohleber (Hrsg.), S. 154–181.

Klein, Gabriele & Malte Friedrich (2003): Is this real? Die Kultur des HipHop. Frankfurt a. M.

Lucius-Hoene, Gabriele & Arnulf Deppermann (2004): Rekonstruktion narrativer Identität. Ein Arbeitsbuch zur Analyse narrativer Interviews. 2. Aufl., Wiesbaden.

Lutter, Christina & Markus Reisenleitner (2002): Cultural Studies. Eine Einführung. Wien.

McClary, Susan (1992): Feminine Endings. Music, Gender, Sexuality. Second printing, Minneapolis & Oxford.

Nestvogel, Renate (2002): Aufwachsen in verschiedenen Kulturen. Weibliche Sozialisation und Geschlechterverhältnisse in Kindheit und Jugend. Weinheim & Basel.

Plesch, Tine (2006): Frauen? Humor? Popmusik? In: Rosa Reitsamer & Rupert Weinzierl, S. 139–154.

Reitsamer, Rosa & Rupert Weinzierl (2006): Vorwort. In: Dies., S. 9–15.

Reitsamer, Rosa & Rupert Weinzierl (Hrsg.) (2006): Female Consequences. Feminismus, Antirassismus, Popmusik. Wien.

Rosenthal, Debra J. (2006): Hoods and the Woods: Rap Music as Environmental Literature. In: The Journal of Popular Culture, Vol. 39, No. 4, 2006, pp. 661–676.

Ryder, Richard D. (1975): Victims of Science. The Use of Animals in Research. London.

Schober, Ingeborg (1998): Maskulin/Feminin. Ein Gefühlsausbruch Anfang der 80er Jahre. In: Peter Kemper, Thomas Langhoff & Ulrich Sonnenschein (Hrsg.), S. 158–176.

Stauber, Barbara (2004): Junge Frauen und Männer in Jugendkulturen. Selbstinszenierungen und Handlungspotentiale. Opladen.

Suutala, Maria (1999): Zur Geschichte der Naturzerstörung. Frau und Tier in der wissenschaftlichen Revolution. Frankfurt a. M. u. a.

Toop, David (1998): Bring the Noise. Gangster, Moslems und Politiker. In: Peter Kemper, Thomas Langhoff & Ulrich Sonnenschein (Hrsg.), S. 85–99.

Quellen aus dem Internet

Aggro Berlin. In: Online Enzyklopädie Wikipedia:
http://de.wikipedia.org/wiki/Aggro_Berlin [Zugriff am 04.04.2007]

Bauer, Edgar/DPA (2005): Deutsch-Rap. Krasse Songs über willige Girls.
Artikel vom 28. Juni 2005: www.stern.de/unterhaltung/musik/
Deutsch-Rap-Krasse-Songs-%FCber-Girls/542397.html
[Zugriff am 04.04.2007]

www.musicline.de: Dichterinnen und Denkerinnen. Brauchen keine
Konventionen: Frauen im HipHop: www.musicline.de/de/genre/lexikon/
HipHop/HipHop [Zugriff am: 08.02.2007]

www.mzee.com/forum: frauen und hiphop: www.mzee.com/forum
[Stand: 30.03.2007]

ZDeeV (o.J. [2007]): Rezension Aggro Berlin: Aggro Ansage 2X
(VÖ: 13. April 2006): http://webbeatz.de/Previews/
aggroberlin-aggroansage2x.php3 [Zugriff am 04.04.2007]

Illustration: ill.One

Nadja Madlener

We Can Do – Mädchen und junge Frauen in der Graffiti-Szene

anne, Crossover 2002,
Berlin-Alexanderplatz
Foto: Nadja Madlener

Graffiti, als Jugendkultur und Teil der HipHop-Kultur verstanden, wirkt auf den ersten Blick jungendominiert. In meinem Beitrag werde ich den Blick auf die Mädchen, die in der Szene unterrepräsentiert sind, richten. Es werden die Einstellungen, die Motivationen zum Graffiti-Sprühen und die räumliche Bedeutung der Graffiti-Kultur aus der Sicht der befragten Mädchen dargestellt.

Graffiti ist ein Phänomen, welches uns täglich begegnet und das Straßenbild in vielen Städten prägt. Die Meinungen dazu sind kontrovers und reichen von ‚Schmiererei und Sachbeschädigung‘, ‚Kunst im öffentlichen Raum‘ bis zu Graffiti als „Aufstand der Zeichen" (Baudrillard 1978). Wer hinter diesen Bildern, Schriftzügen oder Tags steht, ist meist unbekannt. Für die einen sind es VandalInnen, SchmiererInnen und ZerstörerInnen des öffentlichen Raumes, für die anderen sind es Kings, KünstlerInnen oder TrägerInnen einer Message.

Auf den ersten Blick sind es ‚Namen‘ – in den meisten Fällen geschlechtsneutrale Namen, die an Wänden oder anderen Oberflächen angebracht werden. Graffiti gehört somit zu den wenigen Bereichen heutiger Jugendkulturen, in denen das Geschlecht der Akteure zunächst nicht sichtbar ist. In der Szene gibt es nur wenige Mädchen und Frauen. Ziel des Beitrags ist es, die Unsichtbaren sichtbarer und zugänglicher zu machen.

Definition Graffiti

Das Wort Graffiti stammt vom italienischen Wort „il graffito" ab und bedeutet „Eingeritztes" (Skrotzki 1999, S. 11). Eng verbunden ist der Begriff „Graffito" mit einer Art von Fassadengestaltung namens „Sgraffito". Es bezeichnet eine Technik, bei der zwei Schichten Kratzputz auf eine Wand aufgetragen werden. Es werden nun verschiedene Formen und Muster in die Wand gekratzt, wobei die untere Schicht sichtbar wird. Im 19. Jahrhundert entdeckten Archäologen eingeritzte Sprüche und Zeichnungen alter Kulturen , die dann „Graffito" genannt wurden. Somit wurde zwischen Sgraffito und Graffito unterschieden. Das eine weist auf eine legale Art von Fassadengestaltung hin, das andere auf illegale Ritzzeichnungen (Stahl 1989, S. 12).

Das Wiener Archiv für Graffitiforschung definiert Graffiti folgendermaßen: „Graffiti ist heute ein Oberbegriff für viele thematisch und gestalterisch unterschiedliche Erscheinungsformen. Die Gemeinsamkeit besteht darin, dass es sich um visuell wahrnehmbare

cayn, Crossover 2002,
Berlin-Alexanderplatz
Foto: Nadja Madlener

Elemente handelt, welche ungefragt und meist anonym, von Einzelpersonen oder Gruppen, auf fremden oder in öffentlicher Verwaltung befindlichen Oberflächen angebracht werden." (www.graffitieuropa.org/kultur1.htm)

Wenn heute von Graffiti die Rede ist, ist meist der Begriff „Writing" gemeint, da er spezieller ist und auf die Jugendkultur hinweist. Graffitis sind hier vorwiegend bunte Bilder, Schriftzüge, Tags[1] oder Bombings[2] auf Wänden, Zügen oder Dächern.

In Anlehnung an die Definition des Wiener Archivs für Graffitiforschung definiere ich Graffiti folgendermaßen:

Graffiti ist ein Oberbegriff für gestalterische Elemente wie Bilder oder Schriftzüge, die privat, ungefragt und meist anonym auf Oberflächen des öffentlichen Raums angebracht werden. Der Begriff Writing ist der HipHop-Kultur zuzuordnen. Die wesentlichen vier Elemente der HipHop-Kultur, sind Rap (Mcing), Djing, Breakdance und Writing (Graffiti).[3]

Die Anfänge

Die Geschichte des modernen Graffiti – oder spezieller des Writing – geht auf einen jungen Griechen zurück, der Anfang der 1970er-Jahre in New York als Bote arbeitete. Seine Idee war

[1] Tags sind die ‚Urform' des Writing. Es ist die eigene Unterschrift, die auf unterschiedlichen Oberflächen angebracht wird. Es geht darum, ein Tag möglichst schnell und oft zu verbreiten.

[2] Bombings sind groß gemalte, dicke Buchstaben, die meist zwei- oder dreifarbig gesprüht werden. Auch hier geht es um das schnelle Anbringen und um die Quantität der Bilder im öffentlichen Raum.

[3] Anzumerken ist, dass die Graffiti-HipHop-Verbindung nicht immer gegeben ist, da manche WriterInnen weder HipHop-Musik hören noch andere Verbindungen zu HipHop haben.

4 ‚Take 183' Spawns Pen Pals'
vom 21.07.1971.
http://select.nytimes.com/gst/
abstract.html?res=FB0E17FE355
B1A7493C3AB178CD85F45878
5F9

es, an allen Orten, an denen er vorbeikam, sein Namenskürzel TAKI 183 zu verbreiten. Durch einen Artikel in der *New York Times*[4] wurden er und seine Zeichen in New York bekannt und zu einem Vorbild für viele New Yorker Jugendliche (Domentat 1994, S. 8).

Die hauptsächlich männlichen Jugendlichen taggten ihre Kürzel in ganz New York. Mit der wachsenden Anzahl der jugendlichen WriterInnen stieg auch das Interesse, mehr aus den einfachen Tags zu machen. Die Quantität der Tags reichte bald nicht mehr aus um aufzufallen, und die WriterInnen begannen ihre Buchstaben zu verändern, zu formen und zu vergrößern. So entstanden die ersten bunten Pieces, die nun nach deren Qualität bewertet wurden. Es entwickelten sich bestimmte Kriterien wie Style, Größe oder Design, an denen sich die WriterInnen zu messen begannen. Zu jener Zeit gründeten sich viele Crews, die gegeneinander so genannte Battles – Wettkämpfe bzw. organisierte Sprühwettbewerbe – führten. Die Graffiti-Szene ist durch eine hohe hierarchische Struktur charakterisiert: Der Weg vom Anfänger, als „Toy" bezeichnet, zum „King", der höchsten Auszeichnung in der Szene, ist lang und hart erkämpft.

chika, Crossover 2002,
Berlin-Alexanderplatz
Foto: Nadja Madlener

Durch das zunehmende Interesse und durch Filme wie „Wild Style" oder „Style Wars" wurde Graffiti über die Grenzen New Yorks hinaus bekannt und fand auch in Europa begeisterte AnhängerInnen.

Seit der Geburtsstunde von Graffiti waren auch Mädchen in der Szene vertreten. In den 1970er-Jahren waren es vor allem *Eva62* und *Barbara62,* die für ihre zahlreichen Tags in ganz New York bekannt wurden. Heute sind es *Swoon, Two Fly, Claw, Miss17* oder *Lady Pink* (www.at149st.com/women.html), die sich nicht nur innerhalb der New Yorker Szene durchsetzen konnten, sondern auch weltweit für viele Sprüherinnen zu Vorbildern wurden.

Graffiti in Berlin

In Berlin entwickelte sich relativ spät eine lebendige Graffiti-Szene. Seit Mitte der 1990er-Jahre gilt Berlin als Graffiti-Hauptstadt. Bereits in den 1980er-Jahren, im Zuge des ersten großen Graffiti-Booms, entstanden Graffitis in West-Berlin, vor allem an der S-Bahn-Strecke und an der Berliner Mauer. 1988/89 gilt als erster kreativer Höhepunkt. Durch den Fall der Berliner Mauer vergrößerte sich die Anzahl der Szene-Angehörigen. Es fehlte nun jedoch die größte und wichtigste Hall of Fame in (West-)Berlin. In Ostberlin entwickelte sich die Szene erst nach dem Mauerfall so richtig. In der DDR gab es keine Farbspraydosen, dennoch gab es auch dort den HipHop-Boom der 1980er-Jahre, und die Jugendlichen fanden vielfältige und einfallsreiche Methoden zu sprühen (Krekow & Röske 1997, S. 4). 1990 erschien das erste Berliner Graffiti-Magazin *Enterprise. Overkill, Outline* oder *Backjumps* folgten (Domentat 1994). 1994 erschien im Schwarzkopf-Verlag das Buch „Spray City – Graffiti in Berlin", das Graffiti anders präsentierte als die vorherrschende öffentliche Meinung. Writing gewann dadurch einen wichtigen Stellenwert in der jugendkulturellen Debatte.

Die Szene wurde immer größer, damit war aber auch die Verfolgung und Kriminalisierung durch die Polizei verbunden. 1995 gründete sich die „Graffiti in Berlin" (GIB), eine SOKO des Bundesgrenzschutzes. Im selben Jahr fand die bis dahin größte Razzia in Berlin statt, in deren Rahmen über 90 Wohnungen durchsucht wurden.

Die Graffiti-Szene „von außen" zu betrachten fällt sehr schwer. Die SOKO „Graffiti in Berlin" schätzt, dass es etwa 15.000 SprüherInnen in Berlin gibt. Aber es ist beinahe unmöglich, allgemeine Aussagen über die Szene zu machen. Die SprüherInnen und Crews dokumentieren ihre Bilder zwar auch in öffentlich zugänglichen Medien wie im Internet oder in Blogs, aber wer hinter diesen Bildern steht, ist nicht bekannt. Gleiches gilt auch für die Aussagen über Mädchen im Graffiti.

Von den durch die Polizei im Zusammenhang mit Graffiti und Farbschmierereien festgestellten ‚Tatverdächtigen' sind nur etwa fünf Prozent weiblich.[5] Eine Studie der Universität Potsdam geht von etwa zehn Prozent weiblichen Beteiligten (Rheinberg & Manig 2003) aus.

Mädchen sind also ihren männlichen Writer-Kollegen zahlenmäßig weit unterlegen. Dennoch haben sich in Berlin schon Ende der 1980er-Jahre und in den frühen 1990er-Jahren viele Mädchencrews wie „The Comic Luzies Crew", „The Monster Crew", die „Emancipated Jungle Sisters" oder die „Real Home Girls" formiert (Domentat 1994). 1994 erschien im Buch „Spray City Berlin" ein Artikel über „Mädchenbilder in der Welt der Homeboys" von Tamara Domentat. Der Beitrag ist jedoch gerade von szeneangehörigen Mädchen kritisch aufgenommen worden. Es bestand weder 1994, als der Artikel veröffentlicht wurde, noch 2002, als ich meine Interviews durchgeführt habe, Einigkeit über das Mädchen- und Frauenbild im Writing. Es gibt Writer-Mädchen, die in ihrer kreativen Entwicklung von Jungen gestört und behindert werden. Andere Mädchen schildern positive Erfahrungen und Unterstützung von Seiten der Jungen.

Daten und Fakten

Kaum einer Jugendkultur wird gesellschaftspolitisch so viel Raum für Kontroversen gegeben wie Graffiti. Die Meinungen zu Graffiti sind heute sehr unterschiedlich. Gesellschaftlich anerkannt sind meist legale Bilder, denen eher ein ästhetischer Wert zugeschrieben wird. Illegalen Aktionen, wie das Scratchen von Scheiben öffentlicher Verkehrsmittel oder das Taggen von allen möglichen und unmöglichen – weil schwer erreichbaren – Oberflächen im öffentlichen Raum, wird weniger Akzeptanz entgegengebracht.

Im Jahr 2006 wurde ein Teil einer bestehenden Wiener Straße offiziell in Graffitistraße umbenannt. Ist Graffiti in der Mitte der Gesellschaft angekommen? Im Folgenden finden sich Daten und Fakten, die eher für die weitere Kriminalisierung von SprüherInnen sprechen:

Die Landeskommission Berlin gegen Gewalt[6] zählt etwa 12.000 bis 15.000 SprayerInnen in Berlin (1995). Die durch die Polizei im Zusammenhang mit Graffiti und Farbschmierereien festgenommenen ‚Tatverdächtigen' sind in der Regel zwischen zwölf und 21 Jahre alt. Nur etwa fünf Prozent der Tatverdächtigen sind weiblich. Über 21-Jährige treten kaum in Erscheinung. Der

[5] www.senbjs.berlin.de/jugend/landeskommission_berlin_gegen_gewalt/veroeffentlichungen/berliner_aktionsplan_graffiti/situation.asp

[6] Quellen der ‚Daten und Fakten': www.senbjs.berlin.de, www.senbis.berlin.de/jugend/landeskommision_berlin_gegen_gewalt/veroeffentlichungen/berlin, www.berlin.de/polizei/kriminalitaet/graffiti.html sowie *Berliner Morgenpost* vom 07.04.2005 und 08.04.2005 und *Der Spiegel* vom 19.06.2006.

GIB sind ca. 110 feste und aktive Crews in Berlin bekannt. Unter Einbeziehung des BGS wurde 1994 die „Gemeinsame Ermittlungsgruppe Graffiti in Berlin" (GE GIB), die zeitweise über 30 Beamte im Einsatz hatte, gegründet. Ziel der GE GIB ist es, die Strukturen der Graffiti-Szene kennen zu lernen und die Namen der Sprüher und Sprüherinnen aufzudecken. Laut Internetseite

sound, Graffiti-Workshop im Mädchenclub Acud, Berlin
Foto: Kerstin Richter

der Polizei Berlin konnte mehr als jede zweite Straftat in der Vergangenheit durch die GE GIB nachermittelt bzw. aufgeklärt werden. Was das für die einzelnen Szene-AkteurInnen bedeutet, wird im Folgenden klar.

Wer erwischt wird, muss mit polizeilichen Ermittlungen, gerichtlichen Verurteilungen und hohen zivilrechtlichen Schadensersatzforderungen rechnen. Die Strafandrohung bei einer Sachbeschädigung reicht von einer Geldstrafe bis zu einer zweijährigen Freiheitsstrafe. Der Sachbeschädigungsparagraph musste dafür geändert werden. Seit November 2006 gilt Graffiti auf einer Wand als „Substanzverletzung". Davor lag eine Sachbeschädigung erst dann vor, wenn das Gebäude in seiner baulichen Substanz beschädigt wurde.

Laut einer Untersuchung des Deutschen Städtetags entstehen durch Graffitis jährlich Schäden von mindestens 200 Millionen Euro. Davon sind 50 Millionen Euro allein für die Beseitigung von Graffitis in Berlin notwendig. Im April 2005 fand in Berlin der 1. Anti-Graffiti-Kongress der Bürgerinitiative „Nofitti" statt. Der Verein ist maßgeblich daran beteiligt, dass es zu einer Verschärfung der Gesetzgebung gekommen ist. 2005 wurde in Berlin auch erstmals ein BGS-Hubschrauber mit einer Wärmebildkamera eingesetzt, um Graffiti-AktivistInnen auf frischer Tat fassen zu können. Szene-Kenner meinen, dass das verschärfte Vorgehen der Polizei und der Justiz zu einer Radikalisierung der Szene führen wird.

Die Graffiti-Szene zeigt sich, wie andere Jugendkulturen auch, über szenespezifische Einstellungen und Verhaltensmuster.[7] Charakteristisch sind sprachliche, rituelle, symbolische und hierarchische Handlungs- und Verhaltensstrukturen, die meist eng mit der HipHop-Kultur in Verbindung stehen. Fame und Respekt und der szenetypische Lifestyle sind zentrale Merkmale der Graffiti-Kultur. Aber wie die oben genannten Fakten auch zeigen, ist der ‚Dauerkonflikt' mit der Polizei – bedingt durch die Illegalität der Freizeitbeschäftigung – ein weiteres zentrales Thema in der Szene. Der Schwerpunkt meiner Beschäftigung mit dem Themenkomplex „Graffiti" lag jedoch auf einem anderen Gebiet, wie nachstehend beschrieben wird.

[7] Eine eingehende Darstellung der Jugendkultur Graffiti würde über diesen Beitrag weit hinausgehen. Der Schwerpunkt liegt hier vielmehr auf der Aneignung von Räumen der Writerinnen.

sound, Aktion im ACUD, Berlin
Foto: Nadja Madlener

Zum Untersuchungsdesign

Im Rahmen meiner Diplomarbeit habe ich zwischen Januar und September 2002 elf Sprüherinnen zu ihren Motiven, ihren Zugängen zu Graffiti und vor allem über ihre ‚Orte' befragt. Zentrales Thema meiner Studie war das räumliche Verhalten der Mädchen. Eine weitere wichtige Rolle spielten die Aneignung und Nutzung des öffentlichen Raums durch Sprüherinnen (vgl. auch Madlener 2004).

Die Interviews wurden nach der Methode des narrativen Interviews bzw. der der Interviewsituation angepassten Methode des teilstrukturierten Interviews geführt. Die Interviewtexte wurden nach einem Kategorienschema geordnet. Es wurden zusätzlich Feinanalysen einzelner Interviewabschnitte gemacht.

Während meiner Arbeit in einer offenen Mädcheneinrichtung in Berlin-Mitte fand ich den ersten Zugang zu Sprüherinnen. Die weiteren Kontakte ergaben sich nach dem Schneeballprinzip. In Graffiti-Workshops in Jugendeinrichtungen, auf Graffiti-Jams oder über persönliche Kontakte lernte ich rund 15 Mädchen aus der Szene näher kennen. Elf von ihnen habe ich befragt. Die befragten Mädchen stammen, mit einer Ausnahme, aus Berlin und waren zum Zeitpunkt der Untersuchung zwischen 16 und 22 Jahre alt.

Ergebnisse der Untersuchung

Im Folgenden werden die Ergebnisse vorgestellt: Was motiviert Mädchen zum Graffiti-Sprühen? Wie bewegen sie sich in dieser jungendominierten Szene? Und: Wie eignen sie sich die dafür relevanten Orte an?

Motivation, Emotionen, Kreativität, Lebensgefühl, Grenzerfahrung, Fame und soziale Kontakte als Motivationsfaktoren

In der Studie „Was macht Spaß am Graffiti-Sprayen?" der Uni Potsdam (Rheinberg & Manig 2003) findet sich folgende Tätigkeitsbeschreibung von Graffiti-SprayerInnen:

„Aus der Distanz betrachtet sind Graffiti-Sprayer Personen, die unbezahlte Nachtarbeit bei unzureichender Arbeitssicherheit an oft gefährlichen Arbeitsplätzen unter großem Zeitdruck verrichten. Für ihre hoch belastende und teils gefährliche Arbeit werden sie nicht nur nicht bezahlt, vielmehr müssen sie auch noch die benötigten Arbeitsmittel (Farben) und Arbeitskleidung selbst bezahlen. Das alles geschieht in der Gewissheit, dass man als Sprayer mit negativen Folgen zu rechnen hätte, sofern man bei seiner nächtlichen Arbeitsverrichtung ertappt würde."

Wenn wir uns das Zitat ansehen, dann spricht eigentlich alles gegen das Sprühen. Deshalb die Frage: Was motiviert gerade Mädchen und junge Frauen diese Tätigkeit auszuüben?

Die eben zitierte Studie der Universität Potsdam gibt Antworten auf die Beweggründe von WriterInnen, wobei 90,5 Prozent der Stichprobe männlich war. So kann davon ausgegangen werden, dass die Ergebnisse der Studie hauptsächlich die Motivation von männlichen Sprühern beschreibt. Wie oft bei Motivationsuntersuchungen im Freizeitbereich ist „Spaß" die höchst gewichtete Antwort. Für die AutorInnen der Studie war überraschend, dass als Nächstes leistungsorientierte Motivationen wie kontinuierliches Üben, Stolz über die eigene Leistung oder Beherrschung der Technik genannt wurden. Ob sich diese leistungsorientierten Motive auch bei Mädchen finden, wird anschließend diskutiert.

Emotionen

Der meist genannte Motivationsfaktor für Graffiti kann unter der Kategorie „Emotion" zusammengefasst werden. Hier finden sich positive und negative Gefühle, wobei positive Emotionen, Glücksgefühle oder Flow-Erleben beachtlich höher sind als unangenehm empfundene Gefühle. Emotionen spielen bei Motiven oft eine wichtige Rolle, denn Menschen wiederholen Handlungen, bei denen sie Lust empfunden haben und vermeiden solche, bei denen Unlust auftritt (http://arbeitsblaetter.stangl-taller.at/MOTIVATION).

Als positive Emotionen oder Flows werden genannt:

„Es ist irgendwo 'ne Genugtuung, wenn man dann auch noch sieht, ‚hey es ist gut und es wird von anderen Menschen angeguckt'." (aron)

Als negative Emotionen wurden vor allem Langeweile, schlechte Laune oder Traurigkeit genannt. Graffiti ist hier ein Anreiz, um eine schlechte Stimmung, Langeweile und Traurigkeit zu beenden oder sich vom Alltag abzulenken.

„Wenn man schlechte Laune hat, dann kann man losgehen und losmalen, das sieht dann auch nach schlechte Laune aus, aber es geht einem dann auf jeden Fall besser danach." (cera)

„Wenn ich male, dann male ich halt immer, wenn ich Langeweile hab' oder […] wenn ich traurig bin oder so weiter und so fort." (zipo)

Kreativität

Kreativität ist der am zweit meisten genannte Motivationsfaktor bei sprühenden Mädchen. Es geht den Mädchen vor allem um kreative Selbstverwirklichung, Kunst, Ausprobieren und um Ausdrucksmöglichkeiten.

„Das ist halt Kunst. So bin ich auch immer an die Sache herangegangen, das war nie irgendwie was, nur um mich zu beweisen, sondern es war auch immer ein Ding, das mit Kunst verbunden war." (sonne)

„Indem ich die Dose angesetzt hab' und ein Strich gemacht hab', hab' ich irgendwie was aus mir rausgelassen. Also, es ist einfach eine bestimmte Ausdrucksweise." (aron)

Lifestyle

Graffiti ist auch Lifestyle. Graffiti ist meist der Lebensmittelpunkt von Sprayerinnen. Das Leben außerhalb der Szene ist ebenfalls durch die Graffiti-Kultur beeinflusst, zum Beispiel im Stadtempfinden („die Stadt mit anderen Augen sehen"), in Berufswunschvorstellungen oder in der Mode.

Graffiti als sinnstiftende Tätigkeit:

„Ich kann's mir nicht vorstellen, so ohne Graffiti, so ohne irgendwas zu malen, kann ich nicht mehr, so vorstellen." (zipo)

Graffiti als Lifestyle:

„Also, für mich ist HipHop halt die vier Elemente erst mal, die Breaker, die Maler, die DJ's und die MC's. Also, ich find's halt einfach schön, dass man ein Teil davon ist und dass man die Kultur auch zusammenhält." (sonne)

„Weil es einfach ein ganz bestimmtes Lebensgefühl ist, das man lebt. Man geht einfach mit einem ganz bestimmten Gefühl durch die Straße, weil man weiß oder wenn man sieht, ‚ok, das ist jetzt von mir', das ist einfach so ein Gefühl, man kann's eigentlich nicht beschreiben." (aron)

Adrenalin/ Grenzerfahrung

Das Sprühen und die damit in Zusammenhang stehende Illegalität bringt auch einen gewissen Nervenkitzel mit sich. Aber es herrscht auch die Angst vor, erwischt zu werden.

„Und dann ist es schon so ein Nervenkitzel, dass man sich gefährlichere Sachen sucht." (judy)

„Es war die Angst erwischt zu werden, weil man da ja auch nicht so richtig weiß, was dann passiert." (yasd)

Ruhm/Anerkennung: Fame

In der Graffiti-Szene geht es sehr oft um Fame – um Respekt und Anerkennung für die gemalten Bilder. Diesen Fame erreichen Sprüher und Sprüherinnen durch die Qualität eines Bildes, aber

sonne, All Girl Graffiti Jam,
Mädchenclub ACUD, Berlin
Foto: Nadja Madlener

auch durch die Schwierigkeit und Gefährlichkeit, ein Bild an einer bestimmten Stelle anzu-bringen. Die Zeit des illegalen Malens ist meist eine gewisse Phase, die die Jugendlichen durch-laufen. Bei den befragten Mädchen wird dieser Antrieb ebenfalls genannt.

„Dass auch irgendwo Respekt kommt von anderen für's Bild, also jetzt nicht dafür, weil man ein Mädchen ist, die das macht, sondern für's Bild. Und das ist schon schön und das gibt man ja auch weiter." (sonne)

„Ich kann mich irgendwann mal hinstellen und sagen: ‚Hey, das ist mein Bild und mir gefällt es so und ja, ich will jetzt Respekt!'" (chika)

Aber es findet sich noch ein zusätzlicher Aspekt des Wunsches nach Respekt und Anerkennung:

„Man hatte dann doch, es ist einfach so ein innerlicher Respekt, den man dann irgendwie vor sich selbst hat. Das war schon schön." (aron)

Soziale Kontakte

Auf der Ebene der sozialen Beziehungen geht es vor allem darum, andere Sprüherinnen und Sprüher kennen zu lernen. Viele der befragten Mädchen arbeiten alleine, aber vor allem beim illegalen Malen schließen sie sich mit anderen gerne zusammen. Einige von ihnen haben reine Mädchencrews formiert, andere sprühen gemeinsam mit Jungs. Die Crews bestehen aus befreundeten WriterInnen, die nicht nur zusammen malen, sondern sich auch gegenseitig motivieren und sozial stützen. Die Bildung von Vertrauen ist hier besonders wichtig.

„Und sonst bedeutet es halt Freundschaft, oder dass man sich gut versteht, zusammen malen geht. Halt so zueinander steht. Und dass man füreinander da ist, dass man sich aufeinander verlassen kann." (cera und judy)

„Was halt sehr wichtig ist, das gemeinsame, miteinander Malen. Also, ich mal' am wenigsten gerne alleine, wenn ich alleine mal', dann konzentriere ich mich zwar mehr auf die Buchstaben, aber wenn ich zusammen mit anderen Leuten male, dann ist der Spaß größer, also es macht mehr Spaß." (sonne)

Den Ergebnissen der Studie von Rheinberg und Manig zufolge überwiegen leistungsorientierte Anreize. Dies mag an der Stichprobe und dem damit in Verbindung stehenden hohen Jungsanteil, aber auch an dem HipHop immanenten Wettbewerbscharakter liegen. Den Ergebnissen meiner Interviews zufolge dominieren bei Mädchen emotionale und kreative Faktoren.

Situation von Mädchen und Frauen in der Szene

In der Geschichte des Graffiti haben Mädchen und Frauen schon immer eine Rolle gespielt, auch wenn sie nur in einer Minderheit vertreten waren. In New York, der Geburtsstadt des Writing, waren Frauen und Mädchen von Beginn an dabei. Eine von ihnen ist die Writerin *(Lady) Pink*. Sie ist eine der bekanntesten Akteurinnen und seit 1979 in der Szene vertreten. Sie beschreibt ihren Weg zu Respekt und Fame als harten Kampf, dem sie auch noch heute ausgesetzt sei.

Ähnliche Aussagen finden sich auch in den von mir geführten Interviews. In der Graffiti-Kultur begegnen Mädchen und Frauen vielen Hindernissen, besonders beim Zusammentreffen mit männlichen Sprühern. Es stellt sich die Frage, weshalb nur so wenig Mädchen und Frauen im Graffiti vertreten sind. In szeneinternen Internetforen dominiert der Gefahrenfaktor die Diskussion. Graffiti findet oft an abgelegenen Orten mitten in der Nacht statt.

In meiner Untersuchung befragte ich die Mädchen, wie sie die Szene als Mädchen erleben. Die soziale Atmosphäre wird oft als rau und hart beschrieben. Belästigungen, Schikanen und eine ablehnende Haltung stehen oft auf der Tagesordnung: ‚Gerüchte' von männlichen Sprühern und Crews oder Zuschreibungen und Beleidigungen wie „Fame-Bitch", „sie schläft mit jedem um Fame zu bekommen" oder „ihr Freund malt für sie" sind keine Seltenheit. Gefahren-Faktoren wie Ort, Zeit oder Illegalität spielen auch bei den befragten Mädchen eine Rolle, außerdem der „Battle-Faktor": sich beweisen müssen, besser als Jungs sein müssen.

Macdonald führt einen weiteren Grund an, weshalb das Leben als Writerin extrem hart sein kann: „Male writers start graffiti and work to prove they are ‚men', but female writers must work to prove they are not ‚women' – i.e. demonstrate that they have the same ‚balls', stamina and resilience as their mail peers" (Macdonald 2006, S. 12).

Die vorgestellten Ergebnisse können auch als Hindernisgründe gedeutet werden, weshalb Mädchen kein Interesse am Sprühen entwickeln oder sehr bald wieder aufhören sich in der Szene zu bewegen bzw. aktiv zu sein.

In meinen Interviews finden sich jedoch auch Mädchen, die in ihrer Entwicklung von Jungs unterstützt und gefördert wurden. Dennoch fühlen die befragten Mädchen, dass es etwas Besonderes ist, sich in einer männlich dominierten Jugendkultur zu bewegen und sich hier auch durchzusetzen:

„Wenn man in einen Dosenladen geht, wird man angeguckt, als hätte man irgendwie Ausschlag im Gesicht." (sonne)

„Weiterkommen und auch andere Mädchen und Frauen finden, die gleichviel Energie und Zeit reinstecken wollen." (sound)

Raumnutzung und Raumaneignung

In meiner Arbeit lag der Schwerpunkt der Untersuchung auf der Aneignung von Räumen durch Mädchen der Graffiti-Kultur. Seit Mitte der 1990er-Jahre wird in den Sozialwissenschaften vermehrt über die Bedeutung von Räumen gesprochen. Raum wird nicht mehr als bloßer Ort, Behälter oder Container begriffen, sondern vielmehr wird die soziale Dimension und der soziale Prozesscharakter von Räumen betont (Löw 2001, S. 130). Raum wird als „eine relationale (An)Ordnung sozialer Güter und Menschen (Lebewesen) an Orten" (ebd., S. 224) verstanden. Menschen eignen sich ihre Umwelt aktiv an. Aneignung ist demnach eine tätige Auseinandersetzung des Menschen mit seiner Umwelt (Leontjew 1971). Auch Deinet und Reutlinger (2004) gehen davon aus, dass „Kinder und Jugendliche eigentätig Räume schaffen (Spacing) und die (verinselten) Räume ihrer Lebenswelt verbinden" (ebd., S. 9).

Im Folgenden soll der Raumbezug von Graffiti im Vordergrund stehen. Graffiti wird als urbanes Phänomen begriffen, das raumgebunden ist.

Innenraum

Zum einen geht es um die Aneignung eines eigenen Stils – das kontinuierliche Üben von Bildern, pieces, characters oder tags –, um schließlich ein gestalterisch und ästhetisch hochwertiges Level zu erreichen. Zum anderen geht es um Selbstverwirklichung und ‚Werbung machen' für den eigenen Namen in der Szene. Graffiti-Malen wird von den SzeneaktivistInnen als kreativ-künstlerischer Akt gesehen. Es ist ein Akt der Selbstverwirklichung und Selbstpräsentation.

Außenraum

Graffitis entstehen an einem bestimmten Ort. Die eigene ‚Unterschrift' wird in das Stadtbild gesetzt. Dieser Raum ist nicht etwa das eigene Jugendzimmer, sondern es geht um Präsenz zeigen im öffentlichen Raum.

yasd, Mädchenclub ACUD,
Foto: Kerstin Richter

Graffiti bedeutet aber noch wesentlich mehr. Es geht auch um die Eroberung von öffentlichen Flächen. Es werden Bilder auf anonymen Flächen zurückgelassen, die für einen ganz bestimmten Zweck angeeignet wurden: Die Motive dafür habe ich bereits angesprochen – die SprüherInnen handeln nach ihren eigenen Motiven, ihren eigenen Ansprüchen. Diese stehen in einem Missverhältnis zu den Ansprüchen der Öffentlichkeit oder anderer SprüherInnen. Graffiti ist vor allem durch einen Konflikt zwischen der Öffentlichkeit und der Szene charakterisiert. Dieser Konflikt – der zwischen der Polizei, Security, Soko's und den WriterInnen ausgetragen wird – ist auch Bestandteil der Graffiti-Kultur. Das Ausleben von Graffiti als Jugendkultur ist vor allem auch durch den Charakter der Illegalität bestimmt. Es geht vor allem um den Kick, den Nervenkitzel, um Adrenalin und Abenteuer.

Wie Innen- und Außenraum genutzt werden, wie sich Mädchen der Graffiti-Szene darin bewegen und wie sie ihn für sich entdecken und aneignen, wird im Folgenden näher betrachtet.

Die Aneignung der räumlichen Umwelt von Graffiti-Sprüherinnen kann vor allem das Inselmodell von Helga Zeiher (1983) fassen (vgl. auch Andris 2000). Die Orte für legale und illegale Graffiti-Aktionen liegen in der gesamten Stadt verstreut. Die jugendlichen Sprüherinnen und Sprüher bewegen sich von Insel zu Insel. Der erste Schritt der Aneignung ist jedoch das eigene Zuhause. Der ökologische Nahraum (Baacke 1993) hat immer noch einen hohen Stellenwert in der Sozialisation von Kindern und Jugendlichen.

Ein Individuum durchläuft in ihrer/seiner Entwicklung verschiedene Zonen. Baacke (ebd.) beschreibt ein Zonenmodell, in dem sich Kinder und Jugendliche ihre Umwelt allmählich aneignen. Dabei steht das Individuum in einer Beziehung zu ihrer/seiner sozialen Umwelt, welche ebenfalls angeeignet wird.

Die unterschiedlichen Zonen sind als sich erweiternde konzentrische Kreise angeordnet. Das „ökologische Zentrum" wird von Baacke als erste Zone genannt. Es handelt sich um das Zuhause. In der zweiten Zone, dem „ökologischen Nahraum", nimmt das Kind erste außerfamiliale Kontakte auf. Das Kind erobert erste eigene Räume und entwickelt erste selbstgewählte Beziehungen. Die dritte Zone umfasst Institutionen wie Schule oder Jugendzentren. In diesen „ökologischen Ausschnitten" wird die Raumnutzung durch die/den Jugendliche/n definiert. An diesem Punkt angelangt, entwickeln Jugendliche ihre Peer-Beziehungen, sie schließen Freundschaften mit KlassenkameradInnen, mit LehrlingskollegInnen. Die vierte Zone bezieht sich auf gelegentliche Aufenthalte an bestimmten Orten. Die „ökologische Peripherie" ist kein systematischer Handlungsraum, sondern steht nur für eine bestimmte Zeit zur Verfügung. Fern gelegene Freizeitangebote, Ferienziele und Räume, die selten besucht werden, sind Beispiele hierfür.

Helga Zeiher hingegen vertritt die These, dass immer mehr Bereiche der „räumlichen Welt funktionsgebunden" (Zeiher 1983, S. 361) sind und einzelne Tätigkeiten der Individuen räumlich auseinander rücken – beispielsweise Einkaufszentren, die sich besonders an den Rändern von Städten angesiedelt haben. Auch Freizeiteinrichtungen liegen weit in der Stadt verstreut, dasselbe gilt für Schulen oder andere Betreuungszentren. Zeiher nennt diese verstreuten Lebenspunkte „Inseln" und schlägt ein neues Lebensraum-Modell vor: das Modell des verinselten Lebensraums.

Damit richtet sie sich gegen die traditionelle Auffassung des einheitlichen Lebensraums. Kinder würden sich die räumliche Welt nicht mehr allmählich in Form von konzentrischen Kreisen aneignen, vielmehr fänden Kinder bereits einen verinselten Lebensraum vor. Sie würden von ihren Eltern zu den Inseln gebracht, zum Kindergarten, zur Schule, zu den Einkaufszentren, zu Verwandten und Freunden, Spielstätten oder Ärzten. Die Größe der Lebenswelt der Kinder hängt demnach nicht nur mit der Mobilität ihrer Eltern zusammen, sondern gerade auch mit der sozialen Positionierung der Eltern in der Gesellschaft.

In der sozialwissenschaftlichen Literatur werden Mädchen oft als ‚Opfer' ihrer räumlichen Verhältnisse betrachtet. Mädchen würden den öffentlichen Raum seltener für sich beanspruchen als Jungen und wären vor allem in Institutionen und zu Hause zu finden. Nur allzu oft werden solche Ergebnisse als gegeben gehandelt. Der Soziologin Martina Löw zufolge wird der männliche Freiraum dabei als erstrebenswert präsentiert, er wird zur Norm (Löw 2001). In diesem Zusammenhang erachte ich es für wichtig, dass gerade männlich dominierte Jugendkulturen aus der Perspektive von Mädchen betrachtet werden, sonst werden diese allzu leicht übersehen. Sprüherinnen bewegen sich, um ihr ‚Hobby' auszuüben, bewusst aus ihren geschützten Räumen hinaus. In den Interviews zeigt sich, dass einige Mädchen dennoch Einschränkungen in ihrem räumlichen Verhalten erfahren: Angst vor gewalttätigen Übergriffen, der Dunkelheit und vor allem Begrenzungen, die seitens der Writer-Jungen vorgegeben werden. Ein Zitat von aron verdeutlicht dies:

„Naja, einerseits war's unheimlich, weil ich mein', wie alt war ich denn damals, zwölf, dreizehn, ich war nicht besonders klein, aber auch nicht besonders groß. Also immer so dieses kleine Mädchen, das immer gucken muss, ‚dann hat'se aber nicht nur Angst, dass jemand Böses vorbeikommt, der sie irgendwie schlägt, sondern dann hat sie auch noch Angst, dass jemand von den Leuten von ihrem Cousin[8] vorbeikommt, der sie irgendwie sehen könnte und sagt, was sie da mitten in der Nacht macht'." (aron)

[8] Die Interviewpartnerin meint damit die Graffiti-Crew ihres Cousins.

In den Interviews hat sich die Kategorie „draußen" durch alle Erzählungen der Mädchen gezogen. Hier wird die Bedeutung der Außenwelt sichtbar. Das ist für die Jugendkultur Graffiti auf den ersten Blick nicht erstaunlich. Aber es sind Mädchen, die sich durch die allmähliche Aneignung ihrer räumlichen Umwelt in der Öffentlichkeit präsentieren und sich Räume für ihre Zwecke erobern und in Besitz nehmen. So kann die Aneignung der räumlichen Umwelt bei Sprüherinnen wie folgt beschrieben werden.

Sie eignen sich ihre ‚neue' Welt zunächst zu Hause an. Hier fertigen sie erste Skizzen an und beschäftigen sich mit der Kultur, die dahinter steht. Für die meisten befragten Mädchen liegt zwischen der ersten Beschäftigung mit Graffiti zu Hause oder in einem Kurs ein langer Zeitraum, bis sie sich zum ersten Mal nach draußen wagen.

„Naja, es war komisch, am Anfang hab' ich mich natürlich nicht auf die Straße getraut, bin immer irgendwie in meinem Zimmer rumgerannt und hab' da alles Mögliche versucht […] das ging erst später los, dass ich auf die Straße bin." (aron)

Der erste Schritt nach ‚außen', die Aneignung der unmittelbaren Wohnumgebung, die ‚Veröffentlichung' der neuen Identität ist die nächste Stufe der Raumaneignung.

„Also erst mal war das so die Gegend, wo man wohnt, würd' ich sagen. So am eigenen Haus und so. Also, dass man da präsent war." (cera)

„Der erste Schritt aus dem Haus, wo man sagt, ‚ok, jetzt geh ich malen'. Damit fängt es irgendwie an. Dann guckt man rum, ‚wo kann ich jetzt, wo kann ich jetzt'." (aron)

Mit zunehmender Anerkennung und Sicherheit, und wie judy beschreibt, mit zunehmender Langeweile, steigt das Bedürfnis nach dem Entdecken neuer Räume. Sie liegen in der Stadt verstreut, die Mädchen erobern sie, nehmen sie mit ihrer Unterschrift in Besitz, verlassen sie aber wieder.

„Auf Dauer wird das ein bisschen langweilig und dann ist es schon so ein Nervenkitzel, dass man sich gefährlichere Sachen sucht." (judy)

Zusammenfassend kann gesagt werden, dass sich das Leben als WriterIn aus einem ständigen Auf- und Abtauchen in einer anonymen Welt zusammensetzt. Die Welt der SprüherInnen wird durch eine Vielzahl an Räumen, die verändert und geformt werden können, gestaltet. Im Unterschied zum Modell Zeihers bleibt der Raum zwischen den Inseln nicht bedeutungslos, sondern die Mädchen nehmen diesen Raum wahr – für sie hat er eine Bedeutung. Es ist vor allem ein Raum der Zeichen, der Symbole und der Kommunikation. Sie nehmen die Bilder von anderen SprüherInnen und Crews zur Kenntnis. Der Zwischenraum ist somit ein erweiterter Handlungsraum (Andris 2000), den sich die SprüherInnen für ihre Zwecke und Bedürfnisse schaffen. WriterInnen hinterlassen Spuren – wenn auch oft nur für eine kurze Zeit – im öffentlichen Raum, einen Raum, der allen BewohnerInnen einer Stadt gehört. Die öffentliche Debatte um Graffiti ist groß. Es wird von einer Zerstörung des Stadtbildes gesprochen, obwohl gleichzeitig etwas Neues entsteht. Es sind neben Tags und Bombings vor allem Pieces, die groß und bunt im öffentlichen Raum zu finden sind. Die Bedeutung, die Message der Bilder – den ‚Buchstabensalat' – können nur wenige entschlüsseln. Und dennoch: Die Jugendlichen wählen den öffentlichen (Straßen-)Raum für ihre Bilder, nicht etwa das eigene Zimmer zu Hause. Dahinter steckt nicht nur das Streben nach Fame in der Szene, sondern auch ein Urwunsch der Menschheit: von Bedeutung und etwas Besonderes zu sein und Spuren zu hinterlassen. Vor allem in einer urbanen Welt ist die Angst groß, in der Masse unterzugehen oder in der städtischen Anonymität zu vereinsamen. Jugendliche schließen sich zu Crews zusammen, erleben familienähnliche Zusammengehörigkeit und brechen zudem die urbane Anonymität auf, indem sie zeigen: ‚Ich bin da!'.

Schlussbetrachtung

Die große Bedeutung von Graffiti für Mädchen soll an dieser Stelle mit einigen Zitaten der befragten Sprüherinnen verdeutlicht werden:

„Das ganze Kennenlernen von so unterschiedlichen Menschen, die alle dasselbe machen. Dann das Ausleben der Kreativität natürlich […] Am Ende kommt was raus, wo man richtig zufrieden ist damit, so 'ne innere Zufriedenheit, das find' ich einfach super wichtig so für's Leben." (sonne)

„Es ist einfach ein Teil von meinem Leben […] das gehört halt zu meinem Leben dazu." (sound)

„Für mich ist es 'ne Ausdrucksform und dass man […] dann auch [sieht], man hat was geschaffen." (judy)

„Weil, das ist auch 'ne ganz andere Welt, die man entdeckt so. Das hat mir auch viel gegeben, der Mauerpark und diese ganze Atmosphäre." (yasd)

Die Mädchen entdecken eine „ganz andere Welt" (yasd), eine Welt, in welcher sie nicht nur ihrer Kreativität freien Lauf lassen und etwas schaffen können, ihnen wird vor allem etwas zurückgegeben: Sie gewinnen Freundschaften, sie erhalten Respekt und Anerkennung für ihr Tun. Sie entwickeln ein ganz bestimmtes Lebensgefühl, das sie mit anderen teilen.

Sie können ihre Gefühle über das Medium Farbe ausdrücken, sie verändern die Welt und schaffen somit etwas Neues. Innerhalb der Szene können Jugendliche eigene Erfahrungen machen, selbständig handeln und ganz nebenbei auch lernen: nicht nur Farbenlehre, sondern Kompetenzerleben, positive Emotionen, Kreativität oder Gruppengefühl.

Für einen Ausblick möchte ich die Bedeutung von Graffiti für Lern- und Bildungsprozesse andeuten. Formelle Bildungsinstitutionen wie Schulen oder Ausbildungsstätten haben eine immer geringere Bedeutung im jugendlichen Wertesystem. Seit einiger Zeit wird zunehmend auf die Bedeutung des informellen Lernens hingewiesen. Graffiti als soziales Umfeld kann als informeller Lernort gedeutet werden, der eng mit Tätigkeiten verbunden ist. Böhnisch und Schröer (2001) sprechen von „wildem Lernen": Es entwickeln sich zunehmend Lernwelten, deren Lernmodelle aus den jeweiligen sozialen Gelegenheiten und psychosozialen Befindlichkeiten heraus entstehen (ebd., S. 185 ff.). Hier scheinen weitere Untersuchungen erforderlich, die Lernen in diesem Zusammenhang und in Verbindung mit Graffiti, als soziales Umfeld im Freizeitbereich Jugendlicher, sehen.

Literatur

Andris, Silke (2000): Painting one's own personality. In: Johannes Moser. (Hrsg.): Jugendkulturen: Recherchen in Frankfurt am Main und London. Frankfurt a. M., S. 59–97.

Baacke, Dieter (1993): Sozialökologische Ansätze in der Jugendforschung. In: Heinz Hermann Krüger (Hrsg.): Handbuch der Jugendforschung. Opladen, S. 135–157.

Baacke, Dieter (1993 [1987]): Jugend und Jugendkulturen: Darstellung und Deutung. Weinheim.

Baudrillard, Jean (1978): Kool Killer oder Der Aufstand der Zeichen. Berlin.

Böhnisch, Lothar & W. Schröer (2001): Pädagogik und Arbeitsgesellschaft. Weinheim.

Deinet, Ulrich & Christian Reutlinger (Hrsg.) (2004): „Aneignung" als Bildungskonzept der Sozialpädagogik. Wiesbaden, S. 7–15.

Domentat, Tamara (1994): New York City: Als die Buchstaben laufen lernten. In: Olaf Henkel, Tamara Domentat & René Westhoff: Spray City. Graffiti in Berlin. Berlin, S. 8–14.

Krekow, Sebastian & Olaf Röske (1997): Graffiti Art #6. Berlin.

Leontjew, Aleksej N. (1971): Probleme der Entwicklung des Psychischen. Berlin.

MacDonald, Nancy (2002): The Graffiti Subculture: Youth, Masculinity and Identity in London and New York. New York.

MacDonald, Nancy (2006): The Feminin Touch: The Highs and Lows of the Female Graffiti Experience. In: Nicholas Ganz: Graffiti Women: Street Art from five Continents. New York.

Madlener, Nadja (2004): we can do. Geschlechtsspezifische Raumaneignung am Beispiel von Graffiti von Mädchen und jungen Frauen in Berlin. Stuttgart.

Löw, Martina (2001): Raumsoziologie. Frankfurt a. M.

Rheinberg Falko & Yvette Manig (2003): Was macht Spaß am Graffiti-Sprayen? www.psych.uni-potsdam.de/people/rheinberg/files/Graffiti3.pdf [Zugriff am 27.01.2007).

Siegl, Norbert: Kulturphänomen Graffiti. Das Wiener Modell der Graffiti-Forschung. www.graffitieuropa.org/kultur1.htm [Zugriff am 27.01.2007].

Skrotzki, Aurelio (1999): Graffiti. Öffentliche Kommunikation und Jugendprotest. Stuttgart.

Stahl, Johannes (Hrsg.) (1989): An der Wand. Graffiti zwischen Anarchie und Galerie. Köln.

Zeiher, Helga (1991/1983): Die vielen Räume der Kinder. Zum Wandel räumlicher Lebensbedingungen seit 1945. In: Ulf Preuss-Lausitz: Kriegskinder, Konsumkinder, Krisenkinder: zur Sozialisationsgeschichte seit dem Zweiten Weltkrieg. Weinheim & Basel.

Zeiher, Helga (1999): Die Räume der Kinder. Kindheit als institutionalisierte Lebensform. In: *Theorie und Praxis der Sozialarbeit,* H. 2, S. 51–55.

Monica Anna Hevelke

„Nicht abhalten lassen"

B-Girl Monica über Mädchen im HipHop und Breakdance

Wann und wie bist du zum HipHop und dann zum Breakdance gekommen?

Bevor ich richtig mit dem Tanzen angefangen habe, hörte ich schon HipHop-Musik. Das fing in der Grundschule an. Ich wusste auch was Breakdance ist, mein Nachbar ging zu einem Kurs, und zeigte mir dann die Schritte, aber dort waren keine Mädchen, also wollte er nicht, dass ich mitkomme, weil ich mich eventuell langweilen könnte. Heute bereue ich, dass ich nicht einfach mitgegangen bin. Er hörte nach 'nem halben Jahr auf. Es vergingen vier Jahre, bis ich durch einen Zufall die ersten richtigen B-Boys kennen lernte. Eine Freundin spielte in der KMA [Kreuz-berger Musikalische Aktion] Schlagzeug und erzählte mir, dass sich dort auch Tänzer treffen. Anfangs schaute ich denen nur zu, irgendwann nahm ich einfach Sportsachen mit, und so nahm alles seinen Lauf. Das erste, was mir beigebracht wurde, war, dass es nicht Breakdance heißt, sondern B-Boying und B-Girling, und dass der Begriff Breakdance von den Medien erfunden wurde!

Was fasziniert dich an der Szene?

Tanzen ist was sehr Wertvolles und Kreatives. Es hat für mich mit einem Hobby nichts zu tun. Das ist nicht wie Tennis spielen oder so. B-Boying und B-Girling ist Teil der urbanen Tanzkultur. Und in der spielt Funk und HipHop eine große Rolle. Viele dieser urbanen Tanzstile haben eine interessante Entstehungs- und Entwick-lungsgeschichte. Als ich angefangen hatte, konnte man diese urban dances nur in Jugendeinrichtungen wiederfinden und lernen, nur langsam etablierten sich diese Stile neben dem Klassischen Bühnentanz. Es gibt ein Bewegungsrepertoire, das sich ständig erweitert. Jeder kann mitmachen, das finde ich sehr wichtig.

Hattest du Vorbilder oder Künstler und Künstlerinnen, die dich beein-druckt, inspiriert oder geprägt haben?

Fotos: Ester Vonplon

Natürlich ... ich habe eigentlich vor allen Tänzern Achtung, die viel Zeit, Anstrengung und Eigeninitiative dem Tanzen widmen. Es gibt immer welche, die einem besser gefallen, die viel-leicht noch kreativer sind. Ich schätze besonders die Tänzer, die auch Anfängern gegenüber aufgeschlossen sind.

Fotos: Ester Vonplon

Wie erklärst du dir den deutlich geringeren Mädchenanteil in der aktiven HipHop-Szene? Und wie sieht es bei den BreakerInnen aus?

Vielleicht hat es damit was zu tun, dass Frauen eher gemeinschaftlich und solidarischer erzogen werden, und Männer sich eher behaupten sollen. Ich weiß, jeder von euch kennt viele Ausnahmen, ich auch. Zum HipHop gehört dieses Battle-Ding einfach irgendwie dazu. Der Gedanke sich mit anderen zu messen, ist wichtig, um sich selbst ständig herauszufordern und weiter zu entwickeln. Das schreckt vielleicht viele Frauen ab.

Fällt es schwer, sich als B-Girl zu behaupten? Und zwar sowohl unter Jungs als auch unter den Mädchen?

Ich denke, es fällt grundsätzlich schwer, sich in einer Gesellschaft zu behaupten, und beim Tanzen ist das nicht anders. Als Frau hat man es, wenn man im HipHop aktiv ist, vielleicht sogar etwas einfacher, weil es wenige Frauen gibt, und daher bekommt man viel mehr Aufmerksamkeit, schon allein, weil man 'ne Frau ist. Da haben es die Männer schwerer, finde ich.

Siehst du dich selbst als Vorbild für Mädchen und junge Frauen?

Ich denke, dass jeder, der sich für irgendwas begeistert, engagiert und dadurch selbst herausfordert, andere motivieren kann.

Was denkst du über die Vorbehalte, die HipHop-Szene sei auch sexistisch?

Puuuuuuhhhhhhh … das hat was mit dem Battle-Ding zu tun und damit, dass es bestimmte Statussymbole in der Gesellschaft gibt wie Reichtum, Schönheit oder Macht. Der HipHop entstand und entwickelte sich vor allem in den Armenviertel der Großstädte. Und wenn man mit dem, was man sich selbst beigebracht und erarbeitet hat, erfolgreich ist, soll es die ganze Welt wissen. Naja, und weil eine schöne Frau in unserer Gesellschaft als Statussymbol gilt, wird das im HipHop natürlich auch aufgegriffen. Dann ist die Frau nicht in erster Linie eine Frau, sondern eher ein Symbol.

Gibt es für dich zentrale Themen im HipHop?

Eigeninitiative, Kreativität, Engagement, Vielfalt, Respekt.

Fotos:
Emine Bakal

Wie wichtig ist für dich politisches oder gesellschaftliches Engagement?

Ich finde das wichtig, sich für andere stark zu machen. Das hat aber nichts mit HipHop zu tun, sondern eher mit einer Lebenseinstellung. Auch politisches Engagement gehört für mich dazu.

Du kennst dich ja gut in HipHop-Szenen in verschiedenen Ländern aus, warst in New York, in Montevideo, hast B-Girl-Kurse in Polen gegeben und ein Jahr in Mexiko gelebt. Gibt es da länderspezifische Unterschiede im Frauen- und Männeranteil in den Szenen?

Nein. Leider nicht.

Was hättest du gerne anders im HipHop?

Nichts. Ich würde mich zwar zur Tänzerszene dazuzählen, aber trotzdem schafft man sich ja seinen eigenen kleinen Mikrokosmos, und der deckt sich nicht immer mit dem der anderen Tänzer.

Was würdest du Mädchen/jungen Frauen, die sich für HipHop interessieren, mit auf den Weg geben?

Wenn man Lust hat etwas zu tun, dann sollte man sich nicht abhalten lassen.

Interview: Gabriele Rohmann

Fotos: Emine Bakal

Monica Anna Hevelke

German B-Girls in New York: Mädchenprojekte im HipHop

Ein Erlebnisbericht

Ende 2005 wurde ich gefragt, ob ich Lust hätte, mit einer Gruppe B-Girls nach New York zu fahren. Der Austausch sollte im Mai 2006 stattfinden.

Wir waren acht B-Girls aus Berlin, Potsdam, Stuttgart und Köln. Zum Teil kannten wir uns über Jams und Workshops. Die meisten von uns tanzen schon seit vielen Jahren, einige geben Tanzkurse, nehmen an Battles teil oder organisieren Tanzveranstaltungen, beispielsweise die internationalen B-Girl-Champs 2004 in Berlin.

Bis April 2006 stand dieses HipHop-Austauschprojekt noch auf der Kippe, weil die zugesagte Unterstützung ausblieb. Da wir selbst noch in der Ausbildung stecken, studieren oder zur Schule gehen, war es wichtig, den Eigenanteil für die Reise so gering wie möglich zu halten.

Einige Mädels unserer Gruppe haben einen Migrationshintergrund mit Eltern aus Russland, der Türkei oder Polen. Wir waren acht Tänzerinnen sowie eine Betreuerin für die Organisation und Vivian für die Dokumentation, die uns mit der Kamera überallhin begleitete. Mirtha, unsere Betreuerin, arbeitet als Streetworkerin in Berlin-Kreuzberg bei Gangway e.V.

Foto: Emine Bakal

Gangway wurde 1990 gegründet und engagiert sich in der Straßensozialarbeit in Berlin mit rund 50 Streetworkern, die in neun Berliner Bezirken unterwegs sind. Gangway wird vom Berliner Senat gefördert.

Dieser HipHop-Austausch war für uns besonders spannend, weil die Austauschpartnerin *Rokafella* von der New Yorker „Full Circle Production" eine bekannte Breakerin ist. In New York liegt der Ursprung der HipHop-Kultur und damit auch des Breakdance oder richtiger des B-Boying und B-Girling.

Rokafella ist für die B-Girl-Szene eine besonders wichtige und interessante Person, und das nicht nur, weil sie als erstes B-Girl in der Jury des Battle of the Year 2004 saß oder das Vorwort für das Buch „We B-Girlz" schrieb. Sie leitet seit vielen Jahren Workshops und Kurse, beteiligt sich an sozialen Projekten und arbeitet mit Jugendeinrichtungen zusammen. *Rokafella* wurde bereits von Popstars wie Will Smith, Mariah Carey oder Whitney Houston engagiert. Ihre Eltern sind Puerto Ricaner, aber geboren und aufgewachsen ist sie in New York. Die „Full Circle Production" gründete sie zusammen mit ihrem Mann *Kwikstep* im Jahr 1992.

„Full Circle" ist eine Künstlerinitiative, die Workshops für Jugendliche anbietet und jungen Künstlern eine Plattform gibt, indem sie mit ihnen gemeinsam Bühnenstücke erarbeitet. Als gemeinnützige Einrichtung besteht sie aus Tänzern, Rappern, Sängern, DJ's, Beatboxern und Sprühern. Einige von ihnen sind HipHopper der ersten Stunde.

Die Idee hinter unserem Austausch war, dass man Jugendliche mit denselben Interessen und Leidenschaften zusammenbringen wollte, die auf zwei unterschiedlichen Kontinenten leben. Über diese Gemeinsamkeit fühlen sie sich verbunden und können leichter aufeinander zugehen und miteinander sprechen.

Weil es Mädchen und jungen Frauen oft schwer fällt in der HipHop-Kultur Fuß zu fassen, war es daher wichtig, ihnen die Möglichkeit zu geben, an diesem Austausch teilzunehmen, damit ihre Leidenschaft zum Tanz vertieft und gestärkt wird.

Für die Organisatoren sind wir wegen unseres Engagements in Jugendeinrichtungen Multiplikatorinnen. B-Girls, die schon länger dabei sind, machen anderen Mädchen Mut, die auch anfangen wollen zu breaken, und nehmen ihnen vielleicht die ersten Hemmungen in einem Trainingsraum mit lauter B-Boys. Durch die gezielte Unterstützung von B-Girls sollen junge Frauen motiviert werden, die Angebote in Jugendeinrichtungen wahrzunehmen und zu nutzen und nicht nur am Rand zu stehen und zu klatschen.

Während der Vorbereitungstreffen wurde zusammengetragen, was wir über die aktuelle Breaker-Szene in New York in Erfahrung bringen konnten und was wir neben dem gemeinsamen Training mit den B-Girls und B-Boys sonst noch gerne machen und sehen wollten.

Wir wollten so viel wie möglich tanzen, aber auch die Stadt erkunden und erleben. Also gab es die zehn Tage in New York ein volles Programm. Vormittags waren wir mit Stadtbesichtigung beschäftigt und nachmittags gingen wir zum Training.

Dank *Rokafella* hatten wir die Möglichkeit verschiedene Trainingsräume, Viertel, Gruppen und Tänzer kennen zu lernen. Wir trainierten mit Kindern, Jugendlichen und Erwachsenen. Diese ganze Atmosphäre erinnerte uns stark an Berlin, wo sich die Tanzszene auch über die ganze Stadt verteilt.

Mal waren wir in einer Sporthalle in der Bronx, dann in einer Halle in Brooklyn, ein anderes Mal in einer Grundschule in Queens sowie in einem Jugendhaus in Chinatown.

Ungewohnt war für uns, dass das Jugendhaus in Chinatown seinen eigenen Wachschutz hat, bei dem man sich an und abmelden muss, außerdem passierte man beim Reingehen eine Schranke.

Bei diesem Training hatte ich besonders viel Spaß, gemeinsam mit zwei New Yorker B-Girls überlegten wir uns eine kleine Routine. Ich fand ziemlich krass, dass beide je zwei Stunden brauchen, um zum Training zu kommen.

In allen Einrichtungen haben wir nicht nur mit B-Girls, sondern auch mit B-Boys zusammen trainiert. Das ist wichtig, damit sich Frauen nicht zu sehr auf Frauen fixieren. Gemeinsames Training, egal ob mit B-Girls oder mit B-Boys, verbindet, und über gemeinsame Interessen entstehen viel leichter ungezwungene Gespräche, und so lernt man sich gegenseitig kennen und respektieren.

Während des Aufenthaltes entstand nebenbei eine Choreographie, die als Teil einer Tanzshow der Gruppe *KR3T's* in einer High School in New Jersey aufgeführt wurde. Die jungen Tänzer dieser Tanzshow beeindruckten uns sehr, da sie viele unterschiedliche Tanzstile beherrschten.

Über die ganze Zeit hinweg wurde ein Online-Tagebuch geführt, in dem wir die täglichen Eindrücke und Erlebnisse festgehalten haben, das allen Interessenten jederzeit zugänglich war und immer noch ist (www.gangway.de/cms/asp/user.asp?client=gangway&cat1id=90&cat2id=94).

Wieder in Berlin mussten wir erstmal tief durchatmen …

Die erste Projektpräsentation fand im Sommer 2006 für die Kreuzberger Kinderstiftung statt, die uns die fehlenden Gelder zur Verfügung gestellt hatte. Im Dezember 2006 wurde der

Dokumentarfilm „B-Girls in New York" zusammen mit der Fotoausstellung bei einer großen Tanzveranstaltung in Kreuzberg gezeigt, wofür es viele positive Rückmeldungen gab, was uns natürlich sehr gefreut hat …

Foto: Emine Bakal

Fanzines
Zeitschriften
Mädchen und Medien
Feministische
Medienarbeit

Doris Katheder

„Aber leider ist die Wirklichkeit ganz anders."

Selbstverständnis und Medienkritik nicht-kommerzieller Mädchenmagazine

Das Leben ist schön! Besonders für Mädchen! Und erst recht für die jugendlichen Leserinnen jener prächtig schillernden Blätter, die wie neonfarben explodierende Feuerwerke, wie grell blitzende Diskokugeln, wie mit prickelnden Brausestäbchen prall gefüllte Wundertüten aus den Zeitschriftenregalen von Supermärkten und Tankstellen zum Zugreifen locken; die Ablenkung vom Traurigsein verheißen und Anleitung zum Glücklichwerden versprechen – vorausgesetzt, man kauft sie. Die für weibliche Jugendliche bestimmten kommerziellen Magazine wie *Bravo Girl!*, *Mädchen* oder *Sugar* geben vor, als Spiegel und Akteurinnen für diese produziert zu sein, wesentliche Lebensbereiche zu erfassen und zu repräsentieren. Dieser

Suggestion dienen die Fotogeschichten und die Beratungsrubriken ebenso wie die Warenwerbung mit ihrer beharrlichen Propagierung eines Körperkodexes mit „toller Figur", „lupenreiner Haut" und einer lebensfremden Romantik. Gleiches gilt für die Reklame für individualistische Selbstbehauptung, Karrieredenken und kulturindustrielle Berufe (Katheder 2004, 2005, 2006).

Die massenkulturelle Übermacht dieser Medienprodukte fordert geradezu dazu auf, nach Gegenbewegungen und Gegenkonzepten zu den kommerziellen Zeitschriften und den in ihnen verbreiteten Klischees „von Leben und Liebe" (Götz 2002, S. 121) Ausschau zu halten, alternative Spuren und Abdrücke wahrzunehmen und sie – erst recht – ins Licht der öffentlichen Wahrnehmung und in den Mittelpunkt des wissenschaftlichen, pädagogischen und journalistischen Interesses zu stellen. Denn gerade hier wird oft aus dem unmittelbaren jugendlichen Erfahrungshorizont der Macherinnen heraus ein Problembewusstsein unter anderem für Mädchenkultur, Ausbildung, Umwelt, für von den kommerziellen Zeitschriften also überwiegend unterschätzte, unterschlagene oder fehlgedeutete Themen entwickelt und geschärft. Und es wird der Versuch unternommen, jugendlichen Alltag mit einem kritisch-demokratischen politischen Ansatz zu verbinden und zur Demokratisierung des gesellschaftlichen Kommunikationsprozesses auch in Sachen weibliche Lebenswelten beizutragen. Die so genannten alternativen Medien beschreiten daher drei wichtige Wege: die eigenständige Herstellung von *Authentizität* durch Artikulation von Themenbereichen, die für die Leserinnen lebensprägend sind; den *Austausch* von Informationen und Meinungen, die Kommunikationsstiftung, auch die Aufhebung der strikten Trennung zwischen KommunikatorIn und RezipientIn; und die Verbindung von aufklärerischer Kommunikation und aufklärerischer *Aktion* (Kleiber 1997, S. 60 f.).

[1] In ihrem vergleichenden Überblick über Inhalte von *Bravo Girl!*, *Mädchen* und *Brigitte Young Miss* in den Jahren 1997/98 stellen Ricarda Gregor und Nicole Lotz fest, dass deren umweltpolitische Berichte an „Methoden der Regenbogenpresse" erinnern: „Sie dienen weniger der sachlichen [,] gesellschaftskritischen Aufklärung als vielmehr dem Schüren von Emotionen." (Gregor & Lotz 2000, S. 312).

Um die Leistungen solcher Zeitschriften und ihrer Prototypen wie der „Fanzines" erschließen und gerecht werden zu können, müssen die Probleme, vor denen sie latent stehen, bewusst sein. Zu diesen gehört – wie im ‚Bürgerjournalismus', in den ‚offenen Kanälen' und den Weblogs – die Abhängigkeit von professioneller Hilfe bei der Gestaltung, der Diskursvernetzung und der Distribution. Zu diesen zählen aber auch die Versuche der übermächtigen Konkurrenz, nicht nur die Fixierung auf das Private und Schöne zu propagieren, sondern auch selbst feministisch-emanzipatorische Denkfiguren wie „Chancengleichheit", „kulturelle Vielfalt", „globale Umwelt" und ihre bildhaft-symbolischen Manifestationen in einer Art „Pop-Feminismus" (Hecken 2006, S. 208) aufzugreifen und zu verwerten.[1]

Zu fragen ist daher nicht nur, wie die nicht-kommerziellen Medienprodukte wirklich zur Artikulation weiblicher Lebensrealitäten beitragen, Interpretations- und Kommunikationsveränderung anstreben, ja politisch-soziale Entwurfsphantasien entwickeln können. Zu fragen ist auch, ob sie mit ihrem Selbstverständnis und ihrer Kritik unter anderem an der *Bravo* in der Lage sind, Beiträge zur Dekonstruktion bestehender medialer Öffentlichkeiten und öffentlicher Meinungen, zu ihrer „De-Inszenierung" (Peters 2005, S. 339; Begriffsprägung von Susanne Holschbach), zu leisten.

Im Folgenden werden drei dieser nicht-kommerziellen Angebote näher betrachtet.

Things are queer – ein Ego-Zine im Ego-Zirkel

In einer von kommerziellen Medien beherrschten Kommunikationssituation gebührt unter anderem den so genannten Fanzines im Printmedien- und Internetbereich gesteigerte Aufmerksamkeit. In ihrer Genrebezeichnung die Begriffe „Fan" und „(Maga-)zine" miteinander verbindend, werden sie zumeist ohne Rücksicht auf die Spielregeln des bestehenden Presserechts in kleinen Auflagen und ohne feste Redaktionen in unregelmäßigen Abständen für begrenzte Publikumskreise produziert.[2] Format, Druckqualität, Umfang und inhaltliche Schwerpunkte dieser zumeist über Kopierer kostengünstig vervielfältigten Erzeugnisse sind uneinheitlich. Die meisten sind nicht über den normalen Pressevertrieb erhältlich, und nur vereinzelt werden sie auch von nicht-kommerziellen Körperschaften herausgegeben.

Eine Sonderform der Fanzines im Printmedienbereich bilden die so genannten Ego-Zines. Sie sind vorrangig Podien der Selbstreflexion der Herausgeberin oder des Herausgebers. Teilweise lehnen sie sich stark an jene nordamerikanischen Fanzines an, in denen unter anderen die Riot Grrrls Themen wie Sexismus, sexuellen Missbrauch, Vergewaltigung und Pornographie diskutierten (Zobl 1999, S. 31 ff.). Vielen von ihnen ist der Kampf gegen gängige Geschlechterkonstruktionen, die Auflösung von Zweigeschlechtlichkeit und so genannter Zwangshetero-sexualität im Sinne der schwul-lesbischen Studien der Queer-Bewegung, der Queer Theory und der Queer Politics ein wichtiges Anliegen.[3] Im Jahre 2001 erschien ein solches Ego-Zine in Berlin: *things are queer*.[4]

Es steht im Kontext der von Queer und anderen Bewegungen vertretenen Denkansätze über Liebe, Sexualität und Körperlichkeit. Das in ihm wirkende Zusammenspiel von Selbstinszenierung, Diskursrezeption und Entwurfsphantasie ist daher jugend- und medienkulturell aufschlussreich.

Die Prämissen: Individuum, Sexualität und Gesellschaft

Besonders deutlich wird das in jenen Beobachtungen und Schlussfolgerungen, in denen der Verfasser Individuum, Sexualität und Gesellschaft in Beziehung setzt. Sie belegen plastisch, wie sich eine Gesellschaft, die „Entfremdung, Isolierung, Vereinzelung" (51. S.) begünstige, eine „Zwangsordnung", eine „Machtformation […], innerhalb derer sich die uns bekannte Zweige-schlechtlichkeit […] hierarchisch organisiert" (29. S.), an einem (Autor-)Individuum auswirken kann. Sylvian schreibt:

[2] Siehe die Übersichten zu deutschen Fanzines bei Kleiber 1997, S. 154-162 und Zobl 1999, S. 40-56. Siehe auch die Ausstellungs-Begleitbroschüre „Fanzines" 2004.

[3] Siehe dazu Perko 2005, Voss 2004 und die Überblicksdarstellung in Hark 2005 (darin über den Kampfbegriff von „Queer" als herrschafts- und normenkritisches Projekt: „Heteronormativität", S. 293 ff.); vgl. außerdem das in New York produzierte Internet-Fanzine *gurl.com*.

[4] *things are queer*, o. O. (Berlin), o. S. (ein „Zine" - 57. S.) von Sylvian (60. S.): mit „Update", 1 Blatt, Juli 2002. Vertrieb: Flatline-Imperium, Berlin (www.Thingsarequeer @yahoo.de) - Zur Zitierweise: Die überwiegende Kleinschreibung im Original wird aufgehoben.

„Es geht um die Zerstörung der Kleinfamilie und der Liebespaar-Kultur. Es gilt eine Kultur zu attackieren, die heterosexuell zugerichtet ist und mich nötigt, mich als Mann oder Frau zu begreifen. Ich will die Zerfaserung einer heterosexuellen Identität, weil sie meine Gefühle und Lüste zurichtet. Meine Handlungsmöglichkeiten eingrenzt. Meine Beziehungen zu anderen Menschen kategorisch vordefiniert und eingrenzt. Ich will einen offenen Raum identitärer Unverbindlichkeit, frei von Definitionszwang und voller Uneindeutigkeiten." (21. S.)

Der Autor sieht in biologischen, psychischen und sozial-kulturellen Gegebenheiten nur die zwanghafte Wiederholung bereits erlebter Befriedigungen, nur das konservative Element des Wiederholungszwanges. Darum verbindet er hier feministisches, androgynes, auch schwul-lesbisches Gedankengut mit einer individualistischen Scheinrevolte – nicht etwa gegen soziale Bedingungen und Geschlechterverhältnisse und die permanente Reproduktion von Ungleichheit, sondern gegen die Vielfalt der die Kategorie „Geschlecht" bestimmenden Faktoren: nicht gegen traditionelle Geschlechterrollen, sondern gegen Heterosexualität ‚an und für sich'. Er unterstellt von vornherein, „dass Heterosexualität eine […] Machtkonfiguration ist" (Hark 2005, S. 299). In welche Interpretationsschwierigkeiten ein Ego-Zine mit solchen Prämissen gerät, verdient eine nähere Betrachtung.

Queer contra Bravo

Profil und kommerzieller Auftrag des Jugendmagazins Bravo sind bekannt. Die Bravo erregt auch die Kritiklust des Verfassers von things are queer. Er resümiert die Geschichte dieses Magazin als Summe von Ärgernissen. Er artikuliert das Misstrauen gegenüber falscher Romantik, die unbestechliche Witterung für patriachalisches Erbe, die moralische Entrüstung über kommerzialisierte Schönheitsideale.

So stünden die Beratungsrubriken „im Dienst traditioneller Sexualitäts- und Geschlechtsrollenklischees"; das von ihnen verbreitete Wissen sei „heteronormativ eingeengt und ermutigt Mädchen wie Jungen [,] sich mit vermeintlich ‚natürlichen' oder ‚wesenhaften' geschlechtsgebundenen Eigenschaften und ‚Neigungen' zu identifizieren" (18. S.). Eine bestimmte „Konstruktion von Geschlechtscharakteren" (19. S.) sei auch in den Fotogeschichten zu finden. Hier dominierten eine romantisierte „Liebessemantik" und das „Aschenputtel-Motiv": Das „hässliche" Mädchen werde durch neue Kleidung und Kosmetik zur lebendigen Schönheit (vgl. 19. S.). Mit dieser Fixierung auf traditionelle Schönheitsideale gehe die Unterschlagung nicht-heterosexueller Lebensweisen einher (vgl. 20. S.). Der Verfasser sieht Zusammenhänge mit dem sexuellen Exotismus, der heterosexuellen „normativen Wirklichkeit" im Fernsehen (vgl. 52. S.) und den „warenförmigen Idealen" über das Körperbewusstsein (54. S.).

Diese Beobachtungen sind richtig, die auf ihren Grundlagen gewonnenen Erkenntnisse allerdings weder neu noch originell. Denn der diskursive „Queer"-Verhandlungsraum, in dem der Autor der Bravo erneut den Prozess macht, wird von ihm nie verlassen, und die Fragen sind nicht so gestellt, dass sie über diese Grenzen hinausreichen.

Zweifelsohne ist vieles, was in der *Bravo* geboten wird, bloßer Schein, Über- und Verblendung. Aber die Leserinnen hinterlassen hier auch ihren Abdruck: ihren Wissensdrang, ihre Schönheitsvorstellungen, ihre ästhetischen Bedürfnisse, auch von ihnen aufgenommene feministische Topoi wie Chancengleichheit und Demokratie der Geschlechter. Diese Topoi finden sich bei den kommerziellen Zeitschriften zum Beispiel in der Beratung und der Werbung teilweise wieder. Gewiss haben die Bilder, die die *Bravo* erzeugt, „konfliktverdeckenden Charakter". Aber: „Verdecktes lässt sich [...] nicht einfach aufdecken durch die Zerschlagung des schönen Scheins. Der schöne Schein ist voller Bedeutungen, die wahrgenommen und anerkannt werden müssen." (Stauber 1999, S. 54).

Nicht als bloßes Negativum sollte daher erscheinen, was in seinem Einfluss zumindest zurückgedrängt werden soll. Es kann nicht um den puren Gegensatz, es sollte zunächst um die Erkenntnis von Widerspruchskonstellationen im medial-kommunikativen Charakter des attackierten

Mediums gehen. Der Verfasser nimmt bekannte Charakteristika der kommerziellen Magazine zur Zielscheibe, prangert Auswüchse in den Chefetagen an, beachtet aber nicht die Lesebedürfnisse, nicht die kulturellen und politischen Funktionen dieser Presseprodukte in ihrer Wechselwirkung mit dem Publikum, und bewegt sich so im Bannkreis einer oberflächlichen Kulturkritik, in einer rebellischen Phantasie, die diese Presse mehr zu spiegeln als in ihrem Systemzusammenhang kritisch zu begreifen scheint.

Görls – Abschied vom Girlie

Die Kriterien „alternativer" Kommunikation wollen auch eher halb-professionelle, mit der Kategorie Fanzine nur teilweise charakterisierte Medienprodukte erfüllen. Dazu gehört *Görls,* die erstmals 1994 im hessischen Jugendbildungswerk Darmstadt-Dieburg konzipierte Mädchenzeitschrift. Seit 1996 erscheint *Görls* jährlich ein- bis zweimal in einer Auflage von 3.500 Exemplaren. 2004 hatte die Zeitschrift 300 AbonenntInnen. Vertrieben wird sie unter anderem über regionale Buchhandlungen und Einrichtungen der Jugendarbeit. Eine medienpädagogische Mitarbeiterin und eine Jugendbildungsreferentin koordinieren die redaktionellen Arbeiten, finanzielle Unterstützung gewährt unter anderem die deutsche Agentur „Jugend für Europa", Computergrafik-ExpertInnen erteilen fachlichen Rat.

Die Initiatorinnen von *Görls* waren, wie sie in ihren seit 1995 herausgegebenen Informationsblättern und Pressespiegeln immer wieder betonten, „mit dem gängigen Mädchenbild in den kommerziellen Girlie- oder Mädchenzeitschriften", mit der „typischen Geschlechterstigmatisierung (Hund, Herd, Kinder, Konsum)" nicht einverstanden. Sie wollten vielmehr eine Zeitschrift entwickeln, „in der es auch um gesellschaftspolitische, sozialkritische oder umweltpolitische Anliegen und Problematiken geht sowie die Möglichkeit besteht, sich selbst auszudrücken und auszuprobieren". So wollten sie „mit dem Klischee aufräumen, dass sich Mädchen nur für so genannte ‚Mädchenthemen' interessieren", also zum Beispiel „Mode, Schminken, Partnerschaften".[5]

Die konzeptionelle Nähe zu feministischen Zeitschriften wie *Emma* (Köln), *Wir Frauen* (Verein zur Förderung von Frauenpolitik e.V., Düsseldorf) und *Auf* (Aktion Unabhängiger Frauen, Wien) ist deutlich: Zum Themenspektrum von *Görls* gehören Berufsfindung und Arbeitslosigkeit, Pflegefamilie und Großelterngeneration, Gentechnik, BSE und die „Agrarwende", Geschlechterrollen und sexualisierte Gewalt, die Genitalverstümmelung in Afrika und Nahost sowie Essstörungen.

Gelegentlich werden historische Frauengestalten wie Olympe des Gouges (1748–1793) oder Persönlichkeiten wie Simone de Beauvoir (1908–1986) portraitiert, Hautpflegetipps gegeben und Küchenrezepte empfohlen. Zum Formenspektrum zählen Interviews mit – zumeist in SPD und Bündnis 90/Die Grünen beheimateten – Lokal- und Regionalpolitikerinnen, politische Kommentare sowie Reise- und Erlebnisberichte und parodistische Horoskope. 2004 informiert *Görls* in einem Special über das Wahlsystem der USA, berichtet in einem regulären Heft über Bildungsseminare und Praktika im Deutschen Bundestag, beschreibt die Aufgaben einer Klassensprecherin und erläutert Begriffe wie „Quote" (H. 2/2004, S. 15 f., S. 20 ff., S. 25). Die Teilnehmerin eines Jugendfestivals betont ganz im Sinne der Zeitschrift: „Wir können hier ohne Jungs einfach so sein, wie wir sind. Mit Jungs sind wir immer irgendwie unter Zwang, so sein zu müssen, wie die Jungs uns wollen. Hier sind wir einfach so, wie wir selbst [sein] wollen." (Interview Mädiale Dresden. Orielle und Chantal, H. 1/2004, S. 21)

Aspekte des Leserinnenbildes

Die *Frankfurter Rundschau* titelte laut Pressespiegel-Faksimile: „Künast verdrängt Britney Spears".[6] Auffällig an *Görls* ist, dass konventionelle Mädchenthemen eher am Rande erscheinen.

[5] *Görls*. Die neue Mädchenzeitschrift. Pressespiegel, o. O. (Darmstadt). o. J. (2002). Siehe auch *Görls* - Partizipation in einem Zeitungsprojekt, o. O. o. J., Beiblatt zu H. 1/2005. Die Rubriken der Internet-Version haben eher Begleitinformationen: *Görls* goes Europe; *Görls* Archiv; Medien über *Görls* (Auswahl: www.goerls.de, 05.05.2003).

[6] *Frankfurter Rundschau*, 05.03.02. Siehe dazu in *Görls*, H. 8/2002, S. 20 f., Rubrik „Frauen, die das Sagen haben", den Abdruck eines Briefes von Renate Künast, damals Bundesministerium für Verbraucherschutz, Ernährung und Landwirtschaft, an die Redaktion (mit Faksimile der ersten Briefseite) zum Skandal um die Rinderseuche BSE.

Hierzu trägt ein hoher Anteil von aus anderen Quellen – Büchern, Zeitschriften und Zeitungen – übernommenen Texten bei: vor allem aus Florence Hervés „Weiber-Lexikon" (1994), Anette Kuhns und Katrinette Bodarwés „Chronik der Frauen" (1992) sowie Beiträgen aus der Tageszeitung *Frankfurter Rundschau,* der Berliner Wochenzeitung *Freitag* und der Kölner Zeitschrift *Emma.*

Beispielsweise heißt es in der Rubrik „ABC-Lexikon" zum Stichwort „Jugend": Diese sei ein Lebensabschnitt, geprägt von „familiären Konflikten, Schulproblemen, drohender Arbeitslosigkeit und ersten sexuellen Erfahrungen"; ferner von der Suche nach Identität und Unabhängigkeit; sie weise auch einen „Trend zur Radikalisierung in politischen und religiösen Gruppen" aufgrund sozialer Perspektivlosigkeit auf. (H. 3/1997, S. 38; nach „Weiber-Lexikon").

Wi(e)der die *Bravo*

Mit dem Anspruch, weibliche Lebensrealitäten zu artikulieren, treten bekanntlich auch die kommerziellen Zeitschriften auf. Darum begab sich *Görls* mutig in die Münchner *Bravo*-Redaktion, um über deren Arbeitsweise und Leserinnenkontakte zu berichten. Die Ergebnisse sind für das Adressatinnenkonzept von *Görls* aufschlussreich.

Alle von *Bravo*-Leserinnen gestellten Fragen, die die *Görls*-Redaktion aus Diskussionsrunden wiedergibt, bewegen sich nur auf der Oberfläche. Zum Beispiel die, warum in den Foto-Liebesgeschichten „nicht ganz ‚normale' Leute mitmachen"; warum „[…] alle so geschminkt sein und superordentliche Klamotten tragen [müssen]"; warum „immer nur die Schönen gezeigt werden?" (Elisabeth Wolf: „Das Dr.-Sommer-Team", dies.: „Die Leserinnenbriefabteilung", H. 5/1998, S. 14) Es heißt zusammenfassend: „Da ist es doch kein Wunder, dass so viele Leserinnen ihre Pickel oder ihre Figur als Makel ansehen und verzweifelte Briefe ans Dr.-Sommer-Team richten." (Gez.: Steffi: „Die Leserinnen-Talkrunde", ebd., S. 15.) Aber die *Bravo* richte sich nach dem, was durch Umfragen und Gesprächsrunden ermittelt wird, „was den Lesern gefällt" – oder nicht gefällt. Zum Beispiel, dass die Seite mit der Beratungsrubrik

„[…] so einen festen Stil [hat], der auf die Dauer nicht interessant ist"; dass die Modeseiten „nur für einen bestimmten Mädchentyp gedacht sind" (E. Wolf, a. a. O.).

Die *Bravo* sollte „ganz andere Trends setzen", Jugendliche „mit verschiedenem Aussehen und unterschiedlichen Interessen" zeigen, meint *Görls* raten zu müssen. Aber: „Natürlich wurden wir in unserem Idealismus sofort eines Besseren belehrt: Hier zählt nur der Markt [,] und die einzige Funktion der Leserinnenrunde ist es, die neuesten Wünsche konsumsüchtiger Kids herauszukitzeln, um noch mehr Leserinnen zu bekommen." (Steffi, a. a. O.)[7]

[7] Siehe auch den Bericht von Vera Hohleiter: „Praktikum bei der „Bunte"-Redaktion", *Görls*, H. 6/2000, S. 14. Zum alltäglichen Medienkonsum siehe Anna Bekkers: „Fernsehen, Familie & Co", ebd., H. 7/2001, S. 28. Die Unsicherheit der *Görls*-Position gegenüber Konkurrenzprodukten und den sich in ihnen niederschlagenden Massenbedürfnissen belegt der Widerspruch zwischen zwei kleineren Texten: Ein Buchtipp zu dem Sachbuch von Andrea Hauner und Elke Reichart „Bodytalk - Der riskante Kult um Körper und Schönheit" (München 2005) artikuliert sachkundig und engagiert „Essstörungen, Schönheitsoperationen und andere Formen des Schönheitswahns" - zugleich schwärmt eine Art Werbetext für das sich vor allem an „Girlies" richtende Begleitmagazin zur Fernsehserie „Gute Zeiten, schlechte Zeiten" (RTL, 1992 ff.), das „[…] nun seine Leser mit überarbeiteter, noch knalligerer Optik, mehr Inhalt und neuen Ideen [überrascht]", alles biete, „was ein GZSZ-Herz ersehnt" (H. 11/2005, S. 45, 9).

Mit dieser Marktperspektive allein lässt sich jedoch nicht hinreichend erfassen, dass Produkte wie die *Bravo* Erscheinungsformen des Massenkonsums sind. Sie tragen mit ihren latenten, oft schwer zu durchschauenden Diskursoffensiven – mit ihren bestehende Zustände stets nur reproduzierenden Propagandafeldzügen für Schönheitsideale, Erfolgsreligionen und Scheinlösungen vorhandener Konflikte – dazu bei, dass relevante Alltagsmechanismen permanent in das Unbewusste verschoben werden und jeder Gedanke an Kritik und Widerstand ausgelöscht wird beziehungsweise erst gar nicht aufkommt.

Es sind aber primär die massenhaft-alltäglichen Lebenslagen und Verhältnisse zu kritisieren, die zu dieser „Schein-Partizipation" am Sozio-Kulturellen, dieser „modischen Infantilität" (Malachowski 2003, S. 32, 35) des narzisstischen „Girlie" führen – nicht nur die MacherInnen, nicht nur der Markt. Und schon gar nicht die *Bravo*-Leserinnen: „Wir konnten uns nicht vorstellen, dass es tatsächlich so unaufgeklärte Leute gibt, die solche blöden Fragen stellen können", heißt es in dem bissigen *Görls*-Report (Nadja Radomski: „Besuch bei der *Bravo*", H. 5/1998, S. 13). In dieser Diskussion über die *Bravo*-Beratungsrubriken werden leichtfertig gerade Verunsicherungen, Irritationen und Ängste zum Thema Jugendsexualität nicht ernst genommen.

Die Gemäßigten

Der *Görls*-Negativismus gegenüber der *Bravo*, deren Ablegern und Schwestern wie *Bravo Girl!*, *Sugar* und *Mädchen* sowie anderen Massenblättern und Medien, gegenüber deren Schönheits- und Glückspostulaten, steht nicht für radikal-entlarvende Tendenzen. Das ist offensichtlich. *Görls* folgt in Gestaltung, Text und Bild einer weniger provozierenden, angepassten Version des modernen Mädchenbildes, die sich zunehmend nicht nur in der typisierten Werbung, in Produkten der Mode- und Kosmetikindustrie, sondern auch in Parteipropaganda und Kampagnen für die Schaffung von Ausbildungsplätzen findet. So schreiben die beiden pädagogischen Zeitschriften-Betreuerinnen über die beteiligten Mädchen: „Sie wollten jedoch kein alternatives Bild (vom) Mädchensein entwerfen, sondern eher das öffentlich vorhandene erweitern und damit ändern." (Oriella Bazzica & Gerda Weiser: *Görls*, a. a. O., siehe das in Anm. 5 genannte Beiblatt).

Surf-Exkurs: Nachruf auf *maedchenandermaus*

„freenet. ich habe freenet. ich bin ein freier mensch, und freenet ist ein freier anbieter", heißt es enthusiastisch, voller Hoffnung auf mediengestützte Präsentation und Emanzipation in der Zeitschrift *Görls* („frei. wir sind frei [...]", H. 8/2002, S. 17). Die Möglichkeiten der interaktiven Beschaffung entscheidungsrelevanter Informationen und der direkten Kommunikation, unabhängig von traditionellen Print- und audiovisuellen Medien, werden in ihrem umfassenden Bildungswert für die Medienkompetenz (vgl. Vogelgesang 2000) zunehmend auch für jugendkulturelle Ziele erschlossen. Die „Feminisierung" (Herring 2003, S. 220) des Internets schreitet voran.

In diesem Sinne wandte sich *maedchenandermaus.de,* das Mädchenmagazin in Website-Form, sowohl an eine weibliche LeserInnenschaft im Alter von „ca. 8 bis 20 Jahren" als auch an das Fachpublikum der „Mädchenarbeiterinnen".[8] Die redaktionellen und grafischen Arbeiten wurden von einer Medienpädagogin und dem Arbeitskreis Mädchen des Kreisjugendrings Ostalb koordiniert und von der Fachhochschule für Sozialwesen Esslingen unterstützt (ostalb-kreis.de/Kreisjugendring, 07.03.2002).

Die Initiatorinnen sahen sich in der Tradition der so genannten Mädchenbücher, jener Ratgeber, die früher zur Konfirmation oder Firmung verschenkt wurden. Sie scheuten sich aber nicht, auch die „medial sehr geschickt aufgemachten" kommerziellen Mädchenzeitschriften und ihre „Ratgeberfunktion" zu ihren Vorläufern zu rechnen. Denn sie waren bemüht, „alle Gebiete der Mädchenarbeit in der Site zu thematisieren" (maedchenandermaus.de/Kontakt/Impressum.htm, „Impressum oder wie die Seite entstand", 07.03.2002). Im Zentrum standen aber der „Lebensalltag und die besondere Lebenslage von Mädchen" – im Ostalbkreis und über diesen hinaus. Sie sollten hier „Informationen zu allen Problemen und Fragestellungen finden, die das Jugendalter betreffen" (.../impressum, Rubrik „Zielgruppen", 05.11.2002). Zu Zielen und Optionen gehörten daher die „Entzauberung und Nutzung der neuen Medien / Selbstwertsteigerung / Selbstaffirmation / nützliche Informationen für die Lebenslage von Mädchen" und „Vernetzung befördern". Die „Selbstvergewisserung" wurde als besonders wichtig angesehen, „in unserer Zeit, in der alles im Fluss ist". Ihr dienten auch alle „künstlerisch kreativen Tätigkeiten", darunter der „Umgang mit Bildern, Texten, Farben, Musik" (.../impressum: Rubrik „Zielgruppen": 05.11.2002). Die „neue Kulturtechnik" des weltweit medial vermittelten und optimierten freien Meinungsaustauschs sollte das „Selbstwertgefühl" von Mädchen steigern (.../impressum: 07.05.2003).

Zum Themenspektrum zählten vor allem: der Schulalltag, der in ihm waltende „Überlebenskampf" (.../schule: 07.05.2003) und die jugendliche Berufsorientierung; die „Demokratie der Geschlechter" und die „Orientierung auf mehrere Lebensbereiche – auf Politik, Beruf und Privatleben" als vom Ideal des „Gleichgewichts an politischer Beteiligung, sozialen Bindungen, privaten und ehrenamtlichen Tätigkeiten und beruflichem Engagement" getragenes „Lebenskonzept" (.../demokrat: Rubrik „Mädchen & Gesellschaft": 05.11.2002); die „wirtschaftliche Abhängigkeit der Frauen von Männern als Ursache für die kulturelle Abhängigkeit der Frauen" (.../gesund/zimmer: 05.05.2003); Abwehrstrategien gegen sexuelle Belästigung am Arbeitsplatz (.../part/sexBelarb: 05.05.2003); Partnerschaft und Schwangerschaftsverhütung, aber auch Mode und Schmuck, Sport und Schlankheit. Links führten zu Ratgebertexten des Fernsehsenders *arte,* zur Wochenzeitung *Die Zeit,* zu Kurzportraits bedeutender Frauen wie die Malerin Georgia O'Keeffe und zu Institutionen wie dem „Dachverband der Frauengesundheits-

[8] Das Magazin ist inzwischen eingestellt.

zentren" (05.05.2003). Für die Einheit von Aufklärung und Aktion stand zum Beispiel die Agitation anlässlich des „V-Days". Mit „V-Day" ist „V" gleich „Victory, Valentine und Vagina", begangen am 14. Februar, gemeint. Der so umgedeutete und begangene „Valentinstag" sollte „die weltweite Aufmerksamkeit auf den Kampf gegen Vergewaltigung, Schlagen, sexuellen Missbrauch, weibliche Genitalverstümmelung und Frauen- und Mädchenhandel" richten, auf das Eintreten für eine „weltweite Vagina-Revolution" mit dem Ziel der Errichtung einer „V-Welt" (…/gesund/Waris: 05.05.2003).

Der zentrale Begriff in den Angeboten von *maedchenandermaus* war „Lebenslage", worunter die Gesamtheit von Lebens-, Ausbildungs- und Arbeitsbedingungen weiblicher Jugendlicher verstanden wurde. Der Begriff verwies auf die Lebenssituation und ihre Dominanzverhältnisse, die Bedeutung alltäglicher sozio-kultureller Erfahrungen, die Geschlechterdimension sowie auf die Identitätsbildung in der Auseinandersetzung mit der sozialen Wirklichkeit. Und er bewahrte die Macherinnen vor dem Kardinalfehler, die soziale Benachteiligung von Frauen einzig aus dem Geschlecht beziehungsweise aus dem patriarchalisch-biologischen Muster abzuleiten. Das Lebenslagen-Konzept ermöglichte die Nähe zu anderen lokalen und regionalen Initiativen der Mädchenarbeit, zu deren Bemühungen um die „Etablierung von Mädchenarbeit in der Jugendhilfe", um die „Aufwertung von weiblichen Kompetenzen" und die Erweiterung des „Handlung- und Erfahrungsspielraums für Mädchen".[9]

Souveränes Anderssein

Konventionelle Mädchenthemen wie „Trend & Fashion" oder „Girls & Love" erschienen in *maedchenandermaus* keineswegs am Rande. Die „Schreibwerkstatt" bot zum Beispiel Themen wie „Heiraten oder Sterben", „Klare Nächte", „Himmel" und „Wind", „Sonnentag" und „Sehnsucht" an (…/Schreibwerkstatt, 07.03.2002). Gelegentlich saß das Magazin zwar selbst gängigen Vorstellungen über körperliche Schönheit auf. Zum Beispiel, wenn sportliche Bewegung direkt mit der Gewissheit gekoppelt wurde, dass die Nutzerin dann „ausgesorgt", einen „schönen Body, einen klaren Verstand und eine gute Gesundheit haben" werde (…/gesund/schlank, 05.05.2003).

Aber es überwog ein souveräner Umgang mit konventionellen Mädchenthemen, der *maedchenandermaus* davor schützte, in kleinmütige Kritik an kommerziellen Print- und Online-Medien für Mädchen[10] und deren Propagandafeldzügen für infantil-narzisstische Schönheitsideale, aus der Ausbildungs- und Arbeitswelt ausscherende Alltagsreligionen und Scheinlösungen vorhandener Konflikte zu verfallen. Die Kritik an dem von ihnen ausgehenden „rollenspezifischen Anpassungsdruck" in Kleidung, Umgangsformen und Körperlichkeit und an ihrer Funktion als „heimliche Konditionierer" von Rollenverhalten (Ingenfeld & Debbing 2000, S. 3) erfolgte eher indirekt.

maedchenandermaus war eine interessante Erscheinungsform des „gewissermaßen dialektische[n] Verhältnis[es] von Jugendkultur und Kulturindustrie" (Mikos 2000, S. 4). So hieß es zum Beispiel: „Erfolgsmenschen erkenne man daran, so ist jedenfalls heute die Sage, dass sie schlank und schön sind. Täglich gaukeln uns die Medien diese Botschaft vor. Und was da alles an Bildern

9 www.fumanrw.de/navintro (S.1, 2, 4, 29.02.2003). Außer „FUMA e. V." (Frauen unterstützen Mädchenarbeit, Düsseldorf) sind u. a. zu nennen: „Mädchenhaus Düsseldorf e. V.", Träger des „Modellprojekts zur Mädchenarbeit mit Internet" trinetta.de (30.04.2003) und „Institut für Soziale Arbeit e. V." (Münster). Hrsg. von *Betrifft Mädchen* (Weinheim), einer „Fachzeitschrift für Mädchenarbeit"; vgl. maedchenhaus-duesseldorf.de (29.04.2003) und betrifftmaedchen.de (18.01.2006). Siehe auch die Online-Mädchenzeitschriften *sportsfreundin.de* (01.05.2003) und zickenpost.de/projekt (18.01.2006).

10 Vgl. atticfutura.de/Sugar; bravo.de; chica-online.de; maedchen.de; youngmiss.de; darin Rubriken mit Titeln wie „Stars & Szene"; „Mode & Beauty"; „Love, Sex & Psycho". Siehe auch *beautynet.de* und *vomerwachsenwerden.de* (17.07.2005). Hier ist Kompetenz hinsichtlich der Unterscheidung von Information und Werbung gefragt, denn selbst Leserinnenbriefe (z. B. an beautyguide@maedchen.de) fungieren in den interaktiven „Tools" als Werbeimpulse. Siehe dazu auch Richard 2000.

von schönen Menschen täglich auf uns einprasselt, hat unsere Wahrnehmung und [unseren] Maßstab von Schönheit bereits sehr geprägt." *maedchenandermaus* verwies auf kommerzielle Zeitschriften, um zu unterstreichen, dass sie von dieser „Anpassungsleistung" gar nichts hielten (…/gesund: 05.05.2003). Beispielsweise wurden drei Titelblätter aus Frauenzeitschriften, darunter *Marie Claire* mit dem Elite-Model Claudia Schiffer als visueller Frontfrau, mit folgenden Sätzen konterkariert: „[…]willst du träumen? / oder geträumt werden? / bist Du so, wie andere Dich träumen? / oder bist Du / einfach Du / mit all Deinen / Stärken / Deiner / Einzigartigkeit / und auch / Deinen / Schwächen […]" (…/part/traum: 05.05.2003).

Außerdem nahm *maedchenandermaus* in seinen Beratungsrubriken Verunsicherungen, Irritationen und Ängste zum Thema Jugendliebe und -Sexualität sehr ernst – ohne das Dr.-Sommer-Team der *Bravo* zu kopieren. Zu Prototypen der kommerzialisierten Liebessehnsüchte wie dem Dreamboy hieß es: „Dreamboys sind so angenehm im Traum. Es ist sehr schön, sie zu träumen. Aber leider ist die Wirklichkeit ganz anders. [–] Irgendwie gehört zum Erwachsenwerden auch, dass man den PARTNER als den Menschen sehen kann, der er wirklich ist. Nämlich ein Bündel von guten und weniger guten Eigenschaften. Von Stärken und auch Schwächen." (…/part/dreamboy, 05.05.2003).

Das medial optimierte Mädchenbild

maedchenandermaus entsprach in Gestaltung und Inhalten – mit dem konzeptionellen Zentrum der „Lebenslage" – einer realistischen Version des modernen Mädchenbildes, das sich zunehmend auch in anderen lokalen, regionalen und überregionalen Aktivitäten zur Mädchenpolitik findet, beispielsweise in *LizzyNet.de,* der umfassenden bildungspolitischen „Community für Mädchen und junge Frauen von Schulen ans Netz e. V.".

Der ideelle und methodische Ort der meisten *maedchenandermaus*-Angebote war ein politisch-pädagogischer im Sinne der modernen Verbindung von – feministisch beeinflusster – Mädchenkultur mit Lebens-, Ausbildungs- und Berufsproblemen. Diese Angebote wollten zur Stärkung des Selbstbewusstseins, der Entwicklung der Artikulationsfähigkeiten und zur Sensibilisierung der Öffentlichkeit beitragen. Neben der medientechnischen Kreativität und der inhaltlichen Vielfalt war hier immer die Befriedigung sozialer Bedürfnisse – im Spannungsfeld zwischen globaler LeserInnenschaft und lokaler/regionaler AutorInnenschaft – wesentlich: „Denn wir Menschen sind Gemeinschaftswesen, die auf gegenseitige Hilfe angewiesen sind." (…/Beratung, Rubrik „Probleme und Hilfe", 07.03.2002).

Die Mädchenzeitschrift der Zukunft

Die Beispiele aus der alternativen Medienproduktion machen deutlich: Mädchenbilder verweisen auf unter anderem biologisch konstituierte Geschlechterzugehörigkeit, gesellschaftliche Vorgaben und die subjektive Seite des Erlebens des weiblichen Hineinwachsens in eine sozial konstituierte Geschlechterrolle. Sie stehen in enger Wechselwirkung mit Prozessen und Denkfiguren in Kultur, sozialer Organisation und Wirtschaft. Sie wirken als bewusste oder unbewusste Handlungs- und Reflexionssteuerungen, als „Skripte" und „Rahmungen" des „soziosexuellen Körpers" (Lautmann 2002, S. 183). Darin eingeschlossen sind die jeweiligen bildhaften, häufig prototypischen Scheinformen einer „virtuellen Sozialisation" (von Gottberg 2000, S. 56 ff.) in den kommerziellen Magazinen mit ihren symbolischen Handlungen und Ausdrucksweisen, die sich im Austausch mit natürlichen und inneren menschlichen Bildern, Erinnerungen und Zukunftsphantasien, mit medialen und diskursiven Prozessen befinden und auf fiktiver Ebene wirken. So erweisen sich Mädchenbilder wiederholt als symbolische Interpretationen von Geschlechterverhältnissen und Geschlechterarrangements (Dölling & Krais 1997, S. 7 ff., Vorwort). Ihre Rezeptionsweisen sind Reflexe von Symbolgemeinschaften. Die alternative Kritik gilt jenen Produzierenden und Rezipierenden, die das Bedürfnis nach Symbolen eint, in denen die Alltagsrealität oft bis zur Unkenntlichkeit selektiert und verdichtet wird.

Aussagen wie die in *maedchenandermaus* zur Lebenslage von Mädchen belegen: Unter dem Druck des neoliberalen Privatisierungs- und Individualisierungsdiskurses, der mit ihm einhergehenden „immer subtileren gesellschaftlichen Verdeckung weiblicher Lebensrealitäten"

(Stauber 1999, S. 60) werden auch die Probleme für jugendkulturelle Unternehmungen wie „alternative" Print- und Web-Mädchenmagazine, für deren Bemühen um ein sozialethisch wertvolles Verständnis von Geschlechterrollen und -verhältnissen, von Liebe, Sexualität und Körperlichkeit, nicht geringer. Im Gegenteil: „Um Mädchen in ihren Motivationen und Orientierungen richtig zu verstehen, ist es von zentraler Bedeutung, die Kontextbezogenheit ihres Handelns und ihrer Entscheidungen wahrzunehmen und die Aufmerksamkeit genauso den strukturellen Zwängen, Gegebenheiten und Normalitätsmustern wie den subjektiven Aspirationen zukommen zu lassen." (ebd., S. 58). Weder mit dem bloßen Verdrängen von konventionellen Mädchenthemen bzw. deren Ersetzen durch politische, soziale und ökologische Themen noch mit dem aussichtslosen Kampf gegen kommerzielle Zeitschriften wie *Bravo Girl!* und deren Leserinnen – die ja überdies wenigstens teilweise für die Diskursvernetzung zu gewinnen wären – ist das jedoch zu bewältigen. Wohl aber mit einer geschickten Verbindung von so genannten Mädchenthemen – die im weiteren Sinne die Bedeutung von harmonischen, herrschaftsfreien Beziehungen zwischen Natur, Gesellschaft und Individuum behandeln und dem Bedürfnis nach ästhetischer Differenz entgegenkommen. Und zwar mit eigenem, kritischem Inhalt, mit eigenen

Bedeutungen. Denn: „Die meisten Mädchen wissen wahrscheinlich genau, was eine Essstörung ist – und machen trotzdem die *Brigitte*-Diät. Sie kennen den Schönheitszwang aus der *Emma*-Analyse, aber sie wollen trotzdem gut aussehen." (Oestreich 2002).

Gerade der visuell-rhetorisch attraktive, massenorientierte und vielfältige Magazin-Charakter, wie er von den kommerziellen Zeitschriften und ihren Internet-Versionen entwickelt wurde, gehört nicht zufällig zu den „erfolgreichen medienkulturellen Mustern" (Prokop 2003, S. 136).[11] In ihm liegt, wenn er experimentierfreudig mit kritischer, die kommerziellen Angebote unterlaufender Artikulation massenhafter weiblicher Lebensrealitäten aus unmittelbaren Erfahrungsbereichen sowie mit kommunikativer Offenheit, mit „konstruktiven Interaktionen" und „inklusiver Solidarität" (Marx Ferree & Roth 2001, S. 90) verbunden wird, eine aufklärerisch-emanzipatorische Chance. Eine solche Synthese würde zudem vor kleinmütiger *Bravo*-Kritik, der „Ghettoisierung in reinen Mädchenkulturen", schließlich davor bewahren, „zu neuen Markenzeichen" verarbeitet, in „maßgeschneiderten Marktsegmenten" neutralisiert zu werden (Richard 2000, S. 354 f.).

[11] Dieter Prokop betont ferner, dass „[…] Kulturindustrie auch Elemente aufklärender Aufklärung (enthält), wie unterdrückt oder in Massenbetrug umschlagend jene auch ist" (ebd, S. 142). Dieter Baacke spricht davon, dass Jugendliche, indem sie „den humanen Wert und die Zwecke von Kommunikation in ihren vielfachen Variationen erfahren", dazu beitragen könnten, „die Informationsgesellschaft nicht in Gänze als Warengesellschaft erlebbar zu machen" (Baacke 2001, S. 133).

LITERATUR:

Baacke, Dieter (2001): Die Familie im Informationszeitalter. Medienkompetenz als Herausforderung. In: Jahrbuch Medienpädagogik, Bd.1, Opladen, S. 123–134.

Braun, Christina von & Inge Stephan (Hrsg.) (2005): Gender & Wissen. Ein Handbuch der Gender-Theorien. Köln, S. 285–303.

Dölling, Irene & Beate Krais (Hrsg.) (1997): Ein alltägliches Spiel. Geschlechterkonstruktion in der sozialen Praxis. Frankfurt a. M.

Fanzines. Do it yourself! Berlin 2004, Freie Universität, Universitätsbibliothek, Ausstellungsführer Nr. 40.

Götz, Maya (2002): Geschlechterforschung und Medienpädagogik. Auf den Wegen zu einer geschlechterreferierenden Medienpädagogik. In: Claudia Lampert u. a. (Hrsg.): Medienpädagogik in der Kommunikationswissenschaft. Positionen, Perspektiven, Potenziale. Wiesbaden 2002, S. 115–129.

Gottberg, Joachim von (2000): Jugendliche Medienwelt. Bravo im Umfeld anderer Medien. In: Joachim H. Knoll & Elke Monssen-Engberding (Hrsg.): Bravo, Sex und Zärtlichkeit. Medienwissenschaftler und Medienmacher über ein Stück Jugendkultur. Mönchen-gladbach 2000, S. 56–73.

Gregor, Ricarda & Nicole Lotz (2000): Mädchenzeitschriften als Spiegel moderner Mädchenwelten. Ergebnisse einer vergleichenden Untersuchung und ihre Bedeutung für die Mädchenarbeit. In: Deutsche Jugend (Weinheim), 48, 7/8, S. 308–317.

Hark, Sabine (2005): Queer Studies. In: von Braun & Stephan, S. 285–303.

Hecken, Thomas (2006): Populäre Kultur. Mit einem Anhang „Girl und Popkultur". Bochum.

Herring, Susan C. (2003): Gender and Power in On-line Communication. In: Janet Holmes & Miriam Meyerhoff (Hrsg.): The Handbook of Language and Gender. Malden/Mass., pp. 202–228.

Ingenfeld, Marita & Cäcilia Debbing (2003): Zukunft der Kinder-und Jugendförderung. Der 50. Landesjugendplan NRW. In: www.fumanrw.de/material, (7. S., 29.04.2003)

Katheder, Doris (2004): Sexy Konkurrenz. Die Versprechen der Warenwerbung in Mädchenzeitschriften. In: Utopie kreativ, Nr. 170, S. 1125–1132.

Katheder, Doris (2005): Heute kämpfst du nur für dich. Arbeit am Selbst: Die Ratgeberrubriken von Mädchenmagazinen […]. In: Freitag. Nr. 47/2005, S. 17.

Katheder, Doris (2006): „Wir zwei gegen den Rest der Welt." Fotoromanzen und ihre verborgenen Inhalte […]. In: Junge Welt. 02./03.09.2006. S. 6 f.

Kleiber, Stefan (1997): Fanzines. Eine der letzten Alternativen. In: Jens Neumann (Hrsg.), S. 45–88.

Lautmann, Rüdiger (2002): Soziologie der Sexualität. Erotischer Körper, intimes Handeln und Sexualkultur. Weinheim & München.

Malachowski, Marcel (2003): Infantilität als Zivilisationsrisiko? In: Journal der Jugendkulturen, Nr. 8, Berlin, S. 30–36.

Marx Ferree, Myra & Silke Roth (2001): Klasse, Geschlecht und die Interaktion von sozialen Bewegungen. Ein- und Ausgrenzungsdynamiken. In: Berliner Debatte Initial, 12 (2001), 2, S. 79–92.

Mikos, Lothar (2000): Ästhetische Erfahrung und visuelle Kompetenz. In: Medienpädagogik, 00-1 (www.medienpaed.com, 16. S., 17.03.2000).

Neumann, Jens (Hrsg.) (1997): Fanzines. Wissenschaftliche Betrachtungen zum Thema. Mainz.

Neumann, Jens (Hrsg.) (1999): Fanzines 2. Noch wissenschaftlichere Betrachtungen zum Medium der Subkulturen. Mainz.

Oestreich, Heide (2002): Der femagogische Komplex. In: die tageszeitung (taz), 26.02.2002, S. 3.

Perko, Gudrun (2005): Queer-Theorien, Teile I, II. In: AUF (Wien), Nr. 128, S. 31–34; Nr. 129, S. 40–43.

Peters, Katrin (2005): Media Studies. In: von Braun & Stephan, S. 325–345.

Prokop, Dieter (2003): Freiheitsmomente der Warenform. Negativdialektische Theorie der Kulturindustrie. In: Zeitschrift für kritische Theorie (Lüneburg), H. 16 (2003), S. 131–159.

Richard, Birgit (2000): Schwarze Netze statt Netzstrümpfe? Weibliche Kommunikationsräume in Jugendkulturen und im Internet. In: Winfried Marotzki u. a. (Hrsg.): Zum Bildungswert des Internet. Opladen, S. 341–361.

Stauber, Barbara (1999): Starke Mädchen – kein Problem? In: Beiträge zur feministischen Theorie und Praxis (Köln), Bd. 51 (1999), S. 53–64.

Vogelgesang, Waldemar (1999): Kompetentes und selbstbestimmtes Handeln in Jugendszenen. In: Fred Schell u. a. (Hrsg.): Medienkompetenz. Grundlagen und pädagogisches Handeln. München, S. 200–220.

Voss, Heinz-Jürgen (2005): Queer politics zwischen kritischer Theorie und praktischer (Un)Möglichkeit. In: *Utopie kreativ*, H. 182 (2005), S. 1108–1114.

Zobl, Elke (1999): „To do a magazine is one of our ways – to get what we want!" Feministische Comic- und Artcore-(Maga)Zines. In: Jens Neumann (Hrsg.), S. 29–64.

Katja Röckel

Medienprojekte mit und für Mädchen – Annäherung an ein Konzept für feministische Medienarbeit

„Ich wünsche mir, dass der Ruf von Frauen auf dem gleichen Stand ist wie der von Männern. Um das zu erreichen, würde ich Kampagnen starten und Umfragen machen, um auf die Problematik aufmerksam zu machen, zum Beispiel im Radio. Frauen sollen selber sagen, was sie denken und ihren Lebensweg selbstbestimmt wählen können." (Tanja, Mitglied der „Soul'n'Peppa"-Redaktion)[1]

[1] In: LAG: Meilensteine 1993–2004, S. 63

Foto: eMMMys 2007

Medienprojekte für Jugendliche erfreuen sich schon seit vielen Jahren einer großen Beliebtheit. Jugendliche können in der Interaktion mit anderen Medienprodukte erstellen, die Themen aus ihrer eigenen Lebenswelt beinhalten. Im Laufe der Zeit stellte man fest, dass Mädchen innerhalb dieser gemischtgeschlechtlichen Projekte oft die zweite Geige spielen. Zum einen sind die Jungen immer sehr schnell an den technischen Geräten, so dass die Mädchen keinen Freiraum im Umgang mit der Technik haben, zum anderen haben Mädchen einen anderen Zugang zu der Technik, die in Medienprojekten eingesetzt wird: „In Bezug auf den Computer dominiert bei Jungen zum Beispiel ein eher experimenteller und spielerischer Umgang, während sich die Mädchen ihm unter pragmatisch-instrumentellen Vorzeichen nähern." (Stolzenburg & Bahl 1999, S. 131). Außerdem sind die Themen, für die sich Mädchen und Jungen interessieren, sehr unterschiedlich, was die Einigung auf ein gemeinsames Thema erschwert (Rodde 2004, S. 1). Die Konsequenz war, dass sich (wenn auch nur in geringer Anzahl) geschlechtsspezifisch arbeitende Medienprojekte, hauptsächlich für Mädchen, entwickelten. Mit diesen Angeboten soll gewährleistet werden, dass den Mädchen ein Umgang mit der Technik ermöglicht wird und sie ihre Themen medial umsetzen können. „Selbst wenn ein Thema vordergründig nicht geschlechtsspezifisch erscheint, ist eine Trennung in Mädchen- und Jungengruppen sinnvoll. Denn meistens haben Mädchen wie Jungen einen individuellen geschlechtsspezifischen Zugang zu Themenbereichen und eine geschlechtsspezifische Sichtweise." (Stolzenburg 2003, S. 153).

Die 13-jährige Tuyet, Teilnehmerin an den „eMMys", begrüßt es, in einem Projekt nur unter Mädchen zu sein:

„Das finde ich gut, weil die Jungs dann wieder was gesagt hätten, ‚Frauen und Technik' oder so was Ähnliches."

Ganz ähnlich sieht das die 14-jährige Antonia:

„Das finde ich gut, weil die Jungen im Gebiet Medien mehr Ahnung haben. Und es ist intimer, besser bei solchen Sachen nur mit Mädchen zu arbeiten."

In den herkömmlichen Medien werden Mädchen und Frauen nach wie vor stereotyp dargestellt. Gerade für Mädchen gibt es kaum weibliche Fernsehfiguren, die sich als positive Rollenmodelle eignen (Götz 2002, S. 2). Medienprojekte für Mädchen können hier einen Raum schaffen, in dem die „Einschränkungen, die durch die engen Stereotypen der Medien entstehen, erfahren und selbstbestimmt erweitert werden." (ebd.)

Wo finden geschlechtsspezifische Medienprojekte mit Mädchen statt? In der Regel in Medieneinrichtungen für Kinder und Jugendliche oder im Rahmen offener Freizeiteinrichtungen, zum Beispiel in Jugendzentren, Jugendhäusern und Offenen Freizeittreffs. Mittlerweile gibt es auch vermehrt Kooperationen von Schulen mit außerschulischen Projekten. Darüber hinaus existieren gerade im Bereich Computer, aber auch für andere Medien, zunehmend Medienprojekte in von vorn herein geschlechtshomogenen Einrichtungen für Mädchen. Die Beweggründe, warum geschlechtsspezifische Medienprojekte existieren, sind verschieden. So entstehen in gemischtgeschlechtlichen Einrichtungen in der Regel Projekte, weil in manchen Fällen ein geschlechtshomogener Rahmen sinnvoll erscheint und ein Bedarf an geschlechtsspezifisch angelegten Projekten besteht. In den so genannten Mädcheneinrichtungen ist der geschlechtshomogene Rahmen eine Grundlage. Hier entstehen Medienangebote meist, um die Angebotspalette der Einrichtung zu erweitern.

Im Rahmen meiner Magisterarbeit (Röckel 2005) habe ich Kriterien für die feministische Mädchenarbeit und die aktive Medienarbeit erstellt und sie in Beziehung zu Aussagen von (Medien-)Pädagoginnen, die in diesem Umfeld arbeiten, gesetzt. Bis dahin gab es kein einheitliches theoretisches Konzept für eine geschlechtsspezifische medienpädagogische Arbeit mit Mädchen. In diesem Beitrag werde ich diese Kriterien erläutern und sie anhand von zwei konkreten Projektbeispielen illustrieren.

Was ist feministische Medienarbeit?

Mit dem Begriff der feministischen Medienarbeit werden Projekte bezeichnet, in denen Mädchen Medien nutzen können, um ihre eigenen Sichtweisen darzustellen. Die Prämisse ‚feministisch' bedeutet in diesem Zusammenhang, von den Bedürfnissen der Mädchen auszugehen und eine gesellschaftliche Veränderung der immer noch stereotypen Rollenverteilung anzustreben. Außerdem fließen Informationen aus Projektbeschreibungen geschlechtsspezifischer Medienprojekte, Literatur zum Thema Medienpädagogik im Zusammenhang mit Geschlechtsspezifik und meine eigenen rund sieben Jahre umfassenden Erfahrungen als Medienpädagogin im Radio-Verein Leipzig e.V. mit ein.

Handlungsleitende Prinzipien feministischer Medienarbeit

Die Grundsätze feministischer Medienarbeit ergeben sich aus den Kriterien der handlungsorientierten Medienpädagogik und der feministischen Mädchenarbeit. Beide Theorien gehen vom Menschen als einem aktiv handelnden Subjekt aus. Diese Prämisse macht eine Zusammenführung der beiden Theorien möglich. Der Begriff der handlungsleitenden Prinzipien meint, dass es hier um Grundlagen geht, die von der Pädagogin in ihrem Handeln berücksichtigt werden sollten. Die einzelnen Prämissen stehen in einem gegenseitigen Wechselverhältnis und funktionieren nur im Zusammenhang. Zwei Praxisbeispiele sollen das erläutern.

Beispiel 1: Mädchenradio „Soul'n'Peppa"

Seit 2001 gibt es im Radio-Verein Leipzig e.V. die Mädchenradioredaktion „Soul'n'Peppa". Nach einem Radioworkshop zum Thema „Frauen in der Musik" bildeten einige Teilnehmerinnen dieses Workshops eine feste Gruppe, die Radiosendungen zu von ihnen selbst gewählten Themen macht. Diese Sendungen werden im Leipziger Bürgerradio *Radio blau* ausgestrahlt. Bei regelmä-

ßigen Treffen werden neben vielen anderen Dingen Themen besprochen und ausgewählt, Interviews bearbeitet oder Umfragen gemacht. Im Laufe der Jahre entwickelten die Mädchen eine hohe Selbstständigkeit im Umgang mit ihrer Sendung. Nach drei Jahren gab es erste Umstrukturierungen in der Gruppe: Zwei Mädchen begannen Ausbildungen in anderen Städten, neue Mädchen kamen hinzu. Heute besteht die „Soul'n'Peppa"-Redaktion nicht allein aus Mädchen. Seit Anfang 2006 ist auch ein langjähriger männlicher „Soul'n'-Peppa"-Fan Team-Mitglied. Die Produktionen der „Soul'n'-Peppa-Crew" werden mittlerweile fast ausschließlich live gesendet und technisch und inhaltlich eigenverantwortlich von den Jugendlichen vorbereitet und umgesetzt. Sie basteln an Programmen, um mehr Öffentlichkeit für sich und ihre Sendung zu bekommen, entwerfen Aufkleber und haben eine eigene Homepage. Ihre medialen Kompetenzen beschränken sich, obwohl als Radioprojekt gestartet, längst nicht mehr nur auf ein Medium.

Foto: eMMMys 2007

Beispiel 2: „eMMMys" – die ersten Leipziger Multi-Medientage

2007 fanden in Leipzig zum ersten Mal die „eMMMys" statt. Organisiert wurden sie vom Arbeitskreis Mädchen[2], der auch schon 2005 und 2006 einen Medientag für Mädchen initiiert hatte. Das Ziel der „eMMMys" war, Mädchen die Möglichkeit zu geben, in Workshops gemeinsam mit anderen Mädchen Medien als Mittel zur Präsentation eigener Themen zu nutzen. Die „eMMMys" wurden über ein Medienkompetenz-Projekt gefördert. An drei Tagen fanden Workshops zu verschiedenen Medienbereichen statt: Fotografie, Radio, Computerspiel, Film und Webdesign. In einem Internetblog (www.multiline.de/blogeMMMyLeipzig) wurden in einer Art Tagebuch Eindrücke und Aktivitäten festgehalten. Die Ergebnisse der Workshops wurden am letzten Tag der „eMMMys" im großen Rahmen präsentiert – auch Freunde und Freundinnen und Familienangehörige kamen deswegen in den offenen Freizeittreff „Rabet". Insgesamt nahmen knapp 30 Mädchen ab zwölf Jahren an den „eMMMys" teil. Um möglichst viele unterschiedliche Mädchen anzusprechen, gab es im Vorfeld verschiedene Aktionen der Öffentlichkeitsarbeit, zum Beispiel die Ansprache von Multiplikatorinnen, klassische Pressearbeit, Flyer oder Plakate. Die Teilnahmegebühr an den „eMMMys" war sehr gering, um auch Mädchen aus einkommensschwachen Familien eine Mitarbeit zu ermöglichen.

[2] Der Arbeitskreis Mädchen Leipzig ist ein Zusammenschluss von Fachfrauen aus der Sozial- und Jugendarbeit. Die Hauptziele sind die politische Lobbyarbeit für Mädchen und junge Frauen in Leipzig und die Schaffung und Etablierung bestimmter Angebote für Mädchen.

Ganzheitlichkeit und Lebensweltorientierung

Abgeleitet aus dem entsprechenden Kriterium der feministischen Mädchenarbeit, geht es hier um einen ganzheitlichen Ansatz der feministischen Medienarbeit unter Berücksichtigung des Kriteriums „Lebensweltorientierung" der aktiven Medienarbeit. Die Mädchen werden in ihren konkreten Lebens- und Interessenslagen wahrgenommen und als ganze Person anerkannt. Es gilt zum einen, die konkreten Lebenslagen wie familiärer Hintergrund, Schulbildung oder Alter zu berücksichtigen, sich zum anderen aber auch an den Interessen der Mädchen zu orientieren. Diese sind der Ausgangspunkt für die Themen, die im Projekt umgesetzt werden. Zu einer ganzheitlichen Herangehensweise gehört außerdem, an die Ressourcen der Mädchen anzuknüpfen. Diese werden als Stärken der Mädchen angesehen, die es auszubauen und zu festigen gilt.

Foto: eMMMys 2007

Beispiel „eMMMys":

Die „eMMMys" waren als so genanntes niedrigschwelliges Angebot offen für alle Mädchen, die sich dafür interessierten, unabhängig von Schulbildung oder Herkunft. Auch thematisch wurden die „eMMMys" bewusst offen gehalten, um den Mädchen die größtmögliche Freiheit zu geben, die Themen, die sie interessieren, medial umzusetzen. Mädchen mit Vorerfahrungen (Ressourcen) wurden als Multiplikatorinnen eingesetzt. So konnten Mädchen, die schon einmal an einem Radioprojekt teilgenommen hatten, den anderen in der Gruppe die Technik erklären.

Parteilichkeit

Mit der Einhaltung des handlungsleitenden Prinzips der Parteilichkeit steht man auf der Seite der Mädchen und nimmt sie auch in ihren Widersprüchlichkeiten ernst.

Im unmittelbaren (ergänzenden) Zusammenhang mit dem Kriterium „Ganzheitlichkeit und Lebensweltorientierung" steht das Kriterium „Parteilichkeit". Hier geht es um die Akzeptanz der Mädchen, deren Interessen und konkrete Lebenssituationen. Die Mädchen werden als Person ernst genommen, und zwar in ihrem kompletten Lebenszusammenhang. Parteilich für Mädchen zu sein heißt, auf ihrer Seite zu stehen und sie als Person zu akzeptieren, auch wenn man als Pädagogin eine andere Meinung zum Beispiel bei der Auswahl eines bestimmten Themas für eine Radiosendung hat. Parteilichkeit für Mädchen impliziert also nicht, alles was Mädchen tun, für gut zu befinden, sie aber in ihrem Tun zu respektieren.

Beispiel „Soul'n'Peppa":
Bei der Auswahl der Themen wurde den Mädchen stets freie Wahl gelassen. Immer wenn die Produktion einer neuen Sendung anstand, wurden gemeinsam Themen gesammelt und besprochen. So kam es zu einer Bandbreite an Themen, die zwar nicht immer ‚feministischen Standards' entsprachen, aber den Interessen der Mädchen genüge taten. Diese Herangehensweise macht es auch leichter, kritisch mit den Ergebnissen umzugehen. Denn wer sich bewusst für etwas entschieden hat und dafür die Verantwortung trägt, kann auch besser mit Lob und Kritik umgehen.

Partizipation an Entscheidungsprozessen
Mit dem handlungsleitenden Prinzip der Partizipation verfolgt man das Ziel der Teilhabe an Entscheidungsprozessen innerhalb des Projekts auf mehreren Ebenen.

Die Teilnehmerinnen an geschlechtsspezifischen Medienprojekten sollen sich an Prozessen innerhalb des Projekts beteiligen können. Die Mädchen können auf Strukturen, Prozesse und Situationen verändernd einwirken und erfahren so, dass sie „gemeinsam stark und solidarisch" (Klees et al. 2000, S. 37) sind. Dieses Kriterium leitet sich aus den Kriterien „Partizipation" bei der aktiven Medienarbeit und „Autonomie und Partizipation" bei der feministischen Mädchenarbeit ab. Die geringste Anforderung ist hier, die Mädchen an allen Entscheidungsprozessen im laufenden Projekt teilhaben und mitbestimmen zu lassen. Das beginnt meist mit der Themenwahl und endet mit der Veröffentlichung des Produkts. Sinnvoll und wünschenswert ist darüber hinaus, die Mädchen in weitere Planungsprozesse, beispielsweise bei der Ausgestaltung von Angeboten innerhalb der Einrichtungen, einzubinden.

Beispiel „Soul'n'Peppa":
Die „Soul'n'Peppa"-Redaktion hat mittlerweile den höchstmöglichen Grad der Partizipation erreicht: Die Mädchen kümmern sich selbst um die Planung ihrer Sendung und entscheiden über Maßnahmen der Öffentlichkeitsarbeit.

Beispiel „eMMMys":
Bei den „eMMMys" war der Grad der Partizipation um einiges niedriger, da es sich um eine *für* Mädchen organisierte Veranstaltung handelte. Trotzdem wurden die Mädchen im Vorfeld und während der „eMMMy"-Tage immer wieder ins organisatorische Geschehen einbezogen, zum Beispiel bei der Bewertung des Flyers, bei der Tagesplanung und bei der Organisation der Präsentation.

Handlungsorientierung

Mit dem Prinzip der Handlungsorientierung wird berücksichtigt, dass die Teilnehmerinnen ihren Alltag handelnd meistern.

Analog zum Kriterium „Handlungsorientierung" der aktiven Medienarbeit wird auch in der feministischen Medienarbeit davon ausgegangen, dass Mädchen ihren Alltag handelnd bewältigen. Das wird auf die praktische Medienarbeit mit Mädchen übertragen. Dabei steht der Prozess hin zu einem gemeinsamen Ergebnis im Vordergrund. Das heißt allerdings im Umkehrschluss nicht, dass das Produkt keine Rolle spielt. Im Gegenteil, gerade in Medienprojekten mit Mädchen, deren erklärtes Ziel es ist, eine (größere) Öffentlichkeit für Mädchen und ihre Themen zu schaffen, spielt das Ergebnis in Form eines Produktes eine entscheidende Rolle. Mit dem Kriterium der Handlungsorientierung wird jedoch das Ziel verfolgt, in praktischer Auseinandersetzung dieses Ergebnis handelnd zu erreichen.

Beispiel „Soul'n'Peppa":

„Wie gebe ich meine auf Kassette aufgenommenen O-Töne in den Computer ein?" Diese Frage wird nicht mit einer technischen Anleitung beantwortet, sondern die Mädchen werden dazu angeleitet selbst nachzudenken. Welche Regler muss man am Mischpult verstellen, um den Kassettenplayer zu hören, was muss ich in der Audiosoftware anklicken um aufzunehmen usw.

Medienprojekte für Mädchen orientieren sich an deren Themenwelten

In Medienprojekten mit Mädchen sollte berücksichtigt werden, für welche Themen sich Mädchen interessieren, und sie sollten dabei unterstützt werden, diese mithilfe der Medien zu bearbeiten.

In gemischtgeschlechtlichen Gruppen müssen sich Mädchen und Jungen oft gegeneinander abgrenzen und fallen dabei wieder in alte, aus geschlechtsspezifischer Sozialisation entstandene stereotype Rollenbilder zurück (Götz 2002, S. 6). Das passiert unabhängig davon, ob die angeschnittenen Themen vordergründig geschlechtsspezifisch sind oder nicht (Stolzenburg 2003, S. 153). Geschlechtshomogene Räume öffnen Freiräume zur Entwicklung alternativer Rollenbilder für Mädchen. In der praktischen Ausführung heißt das zum einen, die Themen von Mädchen wahrzunehmen, und sie zum anderen dabei zu unterstützen, diese Themen medial umzusetzen. Dabei spielt der Prozess der Themenfindung eine große Rolle: Bereits zu Beginn eines Projektes kann den Mädchen bewusst werden, für welche Themen sie sich interessieren. Aufgabe der Pädagogin ist es, die Mädchen bei der Themenwahl zu beraten. Dabei soll den Mädchen ermöglicht werden, sich von gesellschaftlich vorherrschenden Rollenbildern zu lösen und Alternativen zu entwickeln, „auf individueller Ebene geht es um einen aktiven, individuell angemessenen Umgang mit den Stereotypen" (Götz 2002, S. 3). Gerade bei der aktiven Video- oder Fotoarbeit mit Mädchen kommt es bei den Selbstdarstellungen auch zur Reproduktion stereotyper Rollenbilder, die die Mädchen aus den Medien kennen. Die Medienpädagogin sollte diesen Umstand erkennen und gemeinsam mit den Mädchen thematisieren. Oft führt das über die Selbstinszenierungen hinaus, und die

Mädchen gehen einen bewussten Schritt in Richtung Selbsterkenntnis (Schmittinger 1998, S. 220): „In ihrer Suchbewegung nach geschlechtlicher Identität müssen ihnen in der kreativen Auseinandersetzung mit den Medien Möglichkeiten eröffnet werden, neue und eigene Rollenbilder zu entwickeln".

Beispiel „eMMMys":

Hier sei der Workshop „Filme drehen mit SIMS 2" erwähnt. Anhand der ihnen bereits bekannten Figuren aus einem Computerspiel konnten die Mädchen eigene Geschichten filmisch umsetzen. Die Figuren, die sonst in einem Computerspiel auf eine bestimmte Rolle festgelegt sind, wurden so zu Werkzeugen für eigene Ideen.

Foto: eMMMys 2007

(Medien-)Räume für Mädchen

Medienprojekte für Mädchen sollten in Räumen stattfinden, die ausschließlich den Teilnehmerinnen des Projekts zur Verfügung stehen.

Die Mädchen haben damit einen freien Zugang zur Technik und gleichzeitig einen Raum zum Experimentieren. Medienprojekte existieren sowohl in koedukativen Einrichtungen als auch in reinen Mädcheneinrichtungen. Wenn die Projekte in gemischtgeschlechtlichen Einrichtungen, zum Beispiel in Jugendzentren, stattfinden, sollte es Räume geben, die ihnen in dem genutzten Zeitraum ausschließlich zur Verfügung stehen. Dieses Kriterium leitet sich aus dem Kriterium „Räume" der feministischen Mädchenarbeit ab: Diese Räume sind frei von männlicher Beobachtung und Dominanz (Klees et al. 2000, S. 38), und Mädchen können über diese selbstbestimmt verfügen.

In medienpädagogischen Projekten spielt auch hier die Technik eine große Rolle: Sie sollte für die Mädchen frei zugängig sein, um ressourcenorientiert damit experimentieren zu können. Der freie Zugang zur Technik fördert außerdem einen verantwortlichen Umgang damit (Eble & Schumacher 2003, S. 29). (Medien)räume für Mädchen sind aber gleichzeitig auch Experimentierräume. In der geschlechtshomogenen Gruppe fällt es Mädchen leichter, sich untereinander über Themen auszutauschen, die sie interessieren, und diese auch kreativ umzusetzen.

Beispiel „eMMMys":

Die „eMMMys" fanden in einem Jugendclub statt, der im normalen Tagesablauf stark männlich dominiert ist. An den entsprechenden Tagen stand der Club für die Mädchen komplett zur freien Verfügung. Gerade für die Mädchen, die den Club auch in ihrer Freizeit nutzen, entstanden so ganz neue Perspektiven. Dass die vorhandene Medientechnik während des Projekts ausschließlich ihnen zur Verfügung stand, nahmen sie positiv wahr.

Medien als Kommunikationsmittel nutzen

In Medienprojekten mit Mädchen sollten die Medien genutzt werden, um eigene Sichtweisen und Themen darzustellen.

In Projekten aktiver Medienarbeit geht es je nach Medium darum, die Technik kompetent einsetzen zu können, um sie direkt für die Umsetzung eigener Ideen und Themen zu nutzen. Mädchen haben hier eine andere Herangehensweise an die Technik als Jungen: „Jungen setzen sich in der Regel an das Mischpult und spielen mit den einzelnen Reglern und erfahren so, welche Funktion diese haben. Mädchen hingegen setzen sich in der Regel vor das Mischpult, wollen eine Erklärung, stellen Fragen und überprüfen dann gezielt das Gesagte." (Tornau

2000, S. 161). Ein weiterer wichtiger Gesichtspunkt ist, dass bei Jungen oft die Auseinandersetzung mit der Technik im Vordergrund steht, während Mädchen technische Mittel einsetzen, um ein Thema umzusetzen. So habe ich oft erlebt, dass sich männliche Jugendliche beispielsweise für die Speicherkapazitäten eines Rechners stärker interessieren als Mädchen. Das bestätigt auch Sammet mit ihrer These, dass „sich Jungen eher von den technischen Möglichkeiten des Computers faszinieren lassen und Mädchen eine stärkere Affinität zu den Bereichen Information, Interaktivität und Kommunikation haben" (Sammet 2003, S. 63). Für die Medienpädagogin bedeutet das, bei der Vermittlung technischer Fähigkeiten zunächst die Ressourcen der Mädchen zu berücksichtigen und die Technik erst dann gezielt einzusetzen, wenn sie im Projekt gebraucht wird. Daraus ergibt sich, dass die Technik nicht unbedingt an erster Stelle stehen sollte.

Beispiel „Soul'n'Peppa":
Die „Soul'n'Peppas" bestreiten einen großen Teil ihrer Sendungen mittlerweile mit Band-Interviews. Sie stellen ihre Fragen an die Bands, die sie selbst gut finden. Interviews mit Bands sind bei herkömmlichen Jugend-Radiosendern oft sehr kurz und oberflächlich. Den „Soul'n'Peppas" ist es ein Bedürfnis, das anders zu machen. Interviews mit einer Länge von über zwanzig Minuten sind keine Seltenheit.

Öffentlichkeit für Mädchen und ihre Themen
Mit dem Veröffentlichen der Produkte aus Medienprojekten mit Mädchen schafft man eine größere Öffentlichkeit für Mädchen und ihre Themen.

Dieses Kriterium leitet sich aus der Zielstellung „Öffentlichkeit für Mädchen" aus der feministischen Mädchenarbeit und aus dem Punkt „Öffentlichkeit" der aktiven Medienarbeit ab. Die Veröffentlichung der Produkte spielt gerade bei der feministischen Medienarbeit eine große Rolle. Mädchen haben so die Möglichkeit, ihre eigenen Interessen und Anliegen zu präsentieren und öffentlich zu machen. Auf diese Weise werden Themen umgesetzt, die vermutlich nicht – oder nicht in dieser Form – in herkömmlichen Medien vorkommen. Eble und Schumacher (2003, S. 31) bezeichnen das Veröffentlichen sogar als „konzeptionelles Anliegen". Das Handlungspotential der Mädchen kann so erweitert werden. Positive Nebeneffekte sind die Identifikationsmöglichkeit für andere Mädchen und das Bekanntmachen des Projekts. Die Möglichkeit einer Publikation des eigenen Produkts kann auch die Motivation innerhalb des Entstehungsprozesses erhöhen. Ob das Produkt der Mädchen veröffentlicht wird oder nicht, sollte jedoch wie alle anderen Schritte im Prozess gemeinsam mit den Mädchen entschieden werden.

Beispiel „eMMMy":
Am letzten Tag der „eMMMys" gab es eine große, feierliche Präsentation aus allen Workshops. Zu Gast waren Freunde und Freundinnen und Familien der Mädchen sowie Vertreterinnen aus öffentlichen Bereichen. In jedem Workshop wurde vorher über die Art der Präsentation ge-

meinsam abgestimmt. Darüber hinaus werden die Ergebnisse aus dem Foto-Workshop zu einem späteren Zeitpunkt in einer Ausstellung gezeigt. Der Radiobeitrag wurde im Programm von *Radio blau* ausgestrahlt und ist auch als Podcast abrufbar. Außerdem berichteten ein Leipziger Studentenradio und die hiesige Zeitung über die „eMMMys".

Die „eMMYs" kamen auch bei den beteiligten Mädchen gut an, so die 13-jährige Melissa auf die Frage, was ihr besonders gut gefallen hat:

„Dass alle total nett waren und dass es so viele Workshops zur Auswahl gab."

Die 15-jährige Katja hebt andere Facetten hervor:

„Dass wir in kleinen Gruppen gearbeitet haben und uns dadurch in unseren Gruppen alle recht gut kennen gelernt haben und auch in kurzer Zeit Einiges lernen konnten!"

Ziele feministischer Medienarbeit

Aus den handlungsleitenden Prämissen lassen sich klare Ziele für eine feministische Medienarbeit ableiten.

Schaffung einer eigenen (Mädchen-)Öffentlichkeit mittels Medien

Mit feministischen Medienprojekten kann eine eigene (Mädchen-)Öffentlichkeit für Mädchen geschaffen werden. Themen, die Mädchen interessieren, sind in herkömmlichen Medien unterrepräsentiert und stehen im Kontext der stereotypen Darstellung von Frauen. Feministische Medienarbeit soll Mädchen die Möglichkeit geben, ihre selbst erstellten Produkte, die ihre gewählten und bearbeiteten Themen beinhalten, der Öffentlichkeit zu präsentieren. Über die Medien werden eigene Kommunikations- und Ausdrucksformen entwickelt und in die öffentliche Kommunikation eingebracht (Stolzenburg 2003, S. 152). Die Art der Veröffentlichung kann ganz unterschiedlich ausfallen und hängt von der Art des Produktes und den lokalen Gegebenheiten ab, zum Beispiel eine Radiosendung in einem Lokalradio, eine Homepage in der Jugendeinrichtung oder eine Filmvorführung im Kino. Dabei ist erwünscht, dass Themen veröffentlicht werden, die in den herkömmlichen Medien nicht oder nicht in dieser Weise Beachtung finden. Über die reine Veröffentlichung der Produkte hinaus ist es auch ein erklärtes Ziel der feministischen Medienpädagogik, eine größere öffentliche Aufmerksamkeit für die Projekte selbst zu schaffen (Götz 2002, S. 5).

Förderung von Selbstbestimmtheit und Stärkung der Persönlichkeit

Mit feministischer Medienarbeit wird die Persönlichkeit der Mädchen gestärkt und ihre Selbstbestimmtheit gefördert. Ziel feministischer Medienarbeit ist es, Mädchen die Möglichkeit zu geben, „eigene Rollenbilder zu entwerfen" (Stolzenburg 2003, S. 152). Indem Mädchen die Themen, mit denen sie sich in „ihren" Medien auseinandersetzen, selbst wählen und bearbeiten, erfahren sie eine Aufwertung ihrer Anliegen und Interessen.

Weiterentwicklung und Förderung von kommunikativen und technischen Kompetenzen

In unserer Gesellschaft gibt es noch immer Stereotype und Klischees über den Umgang der Geschlechter mit der Technik. Jungen und Männer werden in der Regel für technisch kompetenter gehalten als Mädchen und Frauen. Mädchen müssen ihre Fähigkeiten im Umgang mit technischen Geräten ständig unter Beweis stellen (Sammet 2003, S. 65, Collmer 2001, S. 8). Ein Ziel der feministischen Medienarbeit sollte daher sein, die technischen Kompetenzen der Mädchen zu stärken und weiter zu entwickeln. Analog zur handlungsorientierten Medienpädagogik liegt dabei der Fokus nicht auf der reinen Vermittlung von Anwendungswissen, sondern auf der Nutzung der Technik für die Umsetzung eigener Ideen. Auch wenn die Berufsorientierung nicht das oberste Ziel der feministischen Medienarbeit ist, so ist sie quasi als Nebeneffekt durchaus erwünscht (GMK, Pressemitteilung vom 18.03.1998, S.1).

Die 13-jährige Lilly kann sich nach der Mitarbeit bei den „eMMys" vorstellen, später einen Medienberuf zu ergreifen:

„Beruflich: vielleicht! Ich werde sicher in den Bereich Medien gehen."

Ein weiterer wichtiger Aspekt ist, dass die Mädchen miteinander interagieren und so weitere kommunikative Kompetenzen erwerben, ausbauen und festigen können.

Ausgangspunkt der feministischen Medienarbeit ist, wie auch der feministischen Mädchenarbeit, dass die Gesellschaft nach wie vor männlich dominiert ist. Es gibt auch heute noch Situationen und Tatsachen, die daraus resultieren, zum Beispiel die immer noch deutliche Unterrepräsentanz von Frauen in leitenden Berufspositionen. An dieser Stelle geht die feministische Medienarbeit über das Ziel der aktiven Medienarbeit, Kindern und Jugendlichen eine demokratische Teilhabe und Mitgestaltung an der Gesellschaft zu ermöglichen, hinaus. Die feministische Medienarbeit will dazu beitragen, männlich dominierte Strukturen in der Gesellschaft zu verändern. Allerdings müssten dafür auch Kriterien und Konzepte für eine geschlechtsbewusste Medienarbeit mit Jungen entwickelt werden. Zukunftsmusik sind außerdem auch geschlechtsbewusst angelegte Medienprojekte für Mädchen und Jungen, in denen sowohl in geschlechtshomogenen als auch in gemischten Gruppen gearbeitet wird.

Literatur:

Collmer, Sabine (2001): Wie Gender in die Technik kommt. Computerkompetenz für Frauen. Vortrag am 15.03.2001 in der Frauenakademie München. www.mediaculture-online.de/fileadmin/bibliothek/collmer_gender/collmer_gender.rtf, [Zugriff am 06.09.04]

Eble, Karin & Irene Schumacher (Hrsg.) (2003): medi@girls. Medienprojekte mit Mädchen. München.

Götz, Maya (2002): Genderreflektierende Medienpädagogik, www.maya-goetz.de/gender.pdf, [Zugriff am 31.05.04]

Heiliger, Anita (2002): Mädchenarbeit im Gendermainstream. München.

Klees, Renate, Helga Marburger & Michaela Schumacher (2000): Mädchenarbeit. Praxishandbuch für die Jugendarbeit, Teil 1. Weinheim & Basel.

LAG „Mädchen und junge Frauen in Sachsen e.V.", Fach- und Koordinierungsstelle für Mädchenarbeit und Mädchenpolitik (Hrsg.) (2004): Meilensteine 1993–2004. 10 Jahre LAG. Dresden.

Möhlke, Gabriele & Gabi Reiter (1996): Feministische Mädchenarbeit – Gegen den Strom. Münster.

Mühlen-Achs, Gitta & Elke Stolzenburg (1994): Geschlechtsspezifische Medienpädagogik: Über Mädchenbilder und den Umgang mit ihnen. In: GMK-Rundbrief Nr. 36, Bielefeld, S. 94–100.

N.N. (1998): Girlpower – Clevere Mediennutzung nicht allein den Spice-Girls überlassen! Pressemitteilung vom 18.03.1998. Gesellschaft für Medienpädagogik und Kommunikationskulturultur, www.gmknet.de/pm00005.htm, 22.09.04.

Rodde, Isabell (2004): Marilyns starke Schwestern. Aktive Medienarbeit in Mädchen- und Jungengruppen, Bildungsserver Niedersachsen, www.nibis.de/nli1/chaplin/zielgr/marylin.html, [Zugriff am 22.09.04]

Röckel, Katja (2005): Praktisch-pädagogische Ansätze in der geschlechtsspezifischen Medienarbeit mit Mädchen im Vergleich mit Kriterien feministischer Medienarbeit, unveröffentlichte Magisterarbeit, Leipzig.

Sammet, Ulrike (2003): Mädchengerecht und lebensweltorientiert. Zur Bedeutung von geschlechtshomogenen Angeboten für Mädchen und junge Frauen im Bereich der Neuen Medien. In: Karin Eble & Martin Welker (Hrsg.): Mädchen machen Medien. Stärkung der IT- und Medien

kompetenz von Mädchen und jungen Frauen am Beispiel des Landesleitprojekts „medi@girls". Stuttgarter Beiträge zur Medienwirtschaft Nr. 8, S. 31–40.

Schell, Fred (1999): Aktive Medienarbeit mit Jugendlichen. Theorie und Praxis. München.

Schorb, Bernd & Helga Theunert (1992): Medienpädagogik in der BRD: Grundlagen und Zielsetzungen praktischer Medienarbeit und einer handlungsorientierten Medienpädagogik. In: Bernd Schorb: Medienerziehung in Europa. Auf dem Weg zu einer europäischen Medienkultur – Media Education in Europe. Towards a European Culture of Media. München, S. 14–22.

Stolzenburg, Elke & Anke Bahl (1999): Medienkompetenz bei 11–15jährigen Mädchen und Jungen: Grundlagen und Voraussetzungen für die weitere Ausformung. In: Fred Schell, Elke Stolzenburg & Helga Theunert: Medienkompetenz. Grundlagen und pädagogisches Handeln. München, S. 128–136.

Stolzenburg, Elke (2003): K.O.-Edukation oder geht's auch anders? In: Gitta Mühlen-Achs & Bernd Schorb: Geschlecht und Medien. München, S. 149–155.

Tornau, Sylvia (2000): Handlungsmöglichkeiten feministischer Medienpädagogik – Drei Tage, sieben Mädchen und eine Radiosendung! In: Bundesvereinigung kulturelle Jugendbildung e.V. Kulturarbeit mit Mädchen. Remscheid, S. 149–161.

Von Hören, Andreas (2002): Der projizierte Held. Videoproduktionen mit Jungen. In: Benedikt Sturzenhecker & Reinhard Winter: Praxis der Jungenarbeit. Modelle, Methoden und Erfahrungen aus pädagogischen Arbeitsfeldern. Weinheim & München, S. 229–246.

Link-Tipps:

Arbeitskreis Mädchen Leipzig: www.ak-maedchen.de

eMMMy. Dokumentation im Multiline-Blog: www.multiline-net.de/blog/

LAG „Mädchen und junge Frauen in Sachsen" e.V. Fach- und Koordinierungsstelle für Mädchenarbeit und Mädchenpolitik: www.maedchenarbeit-sachsen.de

LizzyNet – die Community für Mädchen und junge Frauen von Schulen ans Netz e.V.: www.lizzynet.de

Multiline. Netzwerk für MultiplikatorInnen: www.multiline-net.de

Radio Verein Leipzig e.V.: www.radioblau.de

Soul'n'Peppa: www.soulnpeppa.de

Weiterführende Literatur:

Baacke, Dieter (1999): Projekte als Form der Medienarbeit. In: Dieter Baacke, Susanne Kornblum & Jürgen Lauffer (u.a.): Handbuch Medienkompetenz. Modelle und Projekte. Bundeszentrale für politische Bildung, Bonn, S. 86–93.

Beinziger, Dagmar, Sabine Eder & Renate Luca u.a. (Hrsg.) (1998): Im Wyberspace: Mädchen und Frauen in der Medienlandschaft. Bielefeld.

Bitzan, Maria (1993): Parteilichkeit zwischen Politik und Professionalität. In: Anita Heiliger & Tina Kuhne: Feministische Mädchenpolitik. München. S. 196–207.

Bitzan, Maria & Claudia Daigler (2001): Eigensinn und Einmischung. Einführung in die Grundlagen und Perspektiven parteilicher Mädchenarbeit. Weinheim & München.

Böhnisch, Lother & Heide Funk (2002): Soziale Arbeit und Geschlecht. Theoretische und praktische Orientierungen. Weinheim & München.

Eble, Karin & Martin Welker (Hrsg.) (2003): Mädchen machen Medien. Stärkung der IT- und Medienkompetenz von Mädchen und jungen Frauen am Beispiel des Landesleitprojekts „medi@girls". Stuttgarter Beiträge zur Medienwirtschaft Nr. 8, Fachhochschule Stuttgart – Hochschule der Medien.

Fichtner, Jörg, Traudel Günnel & Sigrid Weber (2001): Handlungsorientierte Medienpädagogik im Bürgerradio. Forschungsergebnisse eines Modellprojekts mit ArbeitnehmerInnen und dessen Implikationen für die medienpädagogische Diskussion. München.

Hänisch, Ulrike (2005): Radio Verein Leipzig e.V. In: Michael Bloech, Fabian Fiedler & Klaus Lutz: Junges Radio. Kinder und Jugendliche machen Radio. Materialien zur Medienpädagogik, Band 5. München, S. 108–110.

Heiliger, Anita & Heide Funk (Hrsg.) (1990): Neue Aspekte der Mädchenförderung. Weinheim & München.

Heiliger, Anita (1993): Wo stehen wir in der Mädchenpolitik. In: Anita Heiliger & Tina Kuhne: Feministische Mädchenpolitik. München, S. 9–17.

Heiliger, Anita (1993): Mädchenpolitische Forderungen an Jugendarbeit und Jugendhilfe unter Berücksichtigung des neuen KHJG. In: Anita Heiliger & Tina Kuhne: Feministische Mädchenpolitik. München, S. 186–195.

Luca, Renate (1998): Überlegungen zu einer feministischen Medienpädagogik. In: Dagmar Beinziger, Sabine Eder, Sabine & Renate Luca u.a. (Hrsg.): Im Wyberspace: Mädchen und Frauen in der Medienlandschaft. Bielefeld, S. 47–61.

Lutz, Klaus (1999): Förderung von Medienkompetenz durch aktive Medienarbeit und Veröffentlichung der Produktionen. In: Fred Schell, Elke Stolzenburg & Helga Theunert: Medienkompetenz. Grundlagen und pädagogisches Handeln. München, S. 176–179.

Schmittinger, Inge (1998): Girls, Videos und bunte, fließende Bilder. Geschlechtsbewusste Medienaneignung von Mädchen. In: Dagmar Beinziger, Sabine Eder & Renate Luca u.a. (Hrsg.) Im Wyberspace: Mädchen und Frauen in der Medienlandschaft. Bielefeld, S. 214–221.

Schorb, Bernd (1995): Medienalltag und Handeln. Opladen.

Schorb, Bernd: Medienkompetenz. In Jürgen Hüther (Hrsg.) (1997): Grundbegriffe Medienpädagogik. München, S. 243–252.

Sievers, Andrea (2002): Girls only. Bedeutung und Möglichkeiten eines Mädchenradioprojektes aus Sicht der Mädchen. Lüneburg: Fachhochschule Nordostniedersachsen, Fachbereich Sozialwesen, unveröffentlichte Diplomarbeit.

Theunert, Helga (2003): „Mädchen haben sich halt total daran gewöhnt, dass sie bloß Nebenrollen spielen". In: Gitta Mühlen-Achs & Bernd Schorb: Geschlecht und Medien. München, S. 119–139.

Vollbrecht, Ralf (2001): Einführung in die Medienpädagogik. Weinheim & Basel.

Interkulturelle
Mädchenarbeit
Jugendkulturarbeit
Perspektiven
Feministische
Mädchenarbeit

Elke Josties

Jugendkulturarbeit mit Mädchen und jungen Frauen – Biographische Fallstudien

Jugendkulturarbeit bietet Jugendlichen vielfältige Möglichkeiten, ästhetisch-gestaltende, musikalische, tänzerische und organisatorische Erfahrungen zu machen und in diesem Feld Kompetenzen zu entwickeln. Die aktuelle Diskussion um informelles und non-formales Lernen hat das Bildungspotenzial der Jugendkulturarbeit in den Blick genommen. Am Beispiel der HipHop-Kultur wurde bei einer Fachtagung am 27. Januar 2006[1] an der Alice-Salomon-Fachhochschule Berlin diskutiert, ob Jugendkulturarbeit „Wege in den Markt" ebne. Viele Jugendliche der „ersten Stunde" seien inzwischen erfolgreiche Unternehmensgründer und in der Vermarktung von Grafik, Mode, Musik, Werbung und Veranstaltungen professionell tätig. Auffallend war, dass die meisten dieser Protagonisten männlich waren. Deshalb ist zu fragen, welche Wege Frauen in den Jugendkulturen nehmen, welche Erfahrungen sie machen und welche Ziele sie verfolgen.

Die Wirkungen informeller und non-formaler Bildungsangebote der Jugendkulturarbeit lassen sich nicht direkt nachweisen. Sie sind auch nicht aus der Art und Qualität des Angebots, sondern nur aus der Art der Nutzung durch die Jugendlichen selbst ableitbar. Welche Bildungspotenziale die Partizipation an Jugendkulturarbeit für die Jugendlichen letztlich hat, kann nur vor dem Hintergrund ihrer jeweiligen Biographie und ihrer individuellen Handlungsstrategien und Deutungsmuster bestimmt werden. Deshalb ist es aufschlussreich, junge Erwachsene zu interviewen, die in ihren Jugendjahren Angebote der Jugendkulturarbeit nutzten. Mit ihren biografischen Erzählungen geben sie Hinweise darauf, welche teilweise recht unkonventionellen Lebenswege jenseits des formalen (Aus-)Bildungsweges eingeschlagen werden können. Die Stärke, das besondere Profil der Jugendkulturarbeit, liegt gerade darin, dass sie zieloffen und experimentell arbeitet – es kommt darauf an, welchen ‚Sinn' Individuen darin für sich ausmachen.

In diesem Beitrag werden die biografischen Fallanalysen von narrativen Interviews mit vier jungen Frauen skizziert, die in der Musikszene, in der Sprayer-Szene und im Streetdance aktiv waren und stark durch Jugendszenen und Angebote der Jugendkulturarbeit geprägt wurden. Ein besonderer Fokus liegt darauf, die Sichtweise der jungen Frauen zu Fragen des „Doing Gender", zu Geschlechterunterschieden und Geschlechterdiskriminierungen in den jeweiligen Jugendszenen sowie Treffpunkten und Projekten der Jugendkulturarbeit zu analysieren.

Bei den Fallstudien handelt es sich um erste Ergebnisse des Forschungsvorhabens „Bildungspotenziale der Jugend(kultur)arbeit – Analyse non-formaler Bildungsprozesse und

[1] Fachtagung am 27.01.2006: „Jugendkulturarbeit - Wege in den Markt? Jugendarbeit, Bildung und Berufliche Orientierung am Beispiel der Graffiti-/Hip-Hop Kultur." Ein Fachforum für StudentInnen, SozialarbeiterInnen und MultiplikatorInnen der Jugendkulturarbeit, veranstaltet von der Landesarbeitsgemeinschaft Populäre Musik/Kultur Berlin e.V. in Kooperation mit der Alice-Salomon-Fachhochschule Berlin und der Senatsverwaltung für Bildung, Jugend und Sport.

Entwicklung von Zertifizierungsmodellen", das zum Teilprojekt „Job-training, Messe, Musik, Event" des EU-Projektes „Equal II – Event Berlin" gehört. Empirische Grundlage der qualitativen Forschungsstudie sind teilnehmende Beobachtungen in Projekten der Jugendkulturarbeit, Experteninterviews mit PädagogInnen und KünstlerInnen aus der Jugendkulturarbeit sowie narrative Interviews mit jungen Erwachsenen, deren Lebenswege sich darin gleichen, dass sie Angebote der Berliner Jugendkulturarbeit für sich selbst produktiv nutzten, indem sie teilweise recht unkonventionelle „Karrieren" jenseits des formalen (Aus-)Bildungsweges einschlugen. Personenbezogene Angaben sind anonymisiert, das gilt entsprechend für die Namen der unterschiedlichen Jugendfreizeiteinrichtungen, die im Folgenden jeweils kurz Jugendclub – „JC" – genannt werden. Der Forschungsbericht – inklusive der qualitativen Fallanalysen – wird Ende 2007 publiziert.

1. Weibliche Sonderrollen in der männlich dominierten HipHop-Kultur

In der HipHop-Szene befanden sich die interviewten Mädchen bzw. jungen Frauen stets in der Minderzahl bzw. meist in reinen Jungencliquen. Was motivierte sie an der Teilhabe an diesen Szenen? Die interviewten jungen Frauen heben hervor, dass sie sich für die HipHop-Kultur deshalb interessierten, weil sie hier einen künstlerischen Ausdruck entwickeln konnten, der ihnen in ihren ästhetisch-stilistischen Vorlieben und persönlichen Neigungen entsprach, sei es im Zeichnen, Malen und Sprayen oder beim Tanzen. In jüngerem Jugendalter war diese Ausdrucksform eng mit der Teilhabe an jugendkulturellen Szenen verbunden. Wie fanden die Mädchen einen Zugang zu den meist rein männlichen Cliquen? Welche Strategien des Umgangs mit männlicher Dominanz entwickelten sie?

Anpassung an eine männlich dominierte Welt – Fallbeispiel 1: Manuela, 25 Jahre, Sprayerin, Schauwerbegestalterin

Jugendkulturarbeit als „Schlaraffenland"

Manuela hat schon immer gerne gemalt und sich für Kunst und Design interessiert. Schon mit 15 Jahren übte sie sich im Sprayen, als sie von Bekannten ihrer Mutter den Auftrag erhielt, einen Wohnwagen zu bemalen. Über ihren Freund fand sie den Zugang zu einer Sprayer-Gruppe in einem JC. Hier eröffneten sich ihr ungeahnte Möglichkeiten:

„[...] und dann war das wirklich so 'nen bisschen Schlaraffenland."

Materialien und Anleitung, alles war kostenlos, Manuela konnte sich hier erproben und ihre Techniken im Sprayen verbessern. Außerdem nahm sie an vielen Ausstellungsprojekten und Begegnungsreisen von HipHop-Gruppen teil und lernte, sich in Gruppen einzubringen, Konflikte auszutragen und auch unter Leistungsdruck zu arbeiten. Sie urteilt in der Rückschau:

„[...] unterstützend war es auf dem Lebensweg, Praktikum umsonst."

Manuela ist überzeugt davon, dass sie durch ihr Engagement in der Jugendkulturarbeit bestens auf ihre Ausbildung zur Schauwerbegestalterin vorbereitet war. Doch nicht jedes Mädchen fand im JC einen Zugang zu diesen Angeboten. Die Sprayer-Clique war hier fest etabliert, und Manuela war das einzige Mädchen in einer Gruppe von sieben älteren männlichen Jugendlichen.

Das „Vorzeige-Graffiti-Mädchen"

Nur über einen privaten Kontakt fand Manuela überhaupt in diese Clique. Die älteren jungen Männer hatten teilweise schon zehn Jahre Erfahrung als Sprayer gesammelt. Der Einstieg für die junge, noch vergleichsweise unerfahrene Manuela war nicht leicht.

„Na, dann guckste halt entweder ab oder fragst die halt direkt, weil, als Mädchen hab ich da ja immer noch den Bonus, dass ich fragen konnte, so dass es [dann so war]: ‚na ja, komm mal her Kleine, ich zeig dir diss‘."

Unter bewusstem Einsatz ihres „Mädchen-Bonus" lässt sich Manuela in Tricks einweihen, die die Jugendlichen nicht ohne weiteres an Geschlechtsgenossen weitergegeben hätten. Manuela unterstreicht damit ihre Sonderrolle in dieser Gruppe, nämlich die des kleinen, lernenden Mädchens. Diese Rolle wird sie eine zeitlang bekleidet haben müssen und dann oft zu hören bekommen haben: „Warum machst denn diss nicht so oder so?". Manuela gab sich die Zeit sich auszuprobieren, und sie merkte, wenn das „Endprodukt" sehr gut wurde. Dann fand auch sie Anerkennung. Das Urteil der Männer muss enorm gewogen haben. Die nächste Hürde, die Manuela überwinden musste, war, sich mit ihren Ideen bei Gruppenprojekten durchzusetzen.

„Is' natürlich für mich besonders schwierig, meine Idee auch einzubringen, weil, [es] kommt […] ja schnell zu Mädchenkram oder so."

Es kommt Manuela nicht einmal in der Rückschau in den Sinn, dass ihre angeblich mädchenhaften Motive vielleicht auch eine ästhetische und inhaltliche Berechtigung gehabt hätten. Es ist zu vermuten, dass diese nicht so „cool" wie die Motive der Jungen wirkten. Manuela kommentiert nicht, ob sie weiter ihren mädchenhaften Stil verfolgte oder überhaupt, welchen Stil sie entwickelte. Sie betont lediglich, sie habe sich dann irgendwann in ihrer Szene etabliert und genieße dort seither Respekt. Doch nahm sie als Mädchen stets eine Sonderrolle ein.

„Ich wurde dann schnell zu diesem Vorzeige-Graffiti-Mädchen […] ‚Hier gibt's auch noch Mädchen‘, die Mädchenquote halt."

Manuela fühlte sich eigentlich weder der Graffiti- noch der HipHop-Szene besonders verbunden. Als sie das erste Mal in ihrem Leben die Sprühdose benutzte, tat sie das nicht, weil sie es „cool" fand, „irgendwo rumzuschmieren oder so", sondern weil sich die Sprühdose als bestes Mittel für die Bemalung des Bauwagens erwiesen hatte. Nachdem Manuela im JC als

Sprayerin etabliert war, wurde sie „dann schnell zu diesem Vorzeige-Graffiti-Mädchen". Das war ihr unangenehm, zum Beispiel, wenn sie bei Jugendbegegnungsprojekten in Gesprächsrunden die HipHop-Szene repräsentieren sollte und dann eingestehen musste:

„dass ich mit HipHop und Graffiti eigentlich gar nichts am Hut habe, dass ich halt nur sprühe."

Heute erahnt Manuela, dass sie bei solchen öffentlichen Anlässen im Grunde von den Jugend-arbeiterInnen als Mädchen zu Legitimationszwecken funktionalisiert wurde.

Die Rolle des kleinen Mädchens – ambivalente Anpassungsleistungen an eine männerdominierte Welt

Manuela hinterfragt ihre ambivalente Sonderrolle als einziges Mädchen in der Sprayer-Szene – schwankend zwischen Anerkennung und Herabwürdigung – nicht:

„Ich glaube, jetzt für meinen beruflichen Weg hat's auch schon was mit den Männern gebracht, weil, ich arbeite jetzt immer noch in der männerdominierten Welt und da hab ich gar keine Probleme mich durchzusetzen."

Richtig überzeugend ist Manuelas Durchsetzungsfähigkeit im Bereich der Jugendkulturarbeit nicht. Vielmehr handelt es sich um eine Anpassungsleistung – an die von den jungen Männern vorgegebenen Normen und Szenen. Das eigene Profil wird dabei nur wenig entwickelt, ist zu-mindest im Interview kein Thema. Sie orientiert sich eindeutig an männlichen Vorgaben. Das untermauert sie, indem sie betont, ihr sei der Umgang mit Männern eh angenehmer als mit Frauen – mit Männern ließe sich in Konfliktsituationen besser bzw. konstruktiv streiten, wohin-gegen Frauen sich „schneller zickig" und destruktiv verhielten.

Manuela ist stolz, erfolgreich eine Ausbildung als Schauwerbegestalterin abgeschlossen zu haben und nun als Ausbilderin und Chefin ihrer Firma zu agieren. Die Zeit im JC ist beendet, inzwischen sind alle Mitglieder der alten Sprayer-Clique erwerbstätig. Aber es gibt noch gele-gentliche Kontakte untereinander. Und es ist zu spüren, dass sich Manuela bei ihrer ehemaligen Sprayer-Clique in ihrer beruflichen Laufbahn nicht wirklich anerkannt fühlt:

„Weil Dekorateurin oder Schaufenstergestalterin, ‚diss is so für kleine Mädchen, nen bisschen dekorieren', dass es total der anstrengende harte Job auch ist und dass man da auch wirklich Liebe mitbringen muss dafür, is denen ja nicht so bewusst."

Der Kreis schließt sich: Manuela tritt in der Rolle des kleinen Mädchens in das Schlaraffenland der männlich dominierten Sprayer-Szene des JC ein, erkämpft sich dort mit den Jahren einen anerkannten Platz, absolviert dann erfolgreich eine Berufsausbildung, sie wird sogar schon bald zur Chefin – und doch ist da ein Haken: Ihr Beruf genießt wenig Anerkennung, gilt nur als einer „für so kleine Mädchen". Manuelas erfolgreiches Leistungsstreben und ihre starke Orientierung an männlichen Vorgaben ändern nichts an ihrem Status des „kleinen Mädchens", der ihr qua Geschlecht bzw. Geschlechterdiskriminierung anhaftet. Sie müsste erst einmal selbst kritisch solche Geschlechterrollenzuschreibungen hinterfragen, wollte sie sich selbstbewusst behaupten und Alternativen entwickeln. Davon ist sie nach ihren Überzeugungen weit entfernt. Mit ihrem Pragmatismus hat sie längst einen realistischen Weg aus dem „Schlaraffenland" gewählt – einen Beruf, der ihr als Mädchen angeblich leichter zugänglich war und für den sie beste Voraussetzungen mitbrachte, dank ihrer persönlichen Interessen und Fähigkeiten und ihrer in der Jugendkulturarbeit erworbenen fachlichen und personenbezogenen Kompetenzen. Das Dilemma mangelnder Anerkennung als Frau könnte Manuela nur dann angehen, wenn sie männliche Dominanz in Frage stellen würde.

Auf der Suche nach einem eigenen Weg – Fallbeispiel 2: Stefanie, 28 Jahre, Sprayerin, Illustratorin, Moderatorin, Regieassistentin, Redakteurin

Jugendkulturarbeit „hat auch sehr viel in meinem Leben geändert"

Stefanie ist im Ostteil Berlins aufgewachsen und hat zwei Brüder. Ihre Mutter war alleinerziehend und berufstätig, ihr Vater hatte als Flüchtling in der DDR politisches Asyl erhalten und lebte von der Familie getrennt. Zu DDR-Zeiten war Stefanie an vielen Gruppenaktivitäten in den Bereichen Sport und Kultur beteiligt. Die Zeit der Wende erlebte sie im Alter von zwölf Jahren als starken Orientierungsverlust und persönliche Überforderung. Mit dem Schulwechsel auf ein Gymnasium kam sie nicht klar und mit ihrer Mutter geriet sie zunehmend in Konflikte. Ihre frühe Jugend war von „Austesten" und „Ausflippen" gekennzeichnet. Stefanie bewegte sich in unterschiedlichen Jugendcliquen und in der Hausbesetzer-Szene und verweigerte zunehmend den Schulbesuch. Sie nahm Alkohol und Drogen und litt stark an Übergewicht. Sie fühlte sich rundum unwohl.

„Also es war wirklich so ‚No Future' und Zeit totschlagen und irgendwie das Hirn totschlagen. Ich hab mich fett und scheiße gefühlt und fand alles scheiße und alles zum Kotzen. Leute und Arbeit, das war alles für mich nen sinnloser Scheiß, ja, so war man halt damals […] Ich hab mich dann in so 'ne Phantasiewelt hineingeflüchtet, und aus dieser Welt wurd' ich letzten Endes erst wieder durch die Jugendkulturarbeit 'rausgeholt.

Zufällig lernte Stefanie eine Sprayer-Clique kennen, die sich in einem großen Jugendkulturzentrum in Ostberlin traf. Stefanie hatte Talent und fand Gefallen daran, „characters" zu zeichnen und dann auch zu sprayen.

„Ich weiß nicht, irgendwie hat[te] auf einmal, pling, mein Leben 'nen Sinn, ich hatte 'ne Aufgabe […] ich hab dann halt angefangen zu malen, und dieses Malen hat mich unwahrscheinlich erfüllt […] ich war halt irgendwie wieder da, so nach dieser Auszeit, und diss war super."

Zunächst bewegte sich Stefanie in einigen Sprayer-Crews, fühlte sich aber von dem „coolen" Gehabe in dieser Szene eher abgestoßen. Durch Flyer wurde sie dann auf ein Jugendkulturprojekt in der Ostberliner Innenstadt aufmerksam, das jungen Graffiti-KünstlerInnen Unterstützung anbot. Hier fand Stefanie endlich einen Ort, auf den sie sich einlassen konnte und wollte.

Jugendkulturarbeit als „Lebenspraktikum" – „so 'ne Mischung zwischen Arbeit und Familie"

Stefanie war die Gemeinschaft zwischen Jugendlichen und MitarbeiterInnen wichtig, das kannte sie von früher, aus „Vor-Wende-Zeiten", und sie wusste zu schätzen, dass die Jugendlichen in diesem Projekt einander mit Respekt begegneten. Kommunikation statt „coole" Distanz und ständige Abgrenzung voneinander, das gefiel ihr. Mit ihren Bildern suchte sie stets nach etwas Sinnstiftendem und nach einem Feedback:

„Ich wollte einfach wie […] auf'm Papier mit der Dose umgehen können, diese Techniken beherrschen, ich wollt' natürlich auch irgendwie in der Szene anerkannt sein, jetzt nicht für krasse Aktionen, sondern für gute Arbeit, ich wollte auch in so'm Scheiß-Buch drin sein, ich wollte […] einfach Bilder machen, die irgendwie gesehen werden, […] die vielleicht irgendwie auch irgendwo was bewirken und, damals wie bei mir, vielleicht irgendwie jemand' auch aus'm Loch helfen oder ei'm was auf'm Weg geben oder einfach jemandem Identität geben."

In den folgenden Jahren nutzte Stefanie die Angebote der Jugendkulturarbeit weidlich – als Moderatorin in einem Jugendfernsehen und als Sprayerin im Graffiti-Projekt des JC. Materialien und Leinwände wurden bereitgestellt, es folgten Workshops, Ausstellungsprojekte und schließlich sogar Auftragsarbeiten. Die Jugendlichen sollten die Wände öffentlicher Einrichtungen besprühen und wurden dafür mit einem Honorar bedacht. Stefanies Arbeit fand Anerkennung, das bestärkte sie darin, sich künstlerisch weiterzuentwickeln und dabei scheinbar nebenbei sogar die Schule und ihre Drogenprobleme zu bewältigen. Entscheidend auf diesem Weg waren für sie ihre Beziehungen zu Jugendarbeiterinnen, insbesondere zu der ihr wichtigsten Bezugsperson Monika: Sie brachte Stefanie Achtung und Respekt entgegen, zeigte Interesse für ihre persönliche und künstlerische Entwicklung, auch in Zeiten, als sie noch arge Probleme mit ihrer Mutter hatte. Stefanie suchte in der Jugendarbeiterin einen Halt, den sie damals sonst nirgendwo finden konnte.

„Diss ist einfach so 'ne Art von Wichtigkeit zwischen Menschen, so 'ne Art von Beziehung, und der glaubt an einen, und du glaubst auch an den, und der bringt dir was bei, und du zeigst ihm das, zeigst ihm Erfolge, also ich geh' heut' noch zu Monika und bring' ihr […] aktuelle Bilder und zeig', wie ich mich entwickelt habe, […] und die kopiert sich das und schafft da so 'ne Mappe an. […] [Das ist] so 'ne Mischung zwischen Arbeit und Familie, glaub' ich. So'n Mittelding. So was wie nen Praktikum, nen Lebenspraktikum […] Find' ich gut."

Zu Stefanies „Lebenspraktikum" gehörte mit 19 Jahren auch ihre Erfahrung als Anleiterin von Mädchengruppen in Jugendprojekten der Westberliner Innenstadt. Die Tätigkeit war gut bezahlt und bot ihr neue Lernchancen. Rückblickend betrachtet sie diese Tätigkeit jedoch als Überforderung: Stefanie sollte mit feministischen Mädchenprojekten kooperieren, aber sie wusste mit Feminismus nur wenig anzufangen. Als eine der wenigen Sprayerinnen fühlte sie sich manchmal auch „so komisch gehypt". Mit der Disziplinlosigkeit der jüngeren Jugendlichen kam sie nicht zurecht, sie betrachtet das als ein „West-Phänomen". Insbesondere mit jüngeren männlichen Jugendlichen mit türkischem oder arabischem Hintergrund, die auf die Mädchenprojekte mit Eifersucht reagierten, hatte sie Schwierigkeiten. Als Gesprächspartnerin und Ratgeberin der Mädchen fühlte sie sich bald überfordert, weil es sie emotional zu stark an ihre eigene „Auszeit" erinnerte. Stefanie gab die pädagogische Arbeit nach zwei Jahren auf und suchte ihren eigenen Weg.

Entwicklung eigener Projekte und Ziele – Wege von der Jugendkulturarbeit in die Erwerbstätigkeit

Stefanie hatte ein starkes Interesse an künstlerischem Ausdruck und Kommunikation, und das bestimmte ihren weiteren Lebensweg:

„Ich hab das richtig ernst genommen, […] darum ging's mir halt, […] also für mich war diss […] echt nen Job."

Zunehmend distanzierte sie sich von der Graffiti-Szene und betätigte sich als Illustratorin von Flyern, Plakaten und Büchern. Sie war in Berlin überall anerkannt und konnte davon recht gut leben. Der Übergang von der Jugendkulturarbeit in die eigene Erwerbstätigkeit verlief fließend. Stefanie nutzte die ihr vertrauten Netzwerke der Jugendkulturarbeit und Jugendszenen und lernte darüber hinaus zahlreiche neue Projekte und Auftraggeber kennen. Sie professionalisierte sich und war als Illustratorin erfolgreich:

„Also man lebt einfach und man kommuniziert und man ist halt irgendwie integriert, und das ist super."

Gleichzeitig verfolgte Stefanie ihr Interesse an audiovisuellen Medien und erhielt Aufträge als Regieassistentin und Redakteurin bei Film und Fernsehen. Zum Zeitpunkt des Interviews studierte sie Filmwissenschaften und hatte gerade das Schreiben als neues Ausdrucksmittel für sich entdeckt. Am liebsten will sie Filmdramaturgin werden.

Orientierung an männlichen Cliquen und weiblichen Vorbildern

Stefanie war – schon als Schwester zweier Brüder – häufig und in ihrer Selbstwahrnehmung selbstverständlich genauso Mitglied in Jungencliquen wie in gemischten Cliquen oder Mädchencliquen, doch bevorzugte sie Jungencliquen. Einer ihrer beiden Brüder bewegte sich ebenfalls in der Sprayer-Szene. Stefanie war grundsätzlich sehr stark an gemeinschaftlichen Aktionen interessiert. Das war ihr aus Vor-Wendezeiten in der DDR vertraut, entsprechend suchte sie nach der Wende im Jugendalter „ihre" Szene und fand sie – nach einer langen und schwierigen Phase des Austestens – schließlich in der Sprayer-Szene im JC. Dass sie in diesen Kreisen als Mädchen eine Ausnahmeerscheinung war, wurde ihr erst bewusst, als sie bei öffentlichen Präsentationen als die „Lady mit den Absatzschuhen" von den JugendarbeiterInnen und den Medien „so komisch gehypt" wurde.

Sowohl Manuela als auch Stefanie deuten ihre Sonderrollen in ambivalenter Weise: Sie spüren einerseits, der Jugendarbeit und der HipHop-Szene zu Legitimationszwecken zu dienen – nach dem Motto: „Wir haben ja auch ein ‚Vorzeige-Graffiti-Mädchen'". Das ist wichtig für Jugendprojekte, in denen jahrelang und unhinterfragt fast ausschließlich Jungencliquen von Graffiti-Angeboten profitieren. Andererseits stört es beide nur wenig, die Sonderrolle einzunehmen, schließlich genießen sie als Ausnahmen stets große Beachtung. In ihren Sichtweisen unterscheiden sich Manuela und Stefanie jedoch deutlich. Während Manuela Geschlechterunterschiede wahrnimmt und sich an männlichen Vorbildern orientiert, leugnet Stefanie jegliche Geschlechterdifferenzen. In ihrer Selbstwahrnehmung und bisherigen Lebensgeschichte spielten sie angeblich keine Rolle. Wohl aber beobachtet Stefanie bei anderen Mädchen, dass ihnen der Zugang zur HipHop-Szene erschwert ist. Es scheint, als handle es sich in ihrer Wahrnehmung hierbei um ein Problem der „anderen" und vornehmlich um ein „westliches" Phänomen. Stefanie unterscheidet jedenfalls deutlich zwischen der Jugendarbeit im West- und im Ostteil Berlins. Mit feministischen Denkansätzen wird sie erstmals im Westteil Berlins konfrontiert und sie zeigt sich befremdet über manche – aus ihrer Sicht rigide – Vorgaben zur geschlechtshomogenen Mädchenarbeit. So fühlt sie sich irritiert, dass sie bei Mädchenprojekten nicht mit ihrem Bruder zusammen arbeiten darf, spürt aber zugleich, dass es vielen Mädchen gut tut, wenn sie sich in geschlechtshomogenen Gruppen erproben können. Stefanie reflektiert nicht, warum sie selbst einen anderen Weg gegangen ist. In ihrer Biographie finden sich Hinweise darauf, dass sie es von Kindheit an gewohnt war, mit Jungen in Gruppen zusammenzuarbeiten. Wichtigste persönliche Bezugspersonen waren für sie jedoch stets Frauen – die eigene Mutter, die beste Freundin und einige Jugendarbeiterinnen.

Stefanie orientierte sich nicht so wie Manuela an männlichen Vorbildern, sondern suchte ihren eigenen Weg. Sie riskierte dabei Konflikte auch mit den ihr wichtigen nahe stehenden Personen wie Mutter und bester Freundin. Bei Jugendarbeiterinnen suchte und erhielt sie die Unterstützung, die sie als Jugendliche brauchte – auf persönlicher Ebene und in ihrer künstlerischen Entwicklung. Die Präsenz weiblicher Mitarbeiterinnen in der Kultur- und Medienarbeit war für ihre Entwicklung entscheidend. Insbesondere ihre wichtigste Bezugsperson Monika, die Jugendarbeiterin des Graffiti-Projekts, wirkte auf sie vorbildhaft – in ihrer Mischung aus Muttertyp und starkem, sozial engagierten „Typ":

„[Monika] ist [...] wie so 'ne Mama, ist halt [ein] steinharter knallharter-Typ, [...] aber trägt auch mal nen Kittel, ist wirklich steinhart, auch total lustig, also auch 'ne Berliner Pflanze [...] wenn da einer erwischt wurde, da ist Monika zum Gericht und hat teilweise die

Jungs echt aus'm Gericht geboxt. Das muss man sich vorstellen, [...] dass so normale Menschen [...] sich wirklich dafür einsetzen."

Stefanie sucht in der Person der Jugendarbeiterin sowohl die fürsorgliche Mutter, der sie noch heute stolz ihre künstlerischen Werke zeigt, als auch den Kumpel, der sich gegen Widrigkeiten durchsetzen kann und Vorbild für soziales Engagement ist. Stefanie bedient sich der Geschlechterstereotypen, um zu beschreiben, was sie an dieser Person so sehr schätzt: Dass sich diese Frau im Grunde über stereotype Rollenbilder erhebt und „männliche" und „weibliche" Anteile in sich vereint. Vielleicht ist Monika so für Stefanie auf der Suche nach ihrem eigenen Weg und künstlerischem Ausdruck ein Vorbild.

Selbstbehauptung als Künstlerin und als Frau – Fallbeispiel 3: Pamela, 26 Jahre, HipHop-Tänzerin, Tanzanleiterin in der Jugendkulturarbeit

Von der Leistungssportlerin zur Tänzerin – „Gut werden, voll dabei sein, nur die Harten kommen durch"

Pamela wuchs in einer westdeutschen Kleinstadt bei Pflegeeltern auf. Sie war ein stark bewegungsorientiertes Kind, galt als hyperaktiv und probierte im Laufe der Jahre viele Sportarten aus, bis sie zur Leichtathletik fand und erfolgreiche Wettkämpferin wurde. Als ältere Jugendliche entdeckte Pamela ihre Begeisterung für den HipHop-Tanz. Mittlerweile ist sie, auch auf großen Bühnen, im Showgeschäft und eine erfolgreiche Profitänzerin. Ihr favorisierter Stil ist der Freestyle. Eigentlich hat sie längst ihren eigenen Tanzstil entwickelt, in den auch karibische Elemente einfließen.

Pamela leitete zum Zeitpunkt des Interviews eine Mädchen-Streetdance-Gruppe in einem großen Jugendkulturzentrum der Berliner Innenstadt. Sie fand zu der Einrichtung, weil sie als Tänzerin nach Berlin zog und dort Probenräume suchte. Schon bald wurde sie von Jugendarbeitern gebeten, eine Mädchentanzgruppe zu leiten. Pamela sagt, sie habe durch das Tanzen zu sich selbst gefunden, und diese „Lebenseinstellung" wolle sie an die Mädchen weitergeben:

„Tanzen [...], Sport [...], alles, was man liebt, [...] Bewegung allgemein, macht Leute einfach offener, selbstbewusster, wenn die merken, die werden gut in einer Sache, auf einmal wird so nen schüchternes Mädchen, so'n Mauerblümchen, auf einmal macht's nen Mund auf, wehrt sich, ist echt."

Nur durch unermüdliches Training und Ehrgeiz komme man weiter, so lautet Pamelas Erfolgsstrategie. Wenn sie bei den Mädchen mangelnden Einsatz bemerkt, reagiert sie verärgert:

„[...] Ehrgeiz und den Willen. Und wenn du trainierst, der Körper, weißte, der macht halt dann mit. [...]. Also, es bringt halt auch nichts, wenn du nicht trainierst. Bringt keinem was, du musst wirklich voll dabei sein."

Pamela betrachtet sich als Vorbild für die Mädchen. Mit dem Angebot einer geschlechtshomogenen Mädchentanzgruppe will sie ihnen den Zugang zum HipHop-Tanz eröffnen, den sie eindeutig als Männerdomäne erlebt.

HipHop-Tanz als Ausdruck der Suche nach den eigenen kulturellen und ethnischen Wurzeln

Pamela hat über ihre Kontakte in der „schwarzen Clubszene" einer westdeutschen Großstadt zum HipHop-Tanz gefunden. Ihre leiblichen Eltern karibischer Herkunft leben in England. Erst als ältere Jugendliche fand sie durch die Musik und den Tanz Zugang zu ihren eigenen kulturellen und ethnischen Wurzeln:

„Okay, ich will [...] mich [auch] mit Schwarzen umgeben, ich hab's gar nicht gemerkt, was ich will, aber es kam automatisch natürlich, jetzt im Nachhinein seh' ich diss, es hat mich hingezogen, die Musik, davor hab ich alles gehört.
Und dann bin ich halt ab und zu in den Ferien zu meinen Eltern nach England und hab [...] die andere Kultur [...] kennengelernt. Und ich fand irgendwie beides geil. Und irgendwann hab ich gemerkt, okay, dahin zieht's mich doch mehr, das fühl' ich, also da schlägt mein Herz für total."

Im Bereich des HipHop-Newstyle und Freestyle profitiert Pamela erstmalig bewusst von ihrem ethnischen Hintergrund. Der damit verbundenen Klischeebilder ist sie sich bewusst:

„Also bei mir war's halt wirklich so, also, ich mein, ich bin schwarz und ich pass total [...] ins Klischeebild, ich pass total rein, ich weiß auch nicht warum, es ist wat, kann's mir nicht erklär'n, is einfach so, ich [...] war immer hibbelig, musste halt Sport machen, war halt super im Sport, dann hab ich aufgehört, dann hab' ich gedacht, okay, ich tanze, diss passt ja überhaupt perfekt."

Pamela kann sich als HipHop-Tänzerin so annehmen, wie sie ist, in dieser Tanzszene fühlt sie sich stilistisch-künstlerisch und persönlich beheimatet. Der Preis dafür ist, dass sie sich mit Klischeebildern, die Menschen afro-karibischer Herkunft auf das Rhythmisch-Exotische reduzieren, arrangieren muss. Statt tänzerischem Erfolg durch hartes Training und Leistung also Erfolg durch ethnokulturelle Zuschreibung? Das ist problematisch, aber Pamela hinterfragt es nicht. Denn sie ist froh, in der HipHop-Szene selbst so angenommen zu werden, wie sie ist. Hier ist ihre Hautfarbe scheinbar von Vorteil, aber ihr Geschlecht von Nachteil.

Diskriminierungen von Frauen in der HipHop-Szene und im Showgeschäft

Pamela muss überdurchschnittliche Leistung zeigen, um sich als weibliche Künstlerin in dieser männlich dominierten Szene zu behaupten – und sie läuft dabei Gefahr, für ihre Leistung nicht wirklich Anerkennung zu finden, wohl aber für ihre Ausstrahlung als exotische „Schwarze" und als Frau.

> „Die [Leute] denken halt irgendwie, man poppt sich hoch, das ist sowieso bei Frauen, ‚wir schlafen uns alle hoch', […] bei mir traut sich keiner [das] so zu sagen, mir ins Gesicht traut sich keiner [so] was zu sagen […]. Ich weiß auch nicht, […] vielleicht meine Art, […] die hab'n einfach Schiss, aber hinter meinem Rücken, klar. Klar. Auf jeden Fall. Also, ich mein', […] sogar Leute, die mich gut kennen so, die […] pappen mir am Kopf, weil ich eigentlich, ich war mehr Tomboy und bin irgendwann so, natürlich auch so hab dann so meine weiblichen Reize entdeckt, aber vorher war mir ja so was eigentlich total egal, ich hab immer nur auf Leistung, ich wollt halt einfach irgendwas schaffen."

Für Pamela zählte auf dem Weg zum Erfolg einzig die Leistung, trotzdem erfuhr auch sie übelste Geschlechterdiskriminierung, wenn es in ihren Künstlerkreisen hieß, Frauen erkauften sich ihren Erfolg durch Prostitution. Pamela reflektiert ihre eigene Betroffenheit in ambivalenter Weise. Mal spricht sie von den diskriminierten Frauen so, als gehörte sie selbst gar nicht dazu, mal schließt sie sich selbst mit ein und zeigt sich betroffen. Direkte diskriminierende Äußerungen habe sie nie erfahren müssen, behauptet sie, weil sie sich durch ihr persönliches Auftreten Respekt verschaffen habe. Dennoch geht sie davon aus, dass sie unausgesprochen die gleiche Diskriminierung wie andere Frauen erfahren habe. Jedoch sei sie dagegen angeblich immun, indem sie lange Zeit die Rolle des Tomboy eingenommen und immer nur leistungsorientiert agierte habe. Der Tomboy entspricht – wie die englische Sprache deutlich macht – einem männlichen Rollenstereotyp. Übersetzt mit „Wildfang und Range" passt das Bild aber auch zur Hyperaktivität, die Pamela für sich selbst im Kindesalter diagnostiziert.

Pamelas Kindheit und Jugend war vom Leistungssport geprägt. Viele Leistungssportlerinnen erinnern in ihrem schlanken und drahtigen Körperbau eher an junge Männer. In der Entwicklung ihrer sekundären Geschlechtsmerkmale hinken manche ihren Altersgenossinnen um einige Jahre hinterher. Pamela erzählt, sie habe erst spät in ihrer Laufbahn als Tänzerin ihre „weiblichen Reize" entdeckt. Damit kann sie nur die körperlichen bzw. sexuellen Geschlechtsmerkmale gemeint haben. Erst seit ihrem Bekenntnis zu ihrer eigenen weiblichen Sexualität wurde Pamela für Äußerungen, die Frauen diskriminieren, sensibel. Erst als sie sich selbst betroffen fühlte, war ihr die Geschlechterdiskriminierung nicht mehr „total egal", war die starke Leistungsorientierung nicht mehr zentral. Insofern ist Pamelas Botschaft an ihre Mädchentanzgruppe, in unserer Gesellschaft zähle auf dem Weg zum Erfolg allein die Leistung, zu hinterfragen. Pamela beginnt erst jetzt daran zu zweifeln und besinnt sich auf ihre ethnischen Wurzeln und ihr Geschlecht.

2. Mädchenförderung in der Singer-Songwriter-Szene

In der Singer-Songwriter-Szene und in dem Berliner JC, der sich an dieser Musikszene orientiert, sind Mädchen und junge Frauen stark vertreten und gehören selbstverständlich dazu. Es gibt keine Dominanz des einen oder anderen Geschlechts. Hier finden sich zum Beispiel weibliche Gitarristinnen häufiger und selbstverständlicher als in der Rockmusik-Szene. Die Musik-Anleiter-Innen sind beiderlei Geschlechts, und die Förderung geschlechtshomogener jüngerer Mädchen-bands hat im JC schon lange Tradition. Wie nutzte die interviewte junge Frau namens Julie diese Angebote und wie reflektiert sie ihre Rolle als Mädchen und junge Frau?

Rückzug in eine Nische – Fallbeispiel 4: Julie, 26 Jahre, Singer-Songwriterin, Ton- und Lichttechnikerin, Band-Anleiterin

Jugendkulturarbeit als Orientierung, Förderung und „Weichenstellerin"

Julie wuchs zusammen mit ihrer Schwester und ihrer alleinerziehenden Mutter in einem Innen-stadtbezirk im Berliner Westen auf. Sie war schon als Kind stark an Musik interessiert und schrieb bereits mit elf Jahren erste eigene Songs. Am liebsten hätte sie Klavier spielen gelernt, doch fehlten ihr dafür die Möglichkeiten. Durch Anregung von Freundinnen und JugendarbeiterInnen begann sie mit 14 Jahren Gitarre zu spielen, im Rahmen der Jugendarbeit wurden kostenlos Kurse für Anfänger angeboten. Julie war sehr gut im Gitarrespiel und entwickelte sich bald zur Singer-Songwriterin. Sie spielte sowohl solo als auch in kleinen Ensembles. Sie profitierte stark von den Angeboten des JC, der ein Treffpunkt der Berliner Singer-Songwriter-Szene war. Neben Instru-mentalunterricht und Bandanleitung gab es die Möglichkeit, Proben- und Veranstaltungsräume sowie die Ton- und Lichttechnik der Einrichtung zu nutzen. Julie war im Laufe der Jahre an zahlrei-chen Musikprojekten des JC beteiligt. Sie fühlte sich im JC sehr gut „aufgenommen" und schätzte die Jugendlichen, die sich dort trafen und die PädagogInnen sehr.

„Und jetzt, rückblickend könnt' man sagen, eigentlich [...] hat sich mein ganzes Leben darauf aufgebaut, auf diese Jugendarbeit [...] gebracht hat's mir 'ne Menge, nämlich [...] die Weichen gestellt für mein [...] Leben."

„Hab' alles auf die Musik gesetzt" – Identitätssuche, Erfolg und Krise

Julie verlor mit 16 Jahren das Interesse an der Schule und fällte eine Entscheidung, die sie heute als 26-jährige „'nen bisschen" bereut: Zusammen mit einer Freundin, mit der sie im Duo spielte, brach sie die Schule ab.

„Es war einfach so, dass die Musik mir plötzlich so viel mehr gegeb'n hat, also da hab ich plötzlich was gefunden, [...] wo ich [...] was bin, womit ich mich identifizieren kann, und diss war halt in der Schule überhaupt nicht [...] Ich wollt' Musik machen, definitiv."

Die Musik wurde zur Hauptsache in Julies Leben, und zunächst lief alles recht gut an. Das Duo war in der Berliner Singer-Songwriter-Szene recht erfolgreich. Eine Mitarbeiterin des JC hatte Kontakte im Musikgeschäft und führte Julie in diese Kreise ein. Doch trat bald Ernüch-terung ein:

„[…] dass man alles, was man geschrieben hat, abgibt und irgendwie in so ’ne Schublade gezwängt wird […]. Die eigene Musik machen, diss war halt irgendwie gar nicht, und damit fiel das alles so’n bisschen zusammen.“

Julie fühlte sich im Musikgeschäft deplatziert und zog sich daraus zurück. Sie machte im JC und ihr vertrauten Clubs weiter Musik und lebte von Gelegenheitsjobs, zum Beispiel als Kellnerin in Bars. Bei einem Kulturveranstalter absolvierte sie schließlich ein Praktikum als Licht- und Tontechnikerin. Hier konnte sie von ihren Erfahrungen in der Jugendkulturarbeit profitieren. Julie sollte sofort eine Abendveranstaltung betreuen. Das fand sie zwar hart, ist aber im Nachhinein stolz darauf, dass sie diese Aufgabe durch Learning by Doing sehr gut bewältigt hat. Sie wurde nach ihrem Praktikum als freie Mitarbeiterin übernommen, lernte in dieser Zeit „extrem viel“, wurde aber auch ausgebeutet und schlecht bezahlt.

Problematik der Ablösung

Im JC erhielt Julie schließlich das Angebot, eine Mädchenband anzuleiten. Wieder wurde sie ins kalte Wasser geworfen, aber sie kannte dieses Feld bereits durch eigene Erfahrungen, und die Mädchen nahmen sie als „Kumpeline“ sehr gut an.

„[…] da war ich dann schon […] mal in dieser Schiene Musikarbeit, nen bisschen gemischt mit Pädagogik.“

Die Jugendkulturarbeit blieb weiterhin „Weichenstellerin“ in Julies Leben. Mittlerweile hat sie eine 8-Stunden-Stelle als Bandanleiterin. Pädagogisch ist sie nicht ausgebildet, aber sie kommt mit ihrer Rolle als „Kumpeline“ klar. Allerdings fehlt ihr eine Zukunftsperspektive. Wovon soll sie dauerhaft leben? Die Qualifikationen, die sie durch informelles und non-formales Lernen im Kontext von Jugendkulturarbeit, sei es im Musikbereich, in der Ton- und Lichttechnik oder in der Bandanleitung, erworben hat, sind offiziell nicht anerkannt. Julie weiß zum Zeitpunkt des Interviews noch nicht, wohin es weiter gehen soll, nur eines: Sie will jetzt unbedingt ihr Abitur nachholen.

„Und, es ist natürlich ärgerlich, dass ich die Schule abgebrochen hab […], diss nervt mich jetzt schon so’n bisschen, diss hätt’ ich irgendwie auch ruhig mal machen können, aber ich glaub’, ich würd’s nicht anders wählen, […] also mit dem, was ich halt gewonn’n hab’ daraus, letztlich meine Wahl, Musik und […] einfach super Leute halt um mich rum. [Sowohl] Pädagogen als auch Jugendliche.“

Julie mag die Nische des JC nicht missen. Dass sie hier als Mädchen und junge Frau eine Förderung wie andernorts selten üblich erhielt, findet sie selbstverständlich und nicht weiter hervorhebenswert. Dass sie selbst eine so gute Instrumentalistin und Ton- und Lichttechnikerin geworden ist, ist innerhalb der Singer-Songwriter-Szene nicht außergewöhnlich. Der JC bietet

Julie eine Nische, in der sie einen großen Entfaltungsraum vorfindet und in der sie nicht wie in vielen Jugendclubs und Jugendszenen mit Männerdominanzen konfrontiert ist. In ihrem Fall ist die Nische so attraktiv, dass ihr die persönliche Ablösung bzw. der Übergang in Ausbildung und Erwerbsleben jenseits dieser Szene schwer fällt. Zwölf Jahre lang gehört Julie schon zum JC und sie fühlt sich dort immer noch beheimatet und möchte die Kontakte nicht missen. Im JC ist sie eine der Ältesten, in der Singer-Songwriter Szene trifft sie jedoch auch auf Gleichaltrige und Ältere. Doch bieten ihr weder der JC noch die Musikszene berufliche Perspektiven. Sie wird sich künftig anders orientieren und lernen müssen, selbst Weichen im Leben zu stellen.

3. Resümee
Individuelle Bewältigungsstrategien im Umgang mit Geschlechterunterschieden und -diskriminierungen

Bei allen vier interviewten jungen Frauen spielt die Gender-Frage in der Selbstreflexion des eigenen Werdegangs scheinbar keine besondere Rolle, sie wirkt auf den ersten Blick sogar merkwürdig irrelevant. Auf den zweiten Blick, also erst in der Analyse ihrer Biografien, wird deutlich, dass jede der jungen Frauen unbewusst oder bewusst ihre eigene Bewältigungsstrategie im Umgang mit Geschlechterunterschieden und Geschlechterdiskriminierungen entwickeln musste: Julie hat in der Jugendkulturarbeit eine *Nische* gefunden, in der sie mit den sonst üblichen Diskriminierungen von Mädchen und Frauen nicht konfrontiert ist. Sie würde am liebsten in dieser Nische verharren, wird sich jedoch ablösen müssen, um ihre beruflichen Perspektiven zu verbessern. Manuela entwickelte in ihrer persönlichen und beruflichen Biographie eine pragmatische Haltung, mit der sie die bewusste *Anpassung an männliche Dominanzen* verband. Sie spürt zwar, dass sie dabei als Frau wiederholt auf die Rolle des „kleinen Mädchens" reduziert wird, ist jedoch nicht bereit, Geschlechterrollenklischees kritisch zu hinterfragen. Stefanie leugnet für sich selbst die Relevanz von Geschlechterunterschieden und grenzt sich stark von Feministinnen ab. Sie *sucht* ihren eigenen Lebensweg und künstlerischen Stil und wehrt sich dabei gegen geschlechtsspezifische Zuschreibungen. Auf ihrem Lebensweg spielen *weibliche Vorbilder* wie das ihrer liebsten Jugendarbeiterin eine entscheidende Rolle. Pamela glaubte als erfolgreiche Leistungssportlerin und HipHop-Tänzerin lange Zeit daran, dass nur Leistung auf ihrem Weg zum Erfolg zählt. Geschlechterdiskriminierende Erfahrungen im Showbusiness führten jedoch zur *Ernüchterung* und einer beginnenden Auseinandersetzung mit der eigenen Geschlechterrolle mit dem Ziel der *Selbstbehauptung* als Künstlerin – und als Frau.

Ambivalenter Sonderstatus als Mädchen in männlich dominierten Jugendkulturen

In den Schilderungen der HipHop-Szene wird bei allen drei interviewten jungen Frauen die männliche Dominanz in dieser Szene deutlich. Dennoch fanden die drei Mädchen scheinbar unberührt davon Zugang. Damit unterscheiden sie sich deutlich von der Mehrheit der Mädchen und jungen Frauen. Die drei jungen Frauen sind *stolz* auf ihren Sonderstatus, den sie teils *genießen,* teils kritisch *hinterfragen.* Breakdance, Graffiti und Rappen gelten unter den interviewten Mädchen und jungen Frauen immer noch als Männerdomäne – für Mädchen und junge Frauen sei es schwer, als Aktivistinnen und Künstlerinnen *Akzeptanz* zu finden. Schwierig sei allein schon der *Zugang* in die etablierten Kreise: Sie behielten ihre „Tricks" für sich und gäben sie nicht an Jüngere weiter. Mädchen, die sich dennoch trauten zu fragen, würden oft in die Rolle des „kleinen Mädchens" oder der „Mitläuferin" gedrängt. Akzeptanz fänden Mädchen und junge Frauen nur dann, wenn sie als Tänzerinnen oder Sprayerinnen genauso gut wie die meist älteren Jungen seien, die ihnen jedoch oft schon um jahrelange Praxis voraus seien. Oder sie sollten gar noch besser sein – mindestens „bombenmäßig". Inhaltlich eckten die jungen Frauen vor allem dann an, wenn sie nicht dem üblichen *„coolen" Stil* entsprachen, den alle drei als typisch für die HipHop-Szene beschreiben. Bei gemeinsamen Graffiti-Projekten werde dann zum Beispiel die Idee eines beteiligten Mädchens als „Mädchenkram" diffamiert und abgelehnt. Grundsätzlich erscheine es schwierig, weibliche Sexualität so zu thematisieren bzw. künstlerisch zu interpretieren und zu gestalten, dass sie nicht mit stereotypen Geschlechterrollenklischees belegt werde.

Abgrenzungsmechanismen, Ehrgeiz und Einzelkämpfertum

Bemerkenswert ist, wie deutlich sich die drei interviewten jungen Frauen von der Mehrheit der Mädchen und jungen Frauen abgrenzen, die keinen Zugang zur HipHop-Szene gefunden haben oder auf Unterstützung in geschlechtshomogenen Projektangeboten angewiesen waren. In den Interviews finden sich sogar abwertende Kommentare über die „anderen" Mädchen und jungen Frauen, die in der HipHop-Szene angeblich nur die Rolle der abhängigen „bitches" einnähmen oder schlechthin als „Zicken" gelten. Wohlgemerkt, die interviewten Frauen nehmen sich da selbst aus, sie wollen nicht den weiblichen Rollenklischees entsprechen. Vor diesem Hintergrund ist es schwer, zum Beispiel als Tänzerin die eigenen sexuellen Reize zu entdecken und auszudrücken, ohne in falsche Schubladen gepresst zu werden. Vermutlich ecken die jungen Frauen immer dann besonders an, wenn sie sexuelle Themen behandeln. So stieß Stefanie mit ihren „sexy characters" bei feministisch orientierten Frauen auf wenig Gegenliebe, fand aber dafür in der HipHop-Szene große Anerkennung. Keine der interviewten jungen Frauen setzt sich grundsätzlich kritisch mit Geschlechterrollenklischees auseinander. Im Gegenteil, sie sind stolz darauf, männlich dominierten HipHop-Jugendszenen angehört und sich jeweils ihren Platz erkämpft zu haben. Mit zunehmendem Alter lösten sich die interviewten jungen Frauen aus den Jugendszenen. Jede von ihnen ist in ihrem Bereich eine ehrgeizige Einzelkämpferin – sei es im Schauwerbegeschäft, Filmgeschäft oder Showbusiness. Es scheint, als habe sie die HipHop-Szene bestens auf diesen Einzelkampf vorbereitet, inklusive aller Ambivalenzen in ihrer Rolle als junge Frauen in einer männlich dominierten Welt. Anders bei Julie – sie lehnt den Einzelkampf im Musikbusiness ab und mag sich von ihrer Nische „Jugendkulturarbeit" nicht lösen.

Junge Szenefrauen als pädagogische Anleiterinnen – authentische Vorbilder für Mädchen?

Bis auf Manuela, die sehr früh ihre Ausbildung als Schauwerbegestalterin begann, übernahmen alle interviewten jungen Frauen in ihren JCs eine zeitlang die Rolle der Anleiterin von

Mädchengruppen. In der Jugendkulturarbeit ist es verbreitet, erfahrene Szene-AktivistInnen als Honorarkräfte anzuwerben und mit der Anleitung Jüngerer im Sprayen, Tanzen oder Musizieren zu betrauen. Häufig handelt es sich dabei um ehemalige jugendliche Nutzer des JC, die sich in bestimmten Künsten oder Medientechniken profiliert haben und zunächst als Ehrenamtliche den Nachwuchs anleiten. Die Jugendlichen wissen es sehr zu schätzen, von jungen Erwachsenen lernen zu dürfen, die ihre Jugendszenen authentisch repräsentieren und die für sie oft Vorbilder sind.

Um Mädchen den Zugang zu erleichtern, werden gezielt weibliche Protagonistinnen angeworben, die sich jedoch nicht immer leicht finden lassen. Entsprechend hoch muss der Status von Julie, Stefanie und Pamela in der Jugendkulturarbeit und für die Mädchenprojekte eingeschätzt werden. Die drei jungen Frauen erhielten keine pädagogische Schulung, sie agierten im Umgang mit den Mädchengruppen so, wie sie es aus eigener Erfahrung mit Jugendkulturarbeit gewohnt waren und wie es zu ihren persönlichen Lebensstrategien passte. Julie nahm die Rolle der *„Kumpeline"* ein und unterstrich damit ihre *Nähe* zu den Mädchen – sie selbst war noch Nutzerin des JC, nur ein wenig älter und erfahrene Musikerin. Pamela agierte als *Trainerin* und versuchte, ihre starke *Leistungsorientierung* an die Mädchen zu vermitteln. Für weniger ehrgeizige Mädchen fehlte ihr jedes Einfühlungsvermögen. Stefanie zeigte den Mädchen nicht nur Spraytechniken, sondern bot sich ihnen auch als *Zuhörerin und Ratgeberin* an. Damit war sie jedoch bald überfordert, zu sehr berührten sie die oftmals konfliktreichen Erlebnisse der Mädchen. Pamela suchte gar nicht erst die persönliche Nähe zu den Mädchen, dazu habe sie als Profi-Tänzerin eh keine Zeit, erklärt sie im Interview. Keine der drei interviewten Frauen wurde augenscheinlich von den pädagogischen MitarbeiterInnen beraten oder begleitet. Den Frauen war nicht bewusst, warum sie mit Mädchen in geschlechtshomogenen Gruppen arbeiten sollten, geschweige denn, worum es bei einer gender-sensiblen Jugendarbeit gehe.

Gender-sensible Jugendkulturarbeit

Gender-sensible Jugendkulturarbeit darf nicht auf die Förderung von Mädchen in geschlechts-homogenen Gruppen reduziert werden[2], denn diese hat oftmals legitimatorische Funktion für eine Jugendarbeit, die ansonsten nach wie vor stark männlich dominiert bleibt. In der koedukativen Arbeit, im offenen Bereich, in Gruppenaktivitäten und bei Projektvorhaben muss stets von Neuem überprüft werden: Wer wird mit der Kulturarbeit überhaupt erreicht? Ist es beispielsweise vertretbar, dass eine Jungenclique über Jahre hinweg besonders gefördert wird und nur ein „Vorzeige-Mädchen" einen Zugang zur Clique findet? Mitarbeiterteams müssen ihr eigenes Rollenverständnis und ihre Konzeption auf Gender-Aspekte hin überprüfen und ehrenamtlich tätige oder freischaffende MitarbeiterInnen im Hinblick auf eine gender-sensible Jugendarbeit auswählen und vorbereiten. Es reicht zum Beispiel nicht aus, weibliche HipHop-Tänzerinnen für die Anleitung von Mädchengruppen zu gewinnen. Diese Frauen müssen zumindest ein Grundverständnis davon haben, warum sie überhaupt mit Mädchengruppen arbeiten sollen und ihre eigene Rolle als Frau in der HipHop-Szene reflektiert haben. Eine gelingende Kooperation zwischen PädagogInnen und KünstlerInnen bzw. SzeneaktivistInnen beinhaltet neben der

[2] Vgl. Elke Josties (2004): Musik in der Arbeit mit Mädchen. „Raus aus der Nische, weg von den Sondertöpfen!" In: Theo Hartogh & Hans-Hermann Wickel: Handbuch Musik in der Sozialen Arbeit. Weinheim & München, S. 345–357.

Absprache der organisatorischen Rahmenbedingungen die Entwicklung gemeinsamer Ziele und Qualitätsindikatoren für den geplanten Workshop oder das Projektvorhaben. Zu den Qualitätsindikatoren gehört in jedem Fall die Sicherung einer gender-sensiblen Jugendarbeit. Inhaltlich kann es in der Jugendkulturarbeit nicht darum gehen, Szenetrends „eins zu eins" zu kopieren und dabei zum Beispiel männliche Dominanzen der Jugendszenen unhinterfragt zu übernehmen. Unterschiedlichen jugendlichen Zielgruppen, auch denjenigen, die sich nicht ausschließlich an bestimmten Szenen orientieren, sollten Chancen zur Partizipation und künstlerischen oder musikalischen Mitgestaltung geboten werden, und zwar in phantasievollen Projekten, die zum Spielen und Experimentieren einladen – mit den Künsten, der Musik und den Medien, aber auch mit Jugendszenen und Geschlechteridentitäten.

Jugendkulturarbeit ist zwar bedeutsam auf dem Weg zum Erwachsenwerden und ins Erwerbsleben, sie darf aber nicht als Ersatz für eine fehlende Lebensorientierung junger Erwachsener herhalten. Insofern liegt es auch in der Verantwortung der pädagogischen MitarbeiterInnen, Jugendliche in ihren Ablösungsprozessen von Jugendcliquen und Jugendarbeit zu unterstützen und sie auf ihrem Weg ins Erwachsenen- und Erwerbsleben zu begleiten. Informelle und non-formale Lernerfahrungen im Kontext von Jugendkulturarbeit sollten in einem gemeinsamen dialogischen Prozess evaluiert und wenn möglich zertifiziert[3] werden, um die Jugendlichen in ihrem Selbstbewusstsein ihrer Fähigkeiten und Kompetenzen auf dem Weg ins Erwerbsleben zu stärken – insbesondere diejenigen, die an den formalen Bildungsansprüchen scheitern. Das Beispiel der vier interviewten jungen Frauen zeigt, welches große Potential in Jugendkulturarbeit steckt und wie prägend Jugendszenen und erwachsene Vorbilder, seien sie MusikerInnen, KünstlerInnen oder PädagogInnen, wirken. Es zeigt aber auch, wie stark männliche Dominanzen in Jugendszenen Mädchen und jungen Frauen den Zugang zu szeneorientierten künstlerisch-musikalischen Ausdrucksformen erschweren und wie vereinzelt die Mädchen in diesem Kontext agieren. Jede junge Frau hat ihren individuellen Entwicklungsweg genommen und hatte besondere Motive, sich künstlerisch-musikalisch ausdrücken zu wollen, an bestimmten Jugendszenen zu orientieren und ihre Entscheidungen für ihre Zukunft zu fällen. Ziel einer gender-sensiblen Jugendkulturarbeit sollte sein, den Gestaltungsspielraum für junge Mädchen und Frauen insbesondere in der koedukativen Arbeit zu erweitern und so Vereinzelungstendenzen entgegen zu wirken.

[3] Der Kompetenznachweis Kultur soll in Form eines dialogischen Zertifizierungsverfahrens sichtbar machen, welche Kompetenzen Jugendliche in der Jugendkulturarbeit erwerben. Er wurde von der Bundesvereinigung Kulturelle Kinder- und Jugendbildung e.V. in den Jahren 2001 bis 2004 entwickelt. Zur Zeit wird er bundesweit verbreitet und evaluiert. Gefördert wird der Kompetenznachweis Kultur vom Bundesministerium für Bildung und Forschung und der Stiftung Deutsche Jugendmarke.
www.kompetenznachweiskultur.de

Ursula Bachor

Interkulturelle Mädchenarbeit

Tanz des Entschleierns

Tanz des Entschleierns,
Tanz des Sich – Loslösens,
Tanz des Ausdrucks
Wovon?! Wofür?! Warum?

Zum Zerschmettern der Ketten,
welche mich festbinden,
welche mich zwingen zum
Schweigen

Verwerfen, was alles für mein
Schicksal sein sollte …
Das durch die Hand meiner
Bestimmer
geschrieben ist.

Mein Tanz gilt denen,
welche meine Zukunft bestimmen
wollen,

Mein Tanz
Meine Wut gilt denen,
welche meine Freiheit rauben
wollen,

Meine Wut gilt denen,
welche mich zum Schatten machen
Mein Tanz ist ein Aufruf an
diejenigen
welche an die gleichen Ketten
gebunden sind …

Raus aus der Dunkelheit,
Raus aus dem Verhängnis,
Welches von Männerhand
bestimmt wird …

Ipek Ipeckioglu,
mädchenladen wedding e.V., 1992

LUZIE 1997

Foto: Kerstin Richter, Mädchenclub ACUD, Berlin

Eine Journalistin kommt zu MÄDEA. Gerade ist sie aus Paris zurückgekehrt, mit Berichten von Mädchen und Jungen mit Migrationshintergrund, hoffnungslos, orientierungslos, perspektivlos. Sie will wissen, ob das in Berlin genauso ist.

Sechs Mädchen im Alter von zwölf bis 17 Jahren sitzen in der pink gestrichenen Küche und geben Antworten. Bis auf eine sind sie in Berlin geboren. Ihre Familien gehören fast alle zu den so genannten bildungsfernen Schichten, eine Mutter ist Analphabetin, eine ohne Schulabschluss, immerhin eine hat einen Realschulabschluss. Die Mädchen und ihre Familien sind bildungsorientiert und nehmen die Chancen, die MÄDEA, das Interkulturelle Zentrum für Mädchen und junge Frauen, bietet, bewusst und gerne wahr. Als berufliche Perspektiven nennen sie Apothekerin, Lehrerin und Schriftstellerin. Sie wollen nicht so leben wie ihre Mütter. Sie wollen ihren eigenen Weg gehen. Sie wissen, dass sie das schlau anstellen müssen.

Sie haben Theaterstücke entwickelt und aufgeführt, schreiben Gedichte und Prosa und veröffentlichen im jährlichen „LUZIE-Kalender". Sie haben eine CD mit eigenen Liedern veröffentlicht. 2006 haben sie sich intensiv mit Menschenrechten auseinandergesetzt, in Workshops ihre Toleranz erprobt und waren sich dennoch in der Ablehnung alternativer Lebensformen überraschend einig.

Im entwicklungspolitischen Bildungsprojekt „Eine Schultüte voller Möglichkeiten" mit „Trixiewiz e.V." arbeiten sie zum Leben von AIDS-Waisenmädchen in Adjumani/Norduganda. Sie malen und inszenieren Selbstpräsentationen für die Menschenrechte und präsentieren sie zur Auszeichnung der Rechtsanwältin und Frauenrechtlerin Seyran Ates als 1. Botschafterin für Menschenrechte im Berliner Bezirk Mitte.

Bei U 18, der Wahl für alle unter 18 Jahren, waren sie wie die Erwachsenen wahlmüde, wollten nur die Lieblingspartei ankreuzen und zur Wahlparty gehen. Anders im letzten Jahr, als sie akribisch die Wahlprogramme studiert und sich genau mit den Zukunftsangeboten der einzelnen Parteien für Menschen mit Migrationshintergrund befasst hatten. Da gingen sie auf Wahlveranstaltungen, fragten nach Maßnahmen der Parteien gegen Zwangsverheiratung und stellten die PolitikerInnen zur Rede: „Warum verfassen Sie die Parteiprogramme nicht in einer kind- und jugendgerechten Sprache?"

Vier Mädchen tragen ein Kopftuch. Auf Nachfrage kommt die Behauptung: „Aus freiem Willen!". Die Mädchen ohne Kopftuch scheinen sich rechtfertigen zu müssen. „Nicht jetzt, aber später, vielleicht!", darunter ist ein Mädchen, deren Mutter kein Kopftuch trägt.

In ihren Aussagen zur persönlichen Bedeutung von MÄDEA betonen sie die individuelle Hilfe zur Erreichung ihrer Ziele, die direkte schulische Unterstützung, die Chancen zur Partizipation und die besondere Form der aktivierenden Mütterarbeit. Sie befürworten Umfragen zu Tabuthemen wie „Geheimnisse und Vertrauen" aus Sicht der Mädchen und der Mütter, die es Mädchen ermöglichen, ihre Interessen und Fragen anonym in die Debatte einzubringen.

In ihren Aussagen wird die Projektkonzeption als Subtext thematisiert – Interkulturelle Mädchenarbeit als veranschaulichender sukzessiver Prozess zur Partizipation in der Einwanderungsgesellschaft, für Chancengleichheit und Geschlechtergerechtigkeit zwischen den Kulturen. Hier wird die ganzheitliche Orientierung des Projekts bestätigt: Interkulturelle Bildungs- und Kulturarbeit, Schulbezogene Mädchensozialarbeit, Aktivierende Mütterarbeit, Elternarbeit und Familienhilfe, auf der strukturellen Ebene ergänzt um fachpolitische Mitarbeit in Vernetzungsgremien der kommunalen Jugendhilfeplanung, im Jugendhilfeausschuss, im Berlinweiten „Arbeitskreis Feministisch-Interkulturelle Mädchenarbeit e.V." und der „Bundesarbeitsgemeinschaft Mädchenpolitik e.V.".

Ansatz und Entwicklung der Interkulturellen Mädchenarbeit

Interkulturelle Mädchenarbeit hat sich aus der autonomen Frauenbewegung entwickelt. Prägend sind die 1980er-Jahre. „Von der Fremdbestimmung zur Selbstbestimmung", lautete die Maxime. Interkulturelle und interdisziplinäre Teams waren die Voraussetzung. Die Interpretation des Interkulturellen war auf das dialogische Moment ausgerichtet, auf den kommunikativen Impetus, auf das Entdecken und Verändern im gemeinsamen Lebensmittelpunkt.

In der Entdeckungsfreude wurden die Lebensumstände von Mädchen verschiedener kultureller Herkunft analysiert und viele soziale und strukturelle Gemeinsamkeiten gefunden. Das bis heute wirklich Trennende sind die unterschiedlichen Rechtslagen mit ihren eingeschränkten Entwicklungschancen, gemessen am Aufenthaltsstatus und den unterschiedlichen Macht- oder Ohnmachtpositionen als Teil der Mehrheits- oder Minderheitsgesellschaft. Interkulturelle Mädchenarbeit verstand sich als Basisarbeit und -bewegung. Sie bezog sich auf die Praxis und Theorie der Frauenforschung, auf die Sozial- und Migrationspolitik.

Die 1970er-Jahre markieren den Beginn der Mädchenarbeit: ein Ideentransfer von Frauenbewegung- und -forschung. Anfang der 1970er-Jahre begann die Auseinandersetzung mit den

Mein Name ist Yvonne,
bin 13 Jahre alt.
Ich hab schon viel erlebt,
das Elend lässt mich kalt.

Ich bin Alex, ihr wisst doch,
wie ich heiße,
12 Jahre alt und Sonderschule,
das alles find ich Scheiße.

Wo ist der Raum, der Raum,
der Raum
Für meinen Traum.
Den Traum, den ich nicht träumen
darf,
denn ihr wollt ihn mir klauen.

Ich laufe durch die Straßen, und
suche dein Gesicht.
Die Dunkelheit umschlingt mich
ganz und tief in mir ist Schmerz.
Ich suche und suche und finde dich
nicht.

Unser Ziel ist die Einsamkeit zu
besiegen
Denn wir wollen LEBEN!
Und unsere Zukunft selber
schmieden.

MaDonna Mädchenkultur e.V.

LUZIE 2000

So einfach ist das nicht!

Ich möchte euch etwas über mich
erzählen.
Ich bin halb Deutsche und halb
Afrikanerin.
Ich gehe in die 5. Klasse und bin
11 Jahre alt.

Die Mitschüler aus meiner Klasse
ärgern mich immer.

Sozialisationstheorien und die Entwicklung von pädagogischen Settings zur Selbstbestimmung von Mädchen. Ende der Siebziger fand ein Wechsel von der Bewegung zur Gestaltung statt: Es wurden die ersten Mädchenzentren gegründet und Netzwerke aufgebaut. Die 1980er-Jahre stehen für die Begründung und eine zunehmend ausdifferenzierte pädagogische und politische Gestaltung der Interkulturellen Mädchenarbeit, die 1990er-Jahre für die bundesweite Praxisvernetzung mit dem Mädchenkulturfestival „Mädiale" und dem interkulturellen „LUZIE-Kalender", der von 1996 bis 2007 erschienen ist, die Dekonstruktion, das Doing Gender, die Queer-Theorie, die Ost-West-Debatte, die Partizipation und strukturelle Umsetzung von Chancengleichheit in der Jugendhilfeplanung. In der ersten Dekade des neuen Jahrtausends ist das Erproben des Gender Mainstreamings, der Geschlechtergerechtigkeit, zentral – eine europäische Initiative, die von der 4. Weltfrauenkonferenz in Peking 1995 ausging, mit dem Top-Down-Prinzip als Antwort und Ergänzung der bislang nicht wirklich erfolgten Herstellung von Chancengleichheit und Geschlechtergerechtigkeit. Gender-Projekte mit Jungen und Jugendeinrichtungen halten seither Einzug in die Mädchenarbeit. Das ist für Mädchenprojekte mit vorrangig islamischen Besucherinnen problematisch: Die Eltern verlieren das Vertrauen, die Mädchen bleiben weg.

Einwanderungsland Deutschland

Ein ganz besonderer Unterschied zwischen dem neuen und dem alten Jahrtausend ist das neue Selbstverständnis der Bundesrepublik Deutschland als Einwanderungsland. Bis 2001 wurde das verneint. Entsprechend restriktiv waren nicht nur die gesetzlichen Rahmenbedingungen, sondern auch kurzsichtige jugendhilfepolitische Entscheidungen, die interkulturelle Mädchenprojekte auf so genannte Kernaufgaben reduzierten oder gleich ganz ausfinanzierten. Mit Inkrafttreten des neuen Staatsangehörigkeitsgesetzes im Jahr 2001 und des Zuwanderungsgesetzes im Jahr 2002 und der damit verbundenen neuen Selbstdefinition der Bundesrepublik sind die Weichen neu gestellt. Die Förderung insbesondere von islamischen Mädchen und jungen Frauen steht ausdrücklich im Koalitionsvertrag der CDU/CSU und SPD vom 11. November 2005, ebenso der Dialog mit dem Islam und der Erwerb der Kompetenz der deutschen Sprache. So gesehen ist die Interkulturelle Mädchenarbeit im Ressort Inneres angekommen und erfüllt relevante staatliche Aufgaben. Übersetzt auf die Jugendarbeit bedeutet das, dass Interkulturelle Mädchenarbeit noch stärker als bisher Leistungen der Jugendhilfe erfüllt. Die Bildungs- und Kulturarbeit als freiwillige staatliche Aufgabe, finanziert über Zuwendung, wird aber immer mehr zurückgefahren. Interkulturelle Mädchenzentren befinden sich häufig in so genannten Sozialen Brennpunkten mit einem hohen Bedarf an individueller schulischer und sozialer Förderung, die über Leistungsverträge abgerechnet werden können. Das sind wichtige Aufgaben. Sie legen jedoch nahe, dass Interkulturelle Mädchenarbeit heute vorrangig mit dem Nachbessern fehlgeleiteter Integrationspolitik befasst ist. Deutlich wird das in der sich verändernden Besucherinnenstruktur in den Mädchenzentren. Die Anfänge waren von sozialer und kultureller Heterogenität gekennzeichnet. Die Eltern der Mädchen waren ArbeiterInnen, SozialhilfeempfängerInnen, Asylsuchende, ArbeitsmigrantenInnen aus verschiedenen Ländern, BildungsbürgerInnen, Intellektuelle, KünstlerInnen oder UnternehmerInnen. Interkulturelle Mädchenzentren waren Orte der persönlichen und gesellschaftlichen Veränderung mit der Chance für Anregungen aus verschiedenen Kulturen und Jugendszenen. Sie waren ein Ort für junge Frauen, die ihre Heimatstädte verlassen hatten, um sich auf ihren eigenen Weg zu machen, ein Ort für junge Frauen aus besetzten Häusern, für Mädchen, die von Gewalt betroffen waren.

Heute besuchen bildungsorientierte Mädchen aus Familien mit geringen ökonomischen Reserven und Bildungsressourcen, in den Großstädten häufig mit islamischem Hintergrund, die Mädchenzentren. Auch die Anlässe sind heute andere. Befand früher eine elfjährige Türkin, dass es höchste Zeit sei, sich mit Feminismus zu befassen, so steht heute der Bedarf an individueller schulischer Förderung im Mittelpunkt, außerdem die Auseinandersetzung mit den Folgen von Armut und prekären Lebenslagen.

Innerhalb der Mädchenarbeit und auch in der Frauenarbeit gab es unterschiedliche Ansätze. Es ging um eine Pädagogik für Migrantinnen, darin unerschöpflich die Debatte um das Für und Wider von Nähkursen, und in der Interkulturellen Mädchenarbeit die unendliche Kopftuchdebatte.

Erste Mädchentreffs für Migrantinnen in Frankfurt am Main und in Berlin

Interessant sind die unterschiedlichen Entwicklungen der Mädchenarbeit in Frankfurt am Main und West-Berlin mit letztlich ähnlichen Ergebnissen. 1978 wurde der „Frankfurter Mädchentreff" gegründet, der erstmalig gezielt Mädchenarbeit für Ausländerinnen anbot. Nachdem sich die Migrantinnen im Mädchentreff durchgesetzt hatten, öffneten sie ihre Gruppe für deutsche Mädchen. Ab 1984 sprachen sie von Interkultureller Mädchenarbeit. Anders in Berlin. Dort hatten deutsche Mädchen, Weiße und eine Schwarze, mit der Unterstützung von Pädagoginnen im Rahmen der Praxisforschung zu Mädchen- und Jungenarbeit, aus einem Jugendprojekt einen Mädchenladen gemacht. Der „Mädchenladen Wedding" (1980–1997), Berlins erster Mädchenladen, wurde zum Anziehungspunkt für Mädchen unterschiedlicher kultureller und sozialer Herkunft. Das Mädchenprojekt erforschte die unterschiedlichen Lebenslagen von deutschen und türkischen Mädchen im Stadtteil und entwickelte interkulturelle Materialien für die Mädchenarbeit.

Die Themen der Interkulturellen Mädchenarbeit standen weitgehend im Kontext der Themen der Frauenbewegung und -forschung mit dem besonderen Augenmerk auf Chancengleichheit und Persönlichkeitsentfaltung. Gleiches galt für den Aktionsrahmen: Informieren, Aufklären, Missstände artikulieren und skandalisieren, Öffentlichkeitsarbeit mit und für Mädchen, Aufbau von Netzwerken, Kooperation mit Rechtsanwältinnen, Frauen- und Ausländerbeauftragten, Mitarbeit in der Kommunalpolitik, Ausdifferenzieren der Mädchenarbeit in verschiedene Angebote der Kinder- und Jugendhilfe wie Mädchenwohngemeinschaften, Mädchenberufshilfe oder Beratung bei sexuellem Missbrauch.

Antirassistische Mädchenarbeit und Kritische Weißseinsforschung

Mitte der achtziger Jahre begann die Auseinandersetzung mit Rassismus in der Frauenbewegung und damit auch in der Mädchenarbeit. „Sind wir uns denn so fremd?", lautete 1984 der Aufruf zum

Sie sagen zu mir:
„Guck mal, da läuft ja die Toilettenspülung.
Sie besteht aus Kacke und Pisse."
Oder:
„Seht mal, da ist ja der Milchkaffe,
den wir bestellt haben."
So etwas und noch Schlimmeres.

Ich fühle mich gedemütigt und traurig.
In meinem Herzen spüre ich Hass.
Aber meistens ignoriere ich einfach,
was sie sagen und gehe weg.

Doch so einfach ist das nicht.
Ich kann es nicht so einfach vergessen,
denn jeden Tag sagen sie das Gleiche.
Und das nicht nur einmal am Tag.
Nein, sie sagen es, wenn sie es sagen können.
Oder sie schreiben es mir auf einen Zettel.

Es gibt noch mehr, worüber ich reden möchte,
aber das erzähle ich euch vielleicht ein anderes Mal.

Danke, dass ihr mir zugehört habt.

Debbie Amoah, 11, MÄDEA Stiftung SPI

LUZIE 2002

Ich möchte sie verstehen

Es gibt Tage, da möchte ich Eltern verstehen
Mich in ihrer Position sehen
Ihnen unser heutiges Leben zeigen
Und ihnen klarmachen, zu was wir neigen

In unserem Leben spielt nämlich nicht alles
um die Familie und ihre Ehre
Doch ich weiß nicht, wie ich ihnen das erkläre
Die meisten Eltern wissen
Dass ihre Kinder das Wort Liebe kennen
Doch sie versuchen es immer wieder zu verdrängen
Warum?
Ist es etwa ein Fehler, jemanden zu mögen?
Begehen wir ein Verbrechen
Wenn wir lieben oder geliebt werden?
Ich versteh das nicht
Wenn das ein Verbrechen ist zu lieben
Wenn wir einen Fehler begehen
Nur weil wir mögen
Was ist dann noch richtig?
Deswegen möchte ich, dass die Eltern unsere Welt sehen
Vielleicht können sie uns dann verstehen
Vielleicht kommen sie zur Vernunft
Und damit retten wir schließlich unsere Zukunft.

Sanae Darwiche, 18, 2006, unveröffentlicht

MÄDEA Stiftung SPI

wie die Äste im Himmel

Ich bin wie ein Ast, der am Baum hängt.
Ich hänge da ganz ängstlich am stark aussehenden Baum.
Aber auch zufrieden, weil ich da hingehöre.
Weil meine Familie auch da hängt.
Der Baum zeigt, dass wir stark sind.

1. gemeinsamen Kongress ausländischer und deutscher Frauen in Frankfurt am Main. In der Folge entwickelte sich eine gezielte antirassistische Mädchenarbeit, die die Reflexion der individuellen machtpolitischen Verortung von Weißen und Schwarzen zur Grundlage machte. Einer der wichtigsten Diskurse bis heute und von besonderer Relevanz ist die noch junge, ca. 15 Jahre alte Disziplin der kritischen Weißseinsforschung.

Die konsequente Weiterentwicklung der Interkulturellen Mädchenarbeit führte zur Fragestellung, ob Interkulturelle Mädchenarbeit als Menschenrechtsbildung fungieren bzw. anerkannt werden könne – eine Frage, der Prof. Dr. Silvia Staub-Bernasconi im Rahmen der bundesweiten Fachtagung „Interkulturelle Mädchenarbeit – Eine Zukunftsaufgabe" (Berlin 2006) nachging. Ihrer Analyse nach geht die Konzeption der Interkulturellen Mädchenarbeit auf ein Verständnis von multikultureller Gesellschaft zurück, das von einer „Gleichwertigkeit" der Beziehungen ausgeht, die strukturell und politisch nicht gegeben ist. Mädchenarbeit muss die Bedingungen und Folgen der Globalisierung in den Blick nehmen.

Ursprünglich wurde die Interkulturelle Erziehung als Arbeitsprinzip mit dem Ziel eines gleichberechtigten Dialogs entwickelt. Ein Vorwurf gegenüber der interkulturellen Arbeit ist, soziale und politische Gegebenheiten zu kulturalisieren, so dass Kultur nur ein anderes Wort für Rasse sei und somit selbst für Rassismus stehe. Die Integrationskonzeptionen wurden dahingehend kritisiert, dass sie auf einer vermeintlichen Homogenität aufbauten, obwohl in der BRD Heterogenität der Normalfall sei (Anita Alpaka) und Homogenität die Ausnahme.

Die Begriffe Interkulturelles Lernen und Integration wurden unterschiedlich gedeutet: Integration mit dem Ziel der gesellschaftlichen Teilhabe, aber auch als Vereinnahmung mit dem Ziel der Assimilation, Interkulturelle Arbeit als Chance zum Dialog, aber auch als Mogelpackung mit rechtlich ungleich verteilten Chancen der Kommunizierenden bis zum Rassismusvorwurf. Antirassistische Arbeit wurde als wesentlich zur kritischen Selbstreflexion der Mehrheitsgesellschaft erachtet, ebenso die kritische Weißseinsforschung und der Menschenrechtsdiskurs. Die Auseinandersetzung mit den Menschenrechten führt in die Dimension der Globalisierung und damit zur Transkulturellen Mädchenarbeit.

Erfolge der Interkulturellen Mädchenarbeit

Die Themen der Interkulturellen Mädchenarbeit reichen „Von der Fremdbestimmung zur Selbstbestimmung" bis zur „Chancen- und Geschlechtergerechtigkeit", sich des eigenen Verstandes zu bedienen, die Chancen, die diese Gesellschaft bietet, zu ergreifen und fehlende einzufordern, Eigenverantwortung zu übernehmen und ein kritisches Bewusstsein zu fördern.

Zu den Erfolgen der Interkulturellen Mädchenarbeit zählen in erster Linie die individuellen Erfolgsbiographien vieler junger Frauen mit Migrationshintergrund sowie der Mut, individuelle und strukturelle Gewalt öffentlich zu artikulieren und Gegenmaßnahmen einzufordern.

Literaturarbeit

Als unmittelbaren Gradmesser für Erfolge möchte ich literarische Texte von Mädchen zitieren, die in diesem Beitrag versammelt sind. Sie sind Zeugnis von Selbstreflexion, politischen Visionen und

Willensbildung. In „Tanz des Entschleierns" (1992) thematisiert Ipek Ipekcioglu die Befreiung von der Fremdbestimmung zur Selbstbestimmung. Die „Ansprache an die Eingeborenen" (1996) der *Dollen Deerns* kommentiert ironisch die Vorurteile von Pädagoginnen gegenüber Kopftuchträgerinnen. Der Rap „Endzeitstimmung" (2000) der *Madonnen* aus Neukölln analysiert eiskalt die Chancen von Förderschülerinnen im sozialen Ghetto: Überleben im Kiez, Einsamkeit besiegen. „So einfach ist das nicht!" (2002), sagt die 11-jährige Debbie Amoah und erzählt uns ihre alltäglichen Erfahrungen mit Rassismus und schreibt, „Danke, dass Ihr mir zugehört habt." Sanae Darwiche sieht Änderungsbedarf in der Einstellung von Eltern und bietet ihnen Hilfe an: „Ich möchte sie verstehen" (2006). Die Bewusstwerdung des eigenen Verhältnisses zur Familie, gefangen, gebunden, auch geschützt, zeigt das Gedicht „… wie die Äste im Himmel" (2006) von Nurcan Yilmaz. Als Symbol verwendet sie den gemeinsamen Lebensbaum. Ein Gedicht zur großen Bedeutung von Mädchenfreundschaft, eine Referenz zur Peer-Group, das gebrochene Vertrauen in die Freundin, hat Manal Omari mit „Ich habe dir vertraut" (2006) verfasst. „Sich verlieben ist gefährlich" (2006) von der selben Autorin reflektiert den Markt- und Statuswert einer jungen Frau mit Migrationshintergrund und deutschem Pass. Ihre Sorge: „Werde ich wirklich geliebt? Oder bin ich nur das Mittel zum Zweck?" Die Rechtslage, der Aufenthaltsstatus wirkt bis in die individuelle Lebensplanung. Gleichzeitig markiert der neue Lebensabschnitt den Abschied von der Jugendphase, der auch mit Verlusten für die Familie einhergeht. „Komm in mein Hotel!" (2004) ist eine Anmache und eine fast unerhörte Aufforderung eines islamisch geprägten Mädchens an einen Jungen. Mädchen mochten die Musik des Macho-Songs. Sie hatten sie zufällig im Radio entdeckt und übersetzten den Song auf ihre Weise. Dann wurde ihnen klar, dass „Baby", ursprünglich ein Mädchen, eine ziemlich miese Rolle hatte. Nun übernahmen die Mädchen die Regie.

Mit „schwester, liebe schwester" (2006) von *YaSmin* feat. *ScHaMs Double Homies* ist der Popislam in der Interkulturellen Mädchenarbeit angekommen. Die Bewegung versteht sich als Gegenpol zu Terror und Islamismus. Sie will das Gute im Menschen stärken. Die Mitglieder engagieren sich im sozialen Bereich, geben Unterricht oder helfen Obdachlosen. Die Bewegung stammt aus der arabischen Welt.

„Sind die Mädchen wie die Blumen?" (2006) fragt die 15-jährige Kübra Sensöz und liefert eine überzeugende, bejahende Analyse: Sie brauchen „Zuwendung, Freundschaft, Wärme, Liebe, Stärke, Mut und Selbstbewusstsein, um wachsen zu können und sich wohl zu fühlen."

Die Literaturarbeit hat einen großen Stellenwert bei den Mädchen. Gedichte zu schreiben:

„befreit mich von Sorgen und Problemen. Ich schalt einfach ab und schreib alles auf Papier. Später fühle ich mich einfach erlöst von allem." (Yeliz Kurio)
„Für mich bedeutet es meine Gefühle auszudrücken." (Vero Kostic)
„Dass ich mir Gedanken mache über das Thema, über das ich schreiben will." (Kübra Sensöz)
„Schreiben ist meine Phantasie benutzen, meine Gefühle anderen erklären können, meine Probleme los werden, anderen etwas Schönes schreiben oder mitteilen, das ist für mich Schreiben." (Kevser Esen)

Aber ich habe Angst, dass irgendwann einmal meine Familie
und ich durch den starken Wind
auseinander brechen
und auf den harten Boden fallen.
Ich habe Angst, nicht mehr da zu sein,
habe Angst, alles zu verlieren.
Aber trotzdem habe ich keine andere Wahl,
als an dem stark aussehenden Baum weiter zu hängen
und zu warten, wann vielleicht der Wind kommt
und uns auseinander bringt.

Nurcan Yilmaz, 15,
MÄDEA Stiftung SPI

LUZIE 2007

Ich habe dir vertraut

Egal was du tatest
Dachte immer, du meintest es ernst
Aber in Wahrheit war ich viel zu blind
Um die Realität zu sehen
Wie du mich verarschst
Du hast mich Stunden, Minuten sitzen lassen
Doch du tauchtest nicht auf
Ein Anruf kostete dich viel zu viel
In diesem Moment wusste ich, was ich dir bedeute
Egal, was du mir angetan hast
Nahm ich das nicht ernst
Denn ich wollte dich nicht verlieren
Aber dass es so weit kommen konnte
Damit habe ich nicht gerechnet
Halbe Tage habe ich nichts von dir gehört
Aber dann, abends, als der Tag schon vorbei war
Riefst du mich an
Du hattest einen Hintergedanken

Am nächsten Tag war ich brauchbar
für dich
Aber nein, so blind bin ich nicht!

Manal Omari, 18, 2006,
unveröffentlicht

MÄDEA Stiftung SPI

Sich verlieben ist gefährlich

Dein Leben aufgeben
Seinetwegen!
Er meint das nicht ernst
Doch du weißt es nicht
Er spielt dir viele Jahre den
Engel vor
Nur um seinen Willen zu errei-
chen
Du hast Angst dich zu verlieben
Denn viele Männer heiraten nicht
dich
Sondern deinen Pass
Das ist der Punkt, wovor du
Angst hast
Du ruinierst dein Leben für
ihn
Hauptsache er ist glücklich
Du vergisst deine ganzen
Verwandten
Seinetwegen
Du denkst, er meint es ernst
Doch es ist nicht ernst
Er bekommt das, was er
wollte
Und dann sagt er dir das letzte
Wort
Nicht: Ich liebe dich
Sondern: Hasta la vista Baby
Danke für den Pass!

Manal Omari, 17, 2005,
unveröffentlicht

MÄDEA Stiftung SPI

„Schreiben bedeutet mir Vieles, Gefühle ausdrücken, Gedankengänge aufschreiben und sie den anderen mitteilen. Schreiben ist für mich alles. Ich denke nur an etwas und kriege dann ein ganzes Gedicht hin. Schreiben ist einfach mein Leben. Wenn ich Gedichte schreibe, dann teile ich den Menschen etwas mit. Entweder ich warne sie vor etwas oder jemandem oder ich zeige ihnen ihre Welt, das, was sie tun, das, was ich falsch oder richtig finde, was das Leben ist oder mit sich bringt. Ich möchte, dass sie wissen, was ich fühle und warum."
(Sanae Darwiche)
„Schreiben ist gut für die Rechtschreibung." (Kübra Esen)
„Es bedeutet für mich, mich zu entfalten und meinen Phantasien freien Lauf zu lassen. Es fällt mir auch nicht schwer Gedichte zu erfinden, ganz im Gegenteil, ich fühl mich danach besser." (Filiz Sönmez)
„Meine Gedanken, Gefühle und Empfindungen frei lassen und meine Meinung in die Öffentlichkeit zu bringen, um zu wissen, wie andere Menschen empfinden. Man hat seine eigene Meinung und das Recht zu schreiben, was man denkt." (Manal Omari)

Literaturarbeit steht an der Schnittstelle der Dokumentation persönlicher Erfahrung und des Sich-Befreiens von persönlichen Ängsten und Belastungen; sie ist Ausdruck des Zeitgeistes.

Die Literaturproduktionen sind zunächst nur einem internen Kreis von Mädchen und Frauen bekannt, genauso wie andere Kulturprodukte von Mädchen.

Mädiale und LUZIE-Kalender

„Raus aus der Nische" lautete daher das Motto der bundesweiten Kulturpraxisprojekte „Mädiale" und „LUZIE-Kalender", die den Öffentlichkeitsradius von Mädchen erweitern und ihre Kulturprodukte verbreiten wollen.

Die „Mädiale", das bundesweite Mädchenkulturfestival, wurde 1991 in München gegründet und findet seither alle zwei Jahre in verschiedenen Bundesländern statt. Weitere Stationen waren Köln, Berlin, Wiesbaden, Dresden und Stuttgart. Sie präsentiert einen Querschnitt aktueller Mädchenkulturarbeit in der Bundesrepublik Deutschland, hat thematische Schwerpunkte und ist international ausgerichtet. Die „Mädiale" 2006 in Lörrach überschritt bereits die

Landesgrenzen. Im europäischen Dreiländereck beteiligten sich Mädchen und junge Frauen aus den Nachbarländern Frankreich und der Schweiz. Zu Gast waren auch Mädchen aus Kairo.

Der Mädchenkalender „LUZIE" wurde von Mädchen gestaltet und setzte sich von Berlin aus als Kultobjekt im deutschen Sprachraum durch. 2007 erscheint „LUZIE" zum letzten Mal.

Die Interkulturelle Mädchenarbeit steht für wichtige individuelle und gesellschaftliche Impulse und Entwicklungen. Davon zeugen die Biografien erfolgreicher Mädchen und Frauen mit Migrationshintergrund, die in ihrer Kindheit und Jugend Mädchenzentren besucht haben. Besondere Erfolge liegen in der Entwicklung der Mädchen hin zu einem positiv besetzten Verhältnis zur Öffentlichkeit: Informieren, Diskutieren, Skandalisieren, der Mut zur öffentlichen Artikulation und die Einforderung gesellschaftlicher Teilhabe. Von großer Bedeutung sind die Enttabuisierung und Veröffentlichung von sexueller Gewalt in Familien mit Migrationshintergrund, die Zwangsheirat und der Schutz vor Gewalt. Auf Mädchenkonferenzen und in der Kommunalpolitik fordern sie Partizipation ein und nutzen sie. Sie wirken bei der Gestaltung des öffentlichen Raums mit und engagieren sich in der Zivilgesellschaft für die Umsetzung und Einhaltung der Menschenrechte.

Strukturell ist Mädchen- und Jungenarbeit nach § 9.3 SGB VIII in der Jugendhilfeplanung verankert. Immer noch neu scheint die Bedeutung der Verschränkung von Gender und Migration (Vera King) als handlungsleitende Erkenntnis in der Ausgestaltung der Kinder- und Jugendhilfeplanung insbesondere in der Sozialraumorientierung zu sein. Fachpolitische Impulse aktueller Fachtagungen zur Interkulturellen Mädchenarbeit bleiben daher handlungsrelevant.

Schwierigkeiten – Von der Homogenität zur Heterogenität

Die Schwierigkeiten der Interkulturellen Mädchenarbeit gründen im Wesentlichen auf der jahrzehntelangen Fehlsteuerung der Integrationspolitik, die eine hoffentlich nicht genauso lange Nachbesserungspolitik hervorbringen wird. Wichtig ist ein Mentalitätswechsel: von der Homogenität zur Heterogenität. Interkulturalität muss als Chance begriffen werden, es muss zu einer Einsicht in die Notwendigkeit von Lernprozessen der so genannten Mehrheits- und Minderheitsgesellschaft unter der Maßgabe von Gender und Migration kommen. Und zwar nicht nur in Mädchenzentren. Neu ist in diesem Kontext die deutliche Zunahme prekärer Lebenslagen in der gesamten Gesellschaft, vor allem aber auch unter den MigrantInnen.

Komm in mein Hotel!

Refrain:
Baby-Boy! Komm in mein Hotel!
Ich zeige dir wo's lang geht und dann geht schon alles klar!
Lass deine Ausreden sein, Boy!
Du brauchst dir keine Sorgen machen, mach doch nicht so'n Stress!
Bei mir bist du in Sicherheit, hey Baby-y,
Boy, ich sag dir, das ist wirklich wa-ahr!
Doch nur, wenn du dich traust an uns zu glauben!
Was willst du noch – willst du noch, Boy?

Echo:
Willst du noch boy, willst du noch, boy? Willst du noch, boy?
Was willst du noch boy, willst du noch, boy? Willst du noch, boy?

Strophe 1: (Rap)
Hey Boy! Ich war dir treu und bleib dir treu forever Boy!
Hab dich geliebt und lieb dich noch, doch du mich nicht, versteh ich nicht!
Es war die schönste Zeit, hey Boy! Ich hab dich nicht verarscht!
Wegen ihr machst du jetzt Schluss, hey Baby, komm zu mir zurück!

Einwurf mit Background-Chor:
Baby! – Ich liebe dich!
Baby! – Du bist so schön!
Baby! – Ich kann nicht mehr!
Baby! – Komm zurück!

Refrain:
Baby-Boy! Komm in mein Hotel!
Ich zeige dir wo's lang geht und dann geht schon alles klar!

Lass deine Ausreden sein, Boy!
Du brauchst dir keine Sorgen
machen, mach doch nicht so'n
Stress!
Bei mir bist du in Sicherheit, hey
Baby-y,
Boy, ich sag dir, das ist wirklich
wa-ahr!
Doch nur, wenn du dich traust an
uns zu glauben!
Was willst du noch – willst du noch,
Boy?

Echo:
Willst du noch boy, willst du noch,
boy? Willst du noch, boy?
Was willst du noch boy, willst du
noch, boy? Willst du noch, boy?

Strophe 2: (Rap)
Baby-Boy! Baby-Boy! Komm zurück
in mein Hotel!
Ich weiß nicht, was du willst, hey
Boy! Was hab ich denn getan?
Ich hab dir Tanzen beigebracht und
alles Mögliche dazu,
wir können reden, wenn du willst,
hey Boy! Es ist noch nicht zu spät!

Einwurf mit Background-Chor:
Baby! – Ich liebe dich!
Baby! – Du bist so schön! (2x)
Baby! – Ich kann nicht mehr!
Baby! – Komm zurück!

Refrain:
Baby-Boy! Komm in mein Hotel!
Ich zeige dir wo's lang geht und
dann geht schon alles klar!
Lass deine Ausreden sein, Boy!
Du brauchst dir keine Sorgen
machen, mach doch nicht so'n
Stress!
Bei mir bist du in Sicherheit, hey
Baby-y,
Boy, ich sag dir, das ist wirklich
wa-ahr!

Ausblick – Von der Interkulturellen Mädchenarbeit zur Transkulturellen Mädchenarbeit

Es gibt Hoffnung. Berliner Bezirke lassen ihre Demokratiepotenziale untersuchen. Die Bundesprogramme heißen jetzt nicht mehr nur „Jugend gegen Rechtsextremismus, Fremdenfeindlichkeit und Antisemitismus" sondern auch „Jugend für Vielfalt, Toleranz und Demokratie". Interessante Entwicklungen sind hier: Die Delegation von Erziehungsverantwortung an den Staat soll unterbunden werden. Soziale Koproduktion ist angesagt. Mütter und Väter sollen in der Erziehungsverantwortung gestärkt und begleitet werden. Die Familie, der Sozialraum und das Gemeinwesen werden zentral in den Blick und in die Verantwortung genommen. Die Aufgabe zur Umsetzung von Geschlechtergerechtigkeit ist jetzt staatlich verordnet.

Die Aktualität der Interkulturellen Mädchenarbeit in ihrer Eignung als Pädagogik für die Einwanderungsgesellschaft wurde auf der Fachtagung „Interkulturelle Mädchenarbeit – Eine Zukunftsaufgabe" (Berlin 2006) bestätigt. Diese pädagogische Ausrichtung verknüpft Gender und Migration in der individuellen Förderung selbst bestimmten Handelns von Mädchen und jungen Frauen. Damit leistet sie einen wichtigen Beitrag zur Integration von Mädchen und Familien mit Migrationshintergrund.

Die Zunahme von Armut und prekären Lebenslagen fordert die Interkulturelle Mädchenarbeit in ihrer Bedeutung als Menschenrechtsbildung. Sie bezieht sich auf die Folgen globaler Wanderungsprozesse und macht das auch in ihrer Benennung deutlich. Mit Bezug auf die Menschenrechte sprechen wir jetzt von Transkultureller Mädchenarbeit (Silvia Staub-Bernasconi). Vorrangige Aufgabe ist die Bereitstellung von positiven Ressourcen für die uneingeschränkten Entwicklungschancen von Mädchen im Sinne der Menschenrechte, insbesondere für Bildung, Prävention und Schutz vor Gewalt.

och nur, wenn du dich traust an
ns zu glauben!
Vas willst du noch – willst du noch,
oy?

cho:
Villst du noch boy, willst du noch,
oy? Willst du noch, boy?
Vas willst du noch boy, willst du
och, boy? Willst du noch, boy?

trophe 3: (Rap)
ey Boy! Hey Boy! Warum glaubst
u nicht an uns?
h halt's nicht aus! Was soll ich tun?
omm und hole mich hier raus!

trophe 4: (Interlude – gesungen)
ey Girl! Hey Girl! Sag, was willst du
och von ihm?
u blickst nicht mehr wo's langgeht,
aby, das ist ja man klar!
u bist so schön! Hey Girl! Dein
eben fängt erst an!
s gibt noch viel für dich zu tun. Wir
olen dich hier raus!

efrain:
aby-Girl! Komm aus deinem Hotel!
Vir zeigen dir wo's lang geht und
ann geht schon alles klar!
ass deine Ausreden sein, Girl!
u brauchst dir keine Sorgen
achen, mach doch nicht so'n
tress!
ei uns bist du in Sicherheit, hey
aby-y,
irl, ich sag dir, das ist wirklich
a-ahr!
och nur, wenn du dich traust an
ns zu glauben!
Vas willst du noch – willst du noch,
irl?

cho:
Villst du noch girl, willst du noch,
rl? Willst du noch, girl?

Was willst du noch girl, willst du
noch, girl? Willst du noch, girl?

Strophe 4: (Interlude – gesungen)
Hey Girl! Hey Girl! Sag, was willst du
noch von ihm?
Du blickst nicht mehr wo's langgeht,
baby, das ist ja man klar!
Du bist so schön! Hey Girl! Dein
Leben fängt erst an!
Es gibt noch viel für dich zu tun.
Wir holen dich hier raus!

Refrain:
Baby-Girl! Komm aus deinem Hotel!
Wir zeigen dir wo's lang geht und
dann geht schon alles klar!
Lass deine Ausreden sein, Girl!
Du brauchst dir keine Sorgen
machen, mach doch nicht so'n
Stress!
Bei uns bist du in Sicherheit, hey
Baby-y,
Girl, ich sag dir, das ist wirklich
wa-ahr!
Doch nur, wenn du dich traust an
uns zu glauben!
Was willst du noch – willst du noch,
Girl?

Echo:
Willst du noch girl, willst du noch,
girl? Willst du noch, girl?
Was willst du noch girl, willst du
noch, girl? Willst du noch, girl?

Mädchengesangsprojekt 2004
Frauenmusikzentrum
Lärm & Lust und MÄDEA
Stiftung SPI

Mit freundlicher Unterstützung der
Aktion Mensch

Text: Manal Omari
Bearbeitung: Anette Hamann
Musik: Kelly R. feat. Cassidy

---

schwester liebe schwester

Refrain:
schwester
liebe schwester
gib niemals auf, denn du weißt ja
egal was ist, liebe schwester
ALLAH wird dich stärken
er ist immer für dich da

egal was in deinem gewissen
ALLAH wird dies schon wissen
denn er sieht dich schon von oben her
deine kenntnis ist für ihn nicht
schwer
er sieht alles von oben
denn er weiß, was sache ist
du kleines kind er wird dich loben
egal wie gebildet du bist

schwester, liebe schwester
gib niemals auf, denn du weißt ja
egal was ist, liebe schwester
ALLAH wird dich stärken
er ist immer für dich da
gib niemals aaauuff
gib niemals aaauuff

da oben ist jemand
er hat was
nämlich seinen geist
mit schema
und ist dabei sehr leis
er geht und kommt
da brauchst du nicht zu bangen
egal von welcher front
ohne ein dankeschön zu verlangen
spielt niemand mehr mit deinem
herzen mehr fangen

es wird zeit für uns zu gehen
dein leben wird schon besser
geschehen

schwester liebe schwester
gib niemals auf, denn du weißt ja

---

egal was ist, liebe schwester
Allah wird dich stärken
er ist immer für dich da
gib niemals aaauuff!
gib niemals aaauuff!

YaSmin feat. ScHaMs Double
Homies, Café Pink

LUZIE 2007

Sind die Mädchen wie die Blumen?

Sie wollen schön sein und streiten
sich darum,
wer die Schönste ist.
Um so schön und lebendig zu sein,
brauchen sie Aufmerksamkeit und
viel Wasser.
So wie alle anderen Lebewesen
brauchen Blumen
Zuwendung, Freundschaft, Wärme,
Liebe,
Stärke, Mut und Selbstbewusstsein,
um wachsen zu können und sich
wohl zu fühlen.
Sie sind unterschiedlich und farben-
froh.
Sie wirken zwar fröhlich, doch
manchmal kann es sein,
dass sie ihre Dornen zeigen wie die
Rosen.
Sie wünschen sich ein warmes
Zuhause
und wollen, dass man mit ihnen
redet.
Deshalb nehme ich an,
dass Mädchen wie Blumen sind.

Kübra Sensöz, 15,
MÄDEA Stiftung SPI

LUZIE 2007

LUZIE – Kalender 1996 – 2007

 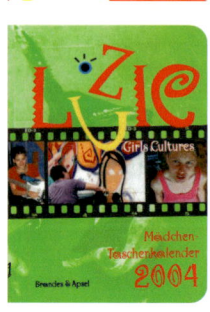   

LUZIE gestalteten Mädchen, Mädchengruppen und Mädchenzentren aus dem deutschsprachigen Raum. Unterschiedliche junge Stimmen informierten über interkulturelle Lebenswelten, experimentierfreudig, stilbildend, vielfältig. LUZIE gelang es, viele Mädchen für Journalismus, den Sprung auf den Buchmarkt und den Ausbau eines interkulturellen Praxisnetzwerkes zu begeistern und zu qualifizieren. Der Mädchenkalender entwickelte sich zu einem Vorbild für Mädchenkultur, -geschichte und -politik.

Der Kalender war ein Berliner Produkt aus der Projektwerkstatt „Frauenstudien" der Technischen Universität, entstanden in einer Zeit, als Szenekalender Statussymbole waren. Nach der Auswertung künftiger Nutzerinneninteressen gestalteten die Pädagoginnen Anja Wolff, Sabine Hartmann und Marianne Sackmann einen Kalender für Mädchen.

Herausgeberin war der Arbeitskreis Feministisch-Interkulturelle Mädchenarbeit e.V. Berlin, der sich für die Entwicklung, Produktion und Herausgabe interkultureller Materialien zur Mädchenarbeit sowie für die Vernetzung, Qualifizierung von Multiplikatorinnen und die politische Interessenvertretung von Mädchen einsetzt.

LUZIE 1996 hatte noch eine eindeutig akademische Herkunft. Der Kalender visualisierte aktuelle mädchen- und frauenpolitische Debatten und setzte sich mit Interkulturalität auf allen Ebenen auseinander. Er war ein Mix aus fachpolitischem Input, persönlicher Erfahrung und Kulturprodukten von Mädchen: Fotografien, türkisch-deutsche Gedichte, Interkultureller Kalender, Selbstdarstellung von Mädchenprojekten. Schwarzsein und Weißsein waren

die zentralen Themen, mit Gedichten von schwarzen, feministischen Dichterinnen wie May Ayim, Audre Lourde und Aysel Özakin. 1997 übernahmen Mädchenprojekte und -gruppen in ganz Berlin die Redaktion für einzelne Monate.

Von 1996 bis 2007 erschienen elf LUZIEs. Die Redaktion lag zunächst in Händen der Studentinnen, mit einem sukzessiven Übergang zur erweiterten Partizipation von Mädchen im gesamten Bundesgebiet. Ein universitäres Projekt setzte sich in der Praxis durch. Aus einem Kalender von Pädagoginnen für Mädchen wurde ein Kalender von Mädchen.

Drei LUZIEs wurden über die Jugend- und Familienstiftung Berlin finanziert. Das Jahr der Nullfinanzierung, 1999, galt dem Austesten der Marktchancen. Auf der Leipziger Buchmesse interessierte sich der Verlag Brandes & Apsel für den interkulturellen Kalender und übernahm ab 2000 Druck und Vertrieb. Im Jahr 2000 war „LUZIE unterwegs in die Zukunft". Die Redakteurin Sabine Schulz-Bender reiste zu Mädchenprojekten, leitete Phantasiereisen und Kreative Schreibwerkstätten, die das Ich von Mädchen berührten.

Thematisch befassten sich die folgenden LUZIEs mit Partizipation (2001), beruflicher Orientierung (2002), Liebe (2003), Mädchenkulturen (2004), Body & Wellness (2005). Die Ausgaben 2006 und 2007 wurden schmaler und im Erscheinungsbild dem Afrika-Kalender des Verlags angeglichen. LUZIE 2007 ist leider die letzte Ausgabe. Das Medium Kalender ist für die Zielgruppe nicht mehr zeitgemäß. Dagegen ist die Bedeutung des Schreibens für Mädchen und junge Frauen ungebrochen.

Claudia Wallner

Drama oder Dramatisierung? Geschlechterverhältnisse heute und ihre Auswirkungen auf die Lebensbedingungen von Mädchen und jungen Frauen

Lebenslagen von Mädchen und Frauen in den 1970er-Jahren – ein Blick zurück in die Anfangszeit parteilicher und feministischer Mädchenarbeit

„Mädchen sind anders als Jungen!" Das war die Ausgangsthese von gesellschaftspolitischen und insbesondere Jugendarbeitsanalysen, die ab Mitte der 1970er-Jahre zur Entwicklung feministischer Mädchenarbeit von frauenpolitisch engagierten Fachfrauen der Jugend(-bildungs)-arbeit und von Schulen führte. Es wurde als Konsequenz aus der Analyse des Andersseins eine geschlechtsbewusste Jugendarbeit gefordert, in der Angebote einer feministischen Mädchen-arbeit um entsprechend emanzipatorische Ansätze der Jungenarbeit ergänzt werden sollten (Naundorf & Wetzel 1976, S. 1, Savier & Wildt 1978, S. 169).

Damals wurde zunächst versucht der Annahme entgegenzutreten, dass sich weibliche Lebenslagen selbstverständlich unter die Lebenslagen von Kindern und Jugendlichen subsu-mieren lassen würden, zumal sich diese wiederum selbstverständlich und unerwähnt an männ-lichen Lebenslagen orientierten.

Die Frauenbewegung schärfte zu dieser Zeit den Blick auf die Unterdrückungsmechanismen einer patriarchalen Gesellschaft: auf ein Frauenleben, das für viele Frauen und Mädchen keine Aussicht auf Bildung, Eigenständigkeit, sexuelle Selbstbestimmung und eine eigene Lebens-planung zuließ. Die Zeit der Entstehung feministischer Mädchenarbeit Anfang der siebziger Jahre war zwar eine Zeit gesellschaftlichen Umbruchs und damit des Nebeneinanders alter und neuer Wertvorstellungen, aber die Realität von Frauen und Mädchen war von engen gesell-schaftlichen Zwängen bestimmt.

Während Frauen im Rahmen der zweiten deutschen Frauenbewegung in der alten Bundes-republik zu Tausenden auf die Straße gingen und für ihr Recht auf Abtreibung, für Freiheit und Gleichberechtigung kämpften, sprachen deutsches Recht und Volkes Stimme deutlich Anderes: Frauen waren tatsächlich meilenweit von einer Gleichberechtigung entfernt. Trotz des Artikels 3 im Grundgesetz, der Männer und Frauen seit 1949 als gleichberechtigt deklarierte, vollzog sich Gleichberechtigung lediglich im Rahmen der zugeordneten gesellschaftlichen Rollen. Noch bis weit in die 1960er-Jahre hinein wurde davon ausgegangen, dass die Rollenverteilung zwischen den Geschlechtern biologisch vorgegeben und damit nicht veränderbar sei. Der erste Frauenbericht der Bundesregierung zog 1966 unter Verweis auf Simone de Beauvoir erstmalig in Erwägung, dass diese Auffassung diskussionswürdig sein könnte:

„Erst in neuerer Zeit wurde die Auffassung vertreten, dass das Leitbild der Frau nicht etwas von vornherein Gegebenes, sondern etwas historisch Gewordenes sei […]; außer durch die Eigenschaften und Fähigkeiten der Frau werde die Vorstellung von der Frau vor allem durch die Erwartung geprägt, welche die Gesellschaft jeweils an sie stelle. Nach dieser Auffassung ist das Bild der Frau in einem bestimmten zentralen, insbesondere mütterlichen Bereich zwar ein für allemal festgelegt, im Übrigen aber Wandlungen zugänglich." (Deutscher Bundestag 1966, S. 9)

Die Frau sei, so der Frauenbericht weiter, nach ihrer körperlichen und geistig-seelischen Beschaffenheit auf die Mutterschaft hin ausgelegt. Erwerbstätigkeit sei nur dann akzeptierbar, wenn sie mit den Kindererziehungs- und Haushaltsaufgaben vereinbar sei und für Mütter von Kleinkindern generell abzulehnen. Die in den sechziger Jahren katastrophale Bildungssituation von Mädchen insbesondere aus der Arbeiterklasse wurde mit deren Bildungsunwillen begründet und damit individualisiert. Dieses Frauenbild manifestierte sich auch in den bundesrepublikanischen Gesetzen. Bis zur Änderung des Familienrechts im Jahr 1977 galt:

„Die Frau führt den Haushalt in eigener Verantwortung. Sie ist berechtigt, erwerbstätig zu sein, soweit dies mit ihren Pflichten in Ehe und Familie vereinbar ist."
(BGB § 1356 von 1957)

Die Frau war demnach eine verheiratete Frau, etwas Anderes sah das Gesetz nicht vor. Sie war zur Haushaltsführung und Kindererziehung verpflichtet und zur Erwerbstätigkeit nur eingeschränkt berechtigt. Allerdings wurde sie verpflichtend zur Erwerbsarbeit herangezogen, wenn die Arbeitskraft oder die Einkünfte des Mannes nicht ausreichten.

Bis 1970 legte das Bürgerliche Gesetzbuch fest, dass unverheirateten Frauen als Strafe dafür, dass sie Teilnehmerin einer unsittlichen Handlung waren, die elterliche Sorge über ihr unehelich geborenes Kind zunächst generell entzogen und später nur in Ausnahmefällen zugebilligt wurde.

Abtreibung war bis 1974 generell verboten, und erst mit der Änderung des Familiengesetzes im Jahr 1977 erhielten beide EhepartnerInnen das Recht auf Erwerbstätigkeit. Bis 1977 galt außerdem im Rahmen des Scheidungsrechts das Schuldprinzip. Demnach hatte die/der schuldhaft geschiedene PartnerIn keinen Anspruch auf Unterhalt, das Sorgerecht wurde in der Regel der/dem „Unschuldigen" zugesprochen. Diese Regelung traf insbesondere erwerbslose Frauen.

Mädchen wurden in Angeboten der Mädchenbildungsarbeit auf ihre künftige Rolle als – natürlich heterosexuelle – Hausfrau, Ehefrau und Mutter vorbereitet. Unter dem Motto, „Du heiratest ja doch", erhielten sie weniger Bildungszugänge, besuchten seltener eine weiter führende Schule und mündeten seltener als Jungen in Ausbildung und qualifizierte Beschäftigung. Mädchen aus Arbeiterfamilien war in der Regel der Weg ans Fließband vorgegeben, den sie höchstens mit einer Eheschließung wieder verlassen konnten. Nachdem die Kinder „aus dem Gröbsten raus waren", kehrten aber auch viele dieser Frauen aus finanzieller Not wieder ans Fließband zurück. Zusammengefasst galt für die Lebenslagen von Mädchen und Frauen in den 1960- und 1970er-Jahren:

- Je niedriger die soziale Schicht, desto weniger Bildung und desto seltener hatten Mädchen Zugang zu Ausbildung.
- Die sich Anfang der 1970er-Jahre als langfristiges Problem einpendelnde Jugendarbeitslosigkeit betraf Mädchen deutlich stärker als Jungen.
- Frauen wurden über den Status ihres Ehemanns definiert, Mädchen über den Status ihres Freundes.
- Die weibliche Rolle wurde ausgehend von der Ehe-, Hausfrau und Mutter um die der zeitweise Erwerbstätigen und die der Konsumentin erweitert.
- Gewalt gegen Frauen und Mädchen war absolut tabuisiert.
- Mädchen in Jugendcliquen waren Anhängsel der Jungen.
- Mädchen in der Jugendarbeit waren selten und wurden nicht als eigenständige Zielgruppe wahrgenommen.
- Mädchen wurden geschlossen untergebracht und weggesperrt, wenn sie sexuell „auffällig" wurden.

Mädchen und Frauen Ende der 1960er-, Anfang der 1970er-Jahre:

- waren fremdbestimmt,
- waren rechtlich vom Mann abhängig,
- waren das andere, das zweitklassige Geschlecht,
- hatten nur wenig Zugang zu Bildung und Ausbildung,
- wurde Erwerbstätigkeit nur unter bestimmten Bedingungen gestattet,

- hatten lediglich den einen vorbestimmten Lebensweg der heterosexuellen Ehefrau, Hausfrau und Mutter,
- hatten in Abhängikeit ihrer Schichtzugehörigket wenige bis keine Chancen auf eine selbst bestimmte Identität und auf einen selbst gewählten Lebensweg,
- mussten mit einem Gleichberechtigungsverständnis leben, das hieß: „Jede/r auf ihren/seinen Platz!"

Die dramatischen Ungleichheiten zwischen den Geschlechtern und die Unterdrückung von Mädchen und Frauen in so vielen Lebensbereichen führten dazu, dass die Frauenbewegung und die Frauenpolitik zu dieser Zeit im Kampf um Frauenbefreiung und Gleichberechtigung pauschal über *die* Frauen und *die* Mädchen sprach und davon ausging, dass die Zugehörigkeit zum weiblichen Geschlecht in einer patriarchal strukturierten Gesellschaft tatsächlich dazu führen würde, dass Aussagen über *die* Mädchen gemacht werden könnten. Über *die* Jungen und die Frage, ob auch sie als relativ homogene Gruppe auszumachen seien, wurden sich zu dieser Zeit kaum Gedanken gemacht, da Jungen nicht als eigenständige Gruppe erkannt wurden und es keine Lobby gab, die sich mit ihnen auseinandersetzte.

Mädchenleben heute: Alles ist gut?

Heute sieht die Situation deutlich anders aus: Veränderte Geschlechterbilder und Sozialisationsziele und gesellschaftliche Individualisierungs- und Pluralisierungsprozesse erlauben weniger denn je, Mädchen oder Jungen als homogene Gruppe zu verstehen. So wird heute weniger diskutiert, ob es *die* Mädchen oder *die* Jungen (noch) gibt. Vielmehr bewegt Forschung, Praxis und Politik, ob nicht etwa die Unterschiede zwischen Mädchen und die zwischen Jungen je nach Lebenslagenkontext größer sind als die zwischen Mädchen und Jungen und die Kategorie Geschlecht damit als relevante Größe ausgedient hat. Eine aus mädchenpolitischer Sicht verlockende Idee war und ist die zentrale Zielsetzung von Mädchenarbeit und Gleichstellungspolitik, dass die Geschlechterzugehörigkeit Mädchen nicht länger individuell und strukturell benachteiligen möge sowie Jungen und Mädchen gleichermaßen entsprechend ihrer Fähigkeiten und Interessen ihr Leben gestalten könnten.

Doch zwei aktuelle Studien zeigen, dass die bundesrepublikanische Gesellschaft von dieser Situation noch weit entfernt ist. Vielmehr gilt heute: Es gibt keine einfachen Wahrheiten mehr. Nicht alle Mädchen sind gleich und auch nicht alle Jungen, ebenso wenig Mädchen und Jungen. Es gibt weiterhin wesentliche Unterschiede, aber auch Annäherungen, und der Lebenslagenkontext beeinflusst deutlich, inwiefern das Geschlecht Chancen begrenzt oder erweitert.

Weibliche und männliche Werteorientierungen liegen weit auseinander

Zu diesem Ergebnis kommen zwei aktuelle Jugendstudien: Die 15. Shell Jugendstudie und der 3. Jugendsurvey des Deutschen Jugendinstituts (DJI) haben sich unter anderem mit den Unterschieden und Gleichheiten zwischen den Geschlechtern beschäftigt. Beide wissenschaftlichen

Untersuchungen haben Einstellungen, Werte, Rollenbilder und Lebensentwürfe von Jugendlichen und jungen Erwachsenen untersucht. Das einhellige Ergebnis beider Studien lautet: Die Geschlechterzugehörigkeit ist immer noch sehr bedeutsam, vor allem für die Herausbildung der sozialen Werte. „Dieser Befund", so Martina Gilles im Interview auf der Homepage des DJI zu den Ergebnissen des 3. Jugendsurveys, „spricht dafür, dass nach wie vor geschlechtsspezifische Sozialisationsprozesse stattfinden, die Mädchen und jungen Frauen stärker eine helfende, unterstützende und eine für Personen verantwortliche Rolle in der Gesellschaft zuschreiben." Weibliche Werte im Sinne einer stärkeren Orientierung von Mädchen auf diese Werte seien demnach soziales Engagement, Hilfsbereitschaft, Emotionalität und Religiosität. Für die männlichen Befragten stünden dagegen viel Geld verdienen, Macht und Einfluss weit vorne. Mädchen und junge Frauen seien im Vergleich zu Jungen und jungen Männern familienorientierter, wünschten sich häufiger Kinder, kämen besser mit ihren Eltern klar, würden früher selbständig, zögen früher von zu Hause aus, befänden sich früher in Partnerschaften und hätten mehr Schwierigkeiten bei der Familiengründung, weil Ausbildung, berufliche Integration und Familiengründung in einem sehr kleinen Zeitfenster – einer „Rush Hour des Lebens" – komprimiert seien (15. Shell Jugendstudie 2006, S. 17).

Mädchen prügelten sich deutlich weniger als Jungen (14 Prozent gegenüber 29 Prozent). Sie seien insgesamt wertebewusster als Jungen und unterschieden sich zudem in der Werteorientierung: Fleiß, Ehrgeiz, Umwelterhaltung/-schutz, Sorge für die eigene Gesundheit, soziales Engagement, das Achten auf die eigenen Gefühle, Ordnung und Sicherheit seien stärker weibliche Werte. Jungen setzten dieser weiblichen Werteorientierung ein konkurrenz- und wettstreitorientiertes

Konzept entgegen, und dieser Kontrast habe sich im Vergleich zur Shell-Jugendstudie von 2002 noch verstärkt. „Männliche und weibliche Jugend gehen somit weiterhin mit verschiedenen Akzentuierungen an die Lebensgestaltung heran", so ein Fazit der Shell-Studie. Mädchen seien idealistisch, Jungen materialistisch. Toll aussehen und Markenkleidung tragen sowie Karriere machen seien dagegen heute für Mädchen und Jungen gleich wichtig, Technik bliebe Jungensache. Shell resümiert 2006: „Typische Werteunterschiede der Geschlechter haben sich sogar verstärkt, weil

weibliche Jugendliche ihre Durchsetzungsfähigkeit nicht mehr so deutlich betonen wie noch 2002." (Shell 2006, S. 183) Mädchen setzten auf soziale Werte und die Entwicklung ihrer Individualität, Jungen auf Macht und Durchsetzung.

Die beiden aktuellen Jugendstudien zeigen, dass es weiterhin klassisch geschlechtsspezifische Orientierungen gibt, die als Folge geschlechtsspezifischer Sozialisation beschrieben werden. Gleichzeitig werden geschlechtsspezifische Muster in der Lebensführung deutlich, die auf sichtbare Veränderungen weg von den klassischen Geschlechterverteilungen hinweisen. So sind junge Frauen mindestens ebenso ehrgeizig und erfolgreicher in der Schule. Jungen fallen in ihren schulischen Leistungen und Abschlüssen hinter Mädchen zurück, was seit einigen Jahren erstmals in der Geschichte der Bundesrepublik Deutschland zu einer Umkehrung in der Leistungsbilanz führt. Trotzdem gehen mit dieser Leistungssteigerung nicht adäquat bessere Chancen für junge Frauen in Ausbildung und Beruf einher. Mädchen lehnen zunehmend die traditionelle Hausfrauenrolle ab und streben nach einer Vereinbarkeit beruflicher und privater Verwirklichung (Shell 2006, S.36), während junge Männer mehrheitlich dem traditionellen Männer- und Frauenbild verhaftet bleiben, wonach sie sich in der Ernährerrolle sehen und die Frau in der der Hausfrau und Mutter. Das Aufeinandertreffen dieser unterschiedlichen Rollenbilder kann zu erheblichen Schwierigkeiten zwischen den Geschlechtern führen: Während junge Frauen einen gleichberechtigten Partner auch in Familienfragen erwarten, fühlen sich viele junge Männer mit den Forderungen junger Frauen nach einem ‚neuen Mann' überfordert.

Die ‚neuen Mädchen' haben es geschafft!?

Die Werte, die Mädchen in den zitierten Jugendstudien als für sie wichtig benennen, sind mehrheitlich überraschend deutlich einem klassischen Frauenbild geschuldet. Das öffentliche Mädchenbild, wie es in der Werbung, von den Moderatorinnen der Musiksender, Vorbildern aus den Musikszenen, in Mädchenzeitschriften und in Mädchenrollen der Daily Soaps massiv verbreitet wird, ist aber ganz anders. Hier werden Mädchen präsentiert, die in der Moderne angekommen sind, die sich nur noch wenig von Jungen unterscheiden und die sich selbstbewusst und selbstverständlich für gleichberechtigt halten.

Mädchen heute sind dem aktuellen öffentlichen Bild entsprechend stark, selbstbewusst, schlau, schlank, sexy, sexuell aktiv und aufgeklärt, gut gebildet, familien- und berufsorientiert, heterosexuell, weiblich, aber auch cool, selbständig, aber auch anschmiegsam. Sie können alles bewältigen und kennen keine Probleme, keinen Schmerz – all das in Summe, nicht wahlweise. Mehrere Dinge werden hier deutlich:

– Gesellschaftliche Rollenbilder sind erkennbar vielfältiger geworden: Ansprüche an Mädchen, wie sie noch vor zwanzig Jahren galten, scheinen passé zu sein. Das öffentliche Bild gesell- schaftlicher Erwartungen an Mädchen erzählt von Gleichberechtigung, Stärke und Vielfalt, von Selbstbewusstsein und Schönheit. Von den alten Mädchenbildern ist kaum noch etwas übrig geblieben. Erwartungen wie still und zurückhaltend sein, sich auf das Wohl Anderer kon- zentrieren, sich selbst hintan stellen oder genügsam und sittsam sein, sind aus dem öffent- lichen Bild verschwunden und scheinen damit überwunden zu sein.

– Das neue Mädchenbild ist aber auch in sich widersprüchlich, und es ist deutlich überfordernd, weil überfrachtet mit Anforderungen: Die Ansprüche an Mäd- chen, wie sie durch das moderne Mädchenbild formuliert werden, setzen Mädchen erheblich unter Druck. Sie sollen alles können und alles sein, vor allem stark und unabhängig, flexibel und schön. Kein Mädchen kann das schaffen. So ist das Streben nach diesem Mädchenbild ein von Anfang an verlorenes Vor- haben.

– Waren die Vorgaben für weibliche Rollen in den 1970er-Jahren durch Enge und Starre gekennzeichnet, so findet man im aktuellen Mädchenbild nun das Gegenteil: Die Vielfalt ist so unübersichtlich und endlos, dass es für Mädchen heute äußerst schwierig ist herauszufinden, was eigentlich „ein richtiges Mädchen" ist.

– Das neue Mädchenbild lässt keine Ängste, Unsicherheiten und kein Scheitern zu. Der Pegel schlägt zur anderen Seite aus: Gehörte beschützt werden, ängst- lich oder zögerlich sein im alten Mädchenbild noch zu den Erwartungen an weibliches Verhalten, so hat sich dieses Erwartungsmuster ins Gegenteil ver- kehrt. Keine Schwäche ist mehr zugelassen, keine Furcht, kein Scheitern. Hier zeigt sich besonders deutlich eine Annäherung des weiblichen Rollenbildes an das klassisch Männliche: „Boys don´t cry – from now on girls don´t cry as well."

Das neue Mädchenbild befreit Mädchen von alten Zöpfen und überfrachtet sie mit neuen An- forderungen, denen sie kaum gewachsen sein können. Was auf den ersten Blick als Befreiung daher kommt, erweist sich auf den zweiten Blick als schwierig und überfordernd. Gleichzeitig hält dieses Bild tatsächlich viele neue Freiheiten bereit.

Doch das ist nicht alles. Mädchen heute sind durchaus noch mit weiteren Erwartungen konfrontiert, denn gleichzeitig wirken alte Rollenbilder weiter. Je nach Schicht, Ethnie, Wohnort oder Religion müssen sie weiterhin auch mit konservativen Rollenvorstellungen und -bildern zurecht kommen. Für manche Mädchen gelten noch die Weiblichkeitsvorstellungen der 1960er- oder 1970er-Jahre. Sie sind von den Geschlechterbildern und Erziehungsvorstellungen in ihren Herkunftsfamilien abhängig und müssen sich Verhaltensanforderungen stellen, die es im öffentlichen Bild einer modernen gleichberechtigten Gesellschaft eigentlich nicht mehr gibt. Und während uns das öffentliche Bild des Mädchens von heute das selbstbewusste, hippe Mädchen als scheinbar einzige Variante von Mädchensein vorspiegelt, hält die Realität so viele Unterschiede, Widersprüche, Überforderungen und Gegensätze neben neuen Freiheiten bereit, dass Mädchen je nach Lebenslagenkontext deutlich verschiedene Rollenanforderungen unter dem gleichen Mädchenlabel bewältigen müssen. Diese Rollenanforderungen sind in sich widersprüchlich und damit nicht zu erfüllen, und sie gelten unter Umständen nur für einzelne Lebensorte oder -abschnitte, beispielsweise, wenn die familiären Vorstellungen andere sind als die in der Clique oder in der Peer Group. Da diese Vieldeutigkeit durch das neue Mädchenbild verdeckt wird, muss die Orientierung individuell bewältigt werden.

Der öffentliche Gleichberechtigungsdiskurs stützt eindimensionale Bilder

Ein ähnliches Problem entsteht durch die öffentliche Botschaft, dass Mädchen heute gleichberechtigt seien und ihnen alle Wege offen stünden, zumal sie inzwischen deutlich besser gebildet seien als Jungen. Auch hier gilt es, die in der Realität erheblichen Unterschiede zwischen Mädchen und ihren Chancen, die sich aus ihren Lebenslagen insgesamt ergeben, zu beachten: Je nach Familie, Bildungsstand, Nationalität, ethnischer Zugehörigkeit, materiellen Verhältnissen, persönlichen Handicaps oder Kompetenzen haben Mädchen und junge Frauen sehr verschiedene Lebensoptionen.

Gleichzeitig verschweigt dieser Gleichberechtigungsdiskurs, dass selbst eine gute Schulbildung auf dem Ausbildungs- und Arbeitsmarkt weniger Wert ist als männlichen Geschlechts zu sein. Die Folge ist: Das Scheitern wird zwangsläufig individualisiert und es werden entsprechende Konsequenzen gezogen. Das gesellschaftliche Versprechen der erreichten Gleichberechtigung und der offenen Türen für die persönliche Lebensgestaltung wird in der Realität nicht gehalten, die Botschaft aber weiterhin aufrechterhalten. So müssen es Mädchen und junge Frauen als persönliches Versagen interpretieren, wenn sie nicht in den Ausbildungsmarkt einmünden, keinen Arbeitsplatz finden oder Kind und Familie nicht in Einklang bringen können.

Auch jenseits prekärer Aspekte bieten Lebenslagen von Mädchen und jungen Frauen heute genügend Anlass für Scheitern, Selbstzweifel oder Orientierungsschwierigkeiten. Dabei wirken strukturelle Bedingungen, sämtliche die Lebenslagen bestimmende Kategorien inklusive der Geschlechterzugehörigkeit und die je persönlichen Ressourcen ineinander.

Nie war eine Mädchengeneration heterogener, nie war unklarer, was Mädchensein ist, nie war die Kluft zwischen gesellschaftlichen Versprechen und realen Möglichkeiten und die Perspektivlosigkeit für Mädchen und junge Frauen unter bestimmten Lebensumständen größer, während für sie auf der anderen Seite ein deutlicher Optionszuwachs da ist. Soziale Schichtzugehörigkeit und Migrationshintergrund sind die beiden zentralen Faktoren, die heute über die Bildungsmöglichkeiten von Kindern und Jugendlichen entscheiden, so lautet eines der zentralen Ergebnisse der ersten und der zweiten Pisa-Studie. Wer im Unterschichtenmilieu oder als MigrantIn aufwächst, hat deutlich schlechtere Chancen als deutsche Mittelschichtenkinder. So klafft auch bei den Mädchen entlang dieser Lebenslagenkategorien die Schere immer weiter auseinander. Gewinnerinnen gesellschaftlicher Modernisierungsprozesse sind diejenigen, die sich, in deutschen Mittel- und Oberschichtenfamilien aufwachsend, für ein Studium entscheiden, dabei möglichst technische oder naturwissenschaftliche Disziplinen wählen und flexibel – das heißt in der Regel kinderlos – sind. Je weiter die Lebenslagen von Mädchen von dieser Konstellation abweichen, desto schlechter sind ihre Chancen.

Unveränderte strukturelle Schranken und Gewaltverhältnisse

Verdeckter als vor zehn Jahren gibt es auch heute noch benachteiligende Konstanten in den Lebensbedingungen von Mädchen, die massive Auswirkungen auf ihre Lebenswege und -chancen haben:

- Ausbildungs- und Erwerbsarbeitsmarkt bleiben geschlechtsspezifisch segmentiert. Die höhere Schulbildung von Mädchen schlägt sich nicht in entsprechend verbesserten Chancen in Ausbildung und Beruf nieder. Zwar gibt es von Mädchen heute den von ihnen als selbstverständlich empfundenen Wunsch nach ökonomischer Unabhängigkeit und lebenslanger Erwerbsarbeit, doch fehlt in der Gesellschaft, in der Wirtschaft, aber auch an staatlichen Stellen und in Verwaltungen die Anerkennung für dieses weibliche Lebenskonzept. (Berufliche) Selbstverwirklichung und Karriere haben in Verbindung mit Frauen immer noch etwas Anrüchiges. Frauen haben in der gesellschaftlichen Bewertung immer noch nicht das gleiche Recht auf Erwerbsarbeit – ihnen haftet immer noch das Label der „Reservearmee" an.

- Die Vereinbarungsfrage von Familie und Beruf ist und bleibt ein „Frauenproblem" und die größte Hürde in der Lebensgestaltung. Zwar gibt es staatliche Bemühungen zur Unterstützung von Frauen, aber nicht von Familien, nicht von Männern. Die Kinderfrage als gesellschaftliche Aufgabe wird gar nicht erst diskutiert und behandelt. Mädchen sind als junge Frauen mit der Lösung dieses Problems allein gelassen und müssen individuelle Wege finden, die oft in der Aufgabe von Teilen ihrer Lebensentwürfe enden. Das alles passiert unter einem Gleichberechtigungslabel, das ihnen alle Möglichkeiten als offen stehend präsentiert.
- Männliche Gewalt und insbesondere sexuelle Gewalt gegen Mädchen ist aus dem öffentlichen Blickfeld gerückt, aber deshalb natürlich nicht weniger geworden oder verschwunden. Es gibt immer noch viele Mädchen, die diese Gewalt aushalten und erleiden müssen und deren Lebenschancen dadurch beeinträchtigt werden.

Lebensbedingungen und Lebenslagen unterscheiden sich – unter Mädchen und zwischen Mädchen und Jungen

Die aktuelle Shell-Studie und der 3. Jugendsurvey zeigen Unterschiede in den Einstellungen und Lebensmustern von Mädchen und Jungen – im Durchschnitt. Was diese Studien nicht ausreichend beleuchten, sind die Differenzierungen innerhalb der Geschlechter, und sie fragen nicht nach konkreten Lebensbedingungen. Betrachtet man diese, so stellt man schnell fest, dass es auch unter den Mädchen und unter den Jungen erhebliche Unterschiede gibt. Für die Lebensgestaltungschancen sind hier die Lebenslagenfaktoren Migrationshintergrund, die religiöse und ethnische Zugehörigkeit, der Bildungszugang, die familiäre Situation und das konkrete Lebensumfeld besonders wirksam.

Der Faktor Frausein führt nach wie vor grundsätzlich zu strukturellen Benachteiligungen, die aber nicht jedes Mädchen und jede Frau gleichermaßen treffen. Ob sich das Frausein individuell negativ niederschlägt, hängt maßgeblich damit zusammen, inwieweit auch in den anderen Lebenslagenfaktoren problematische Konstellationen vorliegen.

Es ist richtig, dass der Ausbildungs- und Arbeitsmarkt geschlechtsspezifisch segmentiert ist und Mädchen und Frauen auch bei besseren Bildungsvoraussetzungen im Durchschnitt stärker ausgrenzt als Jungen und Männer. Es stimmt auch, dass nicht alle jungen Frauen gleichermaßen von dieser strukturellen Benachteiligung betroffen sind. Benachteiligungserfahrungen haben sich für viele junge Frauen an die zweite Schwelle verschoben, wenn es um den Übergang von der Ausbildung in Beschäftigung geht, sich die Vereinbarkeitsfrage konkret stellt und Mädchen in problematischen Lebensverhältnissen leben. Je problematischer die Lebenslagen insgesamt, desto stärker wirken auch geschlechtsspezifische Benachteiligungen. Erweiterte Rollenoptionen gelten nicht für alle Mädchen, sondern sind abhängig von den Geschlechter- und Erziehungsbildern in den Familien. Bildungszugänge hängen neben dem Geschlecht im Wesentlichen von der sozialen und ethnischen Herkunft und der Religion ab.

So gilt für die Lebenslagen von Mädchen und Jungen heute: Insbesondere in den Werten und Einstellungen leben Mädchen und Jungen in zwei verschiedenen Welten. Das gilt aber nicht für alle gleichermaßen, so dass zwischen manchen Mädchen und Jungen die Unterschiede geringer sind als zwischen anderen Gleichgeschlechtlichen, je nachdem, auf welche Teilgruppe man sieht. Mädchen scheinen sich im schulischen Bildungssystem durchzusetzen, ohne jedoch diesen Benefit entsprechend nutzen zu können, weil offenbar strukturelle Barrieren weiterhin bestehen. Aber auch nicht alle Jungen haben bessere Zugänge zu Ausbildung und Beruf – auch hier hängen die Chancen stark von den oben genannten weiteren Lebenslagenfaktoren ab.

Lebensbedingungen heute: Es gibt keine einfachen Wahrheiten mehr

Es geht nicht darum, Fortschritte im Geschlechterverhältnis zu negieren oder Mädchen benachteiligter zu zeichnen als sie sind. Vielmehr gilt es:

– dem Gleichberechtigungsdiskurs nicht auf ‚den Leim zu gehen‘, so dass tatsächliche Benachteiligungen auch weiterhin aufgedeckt und bekämpft werden können,

– das Bild von *dem* Mädchen aufzubrechen: Durch gesellschaftliche Pluralisierungs- und Individualisierungstendenzen und den Zuwachs von Mädchen mit Migrationshintergrund sind Mädchen so unterschiedlich wie nie zuvor.

Neben dem Geschlecht bestimmen *alle* Lebenslagenfaktoren die Chancen und Begrenzungen von Menschen. Die Geschlechterzugehörigkeit ist eine zentrale Kategorie, aber materielle Verhältnisse, Wohnverhältnisse, die soziale Umgebung, die Bildungs- und Ausbildungssituation, die Art der Erwerbstätigkeit oder Arbeitslosigkeit, die Nationalität, die ethnische Herkunft und religiöse Zugehörigkeit, der rechtliche Status, die Lebensform, die sexuelle Orientierung und das Bildungsniveau, der Familienstand, der Gesundheitszustand sowie persönliche Handicaps und Kompetenzen führen in der Summe dazu, dass Mädchen ganz unterschiedlich sind, unterschiedliche Möglichkeiten, Interessen, Chancen und Grenzen haben, an den Fortschritten der Gleichberechtigung zu partizipieren oder nicht.

Manche Mädchen profitieren von den neuen Freiheiten, andere weniger oder gar nicht, je nach Lebenslagenkontext. Deshalb gibt es nicht *die* Lebenslage von Mädchen, sondern ganz viele. Und es gibt privilegierte und benachteiligte Mädchen, Gewinnerinnen und Verliererinnen. Insofern kann das Einheitsbild von den weiblichen Gewinnerinnen gesellschaftlichen Wandels so nicht stehen gelassen werden, ebenso wenig wie das der generellen Benachteiligung von Mädchen. Die Lebenslagen von Mädchen zu erfassen erfordert:

– Chancen- und Optionenerweiterungen für Mädchen zu erkennen und anzuerkennen, ohne sie absolut zu setzen,

– strukturelle Benachteiligungen und Gewaltsysteme weiterhin zu veröffentlichen und zu bekämpfen, wo immer sie noch oder wieder in Erscheinung treten,

– das Geschlecht immer in Kombination mit allen Lebenslagenfaktoren zu sehen. Nur so wird es möglich, Mädchen und ihre Lebenslagen in all ihren Gleichheiten und Unterschieden zu erfassen.

Sind Mädchen Opfer, Gewinnerinnen oder Gestalterinnen ihrer Lebenswelt?

Die Antwort lautet: Ja.

– Manche sind Opfer: Sie haben nicht oder schlecht gelernt, für sich selbst zu sorgen, haben eine schlechte Schulbildung, kommen aus bildungsfernen Schichten, werden traditionell weiblich erzogen, gehören Ethnien an, die ausgegrenzt werden oder sie sind direkt Opfer von Gewalt.

– Manche sind Gewinnerinnen: Sie wachsen in deutschen, höheren, bildungsorientierten Schichten auf, sind naturwissenschaftlich oder technisch interessiert, unabhängig und flexibel.

– Alle sind Gestalterinnen ihrer Lebenswelt: Wie eng oder wie weit der Gestaltungsspielraum ist, hängt aber von den Sozialisationsbedingungen und der Summe der Lebenslagenfaktoren ab.

Es gilt die Faustregel: Je förderlicher die Lebenslagen insgesamt sind, desto weniger wirken geschlechtsspezifische Zuschreibungen negativ.[1] Je schwieriger die Lebensverhältnisse sind, desto stärker greifen geschlechtsspezifische Einschränkungen.

Weibliche Sozialisation unterschiedet sich auch heute noch erheblich von männlicher und bereitet Mädchen besser auf die Sorge für das Gemeinwohl und schlechter auf die Anforderungen der modernen Arbeitswelt vor. Das ist nach wie vor ein eklatanter Benachteiligungsfaktor, den es politisch und gesellschaftlich zu verändern gilt. Das darf allerdings nicht einseitig geschehen, wollen wir nicht die Totalvermännlichung der Gesellschaft riskieren.

Innerhalb der weiblichen Sozialisation zeigt sich ein nie gekanntes Spektrum von Möglichkeiten, das eigene Mädchen- bzw. Frausein zu gestalten – wie, das ist in erster Linie ethnien- und schichtabhängig.

Das politisch und medial gestaltete und vermittelte Bild weiblicher Sozialisation beschönigt und vereinfacht: Es negiert Einschränkungen und Unterdrückungsmechanismen und präsentiert gut gebildete, gleichberechtigte Macherinnen. Wenn man die Auswirkungen weiblicher Sozialisation auf Mädchen und junge Frauen erkennen will, dann muss man dieses gesamte differenzierte Spektrum in den Blick nehmen. Es gibt keine einfachen Wahrheiten (mehr). Weibliche Sozialisation ist global betrachtet immer noch deutlich anders als männliche, sie ist auch in sich höchst unterschiedlich. Und so ist sie immer noch eine Hinführung zum „anderen" Geschlecht, zur zweiten Reihe und ermöglicht manchen Mädchen trotzdem den Aufstieg in die erste.

Unterschiede und Gleichheiten: Was kann Mädchenarbeit heute tun?

Genderforschungen in unterschiedlichen Feldern zeigen deutlich, dass, je weniger Erziehenden geschlechtsspezifische Rollenanforderungen bewusst sind, sie diese umso stärker weitergeben und dass geschlechtsspezifische Manifestationen bereits im Kleinkindalter äußerst wirksam sind und persönliche Einstellungen und Rollenbilder fördern und festigen. Gerade die Annahme vieler Kita-ErzieherInnen und GrundschullehrerInnen, dass bei kleinen Kindern das Geschlecht noch keine Rolle spielen würde, führt durch die damit verbundene unreflektierte Weitergabe tradierter Rollenvorstellungen dazu, dass Mädchen und Jungen „ihre Gendercodes" früh und manifest lernen. So stellt beispielsweise die von der Arbeiterwohlfahrt (AWO) und des Instituts für Sozialarbeit und Sozialpädagogik e.V./Frankfurt a.M. (ISS) erarbeitete Studie „Kinderarmut bis zum Ende der Grundschulzeit" fest, dass sich im Rahmen der Längsschnittstudie deutliche Hinweise darauf ergaben, dass Schule und Kinder- und Jugendhilfe „weitaus mehr als bisher wahrgenommen bereits in der Grundschulzeit tradierte geschlechts- und schichtenspezifische Muster verstärken, wenn nicht gar prägen." (zitiert nach Holz 2006, S. 19)

[1] Eine Ausnahme bildet hier das Einkommen. Hier gilt: Je besser qualifiziert Frauen sind, desto größer wird der Einkommensunterschied zu gleich gebildeten Männern.

Mädchen heute sind verschieden und teilen zugleich Gemeinsamkeiten. So kann es keine Mädchenarbeit mehr geben, die „für Mädchen" ist. Raster wie Altersgruppen, ausländische versus deutsche oder sozial benachteiligte Mädchen sind viel zu grob, um deren plurale Lebenswelten erfassen zu können. Ähnliches gilt auch für die Mädchenarbeit. Manche der ursprünglichen Gedanken, Ziele und Inhalte sind auch heute noch richtig und relevant, manche müssen verändert werden:

– Die Ziele und Grundsätze parteilicher und feministischer Mädchenarbeit sind immer noch richtig, weil sie ihre Entsprechung in den Lebensrealitäten von Mädchen finden. Mädchen brauchen weibliche Vorbilder, sie brauchen eigene Räume und eine Parteinahme für ihre Interessen und Lebensvorstellungen.

– Es gibt Schwerpunktthemen, die sich aus den Gemeinsamkeiten weiblicher Sozialisation und gesellschaftlicher Bedingungen ergeben, aber sie sind nicht für alle Mädchen und nicht für alle gleich relevant.

– Für die einen Mädchen sind begleitende und stärkende Angebote parteilicher Mädchenarbeit von zentraler Bedeutung, andere Mädchen haben andere Unterstützungssysteme und brauchen oder wollen keine Mädchenarbeit oder sie brauchen sie nur in bestimmten Entwicklungsphasen.

– Manche Mädchen suchen in jungen Jahren den Kontakt zu anderen Mädchen und erwachsenen Frauen in Mädchenangeboten und lösen sich als Jugendliche, manche nutzen diese Angebote erst im Jugendalter.

– Manche halten dauerhaften und intensiven Kontakt, manche brauchen oder wollen sporadischen.

– Manche wollen eine interessante Freizeitgestaltung, manche brauchen Hilfe in der Alltagsbewältigung oder bei Gewalterfahrungen.

– Manche befinden sich in Krisen und Notlagen und brauchen umfassende Unterstützung.

Wichtig für die Weiterentwicklung der Mädchenarbeit ist: Alle Aspekte sind berechtigt und in Ordnung. Mädchenarbeit muss die Wünsche, aber auch die Knackpunkte im Heranwachsen von Mädchen in dieser Gesellschaft erkennen und entsprechende Angebote entwickeln. Diese Angebote sollten höchst unterschiedlich und zielgruppenorientiert sein. Die Themenschwerpunkte, Methoden und Angebotsformen von Mädchenarbeit müssen immer wieder auf die Realitäten von Mädchen zugeschnitten werden. Dafür ist als erstes der Gleichberechtigungsdiskurs zu dechiffrieren:

– Wenn bekannt ist, dass in Zeiten wirtschaftlicher Rezession die geschlechtsspezifische Segmentierung des Ausbildungs- und Erwerbsarbeitsmarktes noch immer und wieder stärker greift, muss die Begleitung und Unterstützung von Mädchen und jungen Frauen auf dem Weg zur beruflichen Selbständigkeit zu einem zentralen Thema von Mädchenarbeit werden, und zwar:

  – in der Auseinandersetzung um Berufs- und Lebensplanung,
  – in der Unterstützung im Übergang Schule – Beruf,
  – in der Begleitung von Mädchen beim Suchen, Finden, Durchhalten und Scheitern, im Aushalten von Arbeitslosigkeit oder auf dem mühsamen Weg, einen Lebenssinn jenseits von Ausbildung und Arbeit zu finden,
  – in der Öffentlichkeitsarbeit und Einmischung in die Politik, um immer wieder deutlich zu machen, dass Mädchen qua Geschlecht deutlich schlechtere Zugänge zum Erwerbssektor haben und dass das nach wie vor gegen das Grundgesetz verstößt.

– Wenn bekannt ist, dass die sexuelle Gewalt gegen Mädchen insbesondere im Nahfeld der Familie nicht rückläufig ist, und die Veränderung, die sich vollzogen hat, eher darin besteht, dass Mädchen heute Missbrauch nicht mehr als Scham ertragen, sondern weil sie ihn für normal halten, dann muss Mädchenarbeit sich des Themas weiterhin konsequent annehmen und Sorge tragen, dass hier nichts wieder unter den Teppich gekehrt wird.

– Wenn bekannt ist, dass es *die* Mädchen nicht gibt, weil sich Ethnien, Erziehungsstile, Mädchenbilder und Verhaltensanforderungen ausdifferenzieren und weil andere Faktoren wie Stadt/Land, Schicht- oder Quartierszugehörigkeit Mädchensein auch unterschiedlich machen, dann muss sich Mädchenarbeit zusehends von Konzepten für Mädchen verabschieden. Das heißt:

  – entweder werden die Unterschiede zum Thema: Wie lebt wer, was ist gut und schlecht daran und was verbindet die Mädchen, oder
  – Mädchenarbeit muss zielgruppengenauer planen: Für welche Mädchen soll welches Angebot sein? Das kann auch heißen, weniger Gruppenarbeit und mehr Einzel-, Freundinnen- oder Cliquenarbeit zu machen.

– Wenn bekannt ist, dass Mädchen heute mit einem Mix neuer und alter Mädchenbilder konfrontiert sind, die einander widersprechen und auch noch in sich widersprüchlich sind, dann heißt das für die Mädchenarbeit, Orientierungen zu geben, Räume zu schaffen, in denen artikulierbar wird, wie Mädchen-Sein „geht" und mit Frauen zu arbeiten, die sich als Identifikationssubjekte zur Verfügung stellen, mit und an denen gelernt werden kann – in Nachahmung oder Ablehnung – wie Frau-Sein „geht".

– Wenn bekannt ist, dass Familien als Sozialisationsinstanz immer häufiger versagen, dann gilt es umso mehr, Mädchen ein erwachsenes weibliches Gegenüber anzubieten, an dem sie sich abarbeiten können, das heißt, Frauenteams sollten möglichst heterogen sein.

– Wenn bekannt ist, dass der Gleichberechtigungsdiskurs den Mädchen suggeriert, dass sie gleichberechtigt sind, dann muss Mädchenarbeit methodisch und konzeptionell überlegen, ob sie Angebote unter dem Label „Mädchengruppe" oder „nur für Mädchen" präsentieren sollte. Das gilt insbesondere für jugendliche Mädchen in der offenen Arbeit.

– Wenn Mädchenarbeit weiterhin davon ausgeht, dass es für die Entwicklung notwendig ist, Erfahrungen unter Mädchen zu machen, muss sie vielleicht das Label ändern, um Mädchen diese Erfahrung zu ermöglichen, ohne dass sie sich als Mädchengruppe outen müssen.

– Wenn bekannt ist, dass sich für viele Mädchen die bittere Erkenntnis der Benachteiligung heute nicht mehr in der frühen Jugend, sondern erst beim Versuch der beruflichen Etablierung und der Vereinbarkeit von Beruf und Familie einstellt, dann muss Mädchenarbeit

   – das Alter der Zielgruppen nach oben ausdehnen und
   – sehr viel stärker mit anderen Instanzen und Institutionen kooperieren.

Die Pluralisierung von Lebenslagen, die Zunahme der Ethnienvielfalt oder die Verschärfung der Diskrepanzen zwischen Arm und Reich sowie der gleichzeitige Erhalt frauen- und mädchenspezifischer Grundstrukturen im Patriarchat bringen Veränderungen und Konstanten im Alltag und den Lebenschancen für Mädchen mit sich. Was brauchen Mädchen also von der Mädchenarbeit heute:

– dass Mädchenarbeit sie in ihrer Vielfältigkeit, in ihren Unterschieden und Gemeinsamkeiten wahr- und ernstnimmt, dass sie sie nicht in den Mädchentopf wirft und doch immer gewahr bleibt, dass sie Mädchen sind und sie das immer zu gemeinsamen Erfahrungen führen wird, weil es nicht egal ist, welches Geschlecht Menschen haben.

– dass Mädchenarbeit ihnen Angebote des Begleitens und Unterstützens macht, für sie da ist, Horizonte und Erfahrungen eröffnet, parteilich für sie einsteht, Hilfe in Notlagen anbietet und überhaupt Angebote anbietet.

– dass Mädchenarbeit nicht nachlässt, sich in gesellschafts-, wirtschafts- und jugendhilfepolitische Debatten einzuklinken, um immer noch vorhandene strukturelle Benachteiligungen und Gewalt gegen Mädchen öffentlich zu machen und Mädchen die Freiräume zu eröffnen, die sie brauchen.

Mädchenarbeit muss die Themenschwerpunkte, die Methoden und die Angebotsformen immer wieder auf die Realitäten von Mädchen zuschneiden, dafür braucht sie die Dechiffrierung des Gleichberechtigungsdiskurses.

Und zum Schluss ...

Für die Praxis von Erziehung und sozialer Arbeit heißt das: Geschlechterunterschiede dürfen weder negiert noch dramatisiert, sondern sie müssen dringend wahrgenommen werden, und zwar in allen Ausdifferenzierungen. Mädchen und Jungen leben in getrennten und in gleichen Welten, sie orientieren sich unterschiedlich, werden mit verschiedenen Chancen und Begrenzungen konfrontiert und haben individuell je nach gesamtem Lebenslagenkontext mehr oder weniger mit den Auswirkungen geschlechtsspezifischer Segmentierungen zu kämpfen. Die Kunst geschlechtsbewusster Pädagogik und Erziehung liegt heute nicht mehr darin, überhaupt geschlechtsspezifische Aspekte und Strukturen wahrzunehmen. Sie besteht vielmehr darin, auch die unendliche „Vielfalt von Geschlechtern" zu erkennen, ohne dabei die gesellschaftlichen und politischen Beschränkungen zu negieren, die tatsächlich verschiedene Chancen und Möglichkeiten für die Geschlechter bereit stellen. In vielen Lebensbereichen gibt es sie immer noch, die Gender-Gaps, doch sie wirken sich höchst unterschiedlich auf Mädchen und Jungen aus. Das ist wiederum maßgeblich von ihren jeweiligen Lebenslagenkontexten abhängig. Wahrzunehmen, dass es keine Kinder und Jugendlichen, sondern nur Mädchen und Jungen gibt, ist lediglich ein erster Schritt. Geschlechtsbewusste und geschlechtsgerechte Pädagogik und Erziehung muss viel weiter gehen, denn es gibt nicht *die* Jungen und *die* Mädchen. Eignen wir uns also das Wissen über die Ursachen und Folgen von Gender an und blicken auf dieser Grundlage auf die Mädchen und Jungen, mit denen wir arbeiten. So beginnt Gleichberechtigung – auch in der Kinder- und Jugendhilfe.

Literatur:

BMFSFJ (Hrsg.) (2005): Zwölfter Kinder- und Jugendbericht. Berlin.

Deutsche Shell (Hrsg.) (2006): Jugend 2006; 15. Shell Jugendstudie. Frankfurt a. M.

Gille, Martina, Sabine Sardei-Biermann, Wolfgang Gaiser und Johann de Rijke (2006): Jugendliche und junge Erwachsene in Deutschland. Lebensverhältnisse, Werte und gesellschaftliche Beteiligung 12- bis 29-Jähriger. Reihe: DJI – Jugendsurvey Bd. 3. Wiesbaden.

Hering, Sabine (1999): Modernisierungsprozesse weiblicher Lebenslagen. SPI Berlin.

Holz, Gerda (2006): Armut bei Kindern. Unterschiedliche Lebenslagen und Bewältigungsmuster bei Mädchen und Jungen. In: *Betrifft Mädchen,* Heft 1/2006, S. 15–20.

Kuhlmann, Carola (2000): „Doing Gender" – Konsequenzen der neueren Geschlechterforschung für die parteiliche Mädchenarbeit. In: *neue praxis* 3/2000, S. 226–239.

Müller-Heisrath, Angelika & Hedwig Kückmann-Metschies (1998): Aufwachsen in der Familie. In: Marianne Horstkemper & Peter Zimmermann (Hrsg.): Zwischen Dramatisierung und Individualisierung. Geschlechtstypische Sozialisation im Kindesalter. Opladen, S. 47–68.

Naundorf, Gabriele & Sylvia Wetzel (1976): Wochenkurse für HauptschülerInnen. Unveröffentliches Konzept. Wannseeheim für Jugendarbeit, Berlin.

Oechsle, Mechtild (2000): Gleichheit mit Hindernissen. SPI, Berlin.

Rose, Lotte (2000): Mädchenarbeit und Jungenarbeit in der Risikogesellschaft. In: *neue praxis* 3/2000, S. 240–253.

Rose, Lotte & Albert Scherr (2000): Der Diskurs zur Geschlechterdifferenzierung in der Kinder- und Jugendhilfe. Ein kritischer Blick. In: *deutsche jugend* 2/2000, S. 65–74.

Rupp, Heike (1999): Die Lebenswelt von Mädchen und jungen Frauen heute. In: LAG Mädchenarbeit in NRW e.V. (Hrsg.): Was ist eigentlich eine Querschnittsaufgabe? Rundbrief 2, Bielefeld, S. 32–37.

Savier, Monika & Carola Wildt (1978): Mädchen zwischen Anpassung und Wiederstand. Neue Ansätze zur feministischen Jugendarbeit. München.

Scholz, Ingrid & Regina Steinkemper (1998): Mädchenarbeit und ihr Verhältnis zur Jugendhilfe. In: LAG Mädchenpolitik Baden-Württemberg e.V. (Hrsg.): Rundbrief 1/98, S. 17–29.

Stauber, Barbara (1999): Starke Mädchen – kein Problem? In: *beiträge zur feministischen theorie und praxis* 51/99, S. 53–64.

Weingarten, Susanne & Marianne Wellershoff (1999): Die widerspenstigen Töchter. Für eine neue Frauenbewegung. Köln.

Wallner, Claudia (2006): Feministische Mädchenarbeit: Vom Mythos der Selbstschöpfung und seinen Folgen. Münster.

Zötsch, Claudia (1999): Powergirls und Drachenmädchen: weibliche Symbolwelten in Mythologie und Jugendkultur. Münster.

Claudia Wallner

Feministische
Mädchenarbeit

Vom Mythos
der Selbstschöpfung
und seinen Folgen

Kritische Beiträge
aus der Mädchenarbeit
Klemm & Oelschläger

Claudia Wallner
Feministische Mädchenarbeit:
Vom Mythos der Selbstschöpfung
und seinen Folgen

Mädchenarbeit gehört heute zum selbstverständlichen Repertoire der Jugendhilfe.
Wann sie entstand, wer die Frauen waren, die diesen feministischen Ansatz mädchengerechter Pädagogik entwickelten und wovon sie beeinflusst und inspiriert wurden, das weiß heute kaum noch Jemand.
Die vorliegende Publikation arbeitet erstmals wissenschaftlich fundiert die Entstehung feministischer Mädchenarbeit auf. Die Aufdeckung der Geschichtsschreibung feministischer Mädchenarbeit und ihrer tatsächlichen Wurzeln lässt einen Mythos der Selbstschöpfung erkennbar werden, der Mädchenarbeit in ihrer Entwicklung bis heute beeinflusst. Die Entmystifizierung, die dieses Buch leistet, öffnet Türen für neue Perspektiven der Mädchenarbeit in Zeiten von Gender Mainstreaming, weil eine tiefe Einbezogenheit von Mädchenarbeit in die frauen-, gesellschaftspolitischen und Jugendhilfeentwicklungen deutlich wird. Der Verlust dieses Wissens trug zur Separierung von Mächenarbeit bei. Umgekehrt kann die Wiederentdeckung der gesellschaftlichen Bezüge feministischer Mädchenarbeit heute Anregungen dazu liefern, wie Mädchenarbeit sich perspektivisch gegenüber und innerhalb der Kinder- und Jugendhilfe neu positionieren kann.

Das Buch liefert wichtige Erkenntnisse für die Weiterentwicklung und neue Weichenstellungen in der Mädchenarbeit.

320 Seiten. Verkaufspreis: 24,80 EUR
ISBN 3-932577-70-1
Erschienen im September 2006 im
Verlag Klemm & Oelschläger

Verzeichnis der AutorInnen, FotografInnen und IllustratorInnen

Die Herausgeberin

Gabriele Rohmann

Jahrgang 1968, Sozialwissenschaftlerin M.A., Journalistin und Dozentin in der politischen Jugend- und Erwachsenenbildung; (Mit-)begründerin des *Archiv der Jugendkulturen* (www.jugendkulturen.de) Berlin; zahlreiche Buch-, Hörfunk-, Zeitschriften-, Online- und sonstige -Publikationen vor allem zu den Themen Globalisierung, Jugendkulturen und Protestbewegungen; Autorin des Buchs „Spaßkultur im Widerspruch. Skinheads in Berlin", Verlag Thomas Tilsner, Bad Tölz 1999 und Herausgeberin (zusammen mit Manfred Liebel) von „Entre Fronteras. Grenzgänge. Jugendkulturen in Mexiko", Verlag Archiv der Jugendkulturen, Berlin 2006; verantwortliche Redakteurin des *Journal der Jugendkulturen*. Pädagogische Leiterin des Archiv-der-Jugendkulturen-Projekts „Culture on the Road" (www.culture-on-the-road.de).
Kontakt: gabi@malete.org
www.krasse-toechter.de

Die Autorinnen und Autoren

Ursula Bachor

M.A. Germanistik, Soziologie, Theaterwissenschaften, Leiterin von MÄDEA, Interkulturelles Zentrum für Mädchen und junge Frauen, Stiftung SPI, Berlin.

Dr. Dunja Brill

Dunja Brill ist Medien- und Kulturwissenschaftlerin (European Doctorate, University of Sussex, 2005) mit dem Forschungsschwerpunkt Subkulturen, Repräsentation und Geschlecht. Sie verfügt über internationale Erfahrung im Musik- und Wissenschaftsjournalismus und hat bereits an der University of Sussex (Bereich Medienwissenschaft) und aktuell an der Humboldt-Universität Berlin (Bereich Gender Studies) gelehrt. Ihre Studie 'Subversion or Stereotype? The Gothic Subculture as a Case Study of Gendered Identities and Representations' ist über den Ulme-Mini-Verlag (www.ulme-mini-verlag.de) erhältlich.
Aktuelle Informationen unter: www.dunjabrill.com

Sarah Chaker

Jahrgang 1979, Musikwissenschaftlerin/Germanistin (M.A.). Während des Studiums Moderatorin beim Radioprojekt „Klangfilter" des Oldenburger Bürgerradios *oeins* und fest angestellter

Discjockey für alternative Rockmusik in der Discothek „Metro" in Oldenburg (nebenberuflich); 2004 Weser-Ems-Wissenschaftspreis der Oldenburgischen Landesbank für die Magisterarbeit „Black und Death Metal. Eine empirische Untersuchung zu Gewalt, Religion und politischer Orientierung." Momentan Doktorandin im Fach Musik bei Prof. Dr. Susanne Binas-Preisendörfer (Uni Oldenburg). Vorläufiger Titel des Dissertationsprojekts: „Black und Death Metal. Der Sound. Der Markt. Die Szene." Seit Juli 2006 Promotionsstipendiatin bei der Studienstiftung des deutschen Volkes. Redakteurin beim *Journal der Jugendkulturen* des Archiv der Jugendkulturen Berlin und Szenereferentin für den Bereich Metal beim Culture-on-the-road-Projekt für Toleranz und Antirassismus.

Weitere Infos: www.sarah-chaker.de.

Dr. phil. Susanne El-Nawab

Jahrgang 1973, Sozialpsychologin M.A. Sie ist freie Autorin (u.a. „Skinheads. Ästhetik und Gewalt", Brandes & Apsel 2001, „Rockabillies - Rock'n'Roller - Psychobillies. Portrait einer Subkultur, Archiv der Jugendkulturen 2005, „Skinheads, Gothics, Rockabillies: Gewalt, Tod und Rock'n'Roll", Archiv der Jugendkulturen 2007), Fotografin und Künstlerin. Nach dem Studium der Sozialpsychologie, Soziologie und Politischen Wissenschaft war sie wissenschaftliche Mitarbeiterin von Prof. Dr. Barbara Duden am Institut für Soziologie der Universität Hannover. Zur Zeit arbeitet sie in der Redaktion eines Fachverlages.

Melanie Groß

Wissenschaftliche Mitarbeiterin an der TU Hamburg-Harburg. Schwerpunkte: Gender & Queer Studies, insbesondere poststrukturalistische Feminismen, Phänomene der Popkultur, Widerstand aus post-/queer-/linksradikal-feministischer Perspektive. Mitgründerin des Feministischen Instituts Hamburg.

Homepage: www.postfeminismus.de, www.feministisches-institut.de
Kontakt: melanie.gross@tu-harburg.de

Bernadette La Hengst

Jahrgang 1967, ist Musikerin. Sie gründete 1990 in Hamburg die Band *Die Braut haut ins Auge* und ist seit der Auflösung 2000 solo unterwegs. Neben zahlreichen CD- Veröffentlichungen (aktuelles Album „La Beat"/Trikont) arbeitet sie auch für Theater, Kunst/Performance und Hörspiel und war u. a. Mitorganisatorin des Ladyfest Hamburg 2003. Sie lebt seit 2004 in Berlin.

www.lahengst.de
www.myspace.com/lahengst

Monica Anna Hevelke

Jahrgang 1982. Sie hat mit 16 Jahren in Kreuzberger Jugendeinrichtungen mit B-Girling (Breakdance) angefangen. In Mexiko Stadt leitete sie 2001 ihren ersten Tanzworkshop in einem Kulturzentrum, seit 2003 ist sie als Referentin für „Culture on the Road", ein Jugendkulturprojekt des Archivs der Jugendkulturen, tätig. Bisherige Aufgabenfelder: Schulen, Jugend- und Kultureinrichtungen in ganz Deutschland, JVA Spremberg, JVA Cottbus, Kulturzentrum für Roma in Usti nad Labem (Tschechien); 2005 leitete sie Tanzkurse für die Bundesinitiative „MädchenStärken" und für die „Dance Company Bettina Owczarek" in Berlin Marzahn; im selben Jahr Tänzerin in Videoclips für *Culcha Candela* und *Loona*; 2006 Mitarbeit am „Polnischen Tanztheater" und tanztherapeutische Arbeit mit Kindern und Jugendlichen bei der Künstlerinitiative ENTER ART in Poznan (Polen); im Mai 2006 Teilnahme am Austausch „B-Girls in New York" von Gangway e.V. Berlin und work out, im Februar 2007 Austauschreise mit Gangway nach Montevideo/Uruguay. Sie studiert Polonistik und Hispanistik in Potsdam.

Marco Höhn

Dipl.-Soziologe; Lektor im Fachgebiet Kommunikationswissenschaft an der Universität Bremen; Arbeitsschwerpunkte: Kommunikations- und Medienwissenschaft, Medien- und Jugendsoziologie; wichtige Publikationen (Auswahl): Thomas, T. & M. Höhn (Hrsg.) (2007): Medienkultur und soziales Handeln. Wiesbaden: VS-Verlag (im Druck), Höhn, M. (2003): Tot aber glücklich. Halloween - die Nacht der lebenden Toten als Event-Mix. In: A. Hepp & W. Vogelgesang: Populäre Events: Medienevents, Spielevents und Spaßevents. Opladen: Leske & Budrich 2003, S. 205-230, Karmasin, M. & M. Höhn (Hrsg.) (2002): Die Zukunft der empirischen Sozialforschung. Graz: Nausner & Nausner, Höhn, M. & W. Vogelgesang (1999): Körper, Medien, Distinktion. Zum Körperkult und zur Körperkultivierung in Jugendszenen. In: H. G. Homfeldt (Hrsg.): ,Sozialer Brennpunkt' Körper. Körpertheoretische und -praktische Grundlagen. Hohengehren: Schneider 1999, S. 136-155.

Prof. Dr. phil. Elke Josties

Diplom-Pädagogin, Studium in Berlin und London, seit 2003 Hochschullehrerin für Theorie und Praxis der Sozialen Kulturarbeit (Musik) an der Alice-Salomon-Fachhochschule Berlin, Forschung über Jugendkulturarbeit und Mädchen Musik Förderung, mehr als zehnjährige Berufstätigkeit in der Jugendkulturarbeit in Berlin. Aktuelles Forschungsprojekt: „Bildungspotenziale der Jugendkulturarbeit" (Teilprojekt des EU-Projektes „Equal II-Event Berlin").

Doris Katheder

Sprachwissenschaftlerin und leitende Referentin für historisch-politische Bildung in Nürnberg im Bereich Erinnerungsarbeit DIDANAT (Didaktik der Auseinandersetzung mit dem Nationalsozialismus und seinen Folgen). Dissertation und eine Vielzahl von Publikationen zum Themenbereich kommerzielle und nicht-kommerzielle Mädchen- und Jugendzeitschriften.

Stephanie Kiessling

Mag.a, gelernte Gold-, Silber- und Perlenstickerin mit dementsprechend hoher Affinität zu Glanz & Glimmer, später fokussiert auf den schönen Schein der glamourösen Pop-, Kunst- und Medien-

welt. Von 1998 bis 2004 Studium der Soziologie in Wien und Berlin mit Schwerpunkt Gender Studies und Qualitative Methoden. Von 2002 bis 2006 Mitherausgeberin und Redakteurin von *fiber. werkstoff für feminismus und popkultur*, seit 2007 freie Autorin und Forscherin.
Kontakt: steph@fibrig.net

Dr. Michaela Köttig

Jahrgang 1965, Sozialwesenstudium an der Universität Gesamthochschule Kassel, Berufserfahrung u. a. in den Bereichen politische Partizipation von Mädchen und Jungen, Mädchenbildungsarbeit, offene Mädchenarbeit in einer gemischtgeschlechtlichen rechtsextrem orientierten Jugendclique. Lehrtätigkeit als wissenschaftliche Mitarbeiterin an der Universität zu Köln und der Universität Gesamthochschule Kassel. Zur Zeit wissenschaftliche Mitarbeiterin an der Georg-August-Universität Göttingen, Sozialwissenschaftliche Fakultät/Methodenzentrum. Dissertation: Lebensgeschichten rechtsextrem orientierter Mädchen und junger Frauen - Biographische Verläufe im Kontext der Familien- und Gruppendynamik, erschienen im Psychosozial-Verlag Gießen.
Kontakt: michaela.koettig@gmx.de

Nadja Madlener

Jahrgang 1977, Studium der Pädagogik und Soziologie in Wien und Berlin. Seit 2006 Doktoratsstudium an der Universität Wien, Institut für Bildungswissenschaften, Stipendiatin der Österreichischen Akademie der Wissenschaften. Thema des Dissertationsprojekts: Gemeinschaftsgärten in Berlin. Davor verschiedene Tätigkeiten als Sozialpädagogin in Mädchen-, Jugendfreizeit- und Jugendberufshilfeprojekten in Berlin.
Kontakt: nadja.madlener@med-user.net

Pyranja

Pyranja ist seit über zehn Jahren in der deutschen HipHop-Szene als Rapperin aktiv. Nachdem sie bei drei unterschiedlichen Plattenfirmen unter Vertrag war, gründete sie im Jahr 2004 ihr eigenes Label „Pyranja Records". Im Laufe der Jahre erschienen diverse Singles, die drei Solo-Alben „Wurzeln & Flügel", „Frauen & Technik" und „Laut & Leise", zwei EPs sowie das Album „Einmal um Blokk" in Zusammenarbeit mit dem Künstlergruppe „Ostblokk". Neben ihrer Arbeit als Moderatorin und DJ bei *Radio Fritz* gibt Pyranja regelmäßig Rap-Workshops an Schulen und schreibt monatliche Kolumnen für ein Stadtmagazin. Quasi nebenbei studiert sie zudem Gesellschafts- und Wirtschaftskommunikation an der Universität der Künste in Berlin.

Katja Röckel

Jahrgang 1974, Kommunikations, Medien- und Erziehungswissenschaftlerin M.A. Sie arbeitet seit 2000 im Radio-Verein Leipzig e.V. und veranstaltet medienpädagogische Projekte im Bereich Hörfunk und neue Medien. Im Rahmen ihrer Arbeit betreut sie Mädchenradioredak-

tionen und organsiert geschlechtspezifische Radioprojekte. Als Mitglied des Arbeitskreis Mädchen Leipzig war sie die Projektorganisatorin des Projekts „eMMMy" - erste MultiMedia-Mädchentage in Leipzig (Februar 2006). Sie ist außerdem Mitbegründerin der „Propellas" - einem Netzwerk für female files of music in Leipzig. Eine weitere Leidenschaft gilt ihrer Radiosendung „Mrs.Pepsteins Welt", die subjektivste One-Woman-Show im Radio, die es seit acht Jahren gibt und die einmal monatlich beim Leipziger freien *Radio blau* ausgestrahlt wird (www.mrspepstein.de, www.mrspepstein.blogspot.com). Aus dem Nähkästchen dieser Sendung plaudert sie in dem von Sonja Eismann herausgegebenen Buch:"Hot Topic - Popfeminismus heute" (erscheint im Herbst 2007).
Kontakt: briefkasten@mrspepstein.de

Marion Schulze

Studium der Kunst, Anglistik und Soziologie an der Universität Osnabrück (D). Zur Zeit Promotion in der Soziologie an der Universität Basel (CH) mit dem Arbeitstitel „Another Song for the Ladies. ‚Growing up female' in der Jugendsubkultur Hardcore".

Thomas Schwarz

Jahrgang. 1974, Dipl. Päd., Wissenschaftlicher Mitarbeiter am Fachbereich Bildungswissenschaften der Universität Duisburg-Essen. Zur Zeit Promotion über „Populäre Musikkultur und Veganismus in Jugendszenen". Herausgeber (zusammen mit Werner Helsper und Christian Hillbrandt) von „Schule und Bildung im Wandel", VS Verlag für Sozialwissenschaften, Wiesbaden 2007 (im Erscheinen).

Nicole Selmer

Sie studierte Skandinavistik und Germanistik in Hamburg und Uppsala und arbeitet heute als freie Übersetzerin und Autorin. Ihr eigenes Fußballinteresse war der Anstoß, sich mit den Geschichten weiblicher Fans zu beschäftigen, 2004 erschien „Watching the Boys Play. Frauen als Fußballfans." Gemeinsam mit Antje Hagel und Almut Sülzle veröffentlichte sie „gender kicks. Texte zu Fußball und Geschlecht" und ist Mitbegründerin des Netzwerkes F_in Frauen im Fußball. Ihr Fanherz schlägt für Borussia Dortmund.

Almut Sülzle

Sie ist Buchhändlerin und hat in Tübingen Empirische Kulturwissenschaft studiert. Von 2000 bis 2004 war sie wissenschaftliche Mitarbeiterin im Netzwerk Frauen.Innovation.Technik an der FH Furtwangen. Zur Zeit promoviert sie an der Universität Marburg im Graduiertenkolleg „Geschlechterverhältnisse im Spannungsfeld von Arbeit, Politik und Kultur" mit einer Ethnographie über Fußballfans. Gemeinsam mit Antje Hagel und Nicole Selmer Herausgeberin von „gender kicks. Texte zu Fußball und Geschlecht" (2005) und Mitbegründerin des Netzwerkes F_in Frauen im Fußball. Im Stadion steht sie oft mit dem Rücken zum Spielfeld, ist aber trotzdem keine Vorsängerin.

Prof. Dr. Barbara Stauber

Professorin am Institut für Erziehungswissenschaft der Universität Tübingen, Schwerpunkt Sozialpädagogik; Mitarbeiterin am Gender-Forschungsinstitut tifs e.V., Tübingen sowie am Institut für regionale Innovation und Sozialforschung, IRIS e.V., Tübingen. Arbeitsschwerpunkte: subjektorientierte Übergangsforschung unter der Gender-Perspektive, Übergänge in die Elternschaft, informelle Bildungsprozesse in Jugendkulturen, Medienpädagogik.

Dr. Claudia Wallner

Freiberufliche Referentin, Praxisforscherin und Autorin. Themenfelder: Mädchenarbeit, Mädchenpolitik, Kinder- und Jugendhilfe, Gender und Gender Mainstreaming, Kooperation von Mädchen- und Jugendarbeit. Mitbegründerin der BAG Mädchenpolitik e.V., Mitglied bei FUMA e.V.
Kontakt: clwallner@aol.com
www.claudia-wallner.de

Die Fotografinnen und Fotografen, die Illustratorinnen

Ina Bär und Chapy Neuper

Ina Bär und Chapy Neuper sind Grafik-Designerinnen.Ina legt nachts Platten auf, und Chapy bastelt gerne kleine Animationsfilme. Beide leben und arbeiten in Stuttgart.

Emine Bakal

Jahrgang 1980, in Berlin geboren und dreisprachig aufgewachsen. Beschäftgt sich mit HipHop und Fotografie.

Calvin Mc Bride

Filmemacher und Regisseur, lebt in Berlin.

Margit Czenki

Filmemacherin und Künstlerin, lebt in Hamburg.

ERWIN

ERWIN war ein Fanzine der Kickers-Fans aus Offenbach – benannt nach dem ersten schwarzen deutschen Nationalspieler Erwin Kostedde – bekannt für seine hintergründigen Bildtexte und leider zum Januar 2007 eingestellt.

ill.one

Jahrgang 1980, Dipl. Soz.Päd, HipHop-MC und Webworkerin. Zeichnet, seit sie einen Stift halten kann. Ob am Mikrophon, am Zeichenbrett, im Weblog oder in sonstigen Kanälen: Der Fokus liegt auf bewegten und (sie) bewegenden Themen – sei es in sachlicher, ironischer oder

aggressiver Form. Es geht um Sexismus, Homophobie, Veganismus und Queerness. Derzeit arbeitet sie teils freischaffend, teils im MedienZentrum Medea Bremen in medienpädagogischen Projekten sowie selbständig als Web- und Printdesignerin.
Kontakt: ilja.lauber@illstylez.de
www.iLL-ATTACK.de

jukl-comics

Julia Kläring, geb. 13.1.1978 in Wien, 1998-2000 Grafische Lehr- und Versuchsanstalt (Fotografie), 2000-2007 Akademie dder Bildenden Künste Wien (Konzeptuelle Kunst); Fotografie, Video, Comics
www.med-user.net/~jukl-kommix/

Andreas Kickel

Fotograf und Kameramann, lebt in München.

Katja Kuhl

Fotografin, lebt in Berlin.
Kontakt: www.katjakuhl.com

www.ladyfest.org

www.ladyfestwien.org

Amanda Michl

Foto- und Grafikdesignerin mit den Schwerpunkten People-, Architektur-, Still-Life-Fotografie sowie Cover- und Webdesign.
Webpräsenz: www.thanisdesign.com

www.neckfracture.de

Website für Death-, Black-, Trash-, Doom- und Viking-Metal in Oldenburg.

Kerstin Richter

Jahrgang 1965, Diplom-Sozialpädagogin, Schwerpunkt Mädchenarbeit und Theaterpädagogik, Leiterin des Mädchenclubs im ACUD e.V. Berlin.

Christiane Stephan

Jahrgang 1967, Fotografin, fotografiert am liebsten in der Musikszene Bands und MusikerInnen und hat 2003 das Ladyfest Hamburg mit organisiert. Sie veranstaltet außerdem in Hamburg Konzerte.
Kontakt: www.christianestephan.com

Jan Urant

Jahrgang 1984, in Ostrava/Tschechische Republik geboren, lebt und studiert momentan Fotografie in London mit dem Schwerpunkt Musik-Fotografie (Hardcore/Punk). Aktuelles Projekt: „In My Eyes", ein Fotoprojekt zum Straight-Edge-Lebensstil.
Mehr Infos unter: www.janurant.com

Uschifront

Uschifront ist ein Fanklub von weiblichen Fans des 1. FC Köln, die ihren Klub mit rosa Zaunfahne zu Spielen begleiten.

Ester Vonplon

Jahrgang 1980, ist in der Schweiz geboren und aufgewachsen und 2002 nachBerlin gekommen, um Fotografie zu studieren. Zur Zeit arbeitet sie als freie Fotografin in Berlin, macht hauptsächlich Reportagen und skatet für ihr Leben gern.

Thor Wanzek

Fanzinemacher

Etliche Fotos in diesem Band haben außerdem
Sarah Chaker, Susanne El-Nawab, Bernadette La Hengst, Marco Höhn, Michaela Köttig, Nadja Madlener und Katja Röckel
(Angaben siehe unter Autorinnen und Autoren) angefertigt.

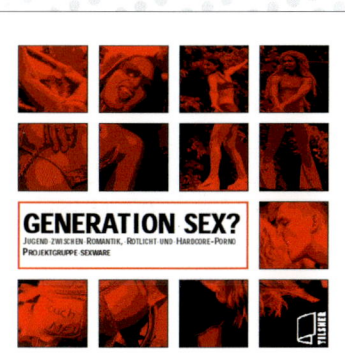

CULTURE ON THE ROAD

Bundesministerium
für Familie, Senioren, Frauen
und Jugend

bpb: Bundeszentrale für
politische Bildung

VIELFALT TUT GUT.
JUGEND FÜR VIELFALT, TOLERANZ UND DEMOKRATIE

Ein Projekt für Toleranz und Anti-Rassismus des Archiv der Jugendkulturen e.V.

Culture on the Road ist ein variables Programm von Informationsveranstaltungen und praktischen Workshops für einen oder mehrere Projekttage. Es kann bundesweit in Schulen, Ausbildungsstätten und Jugendhäusern durchgeführt werden.

Die zwei wesentlichen Komponenten sind:

1. Politisches Wissen im Jugendalltag: sachlich und informativ
Aufklärung über Gruppierungen und Organisationen von Jugendlichen, die in ihren Lebenseinstellungen und politischen Positionen rassistische und gewaltbereite Züge aufweisen – bis hin zu ausdrücklich rechtsextremen Jugendorganisationen. Zwar scheint die Zeit der großen Umzüge von neonazistischen Verbänden, wie man sie in den neunziger Jahren erleben musste, vorbei zu sein. Jedoch lässt sich heute ein breiter Mainstream von rechtsextremen Haltungen beobachten. Er ist über die Grenzen bestimmter Gruppierungen hinaus wirksam und leistet gewaltsamen Exzessen Vorschub.

2. Jugendkulturen im Austausch: spannend und kreativ
Lebensnahes Kennenlernen einer Vielfalt von Jugendkulturen, die von toleranten Haltungen und einem gewaltfreien Selbstverständnis getragen sind. Szeneangehörige von HipHop, Dancehall-Reggae, Skateboarding, Techno, Gothic, Punk und anderen Stilrichtungen stellen „ihre Szene" vor. Sie berichten über die Entstehungsgeschichte und präsentieren die wesentlichen Inhalte aus Musik, Text und Lebenshaltung. In praktischen Workshops können sich die TeilnehmerInnen selbst in DJing, Skaten, Streetdance oder Graffiti-Sprühen versuchen.

Die Begegnung mit toleranten Jugendkulturen vermittelt Weltoffenheit und eine anti-rassistische Haltung. In den Regionen, in denen „rechte" Jugendcliquen und -stile dominieren, stellen sie eine erfahrungsreiche Alternative dar.

Das Team von Culture on the Road besteht aus Fachleuten zu Politik, Rechtsextremismus und Jugendkulturen sowie aus Szeneangehörigen. Sie sind direkte Ansprechpersonen und können zu alternativen Identifikationsfiguren werden. Es wird in interaktiven Referaten, Informationsrunden, Rollenspielen und praktischen Workshops gearbeitet.

Interessierte PädagogInnen, JugendarbeiterInnen oder AnbieterInnen von politischer Bildung oder jugendkulturellen Aktivitäten können mit dem Archiv der Jugendkulturen e.V. Kontakt aufnehmen. Gemeinsam stimmen wir das Culture-on-the-Road-Programm auf Ihre Bedürfnisse ab.

Und so erreichen Sie uns:
Archiv der Jugendkulturen e.V., Fidicinstraße 3, 10965 Berlin
Fon: 030/694 29 34, Fax: 030/691 30 16, archiv@jugendkulturen.de
www.culture-on-the-road.de